決定版

家庭大工マニュアル

決定版 家庭大工マニュアル

＊本書は、1997年発行の『家庭大工マニュアル』
に新規取材を加え、再編集したものです。

第1章

室内のリフォームとメンテナンス

水まわりのDIY

水栓の水もれを直す … 010
排水管の詰まりを直す … 016
バスタブの補修 … 018
シャワーヘッドの交換 … 020
水洗トイレの補修 … 022

建具のDIY

ふすまの補修とはり替え … 030
障子の補修とはり替え … 036

室内ドアのDIY

ドア錠の取り替え … 040
室内ドアの補修 … 046

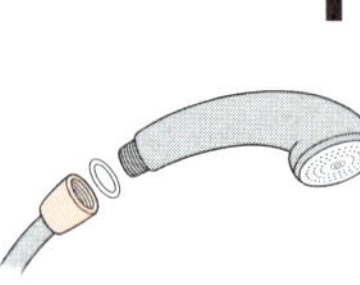
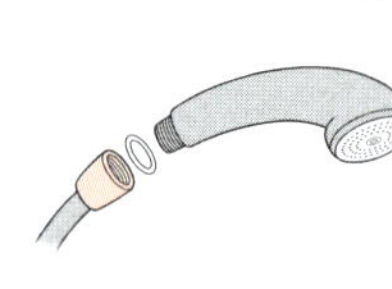

室内壁のDIY

壁紙のはり替え … 050
壁の塗装 … 058
フックの取りつけ … 062

窓まわりのDIY

アルミサッシの補修 … 066
網戸のはり替え … 070
カーテンなどの取り替え … 072

フロアのDIY

フローリングの補修とはり替え … 076
畳からフローリングへのはり替え … 078
クッショクフロアの補修とはり替え … 082

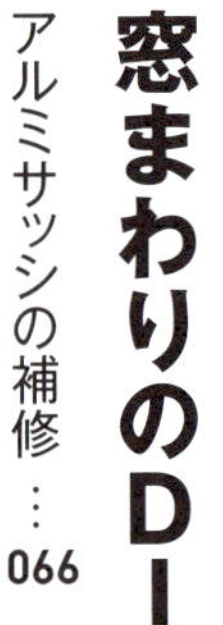
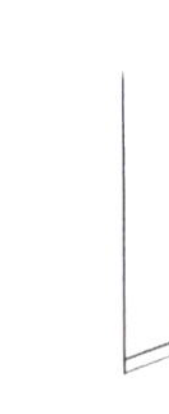
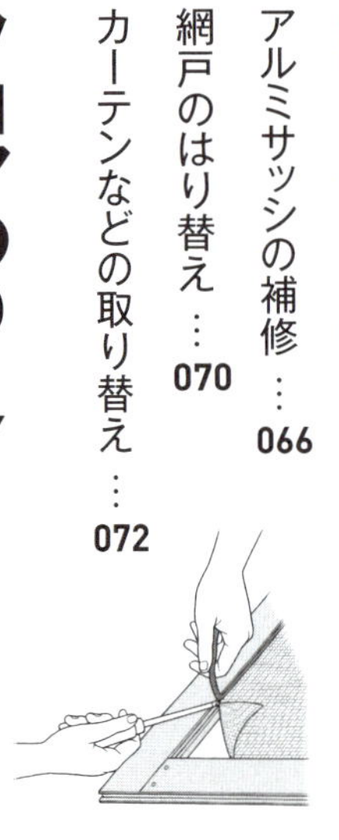

カーペットはり…088
床の塗り替え…090
床のきしみを直す…092

家具のDIY

家具をリメイク…094
壁紙でキッチンをイメージチェンジ
壁紙＋ペイントで机をリメイク
壁紙＋ペイントで椅子をリメイク

手づくり家具に挑戦…104
すのこ編
カラーボックス編

第2章 屋外のリフォームとメンテナンス

塗装

木部の塗装…124
鉄部の塗装…126
ブロック・モルタル塀の塗装…128

ブロックやレンガ、タイル

ブロックを積む…134
レンガを積む…140
タイルのはり方…144

雨どい
雨どいの補修…146

デッキ
デッキの補修…150

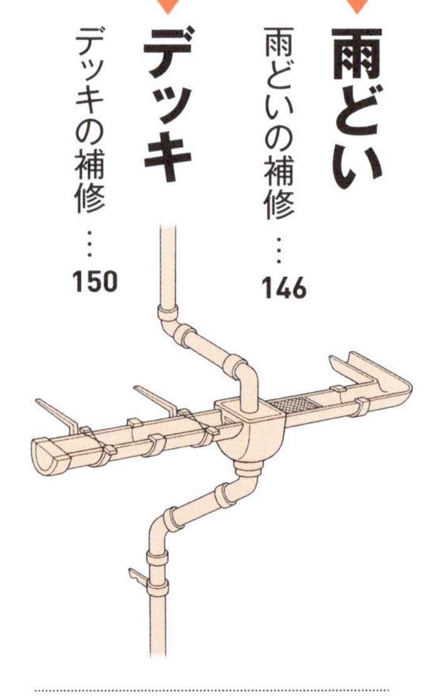

ベランダ
ベランダの補修…152

玄関まわり
玄関・門扉の補修…154

第3章 DIYの基礎知識

切る・削る・彫る
ノコギリ…158
カンナ…162
ノミ…166
キリ…168
ドリル…170
ナイフ…172

留める
クギ打ち…174

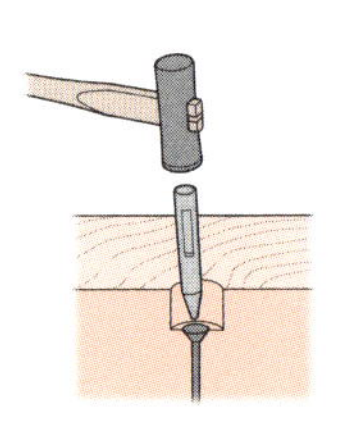

締める
ドライバーとレンチ…180

測る
サシガネ…188

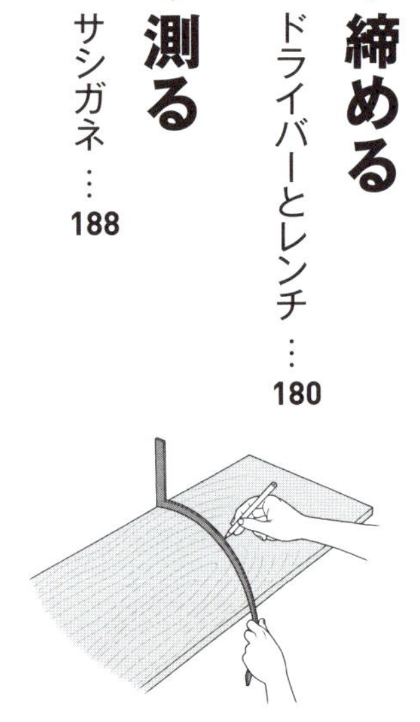

水平器…198

▼磨く
サンドペーパー…202
砥石…206

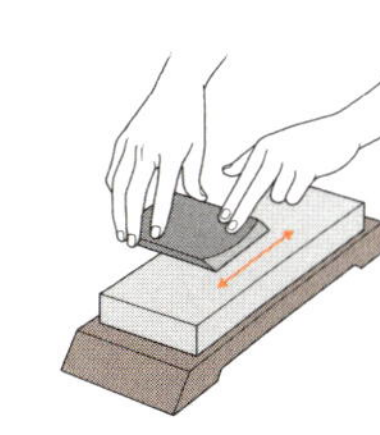

▼木工作業
組み手…208
相欠き組み手…216

▼電動工具
電動工具…220

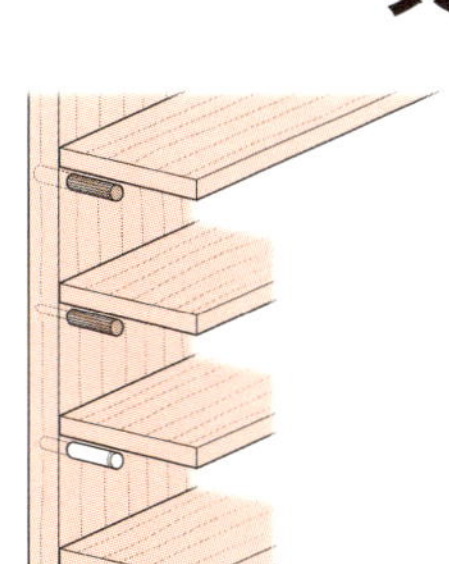

▼塗料
塗料…226

▼接着剤と充てん剤
接着剤…230
テープ…236
充てん剤…238

▼セメントとモルタル
セメント…240
モルタルとコンクリート…242

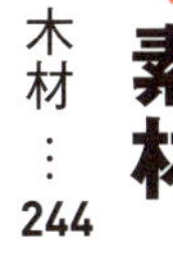

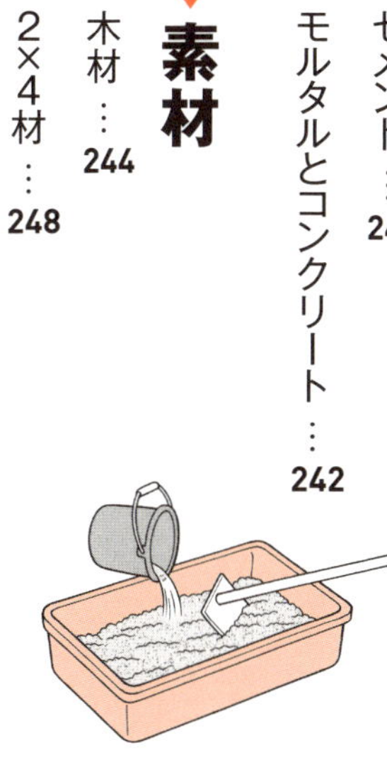

▼素材
木材…244
2×4材…248
アクリル板…250
金属素材…252

DIY作業にあたって

つくる楽しさ、自分でつくったものを使う喜び――。
そんなDIYを存分に満喫するため、
次のようなことに十分に注意しましょう。

＊本書で紹介している作業のやり方は安全面にも配慮したものですが、実際に作業する際には、事故のないように、周囲やご自身の安全には十分に配慮してください。

＊作業をするときの服装は、工具などに引っかかったりはさまれたりしないようなものを着用しましょう。

＊工具類の中には取り扱い方によっては危険なものもありますから、近くに小さいお子さんを絶対に近づけないようにご注意ください。

＊DIY作業の経験、作業をする環境、道具や素材などによって、仕上がりなどが異なる場合もあります。

第1章 室内のリフォームとメンテナンス

水まわりのDIY

水栓の水もれを直す

水もれは、水栓（蛇口）から実際に水もれしていることに気づく場合と、急激に水道料金が上がって気がつく場合があります。

放置すれば水道料金が上がるだけでなく、集合住宅の場合、下の階に水がもれ、多額の改修費を支払うハメになるので、早急な修理が必要です。

まずは水もれ個所を確認します。止水栓を閉め、水もれがあるとわかったら、家中の水栓をひとつひとつ開いて確認します。水まわりのメンテナンスは必ず止水栓を閉めて行うのが鉄則。水もれの原因には4種類あり、いずれも部品交換などで直ります。ただし、修理をしても直らないようなら、配水管からの水もれの可能性があるので、専門家に相談しましょう。

始める前に

水もれが疑わしい場合、まず水もれしている個所を特定します。水もれ個所がはっきりしない場合は、水道メーターを利用してチェックします。この方法は2～3年に1回は行うと安心です。

チェック 水もれをチェックする

1 家の中の水栓を全部閉めてから、メーターボックスの中の止水栓を閉めて水を止め、約1分間待つ。

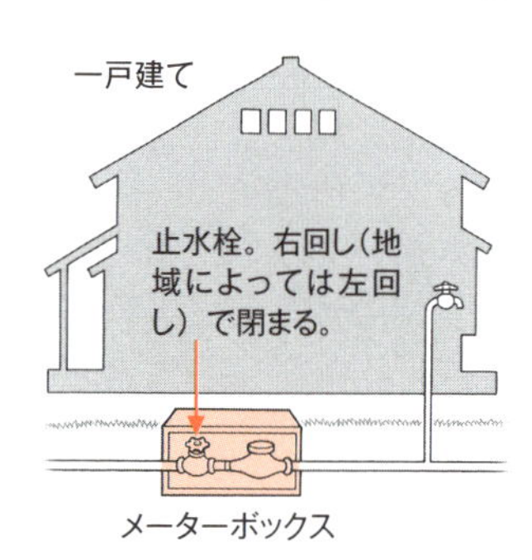

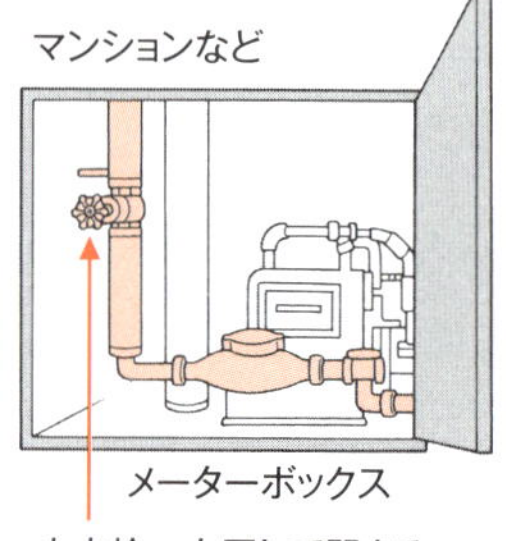

2 約1分後、止水栓を開く。メーターの「赤い星」印が動いたら、どこかで水もれがある。

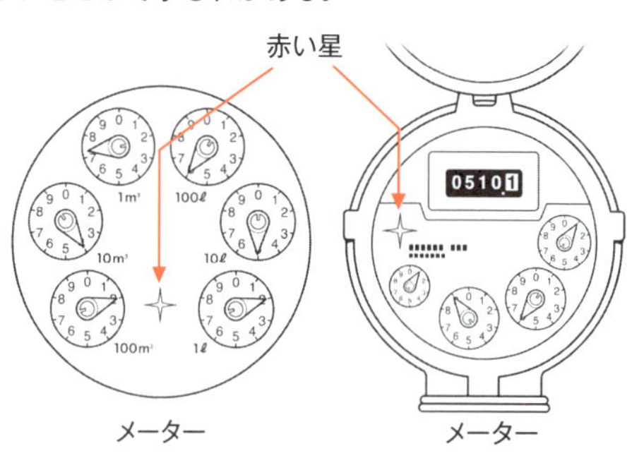

水もれでもっとも多いケース

ハンドルを閉めても水が止まらない

ハンドルの下のケレップ（コマ）で水を流したり止めたりしますが、ケレップについているコマパッキングがダメになっていることが原因。パッキングを交換すれば直ります。
エスコマが使われている場合は、コマそのものを交換します。

1 ハンドルを取り外す

パッキング押さえを右に回して、ハンドルを一度閉めてからゆるめる。左に回してハンドルを取り外す。

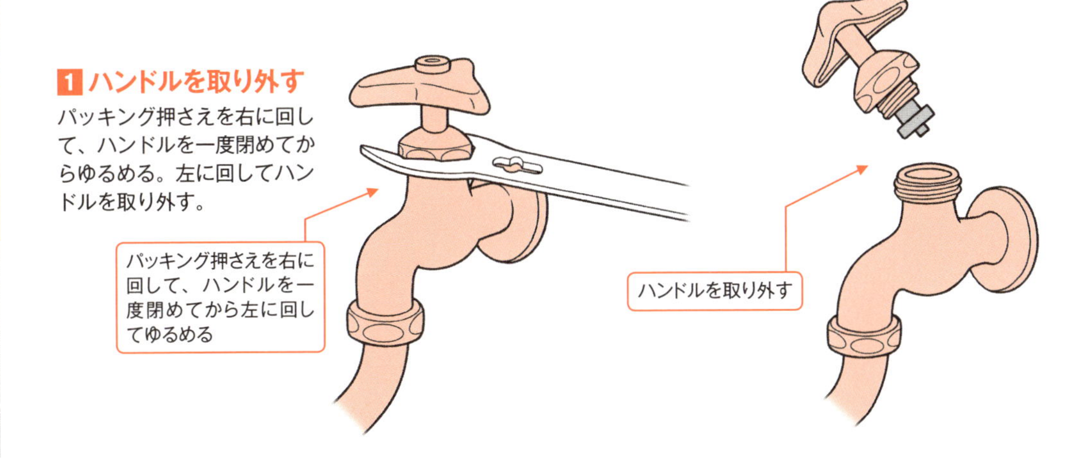

2 ケレップを取り出しパッキングを交換

ケレップを取り出したら、その下のパッキングを取り外し、新しいパッキングと交換する。

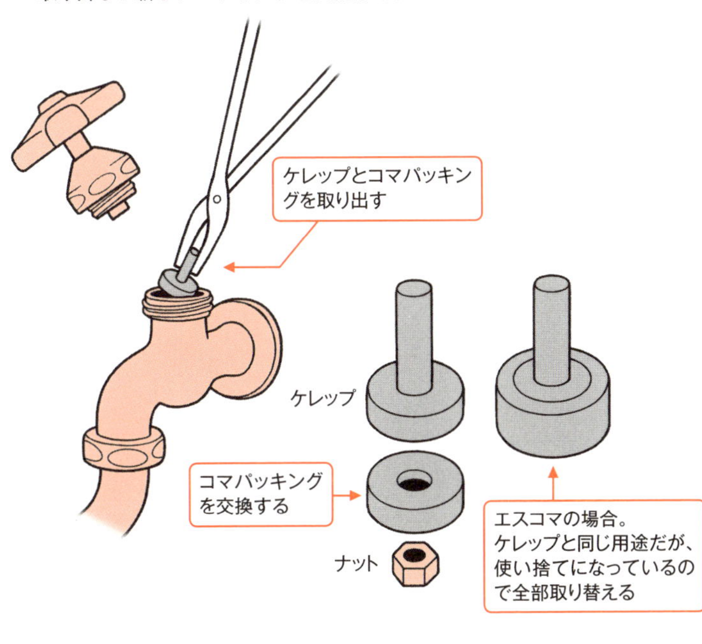

3 ハンドルを閉める

パッキングを新しいものに取り替えたら、元のように下からナット、パッキング、ケレップの順に取りつけ、ハンドルを閉める。

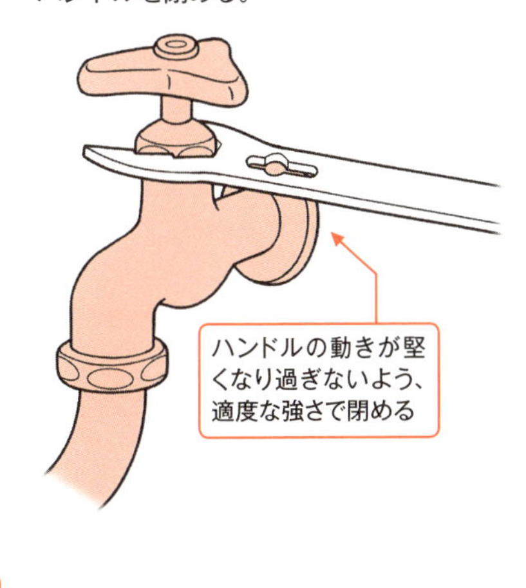

ハンドルの動きが堅くなり過ぎないよう、適度な強さで閉める

古い水栓に多いトラブル

ハンドルのすき間からもれる

水を流しているときに、ハンドルのすき間から水がもれていることがあります。この場合は、三角パッキングとパッキング受けを交換。通常は、三角パッキングとパッキング受けがセットで販売されています。

■パッキングを交換する

P11のハンドルの取り外しの要領でパッキング押さえをゆるめ、ハンドルを取り外し、三角パッキングとパッキング受けを交換したら、元に戻す。

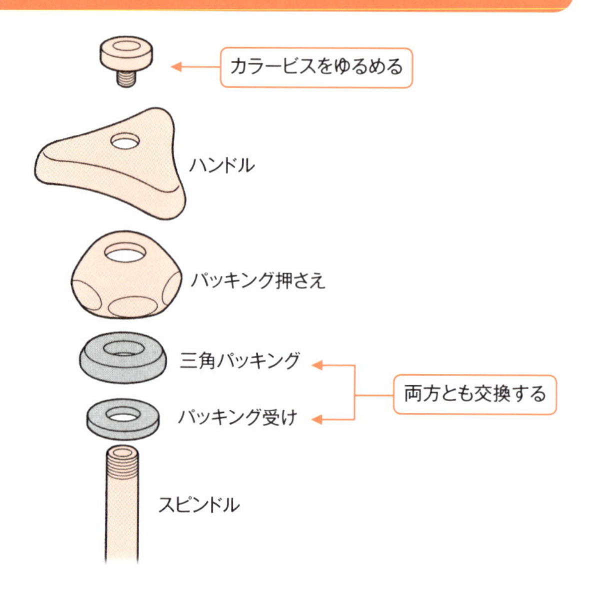

洗濯機につながる水栓に多い

自在パイプのすき間からもれる

原因は2つ。まずはナットのゆるみ。この場合はナットを締めれば直ります。それでももれる場合は、パイプパッキングが傷んでいる可能性が。その場合は、Uパッキングとリングを交換します。この2つは通常セットで販売されています。

1 ナットがゆるんでいたら締める

ナットがゆるんでいないかチェック。ゆるんでいたら締める。それでももれるようなら、ナットを外す

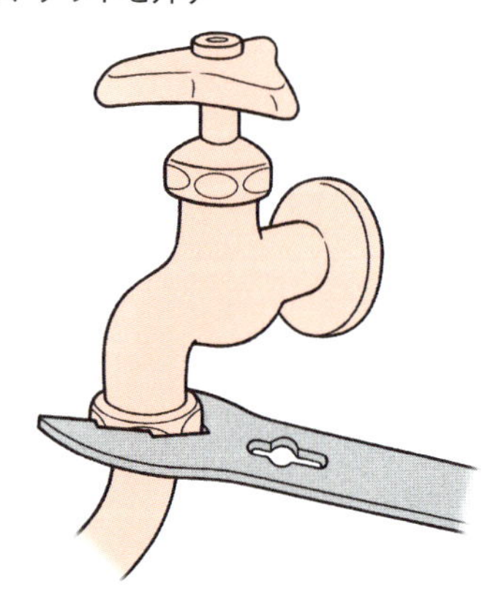

2 Uパッキングとリングを交換

ナットを締めても水もれがあるようならナットを外し、Uパッキングとリングを交換する。

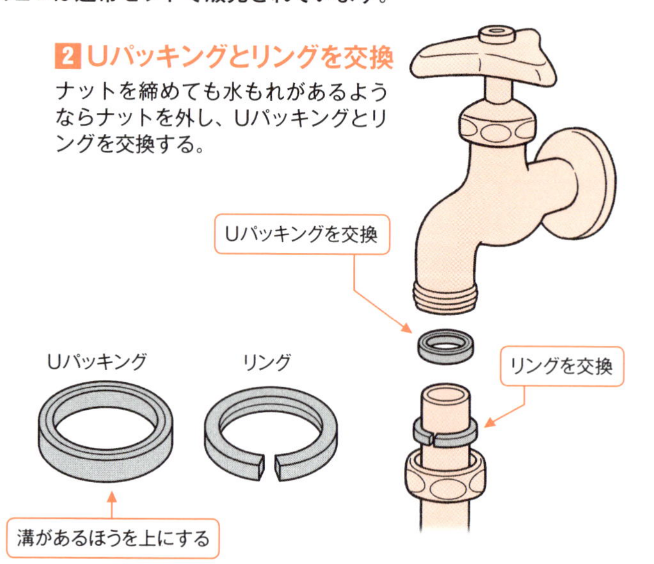

壁も傷めてしまう

水栓のつけ根からもれる

水栓を配管に固定するネジにはシールテープが巻いてありますが、このテープが傷むと水もれが起こります。水栓を外して、古いシールテープを根元パッキングとともに交換を。
シールテープは、ネジに食い込むように右巻きにきつく巻くのがコツで、長さは30㎝ほどが適当。水栓を取りつけたとき、水栓が左に傾いていたらテープの巻き過ぎ。右に傾いていたら不足です。もう一度外してテープの巻き方を調節します。

1 水栓全体を外す

市販の水栓レンチで、水栓全体をつけ根から外す。布などを巻き、キズの防止を。

市販の水栓レンチ

2 シールテープを交換

古いシールテープをはがし、新しいテープと交換。ネジに食い込むように右巻きにきつく巻くのがコツ。長さの目安は約30㎝。

シールテープはきつめに巻く

3 水栓を取りつける

市販の水栓レンチでねじ込むようにして取りつける。取りつけ後、水栓が直立しないときはテープの巻き方に問題あり。もう一度外して、テープを巻き直す。

水栓が左に傾いたらテープの巻き過ぎ。右に傾いたら巻き方が足りない

あると便利な道具

水まわりのメンテナンス専門の道具

水まわりのメンテナンスを行う場合には、水栓の取り外しなどの作業で特殊な道具が必要です。
たとえば、水栓レンチ。水栓の取り外しや取りつけのとき、水栓にひっかけて回して使います。水栓にキズがつかないよう、布などを巻いて作業するとよいでしょう。
次に、水栓の各部分に使われているナット類にぴったりはまる専用のスパナもあると便利。スパナやヤットコ、コマパッキングなどの部品がセットになっているものもあります。

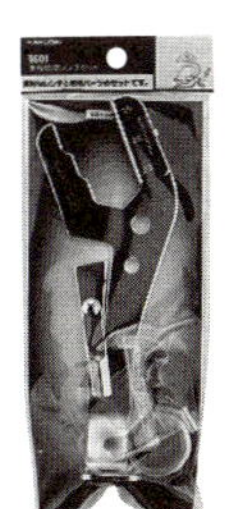

水栓修理レンチセット
水栓の上部ナット、パイプナット、クランクナット用。対辺23・25・26・28・30・32㎜用

ウォーターポンププライヤー
対応パイプ径：43㎜以下。ケレップ取り出し用ピンセットつき

かぶせるだけでOK！

混合水栓の取り替え方法

最近の水栓は機能性が高いものが増えましたが、DIYでも簡単に取り替え可能なものがあります。
ただし、ワンホールタイプとサーモスタット水栓はDIYでは手に負えないので、業者に依頼しましょう。

1 クランクを残したまま、混合水栓本体を取り外す。

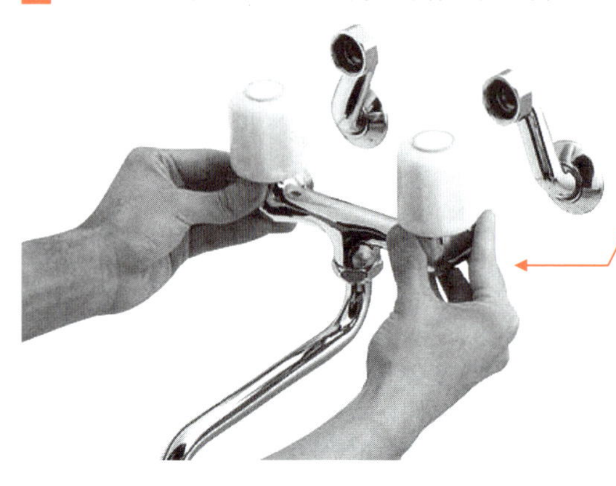

2 残したクランクにショートクランクを取りつける。

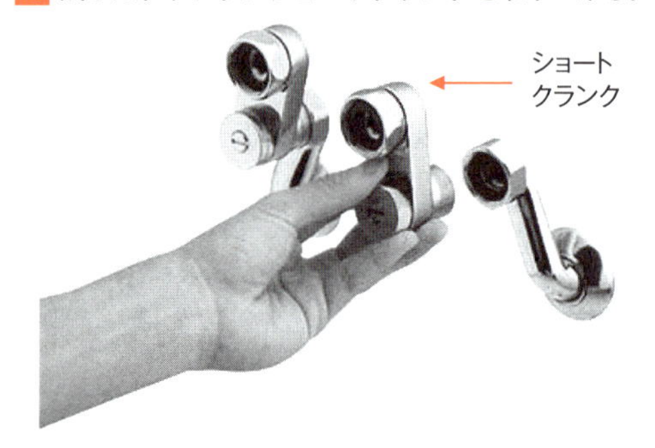

3 ショートクランクに混合水栓本体を取りつける。

4 水もれがないか確認し、問題がなければ作業完了。

商品紹介

壁づけタイプ(DIY可能)

壁づけタイプは壁から出ている配水管に水栓を取りつける。
一般的に手洗い所、浴室や洗濯機などでよくみられる。

シングルレバー混合栓
ショートクランク仕様。既存のクランクを使用して取りつける。

2ハンドル混合栓
ハンドルのデザインが個性的。

2ハンドル混合栓
水抜き可能共用タイプ。

デッキタイプ(DIY可能)

浴槽やシンクのデッキ部分に取りつけるタイプの水栓。

面倒な工事が不要で、かぶせるだけで簡単に取り替え可能。レバー1本で湯量や湯温を調整できる。エコシングル機構を搭載しているので、水と湯をしっかり使い分けでき、お湯のムダ使いを防げる。

プロにおまかせ!

サーモスタット水栓
サーモスタットカートリッジの働きで湯水の混合量を自動調節し、温調ハンドルで設定した温度のお湯が自動的に出る。

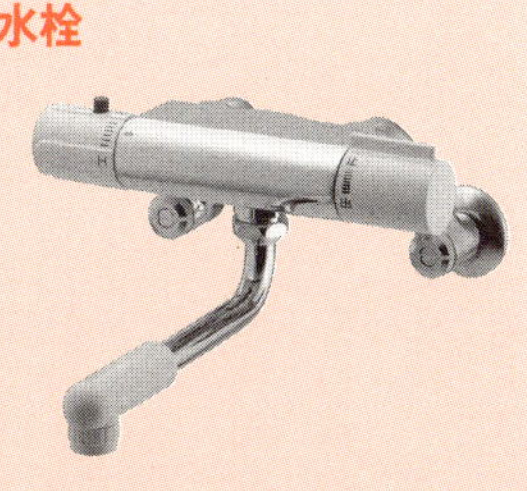

ワンホールタイプ混合栓
レバーを左右に振るだけで、湯水の混合量を自動調節。上下に振れば水量を調節。

水まわりのDIY

排水管の詰まりを直す

始める前に

一般的な一戸建て住宅で使われている多くの排水パイプには、U字形のパイプを利用した「トラップ」がついています。これはU字の部分に水をためて、下水からの悪臭や虫の侵入を防ぐ働きをするものです。

排水管が詰まりかけてくると臭いがしてくるのでわかります。完全に水が流れなくなると大変なことになってしまうので、日ごろから詰まる原因となるものを流さないことと、定期的に健康診断を行うことが大事です。

キッチンの排水パイプのつまりは「油」が最大の原因。パイプの内部に油がこびりつき、内径を狭くしていきます。ときどき、熱いお湯を大量に注ぐか、微生物分解酵素剤を流して油分を取り除きましょう。

水洗トイレの詰まりは、多くの場合、水洗用のペーパー以外のものを流してしまうことで起こります。とくにティッシュペーパーは水に溶けにくく詰まりの最大の原因になりますから、絶対に流さないようにしましょう。

専用の道具が必要

詰まりの直し方

キッチンや洗面所の排水パイプの詰まり

排水パイプが詰まったら、U字管の部分から分解します（右ページの図参照）。このとき、パイプの中にたまっている水が流れ出るので、必ず、バケツを置いてから作業を。パイプを分解したらそれぞれのパイプの中を、ブラシでこすって掃除を。また、市販のパイプクリーナーで流れがよくなることもあります。

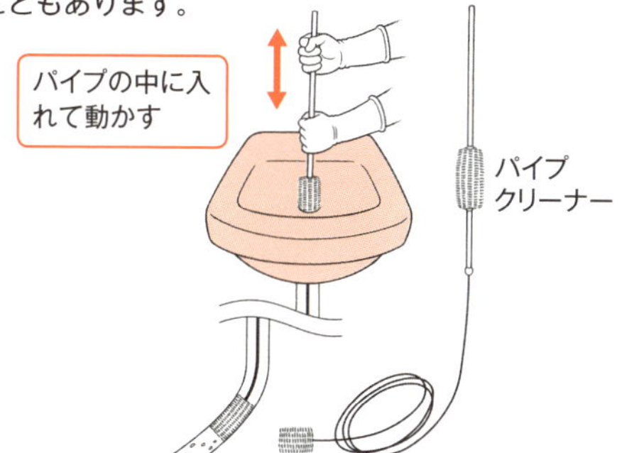

水洗トイレの詰まり

トイレの詰まりを直すには、市販の真空式吸引カップを使います。水がたまっている部分に当てて、勢いよく引き上げます。これを何回か繰り返すと直ります。それでも直らない場合は、市販のトイレクリーナーを使います。クリーナーの先がパイプの中に入り込み、異物を引きだします。

トイレクリーナー

ハンドルを回転させながら押し込んでいくと、先端部が自在に曲がって、排水溝の中へ入り込み、異物をひっかけて引きだす

あると便利な道具

排水パイプや水洗トイレの詰まりを直す

排水パイプや水洗トイレの詰まりも、専用の道具なしで直すことは難しいもの。もしものときにあわてないように、真空吸引カップ、トイレクリーナー、パイプクリーナーを用意しておいたほうが安心です。

水洗トイレは真空式吸引カップで解決しない場合はトイレクリーナーの出番です。長さが1m近くあり、ほぼこれで解決しますが、もしこれでもダメな場合は専門業者に相談を。

洗面所やキッチンの排水パイプにはパイプクリーナーを。3~15mまで届き、パイプの奥底のゴミを取り除くことができます。

真空式パイプクリーナー
トイレ、洗面台、流し台のつまりに。ハンドルの引き上げ、押し下げにより詰まりを除去。

トイレクリーナー
洋式、和式トイレ専用の洗浄器。スプリングが作用し、汚物、異物を押し出すか、ひっかけて取り出すことができる。

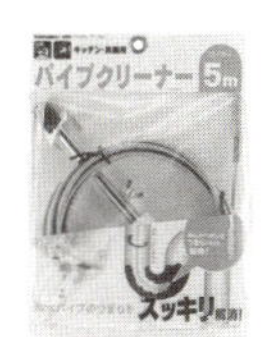

パイプクリーナー
流し台や洗面台、風呂場、トイレの詰まりに。

水まわりのDIY

バスタブの補修

バスタブの表面のキズは長期間の使用によって、キズが広がり水もれを起こす心配があります。素材によってはサビが生じることも。簡単な手間で済むうちに、早めに対処しましょう。

また、バスタブと壁の継ぎ目の充てん（接着剤）剤も長期間の使用ではがれて、すき間ができることがあります。ここから水や湿気が入り込んで、土台を傷めるなど大きなトラブルの原因となるので、気づいたら早めに修理を。

浴室の壁も素材によっては塗り替えが可能です。塗り方は室内の壁塗りと同じやり方ですが、浴室の壁の場合は、カビ対策を行うことが大事。塗り替える前に、壁のカビをしっかりと取り除き、カビ止め剤が入っている塗料を選びましょう。

始める前に

最近では多機能の浴槽が増えていますが、もっともポピュラーなＦＲＰ（繊維強化プラスチック）製の浴槽をご紹介。ＦＲＰ製の浴槽も、次ページのホーロー製と同様の補修が行えます（専用の充てん接着剤を使用）。

チェック FRP製の浴槽

ポリバス

繊維強化プラスチック製バスタブはデザインも豊富で価格もお手ごろなベーシックな浴槽。

ポリバス（据え置きタイプ）

設置の手間が少ない据え置きタイプも人気。

ポリバス（いたわり浴槽）

手すりがついていて、お年寄りや子どものいる家庭向き。

土台を傷める危険があるので早めに対処

バスタブと壁面のすき間を埋める

メンテナンスに使用するのは、防水性のある充てん剤。硬化するとゴム状になるので、多少のことでははがれたりひび割れたりせずに安心です。色も白、透明、アイボリーなど数色あります。作業は補修個所をよく乾燥させて行うことがコツです。

1 補修個所をよく乾かす

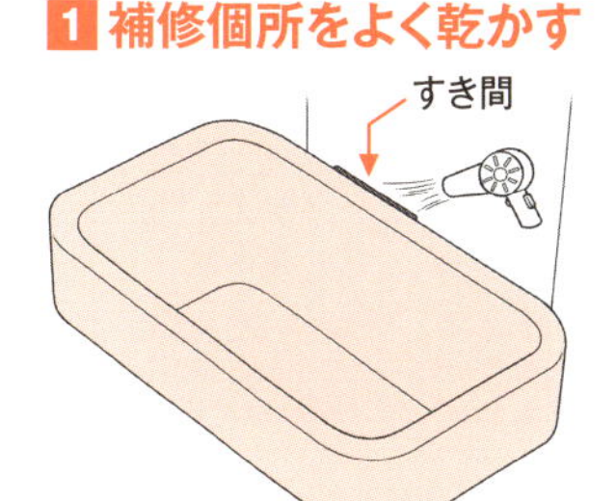

2 すき間の周囲にマスキングテープをはる

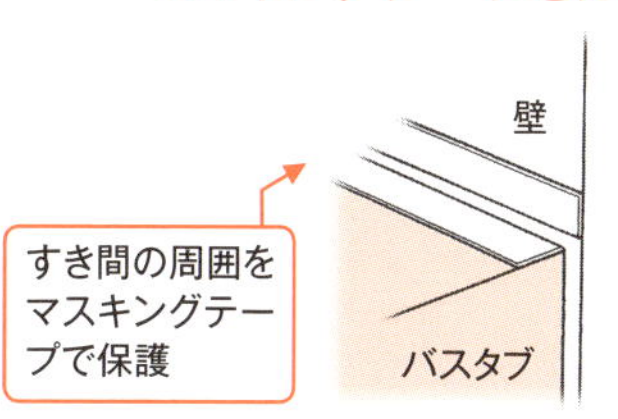

3 充てん剤のノズルをすき間の幅に切る

4 充てん剤をすき間に注入

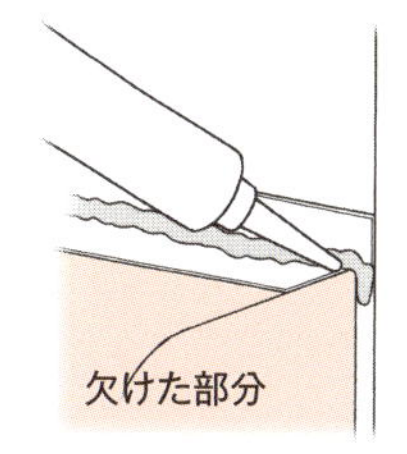

5 充てん剤を指でならす

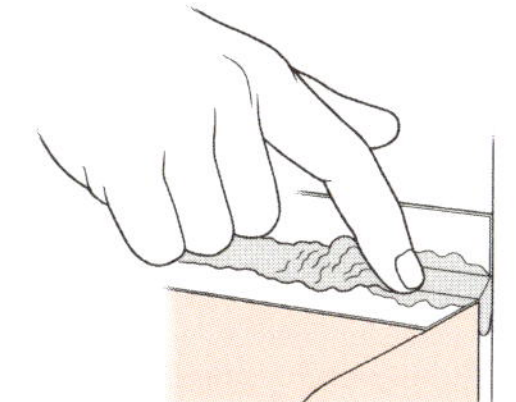

小さなキズの段階で早めに対処を

ホーロー製バスタブのメンテナンス

ホーローの表面が欠け落ちたときは、ホーロー補修専用の充てん接着剤を利用します。補修する前に補修個所をよく乾かしてから作業することが大事です。

1 接着剤をよく混ぜ合わせる

エポキシ系充てん接着剤は、ほとんどが主剤と硬化剤を混ぜ合わせて使用。

2 キズに充てん接着剤を塗る

あとで表面をならすので、最初はやや多めに塗るのがコツ。

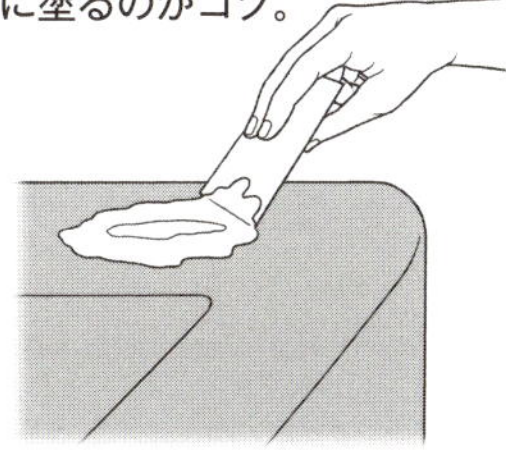

3 充てん接着剤を均等にならす

厚紙やヘラなどで接着剤の表面をならして、ほかの部分と高さを合わせる。

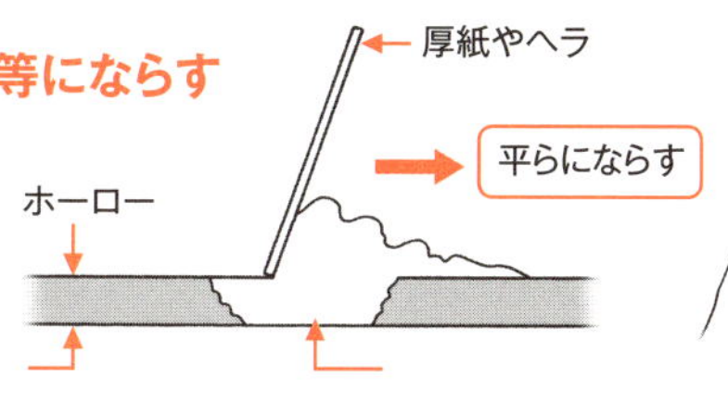

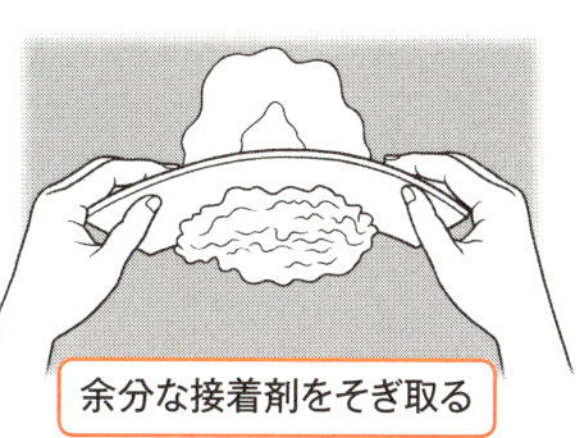

水まわりのDIY

シャワーヘッドの交換

始める前に

最近はシャワーヘッドの種類も豊富。お湯が断続的に出るマッサージシャワー、ヘッドの角度を変えられるもの、ワンタッチでシャワーを止められるものなどさまざま。好みでつけ替えてみては。

シャワーのトラブルはシャワーの水の出が悪くなることと、シャワーヘッドとホース、ホースと混合水栓のつなぎ目からの水もれです。水の出が悪い原因のほとんどが、シャワーヘッドの目詰まりで、ヘッドを掃除すればOK。水もれの原因は、各部分のパッキングが傷んでいることがほとんどで、交換すればだいたい直ります。サイズは雄ネジ部分の外径が20㎜のものが一般的ですが、念のため寸法の確認を。

また水温の調節がうまくいかない場合は、水圧のバランスが崩れている可能性があります。偏心管がついている水栓ならこれを回して調節します。しかし、メンテナンスをしても直らなかったり、偏心管がついていないタイプの水栓の場合は、専門店に相談を。

チェック シャワーヘッドのいろいろ

節水機能つきシャワー

浴び心地は変わらず、空気の力で約35%の節水が可能。

クリック機能つきシャワー

手元のボタンを押すだけで吐水、止水ができる。今使っているシャワーの金具に取りつけるだけ。

マッサージ機能つきシャワー

旋回水流によって断続的に水の強さが変わり、マッサージ効果が。通常のスプレーと切り替えも可能。

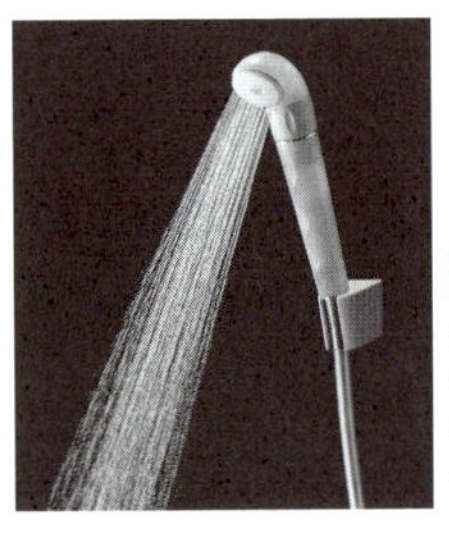

髪や肌にやさしいシャワー

髪や肌にダメージを与える水道水の塩素をビタミンCで低減。必要なときだけ塩素を低減する切り替えタイプ。節水機能つきで省エネにも。

簡単にできて気分一新

シャワーヘッド・シャワーホースの交換

シャワーヘッドやホースの交換は、特殊な工具がなくても簡単にできます。
「古くなった」と感じたら、交換しましょう。

シャワーヘッドの交換

シャワーヘッドを回して外し、新しいものと交換する。

1 古いヘッドを回して外す

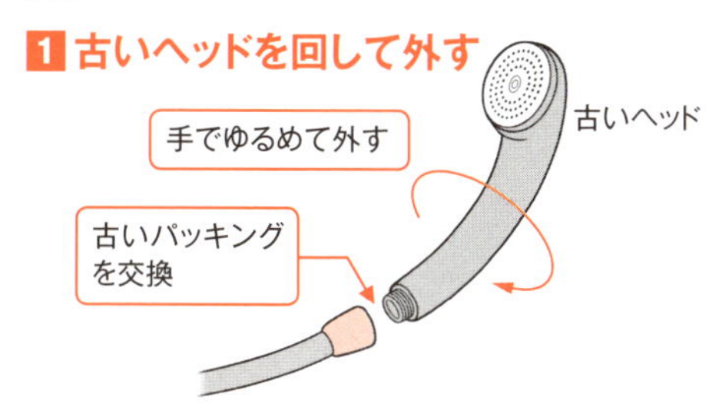

2 新しいヘッドを取りつける

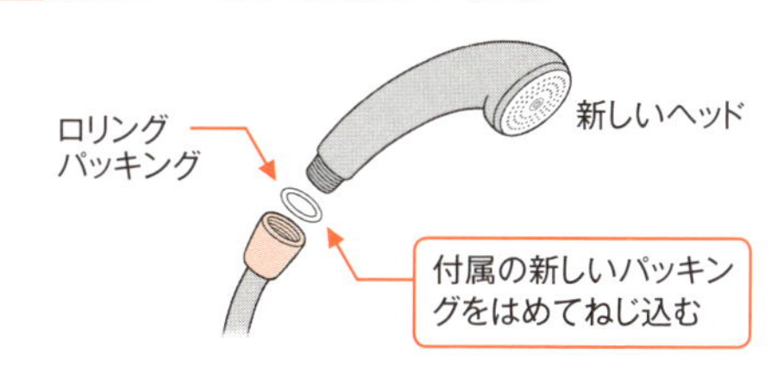

シャワーホースの交換

水栓とホースの接続部のネジのサイズも、雄ネジ部分の外径が20㎜。ただし一部のメーカーではサイズが異なる場合が。その際はアダプターを介して固定を。

1 古いホースを取り外す

スパナでホースのつけ根を回して古いホースを外す

新しいホースを購入するときは、販売店へ古いホースを持参し、ナットのサイズを確認すること

2 新しいホースを取りつける

このネジにホースが合わないときは、アダプターを介して取りつける

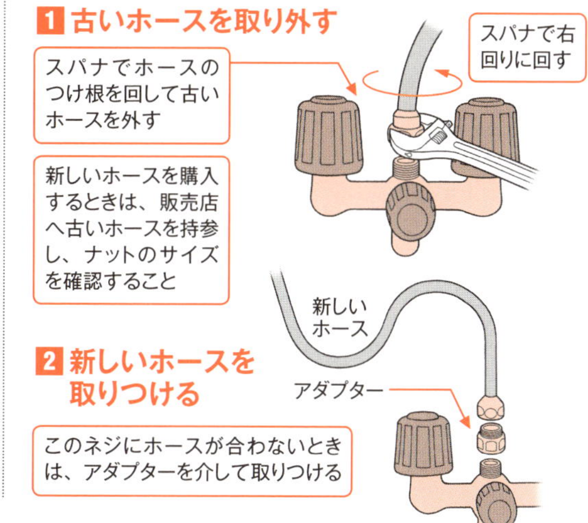

水量が少ないと感じたら

シャワーの水量の調節

シャワーヘッドの目詰まりが原因のほとんどです。ヘッドを掃除し、それでも直らない場合は偏心管を回して水量を調節します。偏心管がついていない場合は専門店に相談を。

シャワーヘッドの掃除

家庭用洗剤を薄めた水の中でヘッドを振り洗いする。それでも直らない場合は、細い針などでヘッドの穴を掃除する。

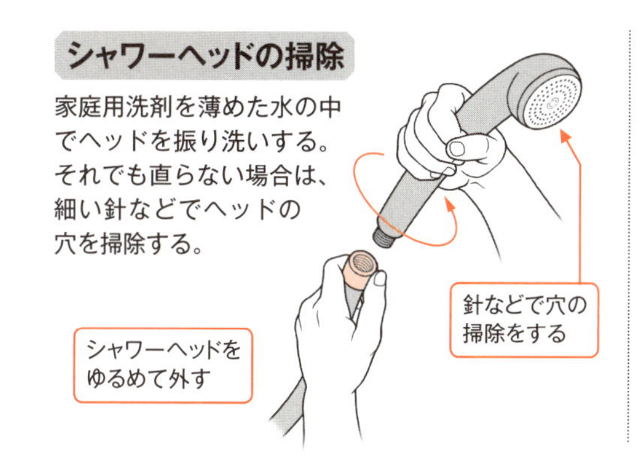

偏心管で調節

偏心管を調節することで、水量の調節も可能。

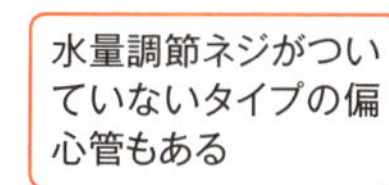

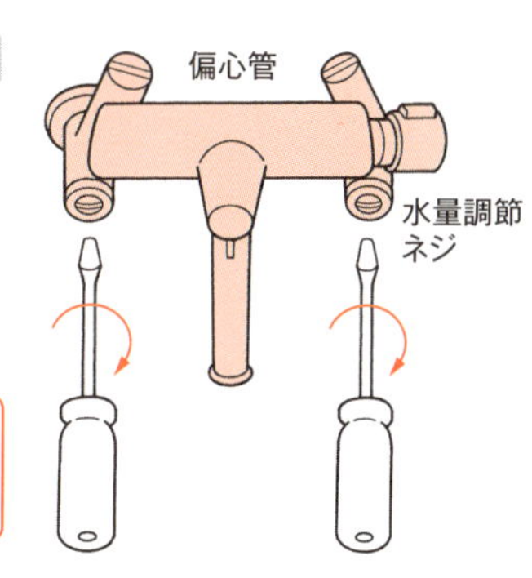

水洗トイレの補修

始める前に

レバーがスムーズに作動するのに、水が止まらないときは、タンク内部のトラブルが原因。故障の個所は次の6か所が考えられます。どの個所のトラブルかは、止水栓を閉めることで確認できます。

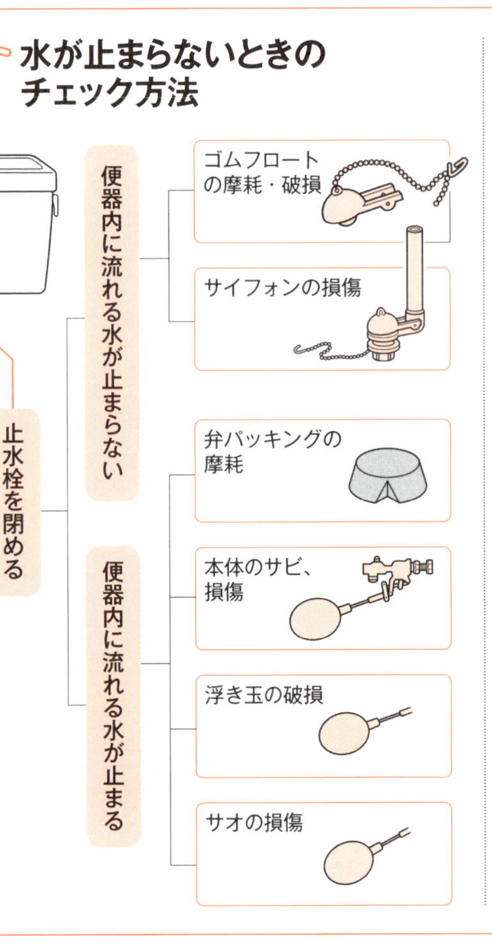

水洗トイレのトラブルとして考えられるのは、レバーの故障、水が止まらない、水が出ない、便座や便座カバーの破損など。どれも起こってしまうとやっかいですが、自分でメンテナンスできるものが多いので、仕組みを知って適切に対処しましょう。

最も多いトラブルはレバーは動くのに水が止まらないケース。ゴムフロートやサイフォンのトラブルは市販の新しいものと交換すれば直ります。浮き玉が外れている場合は止め直せばOK。そのほかのトラブルも破損個所の部品を取り替えることで改善されることがほとんどです。販売店に行く際は、自宅のトイレの部品を写真に撮るなどして同じ形のものを選ぶといいでしょう。

水洗トイレの 基礎知識

水洗トイレの水が流れる仕組み

一般家庭の水洗トイレで最も多く利用されているのが、ロータンクがついていて、そこから水を流すタイプのもの。さまざまな機種が各メーカーから発売されていますが、原理は基本的には同じなので、ロータンクの構造を知っておくといいでしょう。

ただし、タンクを開けて仕組みを調べる場合には、必ずタンクのそばにある止水栓を閉めてからにすることをお忘れなく。さもないと、水が勢いよく噴きだして水びたしになることがあります。

同様に、ロータンクのメンテナンスを行うときも、止水栓を閉めて行います。

ロータンクの仕組み

右のタイプは「手洗い付き密接形」と呼ばれるタイプ。このほかに、上から見た断面が三角形の「隅付け形」(トイレのコーナー部分に取りつける)や、上に取りつけるハイタンクがある。

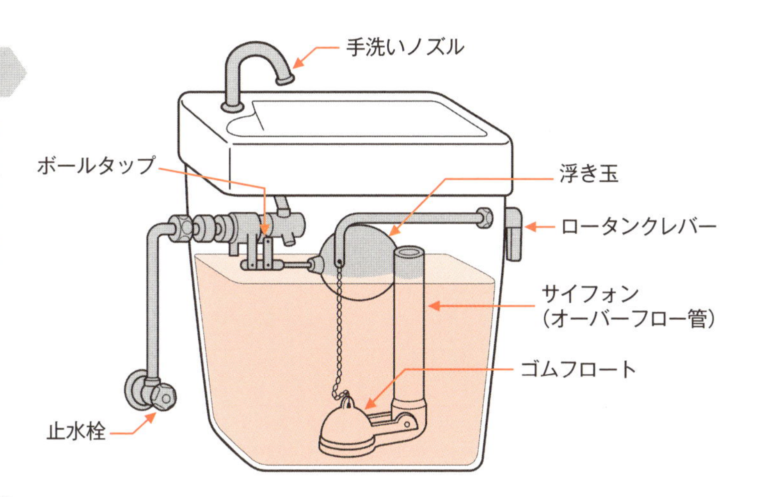

水の流れる仕組み

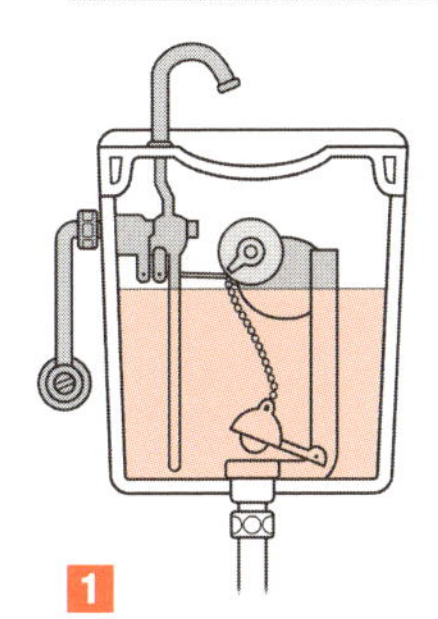

1 レバーを回すとゴムフロートが浮き上がり、すき間から水が便器に流れる。

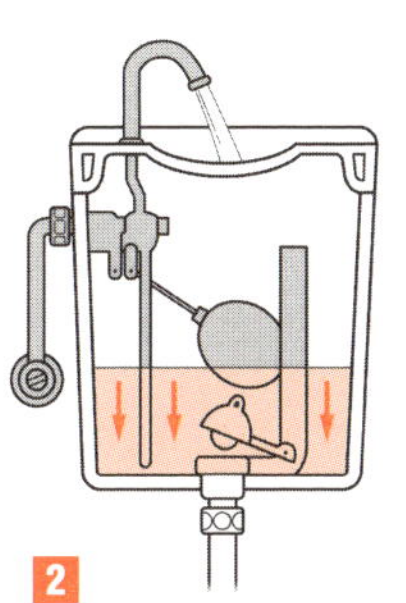

2 タンク内の水位が下がるとともに浮き玉が下がり、ボールタップの弁が開いて給水が始まる。

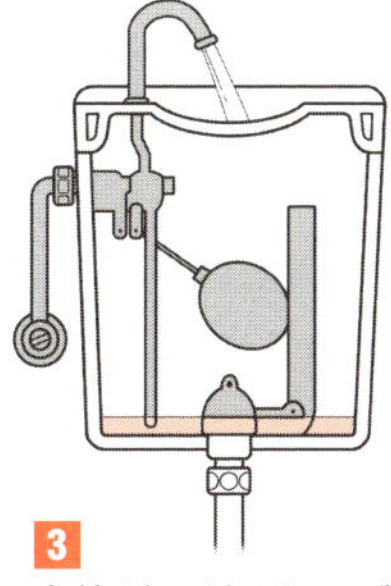

3 水位が下がると、ゴムフロートが下に落ち、便器への配水が止まる。

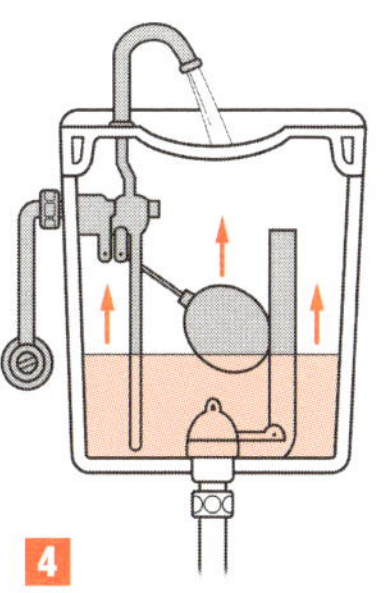

4 タンク内の水が増えるにつれて浮き玉が上昇する。

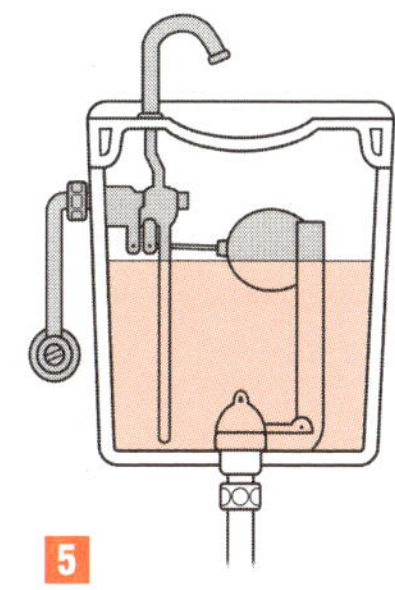

5 浮き玉が最初の位置に戻ると、ボールタップの弁が閉じ、給水が止まる。

水が止まらないときはまずココをチェック

レバーの回転不良の直し方

水が止まらないときは、まずレバーの回転具合をチェック。いつも湿っているので、さびて腐食している場合があります。外したレバーを取りつけるときは、最初の向きと同じ向きにつけます。間違うと「大」「小」が逆になってしまうので注意を。

1 レバーを外す

止水栓を閉めてからレバーを外す。レバーの向きを覚えておくこと。

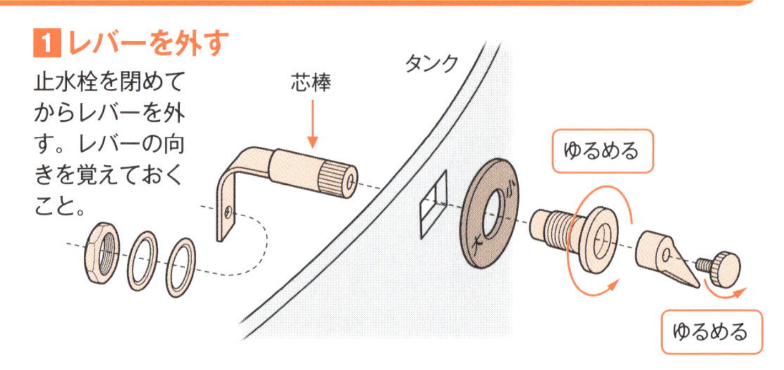

2 芯棒のメンテナンスをする

腐食していれば新しいものと交換する。回りがスムーズでなかったら、ワイヤブラシで汚れを落とし、油をさす。

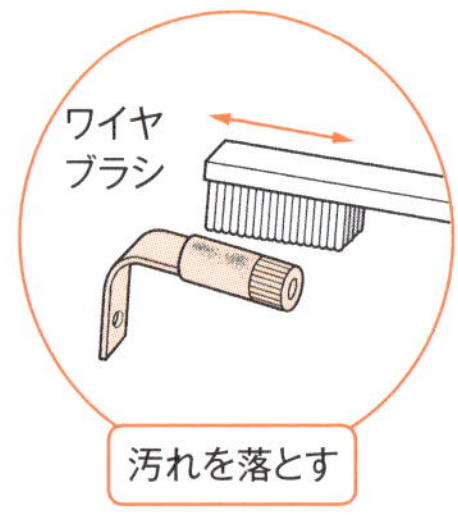

3 レバーを元通りに組み立てる

レバーを元通りに組み立てる。これで直らない場合は、レバーを交換。取り外したレバーを販売店に持参して、同じサイズのものを選ぶこと。

簡単に交換できる

ゴムフロートの交換

ゴムフロートがサイフォンから外れていたり、洗浄管（便器に通じているパイプ）にきっちりはまっていない場合は、つけ直し、調整します。配水部分にゴミがたまっていたら掃除を。ゴムフロートやサイフォンが傷んでいたら、新しいものに交換を。なお、作業を始める前に止水栓は必ず閉めて。

1 ゴムフロートを取り外す

レバーから鎖を外し、サイフォンからゴムフロートを取り外す。

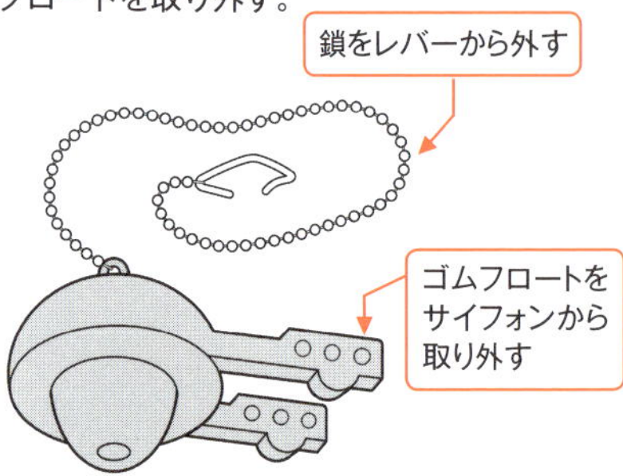

2 新しいゴムフロートを取りつける

新しいゴムフロートを取りつける際は、レバーを「小」に回したときに、ゴムフロートと配水口の間に5～10㎜のすき間ができるよう、鎖の長さを調節する。

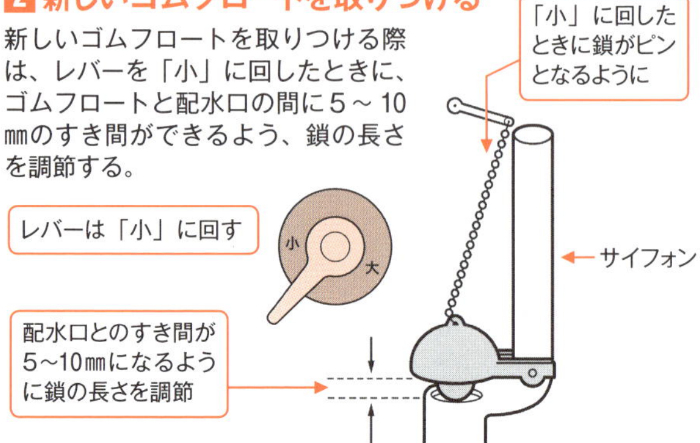

それでも水が止まらないときは

ボールタップの弁パッキングの交換

それでも水の流出が止まらないときは、浮き玉を手で持ち上げます。ボールタップからの流出が止まるようなら、浮き玉の調節が狂っているのが原因。支持棒を「へ」の字に曲げて、低い位置で水が止まるようにします。それでも水が止まらない場合は、ボールタップの弁パッキングを交換して。

1 ボールタップを取り外す

止水栓を閉め、①か②のネジを外し、ボールタップから弁体を外し、弁パッキングを取り外す。

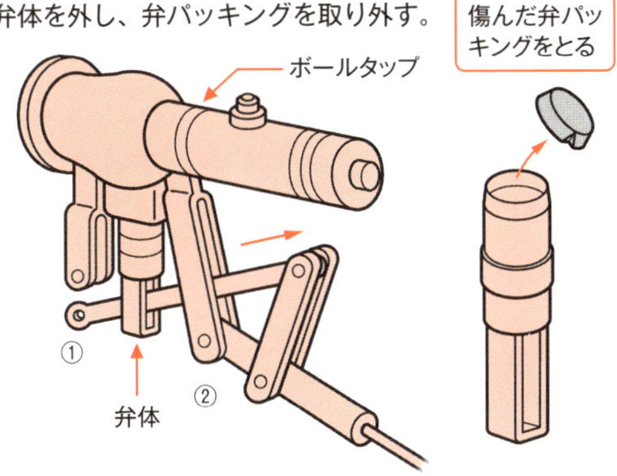

2 新しい弁パッキングを取りつける

傷んだ弁パッキングを取り外し、新しい弁パッキングを取りつけ、弁体をボールタップにつけ替え、ボールタップを元通りに取りつける。

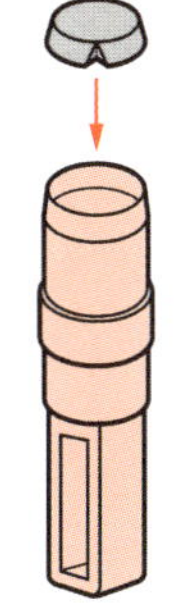

径の大きいほうを下にして取りつける

直接パイプが立ち上がっているタイプは、パイプにコップをかぶせると水が飛び散らない

ひとことワンポイント

手洗いノズルからの水の噴き出し防止法

ロータンク式の水洗トイレの多くは、タンクの上面に手洗いノズルがついています。タンク内のボールタップから連結ホースでつないだタイプと、連結パイプが立ち上がって直接ノズルにつながったタイプがあります。いずれも、点検や修理で水を流すなどすると、そこから水が噴き出すことがあります。

連結ホース式のものは、ホースを必ずタンク内に下向きにしておくこと。直接パイプが立ち上がっているものは、パイプにコップなどをかぶせて、水が噴き出さないようにしておくことをお忘れなく。

水が出ないときの原因は3つ

水が出ないときの直し方

レバーを回しても水が出ない場合の原因は主に3つ。右のフローに従って確認し、異常個所がわかったらメンテナンスを行います。また、ボールタップのピストンバルブ部分にゴミや水アカが付着しても、水が出にくくなります。汚れている場合は掃除を。

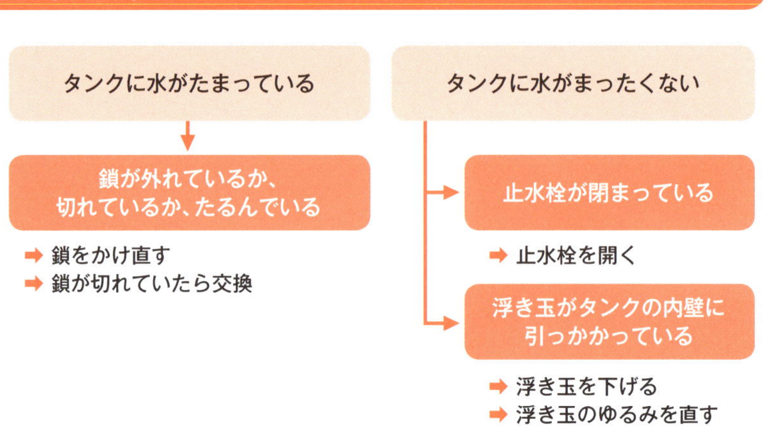

浮き玉の調整

浮き玉がタンクの内壁に当たって動けなくなっていたら、支持棒を曲げて当たらないようにする。

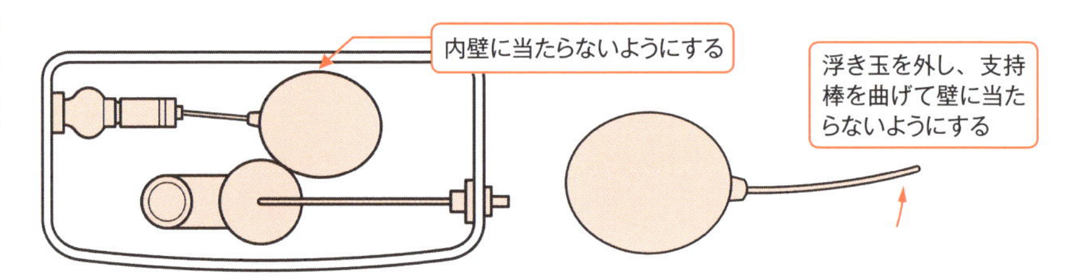

止水栓が閉まっていたら開く

前回のメンテナンスの際に止水栓を閉め、そのままになっていることも。その際は止水栓を開く。

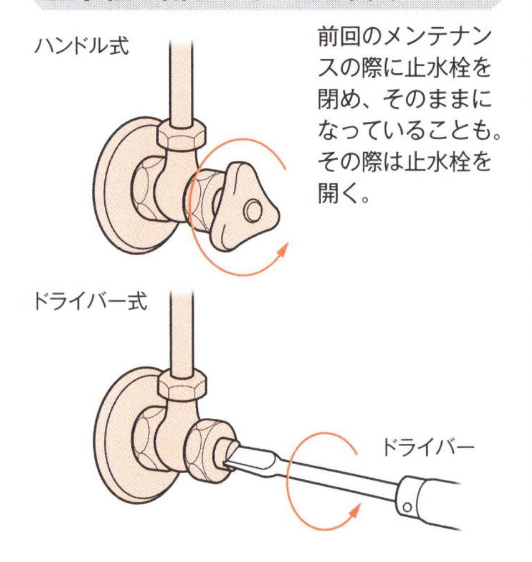

ゴムフロートの鎖を直す

ゴムフロートとレバーをつなぐ鎖が切れたり、外れたり、あるいはたるんでいたら直す。鎖はピンとはるのではなく、多少のたるみを持たせて、レバーを動かしながら調整。

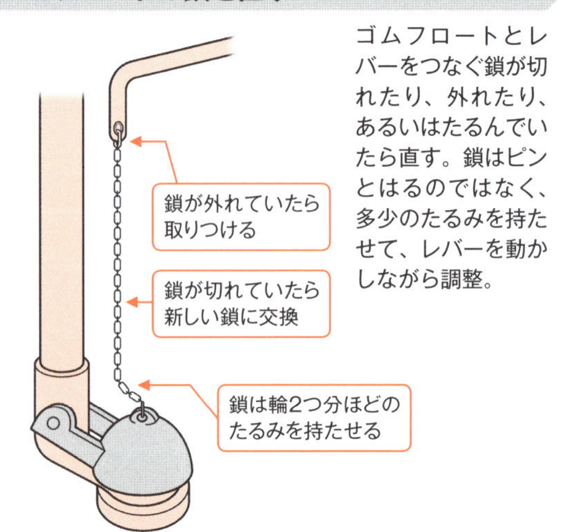

メンテナンス後に必ずやること

止水栓の流量の調整法

点検や修理などで止水栓を閉めて、ふたたび開ける際、開きすぎると水の流量が多すぎて、タンクから水があふれることがあります。浮き玉を手で下へ押し下げたまま、止水栓を開きます。水がたまり、オーバーフロー管から1cm以上に水が増えない流出量になるよう、止水栓を調整します。

ドライバー式の止水栓なら、コインかドライバーで調整

水面がオーバーフロー管より約1cm以上にある状態で水が流れているようにする

水面

約1cm

浮き玉を手で押し下げたまま水をためる

オーバーフロー管

ハンドル式の止水栓なら、手でハンドルを回して調整

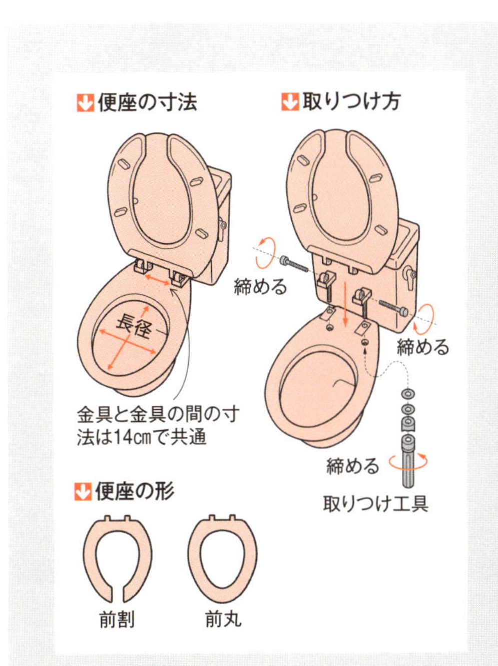

ひとことワンポイント

便座が破損したら便座だけを交換すればOK

便座にひびが入ったり、割れたりすることがあります。この場合、便器に問題がなければ、便座だけを新しくすれば大丈夫です。

国産メーカーのほとんどの便座の規格は2種類。便器の内側の長径が32～32.5cmの「レギュラーサイズ」と、36～38cmの「エロンゲートサイズ」の二つ。取りつけ金具の間隔はどちらも14cm。購入の際は、便座の内側の長径と、念のため金具の間隔を測っておくようにします。

暖房便座や温水洗浄便座の交換の際も、この二つのサイズを測っておくようにします。

基本的には電源があれば取りつけ可能

温水洗浄便座を取りつけるポイント

従来の便座だけでなく、温水洗浄便座もDIYで取り替え可能です。ただ、トイレの広さやタンクの位置、便器のサイズなど事前に測ることが大事。またトイレ内に電源がない場合は電源工事が必要になります。

1 トイレの広さを確認

温水洗浄便座を取りつける際は、トイレの広さによって設置できる便座のサイズが異なる。便座購入前に広さを測る。

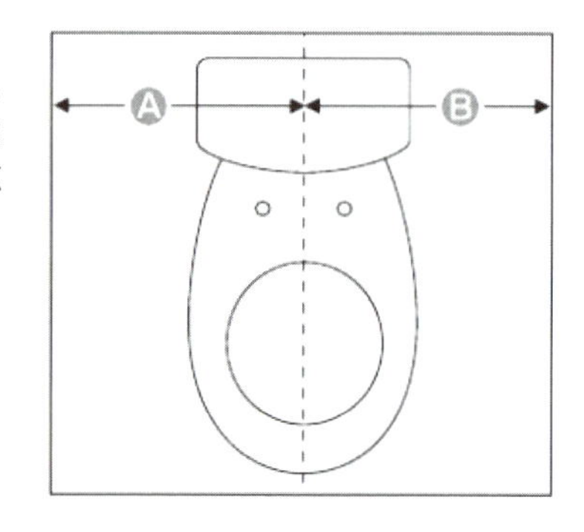

A	B
26cm以上	30cm以上
30cm以上	31cm以上
	24cm以上

2 タンクの種類と位置、便器サイズを確認

タンクの位置や便座のサイズなどでも取りつけられる温水洗浄便座は異なる。購入前にサイズを測る。

ロータンク式　**手洗いつき**

隅つきロータンク

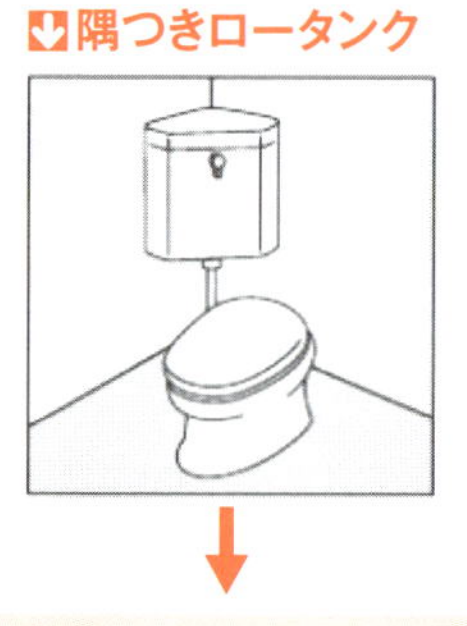

便器のサイズ

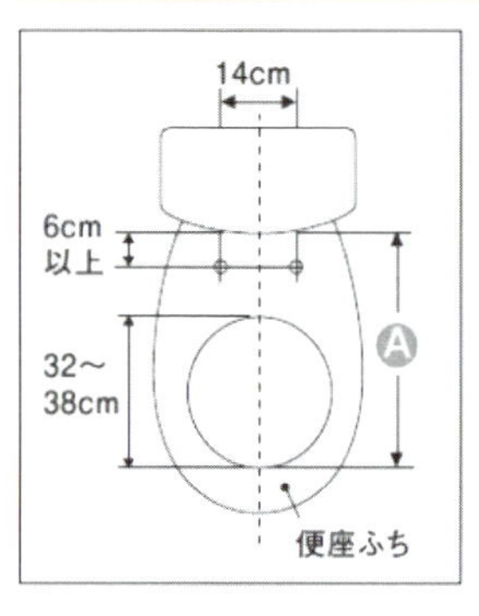

便座のふちが平らではなく、斜めになっていたり、丸くなっている場合は販売店に相談を。

普通サイズ…44cm
大形サイズ…47cm

＊イラストはパナソニック HPより

ロータンクの位置

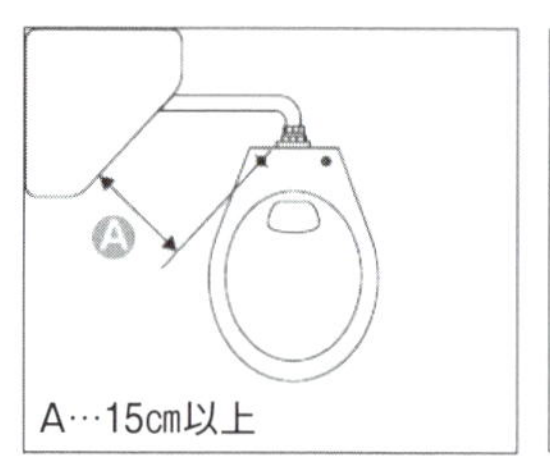

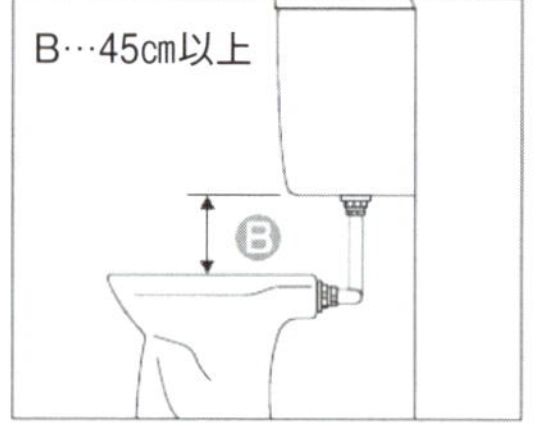

AもBもサイズが足りない場合は、ロータンクの位置を上げるなどの対応が必要。

※デザイン便器、ワンピース便器、ハイタンク式便器、非水洗便器、幼児用便器、障害者用便器、その他特殊便器には取りつけることはできない。

3 止水栓を確認

止水栓のタイプによって取り付け方法が異なる。また付属の部品だけでは作業ができない場合もあるので、あらかじめ確認を。

外ネジタイプの止水栓

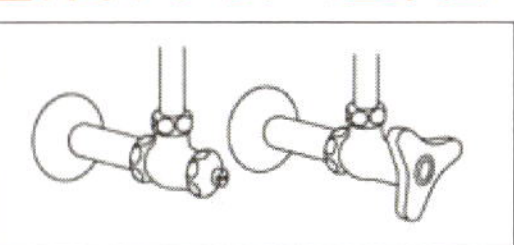

内ネジタイプの止水栓

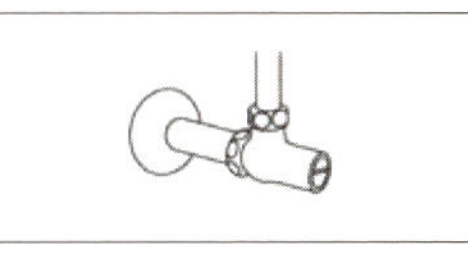

製品に付属してある部品だけで取りつけ可能

止水栓なしのタイプ(寒冷地帯)

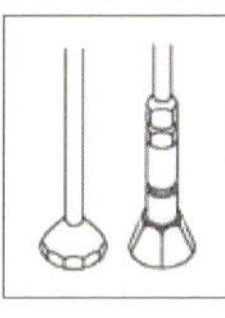

配管が床から立ち上がっているタイプ

フラッシュバルブタイプ

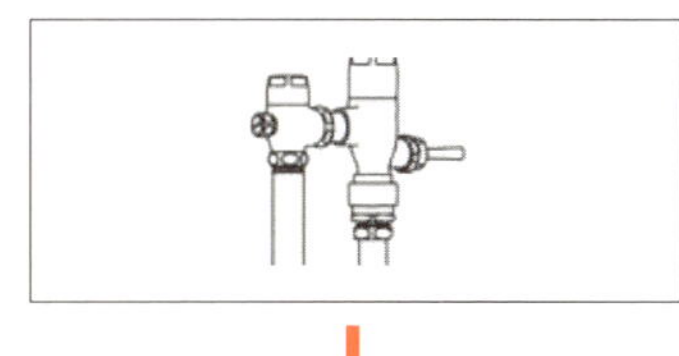

取りつけは専門業者に依頼を。

商品紹介

機能も増えた最新温水洗浄便座

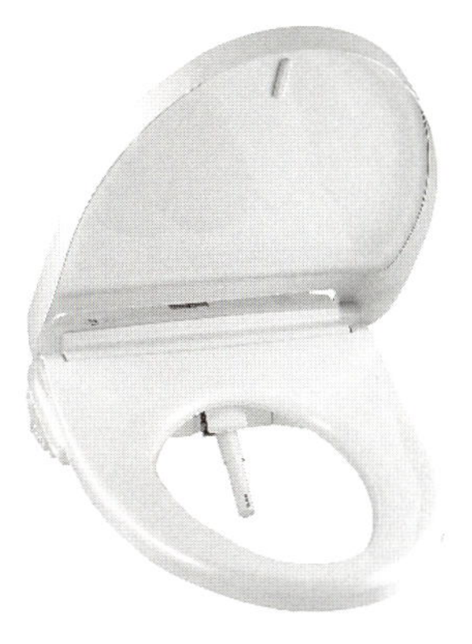

ウォシュレット®

清潔機能、清掃機能、洗浄機能、エコ機能、快適機能の最新機能をすべて搭載した新製品。温水瞬間式。
「ウォシュレット®アプリコット」(TOTO)

シャワートイレ

水抜き可能共用タイプ。シンプルなデザインがどんなトイレにも合う。タンクの掃除が不要で手入れが楽。
「サティス」(LIXIL)

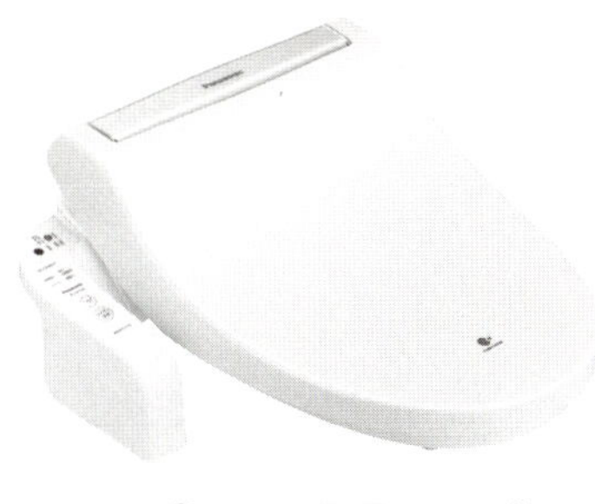

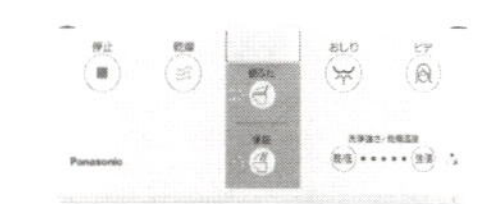

温水洗浄便座

W瞬間式で省エネ基準達成。エコナビ搭載。便座・便器内の表面の菌を抑制。「ナノイー」除菌機能。
「ビューティートワレ」(パナソニック)

F 建具のDIY

ふすまの補修とはり替え

始める前に

ふすまはりなどは、どこの家庭にもある大工道具を利用して作業することができますが、専用の道具を使うと作業の効率がアップ。ペットや小さい子どもがいるなど、はり替え頻度が高い家庭は特に便利です。

チェック あると便利な専用の道具

おさえハケ

ふすま紙をはって、空気を追い出しながら仕上げをするのに使う。商品名は「なでバケ」「おさえハケ」「おさえブラシ」など。

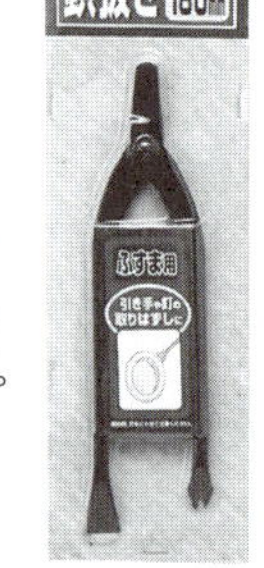

鋲抜き

ふすまの小さな鋲を抜いたり、ふすまの引き手を外すときに使う。商品名は「鋲抜き」「引き手はずし」など。

インテリアバール

小型のバールで、枠を外したり、クギを抜くのにも使える。「ふすま用」と書かれたものを。

ふすまは意外に複雑な構造をしています。ここではふすま紙のはり替えに必要な、最小限の仕組みを紹介します。

標準的なふすまの構造は31ページのとおり。ふすま紙のはり替えは、面倒でもふすまを分解して行ったほうが、仕上がりは格段にきれいになります。ふすまの分解といっても、周囲の枠を外すだけなので、ぜひトライしてみましょう。

その際、注意する必要があるのが、枠を取り外したとき、その枠がどのふすまのどの部分についていたものか、わかるように印をつけておくこと。もちろんそのふすまが、どこについていたかもわかるようにしておきます。

分解後は、ふすまを点検し、穴があったら補修紙でふさいでおきます。

ざっくりとでも知っておきたい

ふすまの構造と分解のやり方

多くのふすまは、クギが表面に出ないように、「折れ合いクギ」で框（かまち）に枠を固定しています。最近は、ドアや戸ぶすまに普通のクギや木ネジを使用しているものもあります。

ふすまの構造

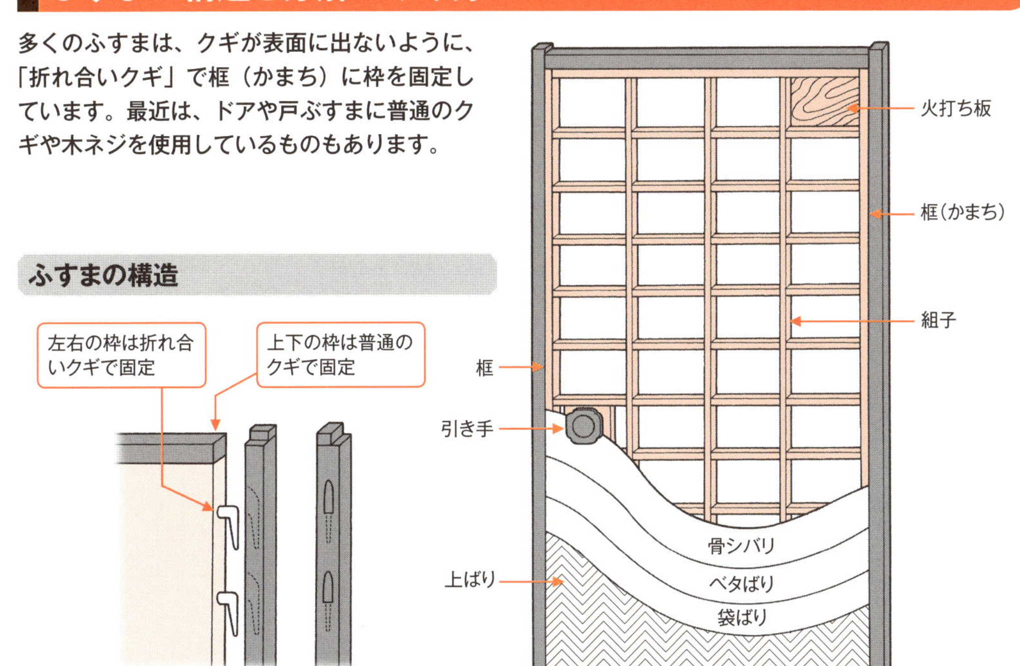

分解のやり方

1 左右の枠を外す

左右の枠の表面にクギが出ていなければ折れ合いクギを使用している。上から何度か叩いても外れないときは、折れ合いクギが逆についている可能性があるので、その場合は下から叩いてみる。折れ合いクギを使っていないものは、表面から固定しているクギやネジを外す。

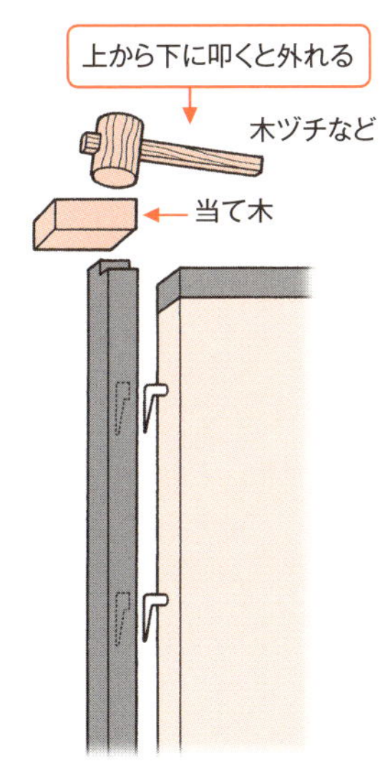

2 上下の枠を外す

表面からクギで打ちつけてあるので、インテリアバールなどをすき間に差し込み、木ヅチなどで叩いて外す。

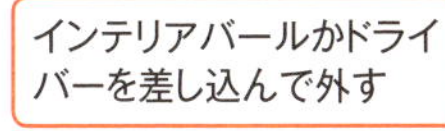

3 引き手を外す

ふすまと引き手金具の間に、大きめのドライバーかインテリアバールなどを差し込み、引き手の枠を傷つけないように外す。

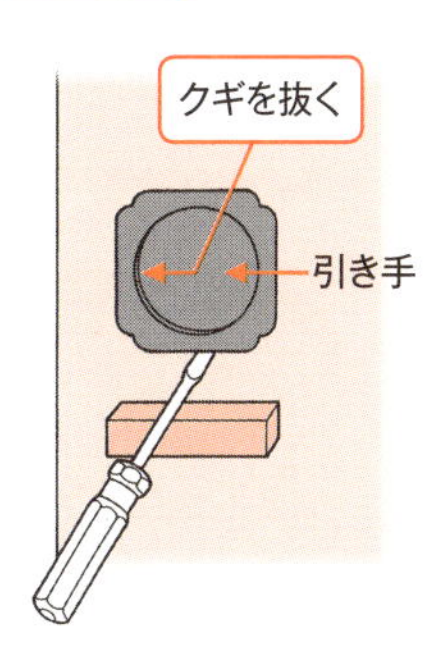

ちょっとした手間で見た目も気分もスッキリ

ふすまのメンテナンス

ふすまに穴があいた、建てつけが悪い、すべりが悪い……どれも気になります。
でも、どれもある程度は自分でメンテナンス可能。いつまでも気にしながら放っておかず、
ササッと自分でやって見た目も気分もスッキリしましょう。

ふすまの穴のふさぎ方

小さな穴で、ふすま紙が破れ落ちていなければ、中に画用紙などを入れて穴をふさぐ。下の部分の破れは思い切って下の部分、1/2～1/3全体に新しい紙をはる「腰ばり」にしても。その場合、同じ面のふすま全部を同様に。好みの色や柄の紙をはれば、模様替え効果もある。

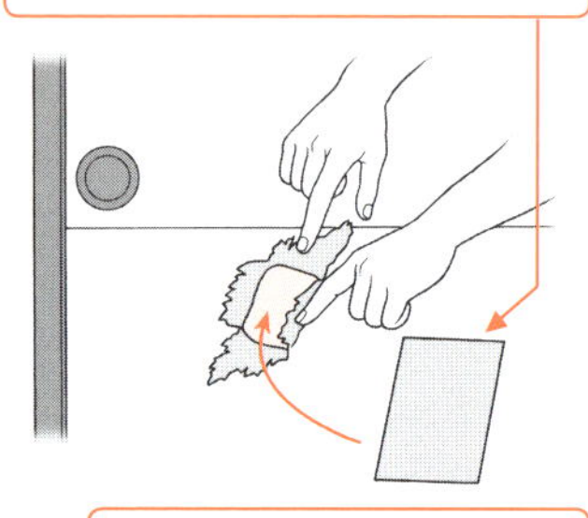

画用紙ほどの厚さの紙をふすま紙の裏に当てるように、穴の内側に入れる

破れたふすま紙の裏側に木工用ボンドを塗り、穴の中に入れた画用紙にきれいにはり合わせる

折れた組子の直し方

大きな穴があいたときは、ふすまの内側の骨、組子が折れていないか確認。折れていたら、木工用ボンドで接着しテープで固定。大きく破損している場合は、市販の修理用組子を求めるか、同じ太さの木材で補修を。ふすま紙をはるときは、下地調整紙を下ばりしてから。

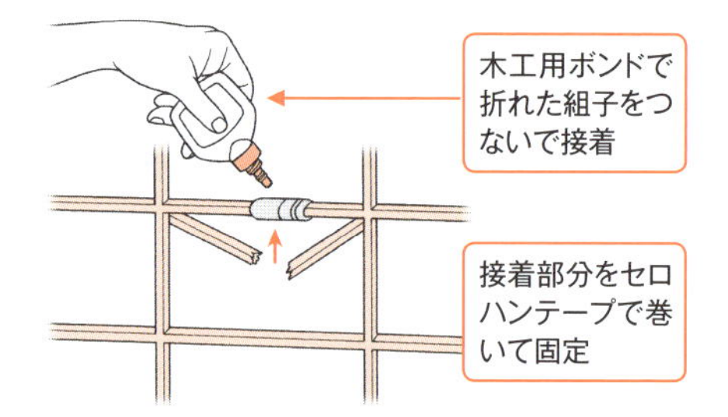

木工用ボンドで折れた組子をつないで接着

接着部分をセロハンテープで巻いて固定

ふすまのゆがみを直す

ふすまの枠と柱の間にすき間ができていたら、ふすまがゆがんでいる証拠。ふすまの下に、くさび形の当て木を細いクギで打ちつけて補修する。すき間ができているのが上か下かでくさびを打ち込む場所が変わるので要注意。

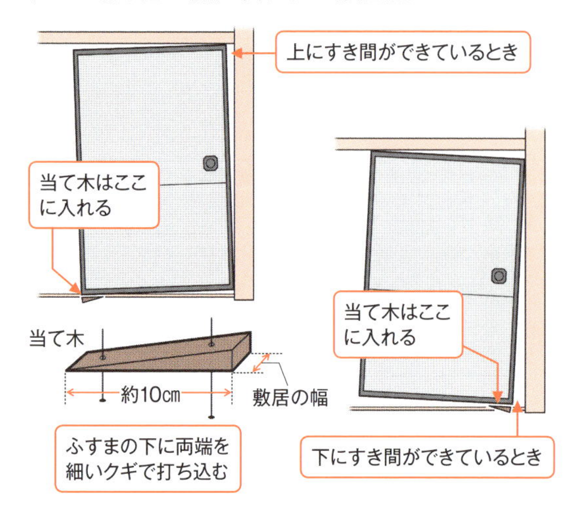

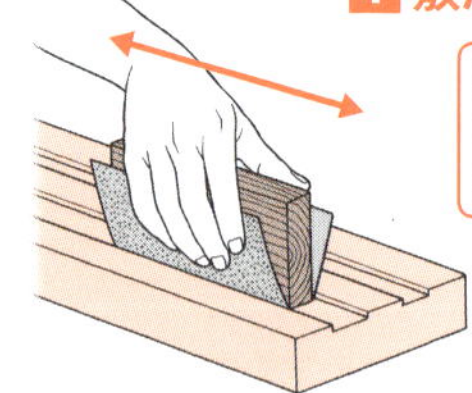

上にすき間ができているとき

当て木はここに入れる

ふすまの下に両端を細いクギで打ち込む

当て木はここに入れる

下にすき間ができているとき

敷居の滑りをよくする

まず50番、次に100番のサンドペーパーで敷居の汚れなどをよく落とす。そのあと、ロウやワックスを塗る。または、市販の敷居滑りをはってもＯＫ。

1 敷居の汚れを落とす

敷居の幅の木片にサンドペーパーを巻いて敷居の汚れを落とす

サンドペーパー50番、次に100番の二種類を使用

2 ロウかワックスで滑りをよくする

ロウかワックスを敷居全体に塗る

手軽に使える

ノリつきふすま紙のはり方

市販されているふすま紙には、すでに裏にノリがついているものがあります。それもシール状のものと、水を含ませてノリを戻すタイプがあります。広い範囲をはる場合は、水で戻すタイプのほうが使いやすいでしょう。押し入れのふすまなど、片面だけしかはり替えない場合は、はり替えないほうにあらかじめ霧吹きなどで水を含ませておきます。そうしないと、乾いたときに反りが出てしまいます。

1 ふすまを切る

はり替えたいふすまの枠を外し、ふすまより上下左右各1㎝ずつ大きくふすま紙を切る。下の部分だけ柄の入った紙をはる場合は、ふすま紙の柄を合わせて、左右用の2枚を重ねて同時に切る。

約1㎝
枠を外したふすまの大きさ

柄があるふすま紙をはる場合は、隣にくるふすまと柄を合わせるために、左右用に二枚重ねて切る

2 ノリを戻す

コツは水をたっぷり含ませたスポンジで、水を均等に含ませてノリを戻すこと。水を含ませたら3～5分ほど待ってはる。こうすることでノリの粘着力が増し、さらにはったときに紙がシワにならない。

3 ふすま紙の上にふすまを乗せる

ノリを戻したら、ふすま紙の上にふすまを乗せる。上下左右の残り幅が均等になるよう中心に置く。

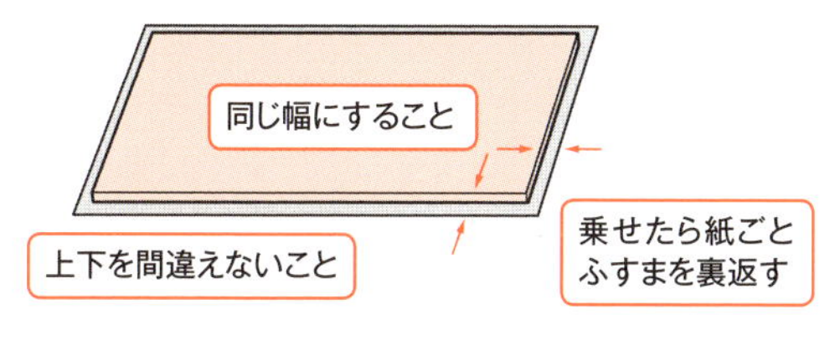

4 しっかりとはりつける

紙ごとふすまを裏返したら、紙の中心から放射状にタオルやなでハケを動かしてはっていく。

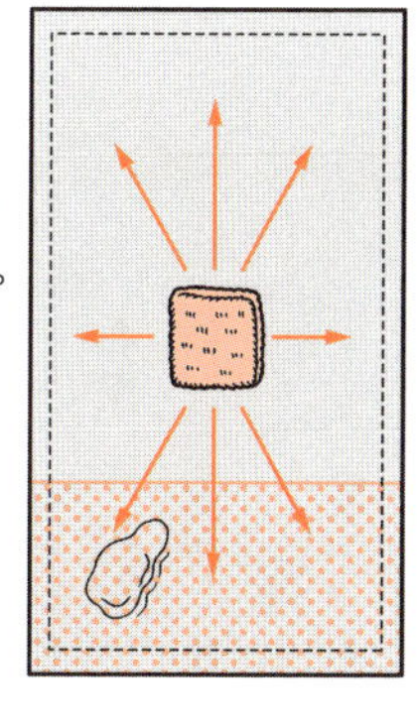

タオルか、なでハケで紙の中心から放射状にはる
空気が入って膨らんだらそこまではがして、なでつける

5 周囲を折り込む

しっかりはったら周囲の余分な部分を折り込む。柄がある場合、周囲の残り幅を上下左右均等にすることで合わせやすくなる。

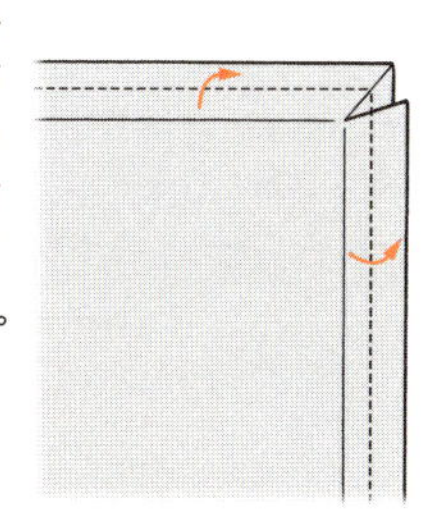

6 枠や引き手を取りつける

枠の取りつけは、外したときの逆順で。上下、そして左右を取りつける。折れ合いクギは、外したときに高さが揃っていなかったら揃えてからつける。引き手は、指で表面をなぞると場所がわかるので、そこに十字などの切り込みを入れてはめ込み、引き手クギで固定する。

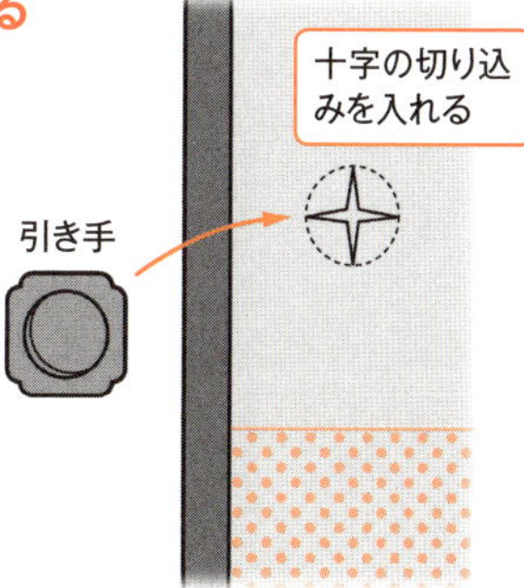

慣れてきたらこの方法もあり

枠を外さずにふすま紙をはる

枠を外さなくても、簡単にふすまのはり替えをする方法です。はり替えに慣れてきたらトライを。引き手を外したら、ふすまの枠の周囲と同じか、やや大きめにふすま紙をカットします。はる前に、枠にマスキングテープをはって、ふすま紙のノリが枠につかないよう保護を。前ページの手順でふすま紙をはります。最後に枠の内側に沿って定規を当てて、カッターで余分な紙を切り取り、裁縫用のヘラなどで、枠と框のすき間にふすま紙をきめ込むようにします。ノリが乾いたら引き手を取りつけ、マスキングテープをはがします。

1 引き手を外す

2 ふすま紙を切る

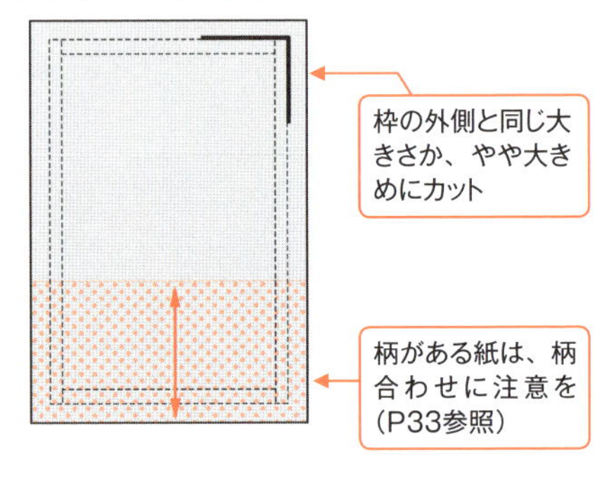

3 枠をマスキングする

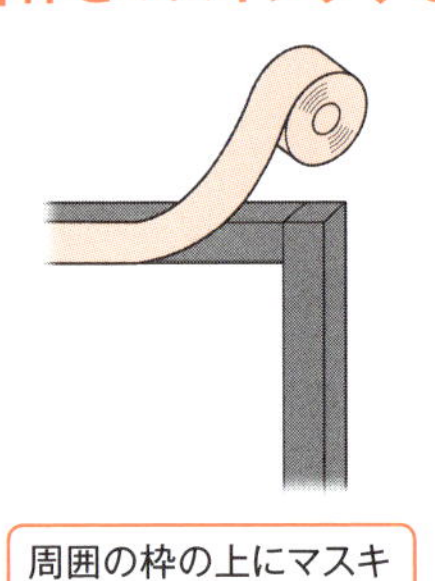

4 ふすま紙をはる

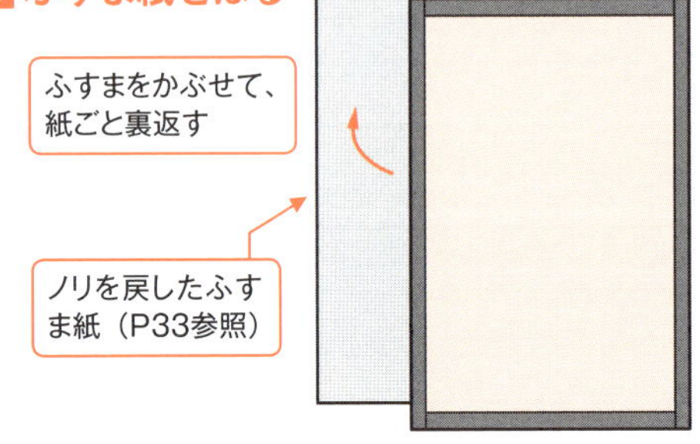

5 しっかりとはりつける

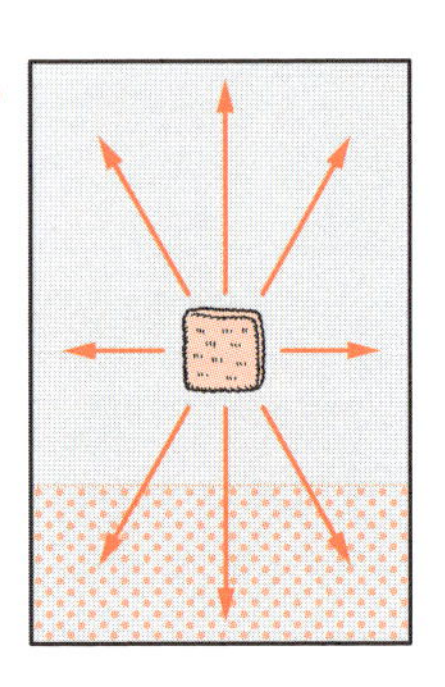

6 余分なふすま紙をカットする

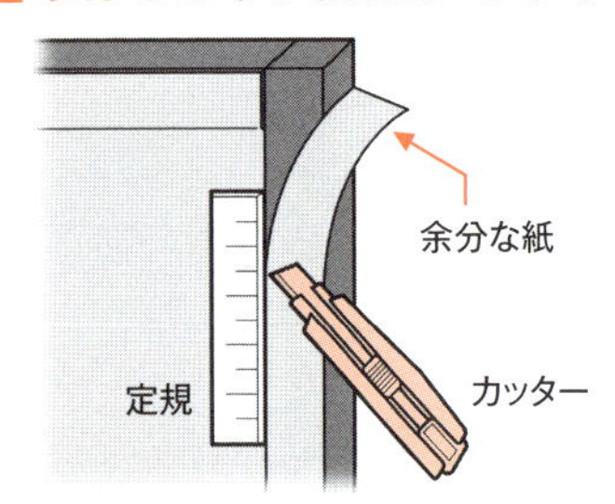

7 ふすま紙を枠のすき間にきめ込む

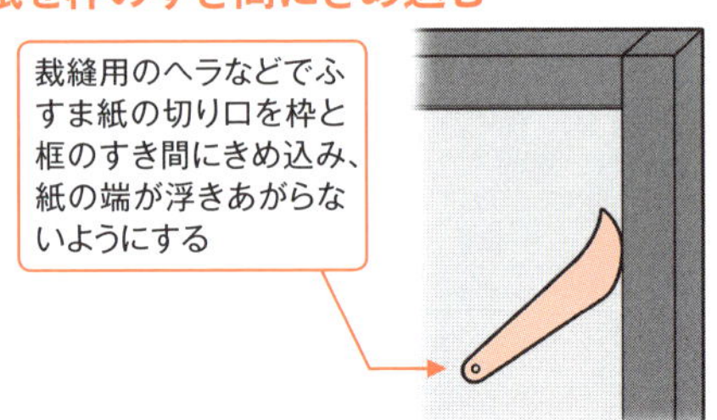

最も簡単で誰でもはれる

アイロンはりふすま紙

最近はアイロンを使って簡単にはれるふすま紙もあります（商品名は「アイロンふすま紙」など）。ノリではなく、スチームアイロンではりつける仕組みです。コツは、アイロンはスチーム式のものを使用し、使用前に底部の汚れを落としておくこと。またアイロンは必ず前向きだけに動かすこと。枠の仕上げの圧着はとくに念入りに。下地に破れや穴がある場合は、事前に補修してから行います。

*右ページの1～4を行ってから下の手順をします。

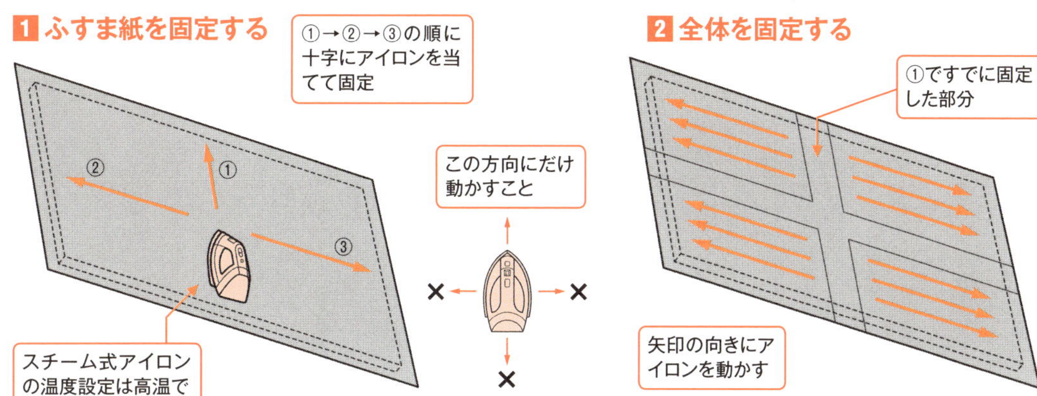

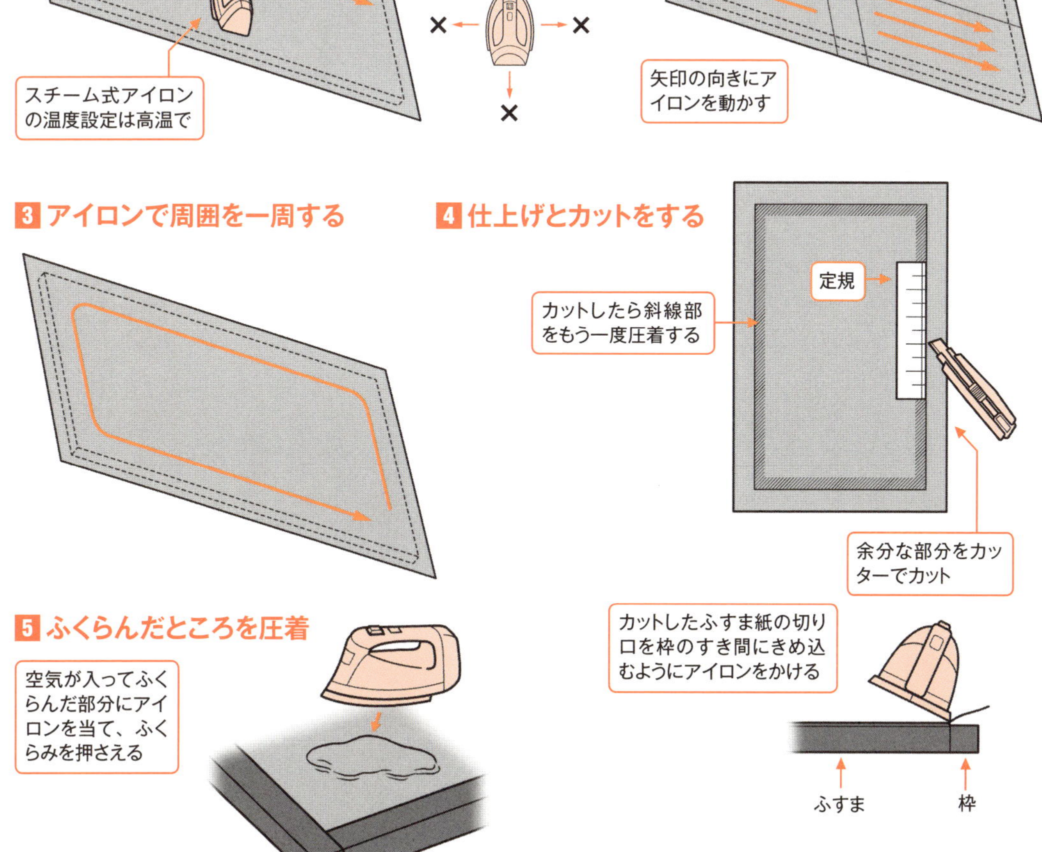

障子の補修とはり替え

障子紙といっても、紙だけでできているわけではなく、レーヨンなども配合されています。また、最近の障子紙の中には消臭剤や蛍光剤が配合されていたり、燃えにくい素材でつくられた防炎タイプ、ポリエステル100％の丈夫なものなど、さまざまな種類があります。また、模様をすき込んだものもあります。生活環境に適したものを選びましょう。

障子紙の大きさは3種類ありますが、おすすめは一枚ばり。長さは3・6mと7・2mのロールで売られています。腰板のない標準的な障子ならば、3・6mで2枚、7・2mで4枚の障子がはれますから、必要本数を計算して購入を。ただ、少し多めに購入したほうが安心です。

始める前に

障子紙は幅によって種類が異なります。枠の高さによって「半紙判」「美濃判」「一枚ばり」があります。障子のタイプを選ばず、誰でも簡単にきれいにはれる一枚ばりがおすすめです。

チェック 障子紙の種類

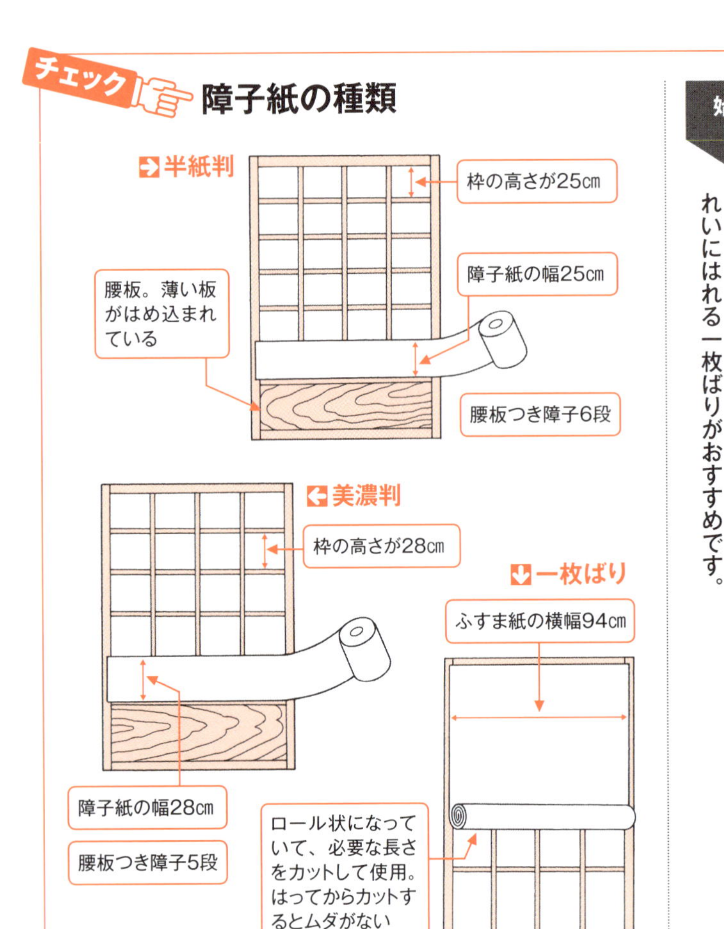

気づいたらササッとやろう

障子のメンテナンス

障子に穴があいたり、桟が折れてしまったら放っておかずにすぐに修理しましょう。また普段の掃除のときに、桟にハタキをかけるなどして、汚れがたまらないように。汚れがひどい場合は、障子紙をはり替えるときに、古い紙をはがしたあと全体を水洗いし、陰干しで乾燥させます。

穴があいたとき

小さな穴なら、花など模様に切った障子紙をはってふさぐ。大きな穴の場合は、穴のあいた部分の1マス分を切り取り、1マス分をはり替える。

1 破れた部分を1マス切り取る

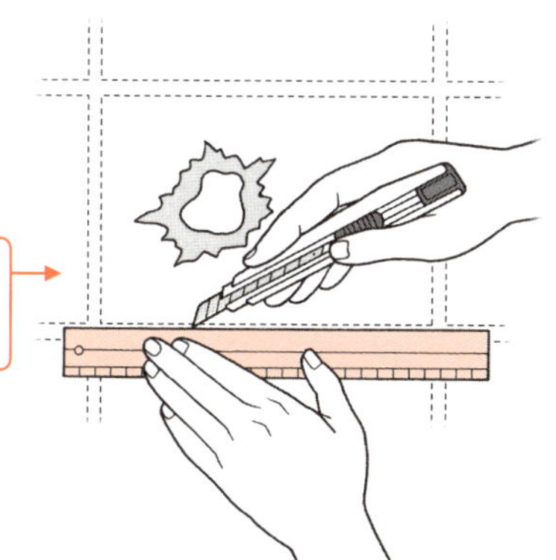

破れた部分を1マス分切り取る。穴が大きいときはそれに合わせてマスを切り取る

2 新しい障子紙をはる

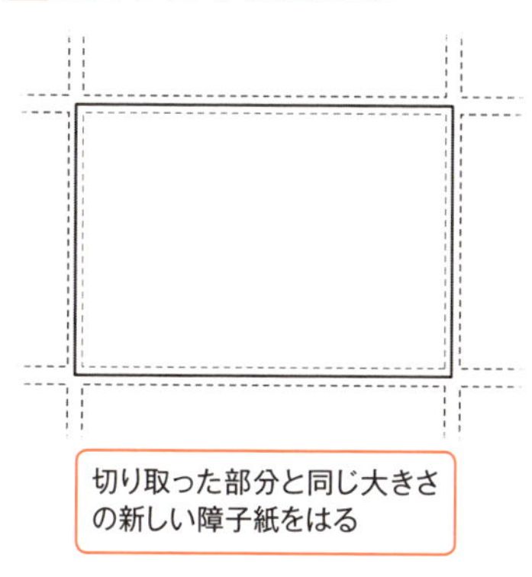

切り取った部分と同じ大きさの新しい障子紙をはる

桟が折れてしまったとき

折れた桟が残っている場合は、折れ口に木工用ボンドを塗り、固まるまでセロハンテープなどで固定。桟が完全に折れて、切り離されていた場合は、新しい細材で折れた部分と同じ寸法の桟をつける。

1 折れた部分の切り口を揃える

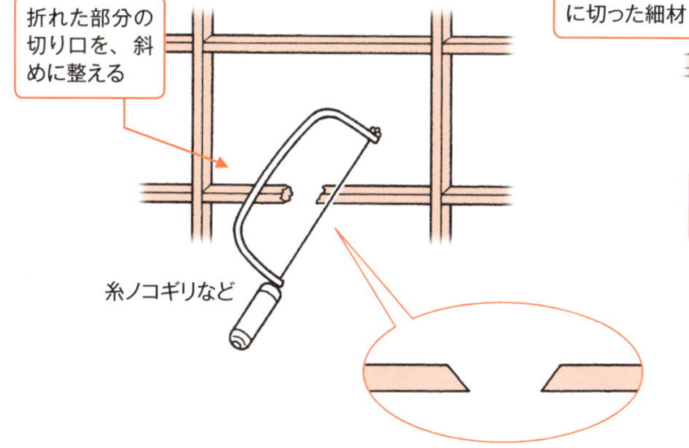

折れた部分の切り口を、斜めに整える

2 細材で折り取られた部分をつくる

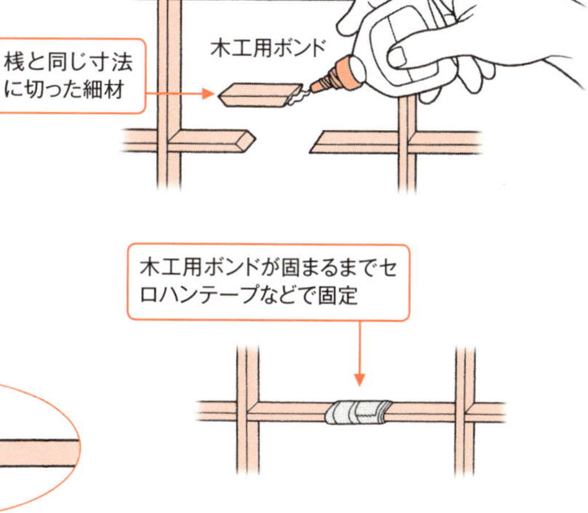

桟と同じ寸法に切った細材

木工用ボンドが固まるまでセロハンテープなどで固定

湿気の多い日にやろう

一枚ばりの障子紙のはり方

障子のはり替えは湿気の多い日に。紙が乾いたときにピンと張ります。作業は障子を敷居から外して行います。このとき、どこの障子かわかるように印をつけておきます。古い障子紙をはがすときは、ビリビリ破らず、ハケやスポンジで桟の部分に水をたっぷり含ませてノリを溶かします。5分ほど置くとキレイにはがれます。その後日陰でよく乾燥させてからはり替え作業を。

1 はる位置を決める

ポイントは最初の位置決め。ロールの端を一方の桟のノリしろから2㎝長めに出し、テープで固定。ロールを少し転がして、紙と桟が正確に平行になるか確認し、平行であればガイドをつける。

2 桟にノリをつける

障子はり用のノリを、ハケから垂れない程度の濃さに水で薄める。桟に塗るときは軽く叩くようにして。塗り終わったら、塗り残しがないか再確認を。

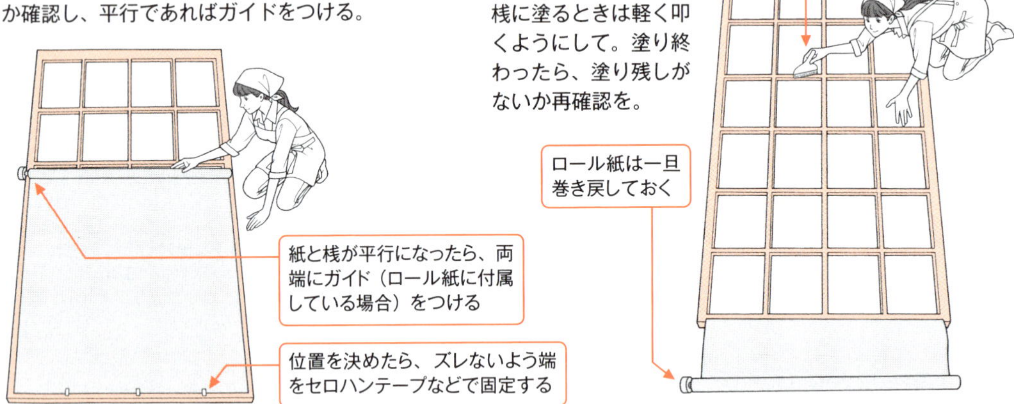

3 障子紙を転がしてはる

ロール紙を転がして広げる。ズレると修正が面倒なので、平行がズレないよう慎重に、一発勝負で。

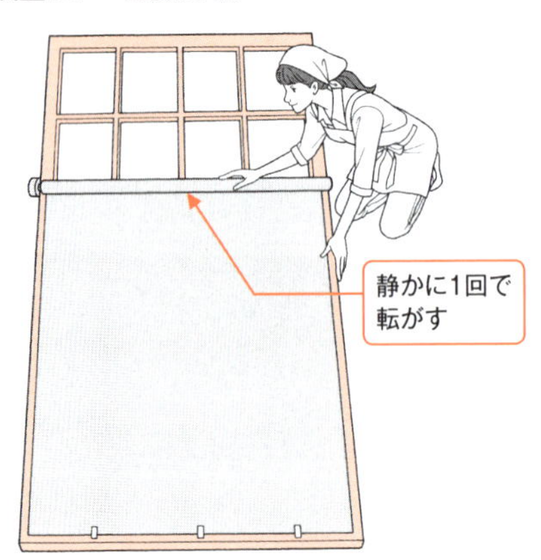

4 障子紙をカットする

障子紙をはり終わったら、周囲の余分な部分を切り落とす。ポイントはよく切れるカッターを使用することと、刃を寝かせて動かすこと。仕上げに障子紙全体に霧吹きで水を吹いておく。

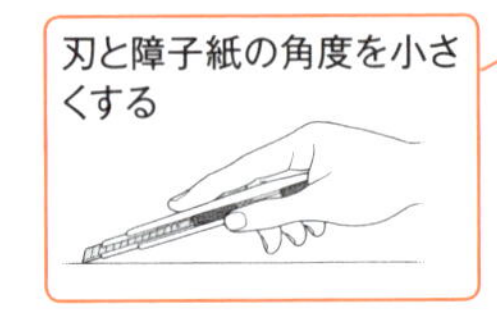

刃と障子紙の角度を小さくする

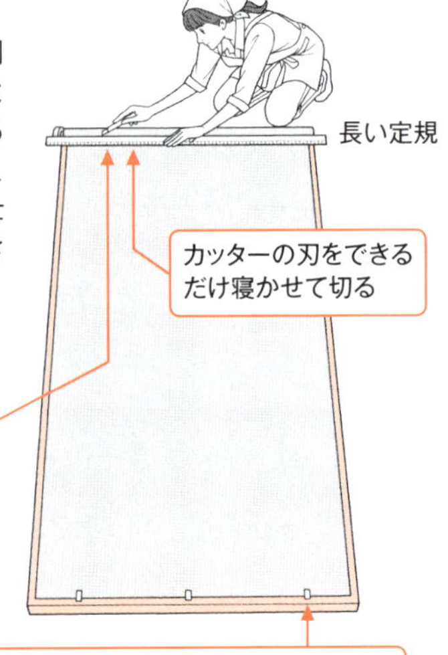

長い定規
カッターの刃をできるだけ寝かせて切る
最後に端にはったセロハンテープをはがす

手軽にはり替え可能

アイロン障子紙のはり方

ノリを塗る手間がかからず、アイロンではれる障子紙は手軽に使えて便利です。障子紙を広げ、アイロンで周囲の枠や桟に軽く圧着するだけ。古い障子紙をはがしたあと（前ページ参照）、アイロン障子紙を桟に平行に広げ、端を固定してから圧着します。

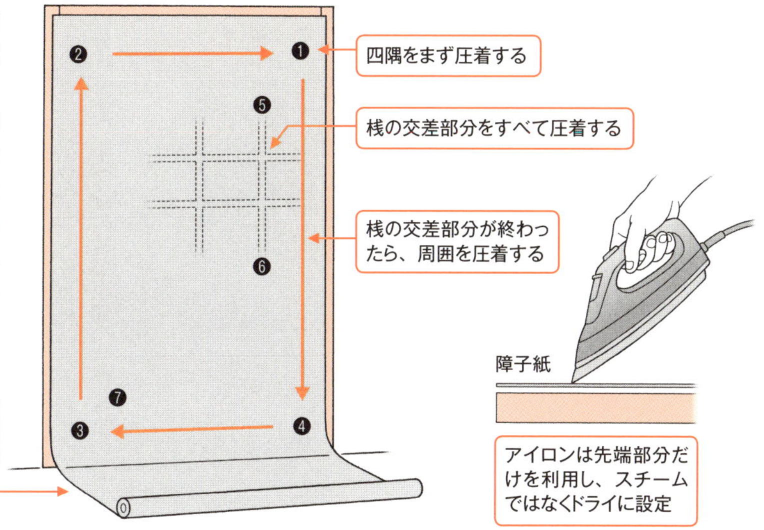

四隅をまず圧着する

桟の交差部分をすべて圧着する

桟の交差部分が終わったら、周囲を圧着する

四隅を圧着した時点で不要な紙をカットする

障子紙

アイロンは先端部分だけを利用し、スチームではなくドライに設定

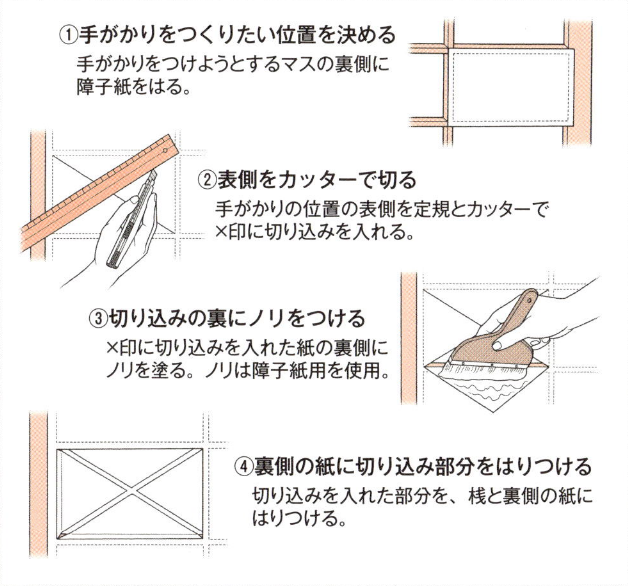

①手がかりをつくりたい位置を決める
手がかりをつけようとするマスの裏側に障子紙をはる。

②表側をカッターで切る
手がかりの位置の表側を定規とカッターで×印に切り込みを入れる。

③切り込みの裏にノリをつける
×印に切り込みを入れた紙の裏側にノリを塗る。ノリは障子紙用を使用。

④裏側の紙に切り込み部分をはりつける
切り込みを入れた部分を、桟と裏側の紙にはりつける。

ひとことワンポイント

障子をはり替えたら手がかりをつくる

障子にふすまのような引き手がない場合や、あっても小さくて使いにくい場合があります。そのようなときは、障子紙をはった側からの開閉が不便なので、障子をはり替えた際、手がかりをつくりましょう。

室内ドアのDIY

ドア錠の取り替え

始める前に

ドア錠にはさまざまなタイプがあります。見分けるにはフロント板の形をチェック。錠のフロント板が長いものと短いものがあり、用途に応じて使い分けます。主な錠の種類を知っておきましょう。

チェック ドア錠の種類

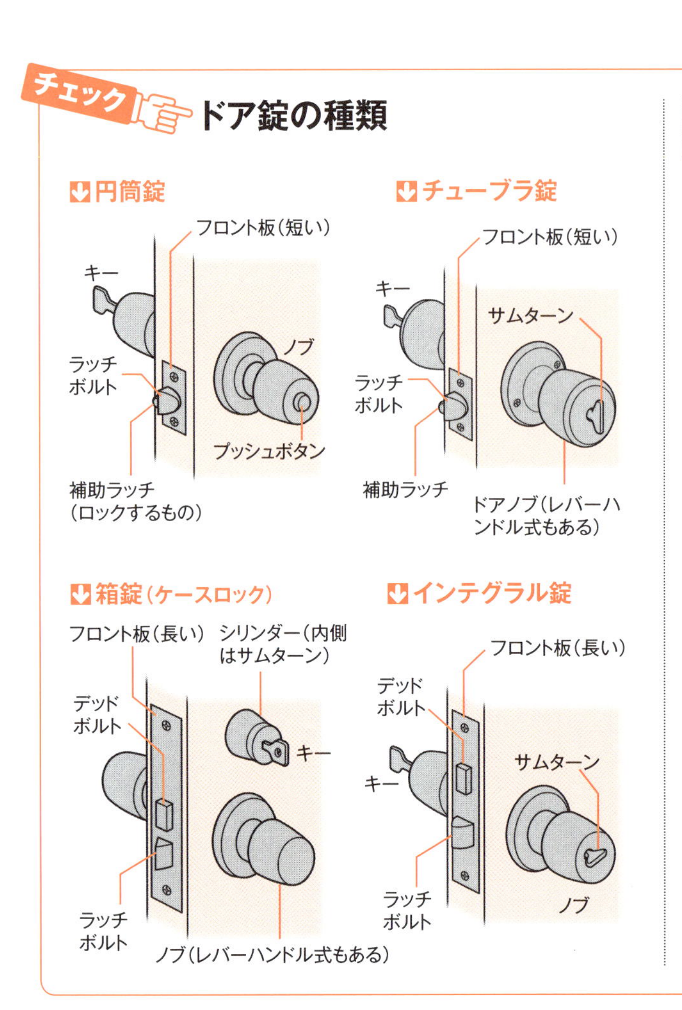

ドア錠は適材適所が大事です。室内用か、外部との出入りのドアに使用するのかで種類を選びましょう。

ドア錠は、ドアの厚みの部分にあるフロント板の形で適所を見極めます。フロント板には、ドアノブを回すと出たり入ったりするラッチボルトがついています。ラッチボルトに補助ラッチがついているタイプはフロント板が短く、トイレや浴室など、室内の間仕切りに適しています。

一方、フロント板にラッチボルトのほかに、キーを回すと出入りして、鍵がかかったり外れたりするデッドボルトがついているのが、フロント板が長いタイプ。玄関や勝手口など、外部との出入りのドアにつけるには、こちらのほうが防犯上安心でしょう。

ひとことワンポイント

防犯を考えた鍵のレイアウト

防犯のためには、まず箱錠やインテグラル錠のような安全性の高いものをメインの鍵として取りつけることが大事。さらにそれを補うためにメインの鍵の上と下に2つ補助錠を取りつけたいもの。くわえてドアチェーンをつけます。その際、チェーンが横に動くように取りつけることが大事です。

補助錠。面付本締錠が取りつけやすい
防犯レンズ
ロックガード
主錠。箱錠かインテグラル錠
ドアチェーン。必ず横向きにつける
補助錠

ひとことワンポイント

ドア錠の取り替えは同じメーカーの同じサイズのものを購入

ドア錠を取り替える際は、古いドア錠がどのタイプのものかを確認し、細かい部分のサイズを測って販売店へ行きましょう。同じメーカーの同じタイプを選ぶと取りつけも簡単です。

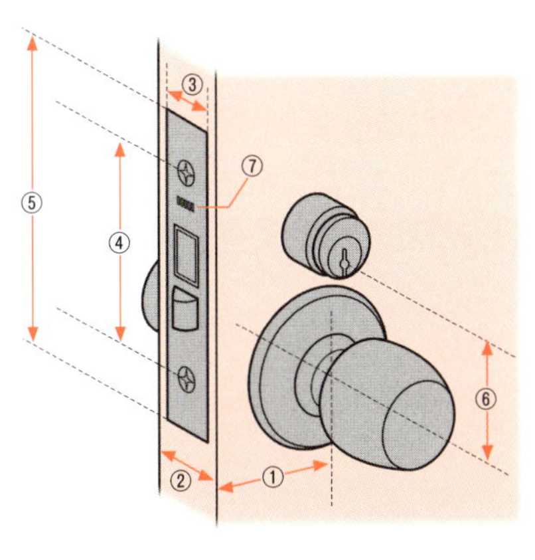

※サイズ以外に、メーカー名を控える。
※多くのメーカーから、いろいろなタイプの錠が出ているので、面倒でも、ついている鍵を持参し、販売店などでどれが合うか調べてもらうと安心。その際も各部の寸法を測っていくとよりよい。

①バックセット（ドアの端からドアノブの中心までの長さ）
②ドアの厚さ　③フロント板の幅
④ビスピッチ（フロント板を止めているビスの間隔）　⑤フロント板の長さ
⑥スペーシング（箱錠のみ。ドアノブの中心とカギ穴の中心の間隔）
⑦メーカー名

メーカーによって外し方が異なる

箱錠の取り外し方

箱錠の取り外し方はメーカーによって多少異なります。一番多いのがドアノブと丸座が一体になっているタイプ。かなりきつく締まっているので、ゴム手袋をはめて回すなどの工夫が必要。ただし、箱錠に限らず、ドアノブと丸座は防犯上簡単に外れないよう、各メーカーとも工夫しているため、どうしても外れない場合は、無理をせず販売店かメーカーに相談を。

1 内側のドアノブと丸座を外す

最初に丸座を左に回して外す。きつく締まっているので、かなりの力が必要。

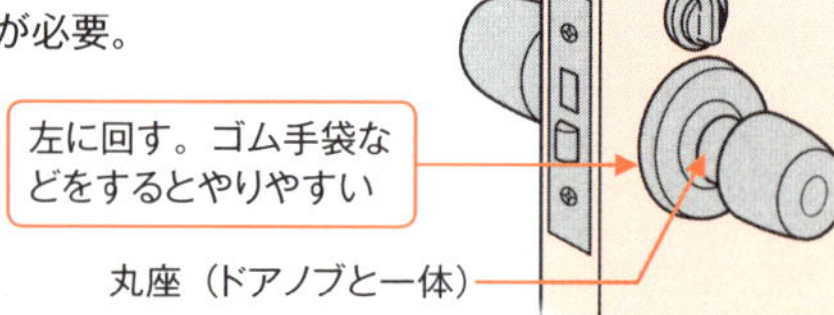

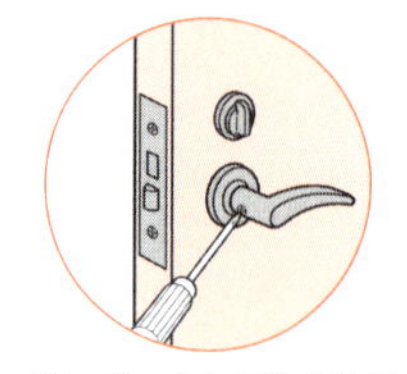

※レバーハンドル式など、根元のネジをゆるめて外すタイプのものもある

2 外側のノブを取り外す

丸座の裏金を外し、外側のドアノブを取り、フロント板を外す。

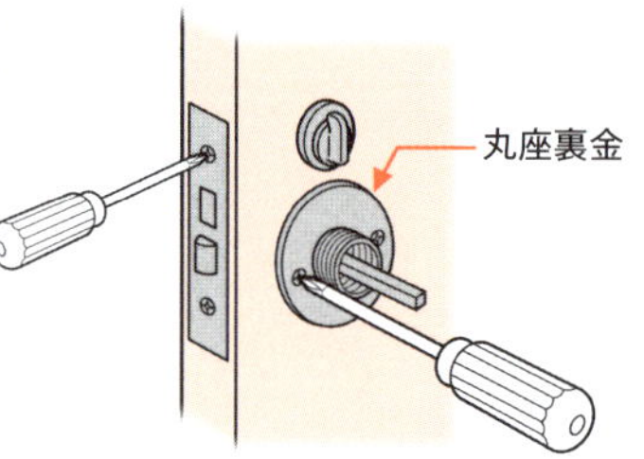

3 ドア錠本体を抜く

シリンダーとサムターンを外し、本体を抜く。本体のフロント部にある2本のピンを抜けば外れる。メーカーによっては、ネジをゆるめ、シリンダーを回して外すタイプも。

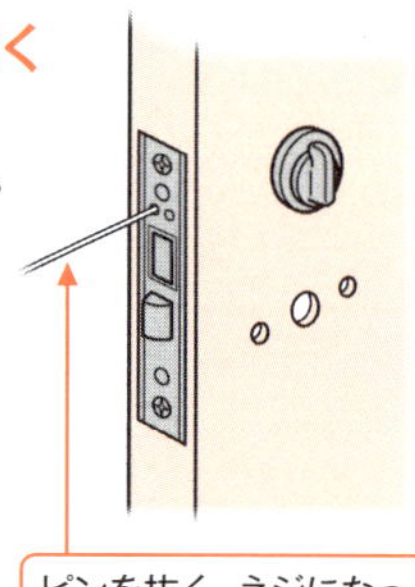

箱錠より取り外しは簡単

インテグラル錠の取り外し方

インテグラル錠のドアノブと丸座は一体になっています。丸座がネジで止められているものはネジを外し、ネジがないものは箱錠と同様のやり方で外します。ドアノブの根元か丸座の側面に小さい穴がある場合は、専用の工具で回して外します。

1 内側のドアノブと丸座を外す

ドアノブと丸座が一体になっているので、丸座を左に回して外す。

左に回す

2 外側のノブを取り外す

丸座裏金を外し、フロント板のビスをゆるめて、外側のドアノブを外す。

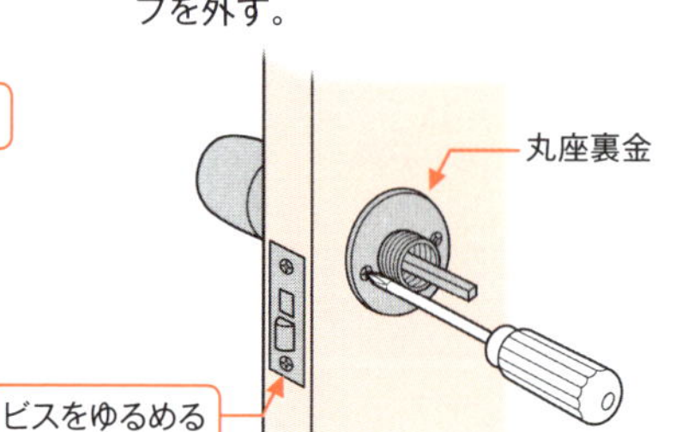

3 ドア錠本体を抜く

フロント板のネジを外し、錠本体を取り外す。

メーカーによって外し方が異なる

円筒錠の取り外し方

丸座の外し方は、メーカーによって異なる場合があります。ここで紹介する方法以外にも、ノブの根元にある小さなビスをゆるめるタイプ、円筒錠の要領で外すタイプ、丸座とノブを一緒にゆるめるタイプがあります。

1 内側のドアノブを取り外す

ドアノブの根元部分にあるバネを押さえながら、ドアノブを少し動かしながら抜く。

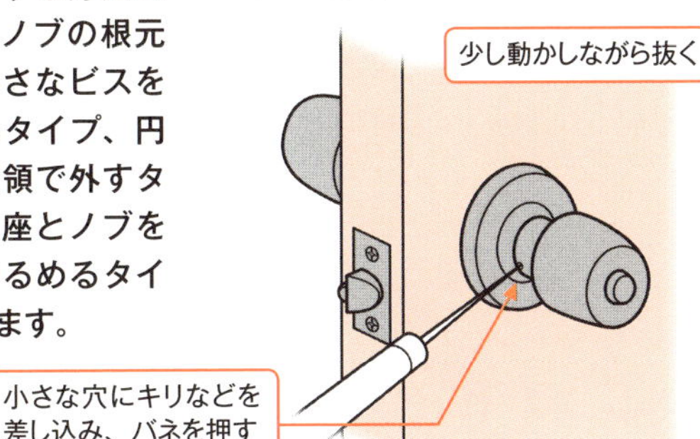

2 丸座を外す

ドアノブを外したら、丸座の側面の欠き取りにドライバーを差し込んでこじ上げて丸座を外す。

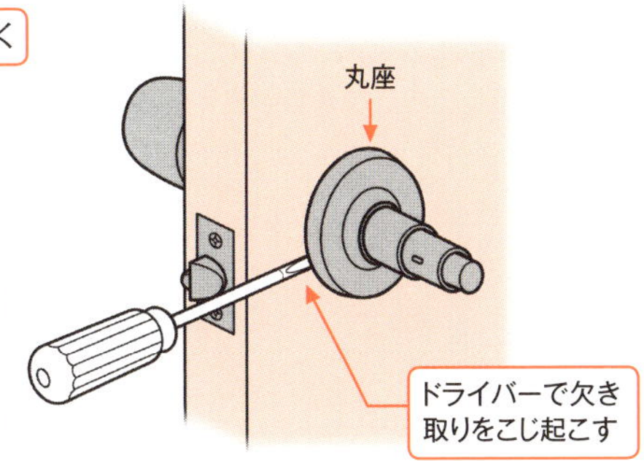

丸座
ドライバーで欠き取りをこじ起こす

3 外側のドアノブを取り外す

丸座裏金のネジをゆるめて外側からドアノブを引き抜く。

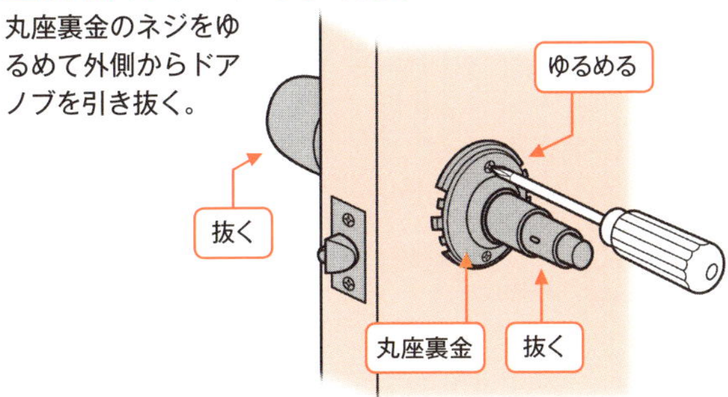

4 ドア錠本体を抜く

フロント板のネジを外して、ドア錠本体を抜く。

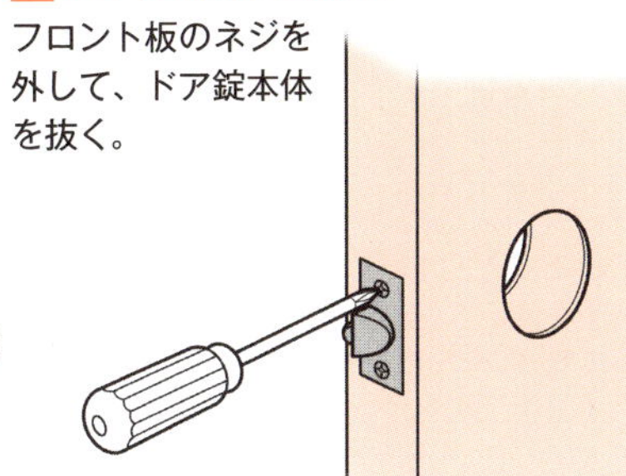

タイプによって外し方が異なる

チューブラ錠の取り外し方

チューブラ錠の外し方もいくつかのタイプがあります。根元にあるネジをゆるめて外すタイプは、外すときにドアノブを左に回すものもあります。すると外側のドアノブも外れるので、ネジ止めされている丸座を外します。また、ノブと丸座が一体化したものは、丸座を左に回して外し、中の丸座裏金のネジをゆるめて外します。いずれにせよ、比較的取り外しは簡単です。

商品紹介

防犯効果の高い最新キー

しっかりとした鍵を取りつけることは、防犯上、もっとも基本的なことです。

現在つけている鍵がうまく作動しない場合は、即座に新しい鍵と取り替えるべきです。シンプルな鍵であれば、DIYで取り替え可能です。

しかし、さらなる防犯性を求めるのであれば、業者に依頼し、より防犯性の高い高機能の鍵を取りつけることになります。

最近では鍵の性能だけでなく、出入りの時間を短くすることで、不審者の侵入を難しくするなどの機能を兼ね備えた鍵も出ています。

いくつかご紹介しましょう。

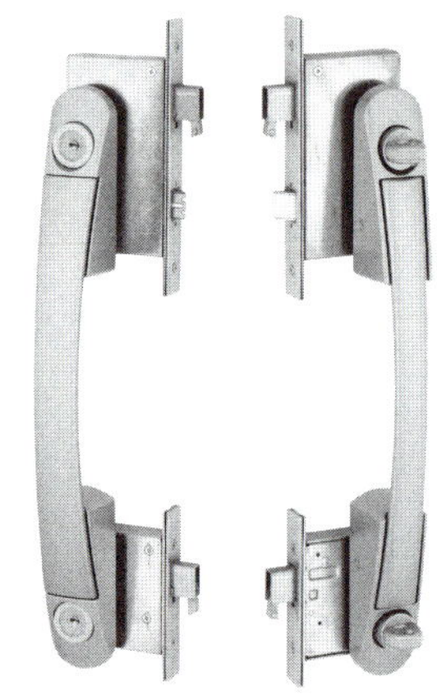

鍵デッドプッシュプル鍵

鍵デッドを備えているため、バール攻撃のような行為に対しても強い防犯性を示す。操作性と防犯性を兼ね備えたスイッチ式サムターンB5型を標準装備。

ケースロック

デッドボルトの耐押しこみ強度、耐側圧強度ともに10000N以上あり、バールなどを使ったこじ破り攻撃に対しても十分な強度を保つ。また切断攻撃にも高い抵抗力を持つ。

ホームスマートドア

リモコン操作で解錠と開扉、閉扉、施錠までができる。防犯性が高いだけでなく、両手に荷物を持っているときや、車いすや小さな子どもを連れているときも便利。

カードロック

ホテルなどで多く見られるカードロックが一般家庭でも。カードキーをかざすだけで解錠・施錠ができる。防犯性も高く、簡単な操作で開閉できることでバリアフリー効果も。

＊すべて美和ロック

ひとことワンポイント

手口を知ることが防犯の第一歩

警視庁の調べによると、泥棒の侵入口として、もっとも多いのが窓、次いで玄関となっています。さらに侵入手段でもっとも多いのが、無施錠の窓や玄関から侵入。

窓も玄関も、「ちょっとぐらいなら」と鍵をかけずに外出することもあるでしょう。

しかし、その「ちょっとだけなら大丈夫」を泥棒は見逃さないのです。鍵は絶対にかける。これが防犯の大原則です。

もちろん鍵をかけていても、泥棒に入られるケースは多いもの。

そこでまずは手口を知り、対策をとることが大事です。

侵入手段

	一戸建住宅	共同住宅（4階建以上）	共同住宅（3階建以下）
1位	無締り	無締り	無締り
2位	ガラス破り	ガラス破り	ガラス破り
3位	不　明	合かぎ	不　明

侵入口

	一戸建住宅	共同住宅（4階建以上）	共同住宅（3階建以下）
1位	窓	窓	窓
2位	表出入口	表出入口	表出入口
3位	その他の出入口	不　明	不　明

玄関からの主な侵入手段

ピッキング

ピックと呼ばれる金属製の特殊工具を鍵穴に入れ、ドアの鍵を短時間で開けるという手段。ピッキング対応の鍵でなければ、1分もかからず解錠される。

サムターン回し

玄関ドアの外側からドリルで穴をあけるなどして、サムターン（内側のドアロック用のつまみ）を強引に回して解錠。特殊工具を使用する場合もある。

カム送り解錠

特殊工具で鍵シリンダーを迂回し、直接鍵ケース内側に働きかけてデッドボルトを作動させて解錠する手口。「バイパス解錠」とも呼ばれる。

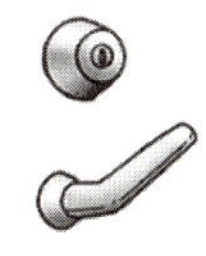

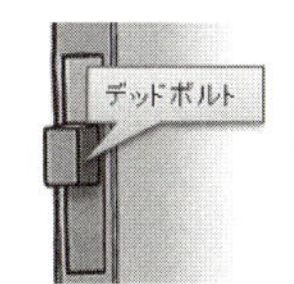

ドアのこじ破り

ドアと壁のすき間にバールなどの工具を押し込み、てこの原理でドア錠を破壊して侵入する手口。通常のドアや鍵なら短時間で侵入されてしまう。

＊警察庁HPより

室内ドアのDIY

室内ドアの補修

毎日開閉するドアは、トラブルの起こりやすい建具のひとつ。原因の大半は蝶番のネジのゆるみや、ドアの反り。ドアを開け閉めするときに、ドアをちょっと持ち上げるようにしないと開け閉めできない場合は、蝶番のネジがゆるんで、ドアがガタついて下がってしまっているケースがほとんどです。この場合は、蝶番のネジを締め直します。その際、ネジ穴が広がっていることも多く、ネジ穴の調整も必要になることが多いようです。

蝶番のメンテナンスを行う際は、ネジを外す前にドアのすき間に木片などを差し込んで、ドアを固定しておくこと。さもないと、ネジを外すにつれて、ドアが下がり、ネジ穴がさらに広がるなどトラブルが重なります。

始める前に

室内ドアの補修にあたり、思い切ってドアそのものを変える方法もあります。ドアから引き戸（スライドドア）にも案外簡単に変えられます。

チェック スライドドアへの変更例

アウトセット吊戸

扉を開けるときも、閉めるときもゆっくり引き込む。

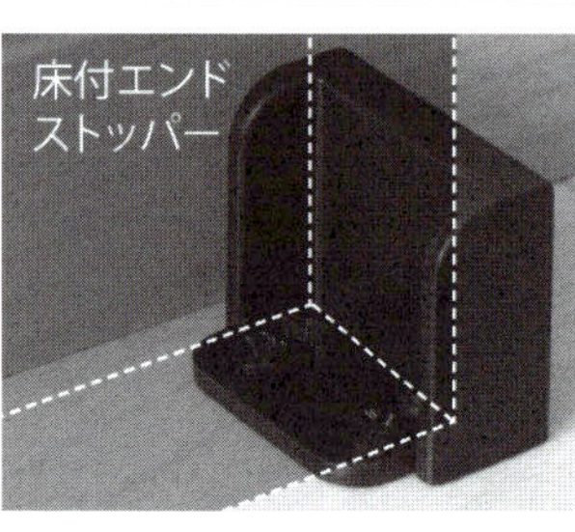

ストッパーで扉の揺れも防止

▶振れ止め機能がついているので、扉のバタつきを押さえる。さらに扉がレールから外れるのも防止。

諦めないで修理しよう

ガタつくドアの直し方

ドアのガタつきのほとんどの原因が蝶番のネジのゆるみ。この場合ネジ穴が広がっている可能性があります。直し方は二通り。ひとつは接着剤を利用する方法。エポキシ系接着剤でネジ穴を固定します。もうひとつが、埋め木をする方法。ナラ、ブナなどを利用しますが、割りばしでもOKです。

接着剤を利用する方法

1 木ネジを外す

ドアの下に木片を入れ、ドアを固定したら、蝶番のネジをすべて外す。

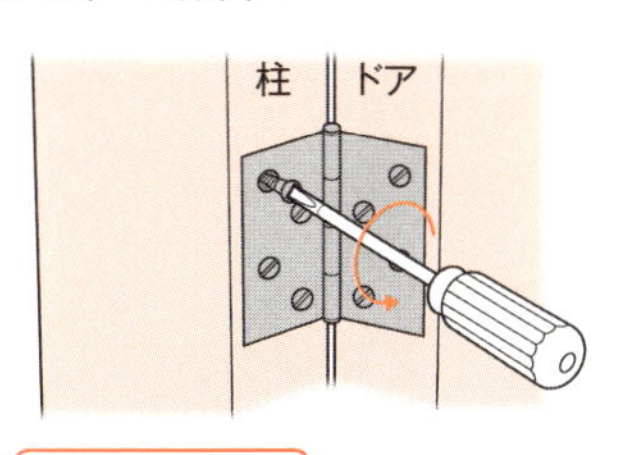

2 ネジ穴に接着剤を埋める

木ネジを外し、蝶番を取り除いたら、ネジ穴にエポキシ系の接着剤を埋め込む。

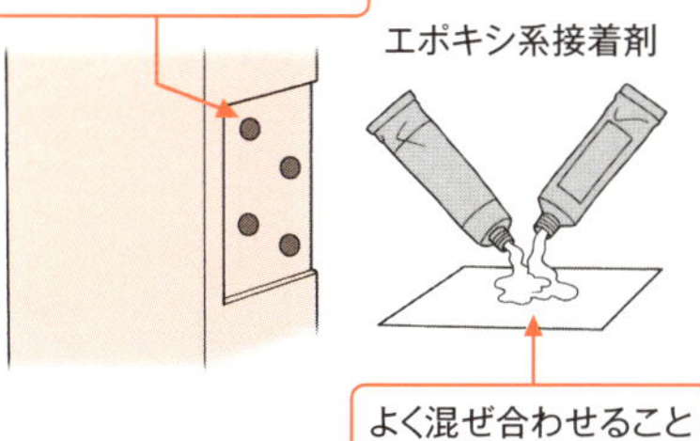

3 蝶番を取りつける

接着剤を埋めたら、固まる前に蝶番を取りつけ、ネジをねじ込む。

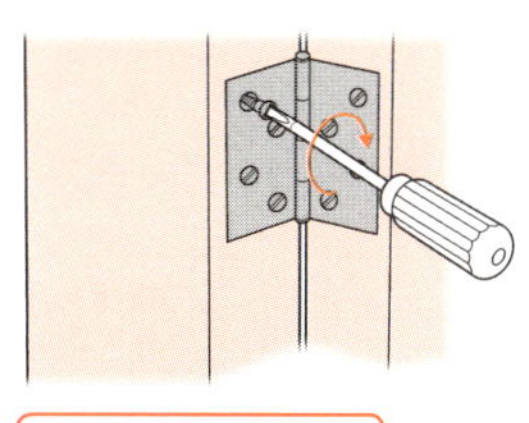

接着剤が硬化する前に手早く取りつける

ネジ穴に埋め木をする方法

1 木ネジを外す

ドアの下に木片を入れ、ドアを固定したら、蝶番のネジをすべて外す。

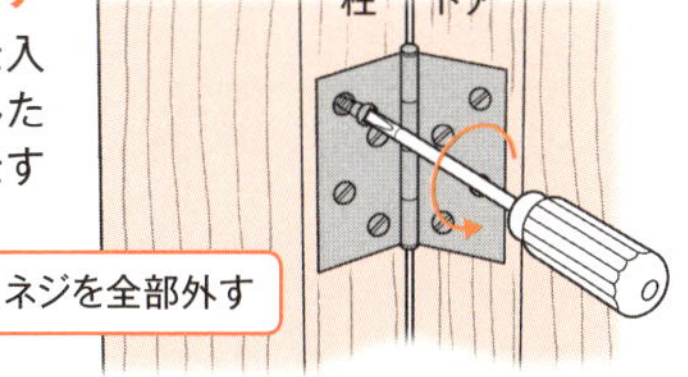

2 ネジ穴に木工用ボンドを入れる

ネジをすべて外したら、埋め木をする前に、すべてのネジ穴に木工用ボンドを入れる。

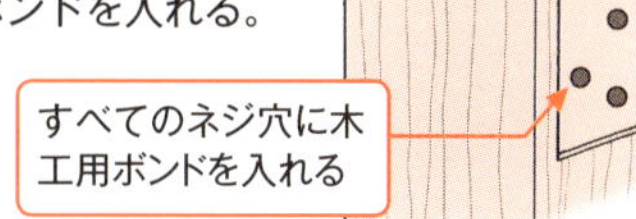

3 ネジ穴に埋め木をする

広がったネジ穴に埋める木材はブナかナラが最適。割りばしで代用してもいい。

4 蝶番を取りつける

すべてのネジ穴に埋め木をしたら、蝶番を取りつける。ネジを取りつける際は、真っ直ぐに。

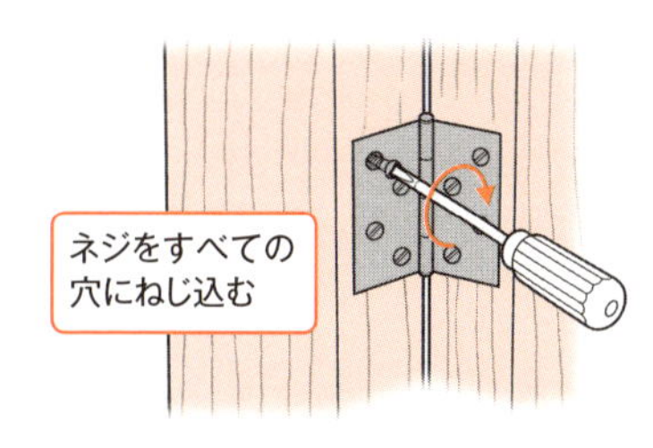

蝶番の位置をずらして修正

反ったドアの補修

空気の乾燥や湿気などが原因で、ドアが反ることがあります。この場合は蝶番の位置をずらして直します。ドアの上部が反っていたら下の蝶番を、下部が反っていたら上の蝶番をずらして直します。

ずらす蝶番の柱側のネジを全部外し、ネジ穴に埋め木をし、ドアのしまり具合を見ながら、蝶番を新しくつける位置を決める。反りがひどい場合は新しいドアに替える。

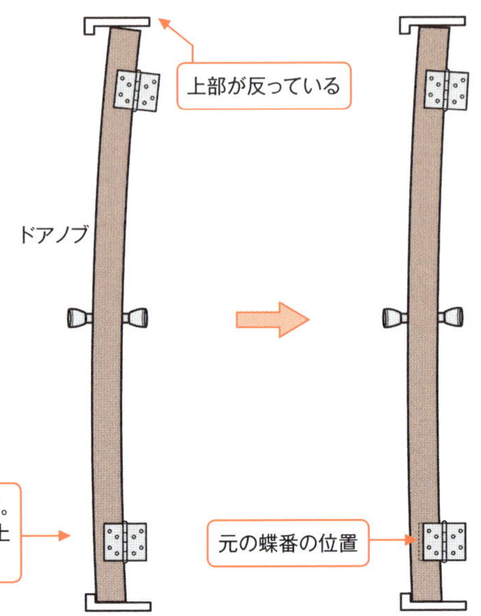

上部が反っている
ドアノブ
この蝶番を反っている方向にずらす。ドアの下部が反っている場合は、上の蝶番を反っている方向にずらす
元の蝶番の位置

ひとことワンポイント

冷暖房効果を高める後つけ可能の機能

ドアや引き戸の閉め忘れはよくあることです。しかし、ドアの開けっぱなしは冷暖房の効果を下げてしまいますし、風でドアが突然閉まって指をはさんだり、ぶつかったりとトラブルの原因にもなりかねません。

とくにお年寄りや小さなお子さんがいる家庭では十分に注意したいものです。

また、ドアが勢いよく閉まる際の騒音も、マンションなどの集合住宅では気をつけたいものです。

そこでおすすめなのが、少しの力でドアがゆっくりと自然に閉まる装置。既存のドアや引き戸に取りつけられるので便利です。

ドア用

本体装置がキャッチ部品を引きこむと、ゆっくり自動的に閉まる。

引き戸用

約70㎜手前からブレーキ機能が働き、その後はゆっくりと自動的に閉まる。

引き戸の上部に装置を設置するだけ。室内用のVレール、Yレール式木製引き戸に対応。

表面の板を変えてリフレッシュ

フラッシュドアのはり替え方

室内ドアの多くはフラッシュドアと呼ばれるタイプ。枠の表裏に合板や化粧合板をはったものです。ちょっとしたキズであれば、上から壁紙やワッペン式のシールをはるなどで補修できますが、大きなキズの場合は合板そのものをはり替えます。

1 古い合板をはがす

枠と表面の合板の間にドライバーなどを差し入れ合板をはがす。はがしたあとは枠に残った接着剤をサンドペーパーできれいに削り落とす。その上で、枠に木工用ボンドを塗る。

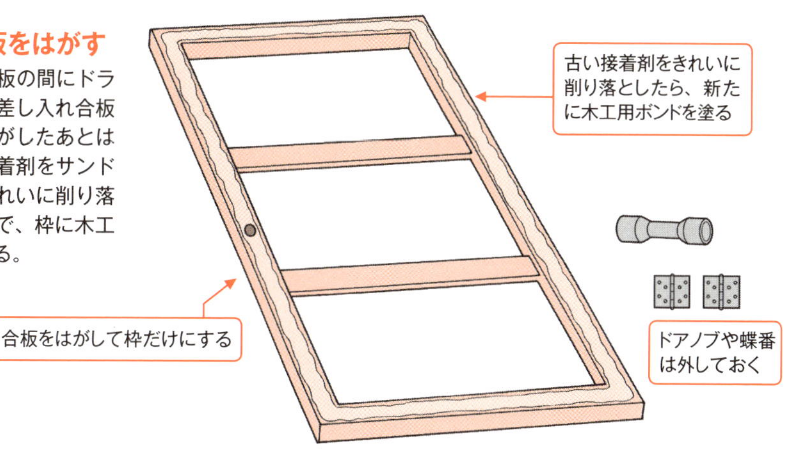

2 新しい合板をはる

新しい合板は、ドアのサイズより数ミリ大きめのものを用意し、はり合わせたあと、カンナやサンドペーパーを使ってサイズを合わせる。

3 ボンドが乾くまで固定する

枠の表裏に合板をはったら、梱包用テープやクランプでボンドが乾くまで固定。上下の端は、薄い板や厚紙を挟んでからクランプでしっかり固定する。

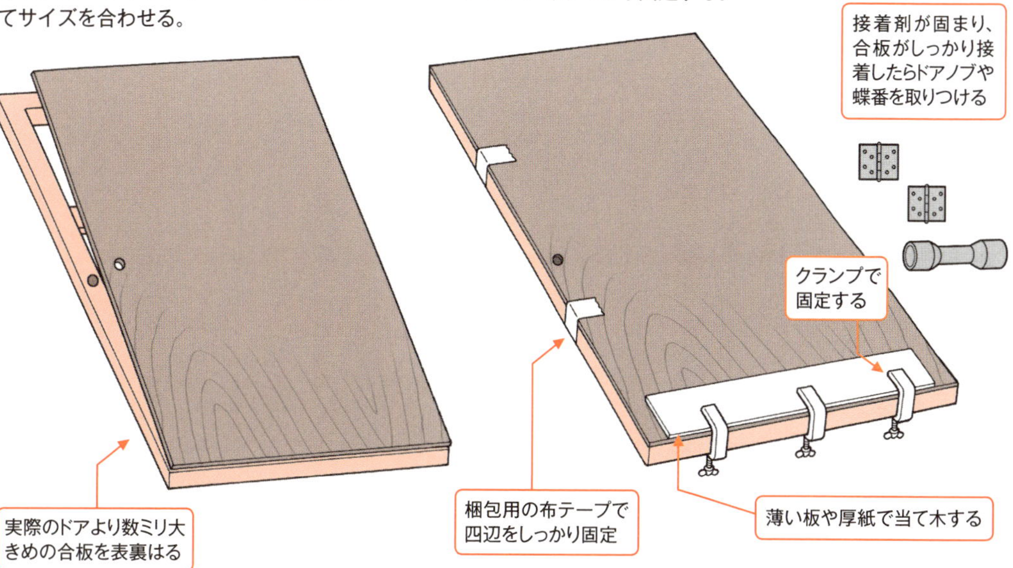

接着剤が固まり、合板がしっかり接着したらドアノブや蝶番を取りつける
クランプで固定する
実際のドアより数ミリ大きめの合板を表裏はる
梱包用の布テープで四辺をしっかり固定
薄い板や厚紙で当て木する

室内壁のDIY

壁紙のはり替え

始める前に

ひとことで壁紙といっても種類はさまざま。はじめて壁紙をはり替える場合は簡単にはれるタイプがおすすめです。水だけではれるものや防カビ効果があるもの、古い壁紙の上からはれるタイプのものもあります。

チェック 壁紙の種類

①部屋のアクセントに
②水だけで手軽にはれる
③再湿タイプ・防カビタイプ
④再湿タイプ
⑤壁紙をはがしてからはるタイプ
⑥生のりタイプ
⑦壁紙の上からはれる・抗菌加工
⑧シートタイプの壁紙
⑨ちょっとした補修にはるだけ

壁紙をはり替えるときの最大のポイントは下準備を入念に行なうことです。よく考えずにはり始めてしまうと、目立つ場所で壁紙が足りなくなってしまったり、エアコンなど取り外せないもののところで処理できなくなるなどのトラブルに悩まされかねません。壁紙のはり替えのように広範囲にわたるリフォームは、きちんと段階を踏みながら行うことがとても大事です。

まずは壁紙の必要量を計算すること。「足りなかったらあとで買えばいい」というのは禁物。壁紙は同じ柄でも製造時期が異なると、微妙に色や柄が違う可能性があります。また、はる順番も重要です。最後の一枚が目立たない場所にくるようにし、その左隣の壁から、左回りにはっていきます。

入念な準備が成功のヒケツ

展開図の描き方と必要量の計算方法

ほとんどの壁紙は幅が92㎝。ただし、はるときに少しずつ重ねてゆくので90㎝と考えたほうがいいでしょう。まずははり替える部屋の展開図を描きます。10㎝を1㎝に換算して、10分の1の縮尺にするとわかりやすいです。その展開図の上に9㎝幅で壁紙をはる場所を描き入れていきます。このとき、部屋のコーナーに壁紙の端が来ないように。コーナーでは必ず隣の壁に5㎝（展開図上は5㎜）くるようにします。そして壁紙の端はエアコンなど動かせないものの後ろや、家具で見えない位置に持っていきます。このようにして展開図上に壁紙を描き入れていくと量がわかります。

展開図を描くポイント

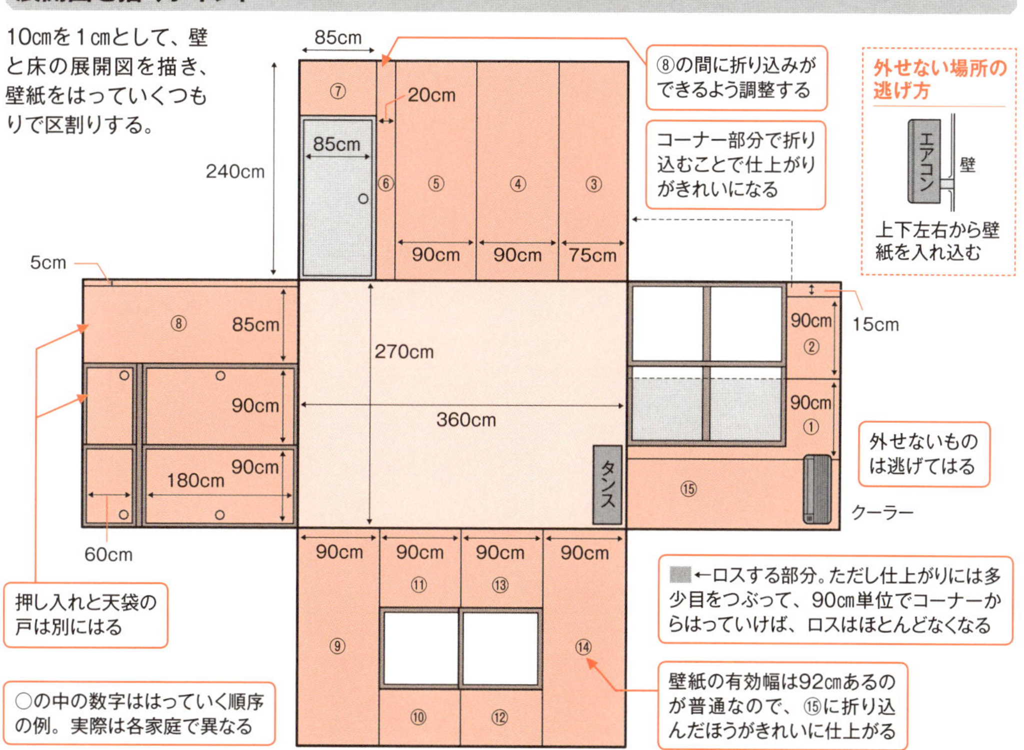

必要な長さの計算方法

柄の繰り返しに15㎝とする。
またドアにははらないとする。

①・③・④・⑤・⑥・⑦・⑧・⑨・⑭・⑮ …… (240+10+15)×10=2650㎝
②・⑩・⑫ …… (60+10+15)×3=255㎝
⑪・⑬ …… (90+10+15)×2=230㎝
押し入れ …… (180+10+15)×2=410㎝
天袋 …… (60+10+15)×2=170㎝

合計 …… 3715㎝(約38m)

※多少多めに購入し、メンテナンス用に保存しておくとよい。

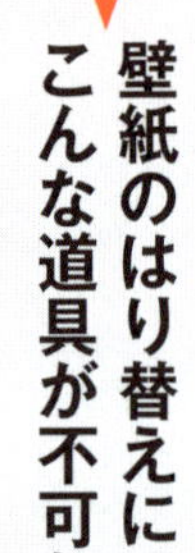

ひとこと
ワンポイント

壁紙のはり替えにはこんな道具が不可欠

カッティング定規

壁紙の縦、横の不要な部分をカットするときに使います。幅の長いものと短いものの2種類があると作業がスムーズ。プラスチック製より金属製のものがおすすめです。

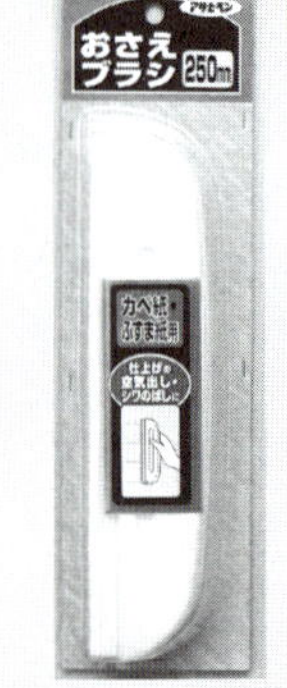

おさえブラシ

壁紙をはる仕上げのときのシワのばし、壁紙の中の空気抜きなどに使います。長さは20～25㎝程度で、毛が硬めのものが使いやすいでしょう。

ノリつけスポンジ

ノリなし壁紙のノリつけや、再湿性壁紙のノリに水を塗るのに使用。幅25㎝程度の幅広が便利です。台所用スポンジでも代用可能。

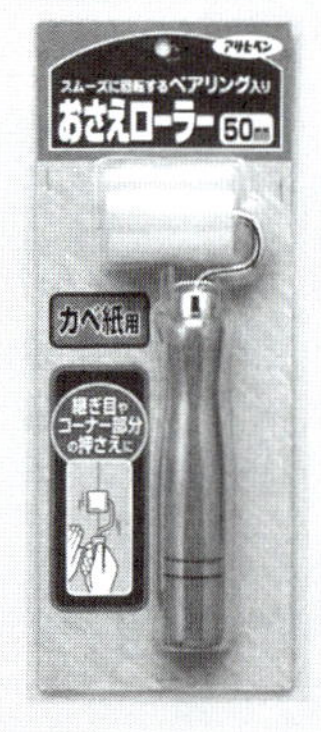

ローラー

壁紙と壁紙の継ぎ目部分の押さえに使います。これは専用のものを用意したほうがいいでしょう。

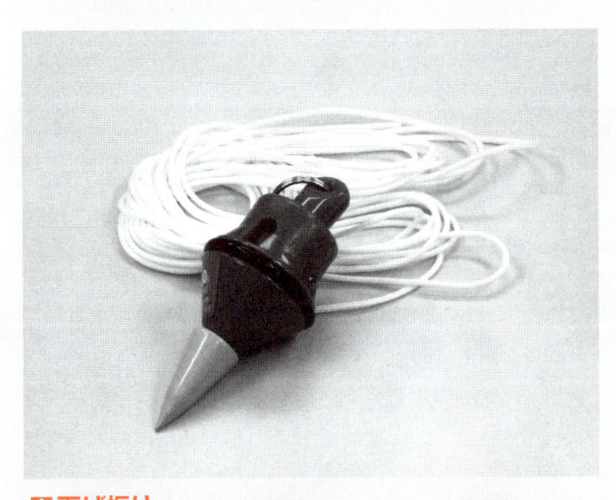

下げ振り

垂直を見るための道具。壁紙を垂直にはるのに便利です。

■その他の道具

・メジャー・（刃が折りとれるようになった）カッター・ハサミ・ヘラ（裁縫用か工作用）・サンドペーパー（200番程度）、新聞紙かビニールシート（部屋が汚れないように）、パテ（凹凸を埋める用。下地にあったもの） など。

見えないところをていねいに

下地の処理の方法

壁紙をはり替える際、大事なのが下地処理。はる場所が新しい合板の上なら問題なくはれますが、古い壁紙がはってあったり、繊維壁、砂壁であったりしたところをリフォームする場合がほとんどです。きちんとした下地処理を怠ると、きれいにはれなかったり、せっかくはってもはがれてしまうことになるので、手を抜かないことが大事です。

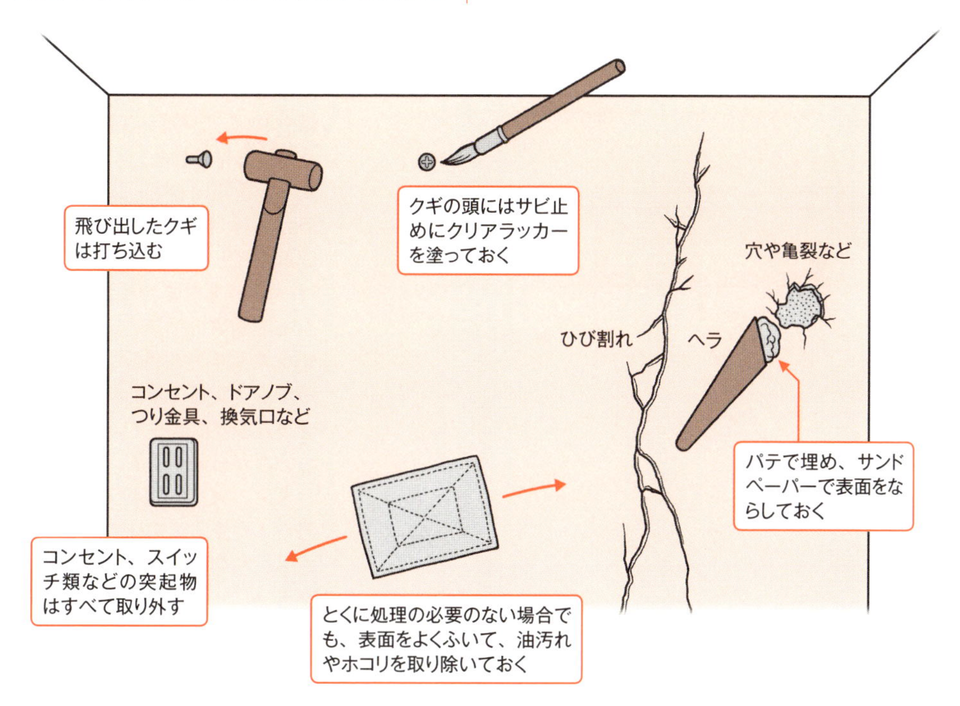

壁の材質別下処理のやり方

合板（ベニヤ板）	ほとんど問題なくはれるが、サンドペーパー（200番程度）で表面を研磨しておく
塗装面・化粧合板	サンドペーパー（200番程度）で表面をザラザラにしておく。ひび割れや穴、凹凸はパテで埋める
しっくい壁、モルタル壁など	ひび割れや穴、凹凸はパテで埋める
砂壁、繊維壁	ひび割れや穴、凹凸はパテで埋めたあと、下地調整紙を全体にはっておく
壁紙	古い壁紙をはがしてはり替える場合は、古い壁紙の表面層だけがはがれたら、その下に残る紙はそのまま新しい壁紙の下地として利用する。ただし、凹凸はパテで埋めておくこと。 表面層だけが上手くはがれない場合は、すべてはがす。そのとき、霧吹きなどで水（市販の剥離剤を混ぜるとより効果的）をたっぷりと含ませ、スクレーパーなどでこそげ取り、そのあと表面をサンドペーパーで研磨しておく

上手にはるコツは1枚目にあり
壁紙のはり方の手順

1 壁紙を切る

カットするときは、天井から床、天井から窓、窓から床など、実際に必要な長さに10㎝プラスし、さらに柄の折り返しの長さ15㎝を加えること。

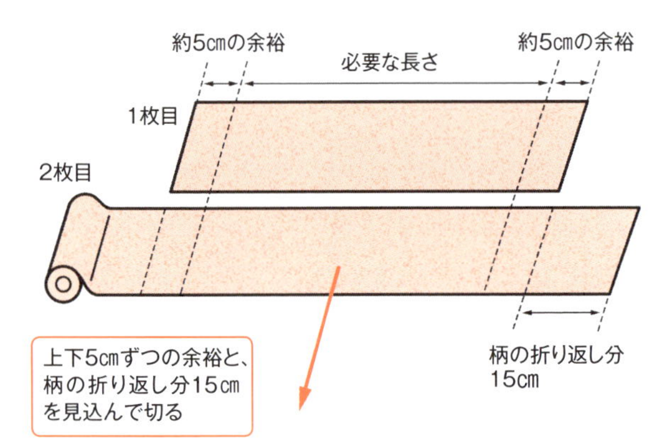

いよいよ壁紙のはり替えです。まずは壁紙をカットします。カットの際は実際に必要な長さに、10㎝プラスすることを忘れずに。壁紙のはり替えの仕上がりを左右するのは1枚目。このときに「下げ振り」を使い、正確に垂直にはっていきます。1枚目が垂直にはれれば、2枚目以降も大きくずれることはありません。
また、壁紙は左回りにはります。2枚目からは耳の部分（壁紙の端の柄の印刷していない部分）を重ねながらはっていきます。重ねた部分はカッターで両方の壁紙の耳を一緒に切り、切った耳をとり除いて2枚の壁紙の端同士を突きつけてはります。このとき、左回りにはっていけば、重ねたほうの左からカッティング定規を当てたときに、あとからはった壁紙の耳の部分がよく見えて切りやすいのです。ただし、左利きの人は右回りにはってください。

上下のカットのやり方

③余分なノリをぬれぞうきんでふきとる

②カッターは切り終わるまで壁紙から離さないこと。カッターではなく、カッティング定規をずらしていくのがコツ

①裁縫用か工作用のヘラなどでよくきめ込む

2 1枚目をはる位置を決める

1枚目はきっちり垂直にはれるよう、下げ振りを使用して垂直線を引いてはること。

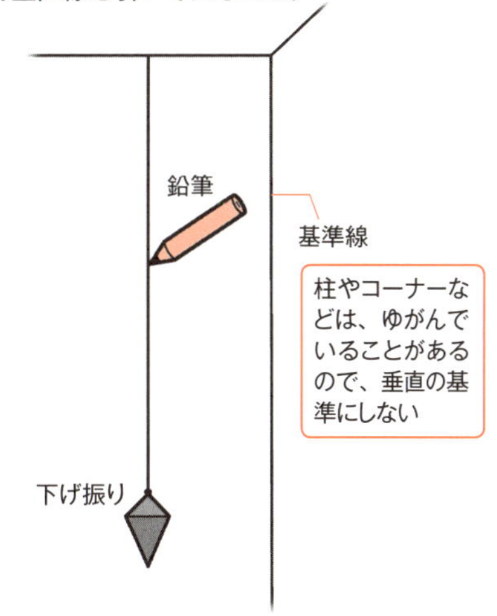

鉛筆
基準線
柱やコーナーなどは、ゆがんでいることがあるので、垂直の基準にしない
下げ振り

3 1枚目をはる

両手で持ち、上からはり下げる。空気で大きくふくらんだらそこまではがしてはり直す。小さなふくらみなら、ノリが乾く前に針でつついて空気を追い出す。

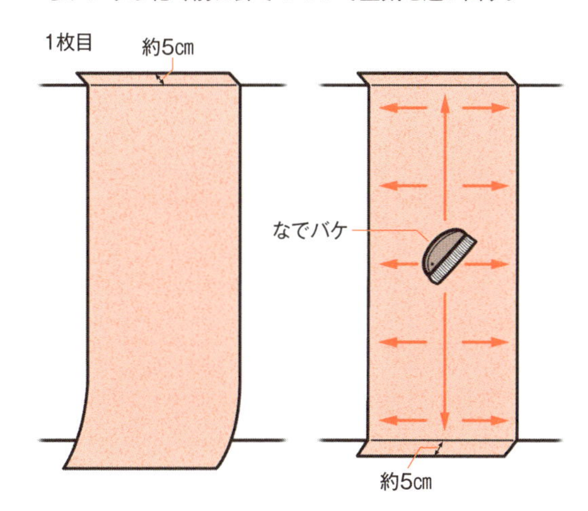

4 2枚目以降をはっていく

1枚はるごとに壁と床、天井との継ぎ目に壁紙をしっかりとヘラできめ込み、カッターナイフで真っ直ぐにカットする。はみ出したノリはぬれぞうきんでふいておく。

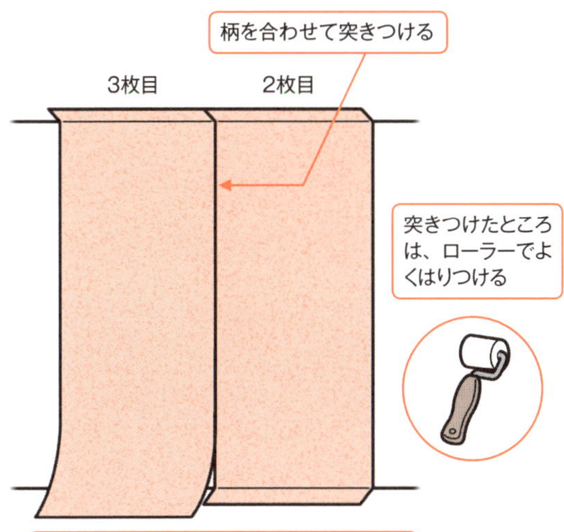

柄を合わせて突きつける
3枚目
2枚目
突きつけたところは、ローラーでよくはりつける

柄がずれたり、すき間ができてしまったら、そこまでいったんはがし、はり直すこと

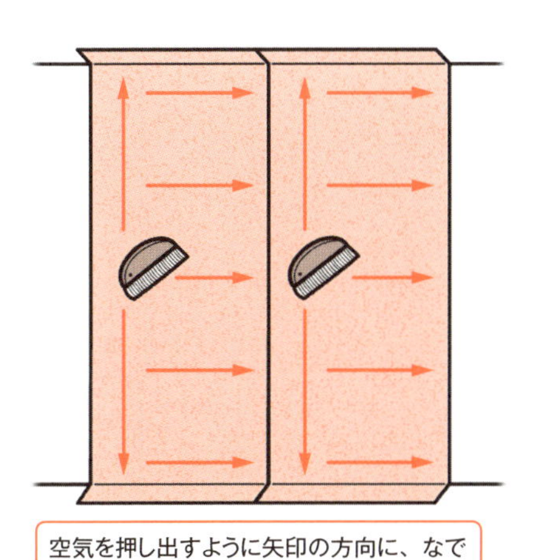

空気を押し出すように矢印の方向に、なでバケでなでつける

仕上がりのきれいさを左右する

柄合わせのやり方

柄合わせは仕上がりに大きく影響を与える重要なポイントです。特に柄の大きなものは、少しのズレも格好悪いもの。壁紙には柄合わせマークがついているので、これを目安にはっていきます。あるいは、V字の切れ込みを右側の耳に入れる方法もあります。重ねるときに切れ込みの谷の部分の柄と、すでにはった右側の壁紙の柄を合わせると上手くはれます。柄を合わせる部分は目線と同じ高さの位置で。

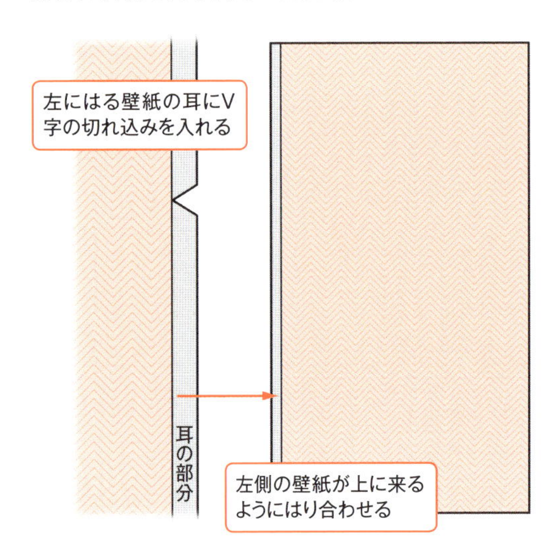

壁紙と壁紙の継ぎ目の処理

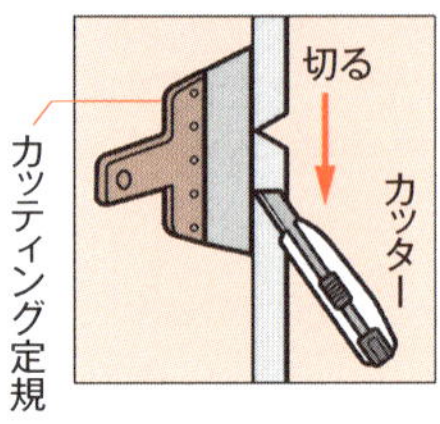

①左側の壁紙の耳を右側の壁紙の上になるよう重ねてはり、左側の壁紙の耳の部分を切り落とす

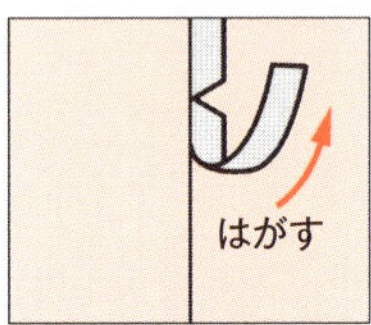

②上になっている左側の壁紙の耳をはがす。

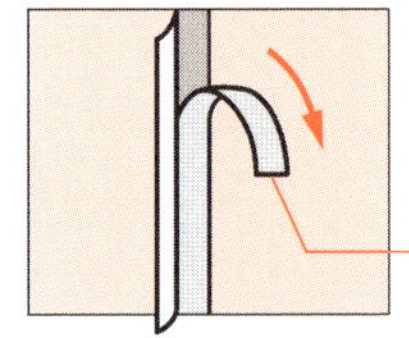

③左側の壁紙の端をはがし、下になっていた右側の壁紙の①でカットした部分をはがす。ノリが乾ききる前に手早く行う。

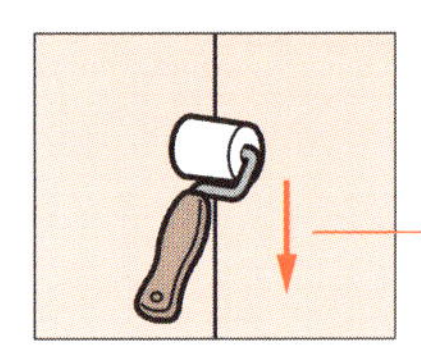

④カットした端同士を突き合わせ、上からローラーをかけてしっかりと圧着する。

細かい部分の処理の仕方

コンセントなどは作業前に取り外しておきます。その部分の壁紙はノリが乾ききる前に少し余裕を持たせてカットし、壁紙の内側に折り込んでおきます。取り外せないドアノブなどは、上から×印にカットし、折り込みます。

▼コンセントなど

①コンセントの位置の内側をバツ印に切り込みを入れる。
②切り込みでできた四つの三角形の底辺を1cmほど残して、上部を切る。
③余った部分を、周囲の壁紙の内側に折り込む。

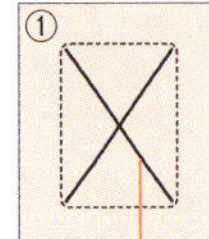

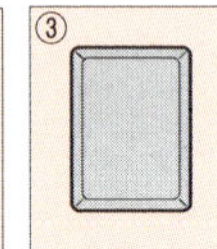

▼ドアノブなど

①出っ張った部分の頂点を中心に、バツ印に切り込みを入れる。
②切り込みを外側に開く。
③余分な壁紙をドアノブなど突起物の下に入れ込む。

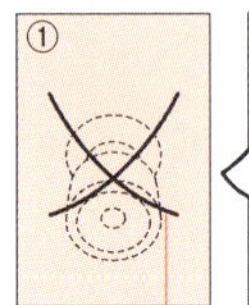

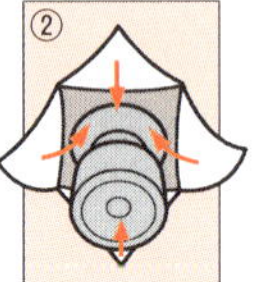

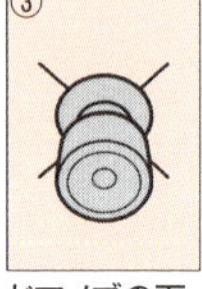

あえて違う柄でアラ隠し

ワッペン式シートのはり方

壁紙に小さなキズや破れができた場合、全部をはり替えるのは大変です。そんなときはワッペン式シールがおすすめです。ノリの接着力が強いので、壁紙の上にもはれます。45～90㎝幅があり、状態に合わせて選べます。ワンポイントとして異なる柄や色を持ってきても、インテリアのアクセントになります。

1 はる壁面の汚れをふき取る

壁面が汚れているとはがれやすくなるので、はる前に必ず壁面をきれいにふき取る。

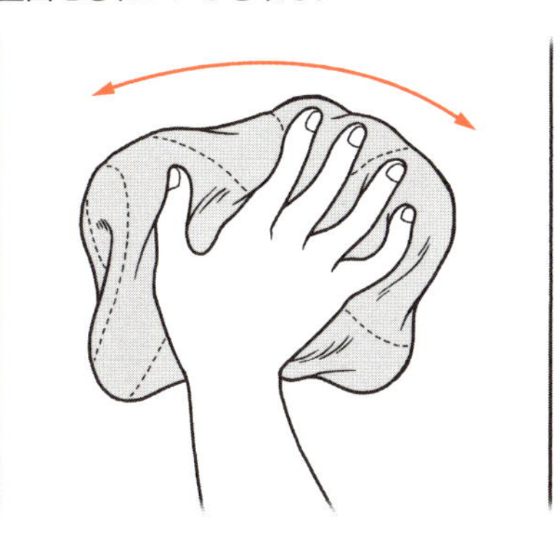

2 はる位置を決める

裏紙を少しはがして、シールをはる位置を決める際は、垂直を必ず確認。シールを花や星などの形にカットした場合は、好みの角度でOK。

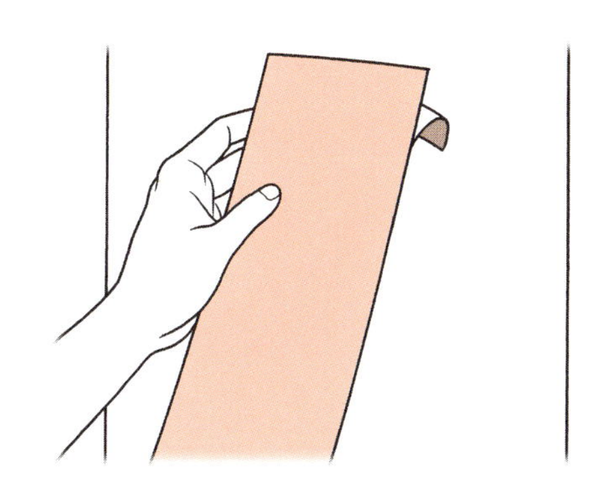

3 少しずつはる

はる位置が決まったら、裏紙を少しずつはがしながら、さらにシールの表面をタオルなどでこするようにして、少しずつはっていく。

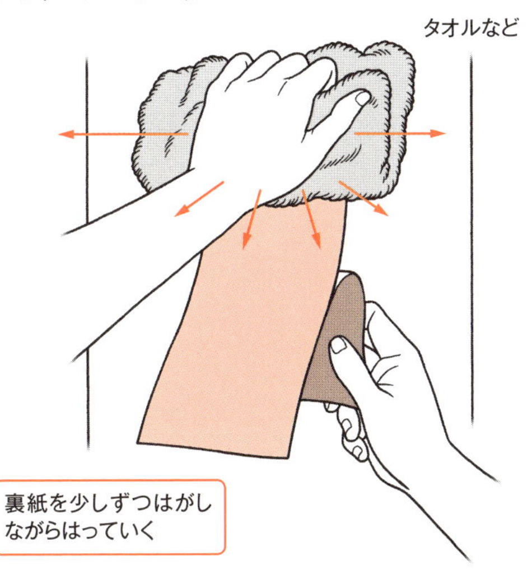

空気の抜き方

大きなふくらみはその部分まではがしてはり直す。小さなふくらみは針を刺し、空気を抜く穴をあける。

針で刺す

ふくらみの上をタオルなどでしっかり押さえつける。

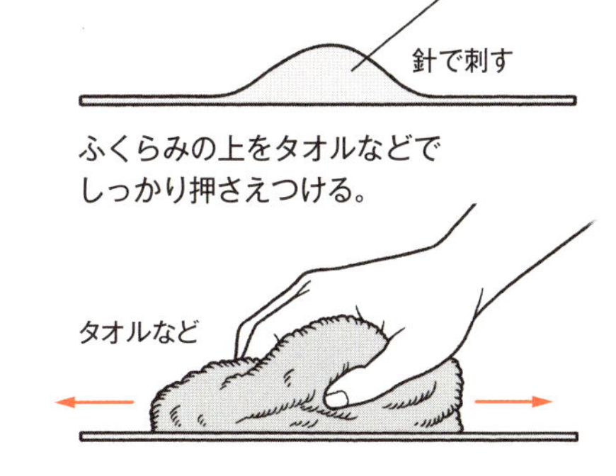

室内壁のDIY

壁の塗装

広い範囲をムラなく均一に塗る、となると少々ハードルが高い印象を持つことでしょう。しかし、最近の水性塗料は改良が進み、ムラの原因となる塗料のタレも少なくなり、二度塗りしなくてよいものや、においのないタイプも出ています。乾燥も早いので、誰でも手軽に扱えます。

また円筒形のスポンジを転がすローラーバケやコテバケなど、塗りやすい道具もあります。

塗料を購入する際は、イメージよりも淡い色を選んだほうが、仕上がりはイメージに近くなります。広い範囲に塗るので、色見本より濃い印象になりやすいのです。また、キッチン、浴室など湿気の多い場所は、カビ止め剤が入った塗料を選びましょう。

始める前に

壁の塗装をする前にも下準備は重要です。塗る場所の汚れを取り除き、よく乾燥させておくこと。次に、塗らない部分を覆う養生です。この作業が不十分では、いらないところに塗料が飛ぶなど、あとが大変に。

チェック 塗装をする前の養生のポイント

用意するもの

- 1回塗りの水性塗料
- ローラーバケかコテバケ
- すじかいバケかミニコテバケ
- 新聞紙
- マスキングテープ

塗りにくいところから先に

塗装のやり方

塗料を塗る作業を始める前に、まずは塗料をよくかき混ぜ、均一にします。濃い場合は水を少し加えて薄めますが、1回塗りとなっている塗料は、厚く塗っても問題はないので、薄め過ぎないように注意を。

1 塗料をよくかき混ぜる

割りばしなどで塗料の缶の底までよくかき混ぜる。

2 塗りにくいところから塗る

すじかいバケなどで狭いところ、塗りにくいところから塗っていく。

3 広い範囲を「W」字に塗っていく

最後に広い範囲を塗る。ローラーバケで塗る場合は「W」字を描くようにローラーを動かす。コテバケの場合は縦に動かす。1回塗りなので、塗り残しがないように注意を。

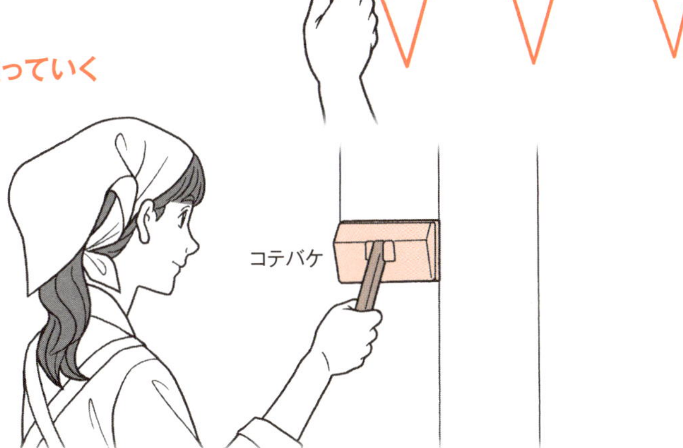

和室の壁もDIYで塗り替え可能

和壁の塗り方

和室の壁は一般的には、しっくい壁か繊維壁、京壁、聚楽壁、砂壁などがあります。
和壁の塗り替えは素人では無理だと思いがちですが、DIY用の壁材が市販されているので
塗り替え可能。ここでは繊維壁と京壁、聚楽壁の塗り方を解説します。

下地の整え方

壁材を塗る前に下地を整えておくことが大事。あらかじめ古い壁材をすべてはがしておく。全部はがしたら、ひび割れや欠けをパテ埋めし、表面をならす。

1 壁全体に水を吹きかける

霧吹きなどで全体にまんべんなく水を吹きかける

2 古い壁材をはがす

スクレーパーなどでていねいに古い壁材をはがす。壁が乾いたら、再度水を吹きかけて湿らす

3 キズやひび割れを修復する

キズやひび割れは、市販の下地パテで埋めて、サンドペーパーをかけて表面をならす

塗り方

繊維壁

繊維壁の壁材は、使う前に水で溶く。溶かしたらノリの粘着力を高めるため、説明書どおりの時間をおき、もう一度よくかきまわしてから塗る。

1 コテで「W」形に塗りつける

壁材をコテですくい、「W」形に塗りつける

2 壁材を塗り広げる

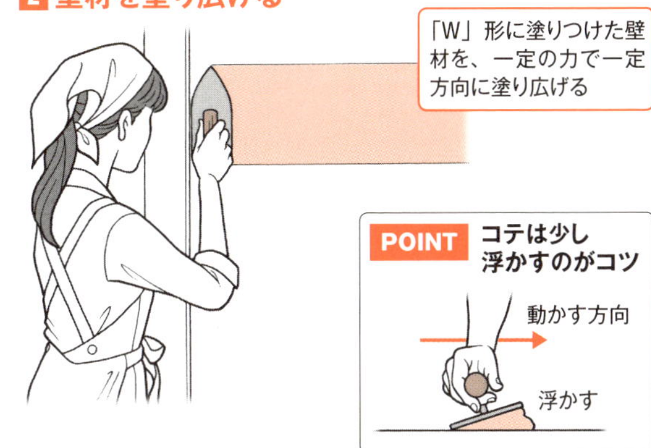

京壁・聚楽壁

京壁・聚楽壁の壁材も水で溶いて使用。必ず必要量を1回で溶くこと。必要量の目安は壁材の説明書を参照。

1 幅広のハケで厚めに塗る

ハケをやや寝かせ気味にし、あまり力を入れすぎないで、一定方向に動かす。

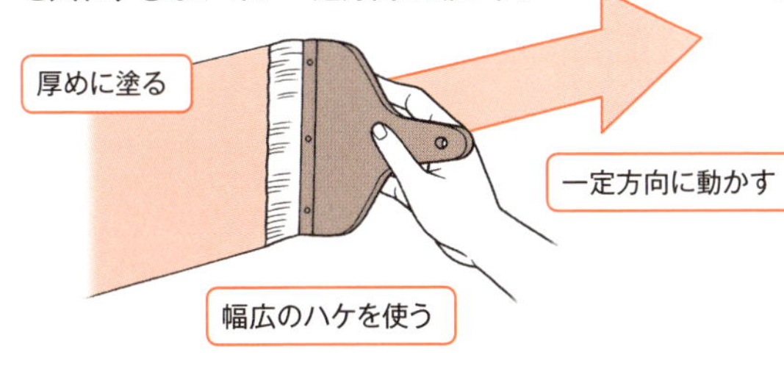

2 二度塗りでムラをなくす

二度塗りすることでムラをなくすことができる。その際は、1回目に塗った方向に対して直角に塗る。

3 仕上げは水でなでる

仕上げに水をつけた新しいハケで、表面をなでていく。

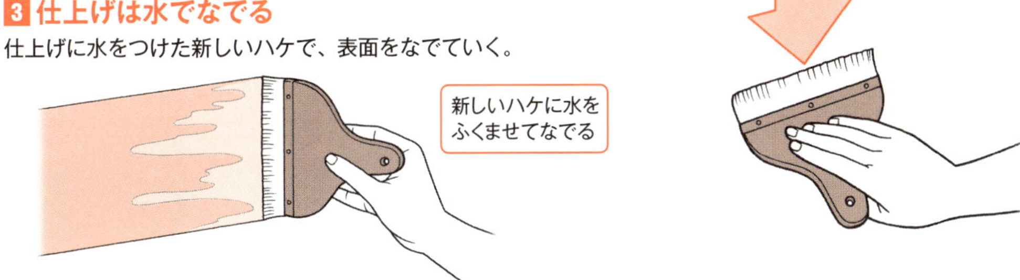

室内壁のDIY

フックの取りつけ

始める前に

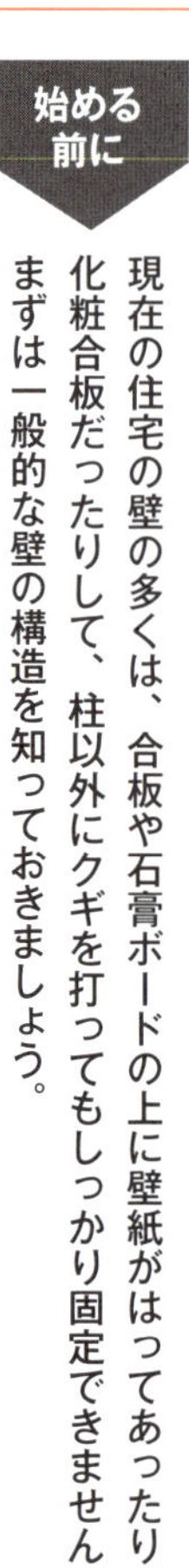

現在の住宅の壁の多くは、合板や石膏ボードの上に壁紙がはってあったり、化粧合板だったりして、柱以外にクギを打ってもしっかり固定できません。まずは一般的な壁の構造を知っておきましょう。

チェック

中空壁（ちゅうくうへき）の構造

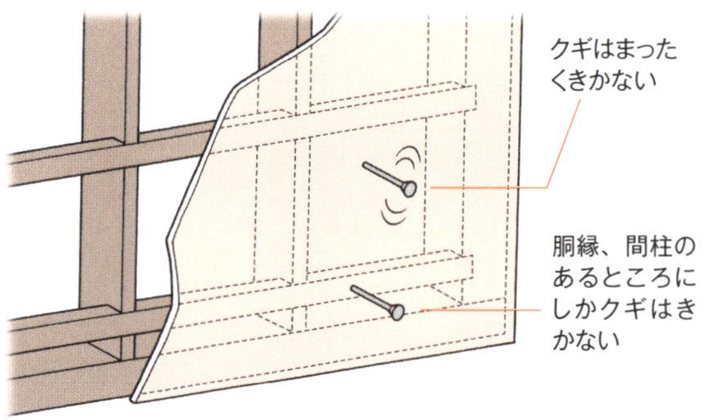

※胴縁（どうぶち）や間柱（まばしら）がどこに入っているかを調べるには、金ヅチなどで叩いて音の響きで確認を。「壁うらセンサー」といった商品名で、壁の内側を探る機器も販売されている。

室内の壁に絵を飾ったり、洋服を掛けたり――。壁も、立派な収納スペースです。しかし、どんな壁でもクギを打てばOKというわけにはいきません。多くの壁は中空壁（ちゅうくうへき）といい、内側に柱や縁がある部分にしかクギはききません。

そこで役に立つのが取りつけ金具。いくつか種類があるので、用途に応じて使い分けるといいでしょう。

ただ、注意をしたいのが、落下の危険性を考慮に入れるということ。ソファやベッドなど、人がよくいる場所の上には取りつけないほうが安心です。また時には手でさわってグラつきがないか確認することも大事。さらに壁の材質によって、強度に違いがあることもお忘れなく。

用途や壁材に応じてチョイスを

中空壁にものをつるすための金具

どんなものをかけるか、どんな壁に取りつけるかで金具選びは違ってきます。
ここでは一般的に広く販売されている金具について解説します。

トグラー

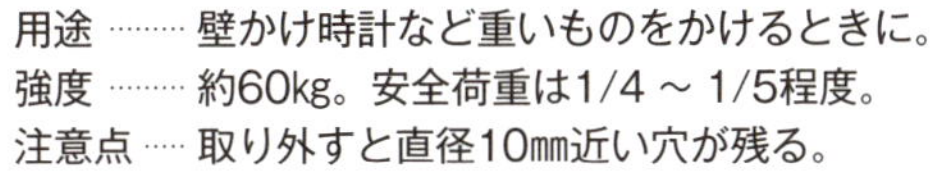

用途 ……… 壁かけ時計など重いものをかけるときに。
強度 ……… 約60kg。安全荷重は1/4 ~ 1/5程度。
注意点 …… 取り外すと直径10mm近い穴が残る。

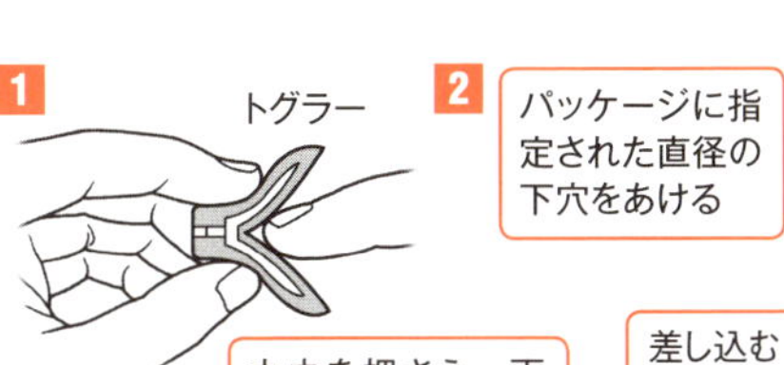

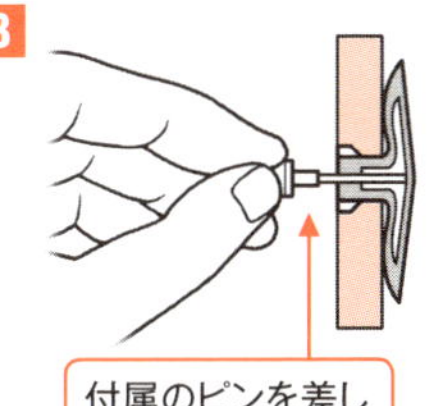

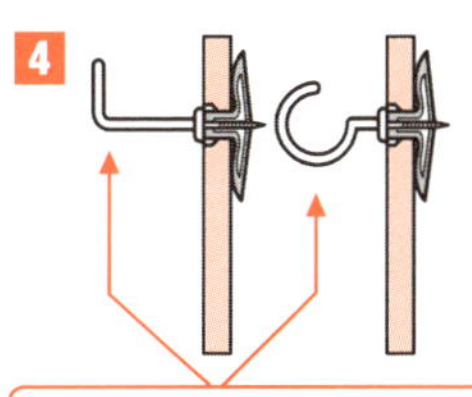

グラバー

用途 ……… 軽めの壁かけ時計や鏡、額縁など。
強度 ……… 約30kg。安全荷重は1/4 ~ 1/5程度。
注意点 …… 取り外すと1mm×1cm程度の穴が残る。

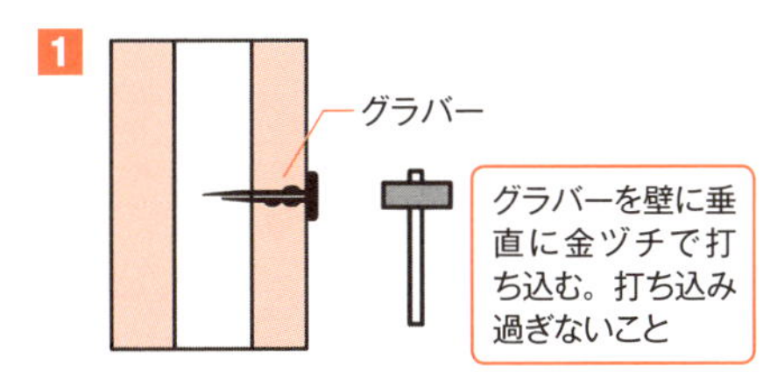

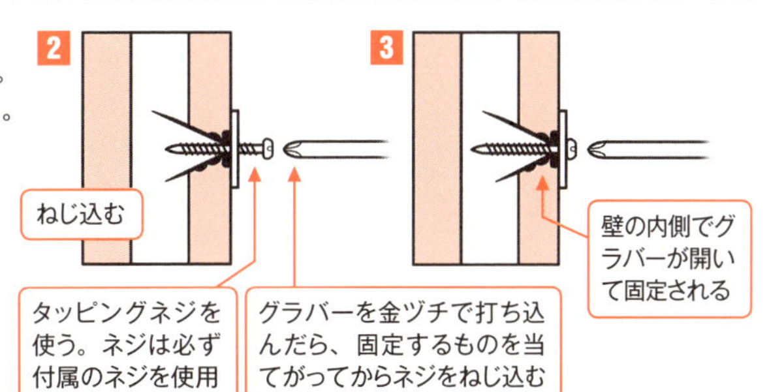

石膏クギ

用途 ……… タオルハンガー、カレンダーなど軽いもの。
強度 ……… 石膏ボードの壁に取りつけた場合、約7kg。複数つければ強度は増す。ただし、安全荷重は1/4 ~ 1/5程度

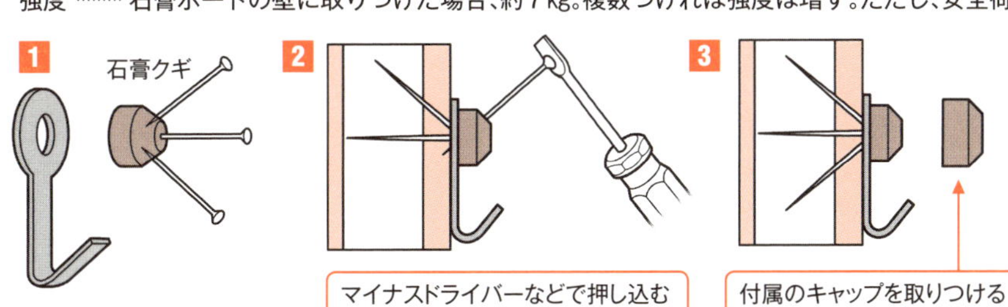

※壁の材質によって強度が異なる。取りつける壁が石膏ボードの壁か合板なのかわからない場合は、細いクギを目立たない場所に打ち、引き抜いたとき白い粉がついて入れば石膏ボードの壁。

コンクリート、モルタル、タイルなどに

カールプラグの取りつけ方

マンションなどのコンクリートの壁やモルタル、大理石、ブロック、レンガ、タイルなどの壁にはカールプラグを使うといいでしょう。カールプラグには鉛製とプラスチック製があります。

カールプラグ（鉛製）

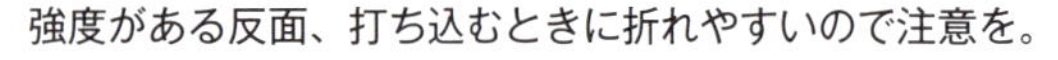

強度がある反面、打ち込むときに折れやすいので注意を。

品番	ネジ径(mm)	ドリル径(mm)
6×20	3.1	4.4
6×25	3.1	4.4
8×20	3.5	4.8
8×25	3.5	4.8
8×32	3.5	4.8
10×20	4.1	6.4
10×25	4.1	6.4
10×32	4.1	6.4
10×38	4.1	6.4
12×25	4.8	7.2
12×32	4.8	7.2
12×38	4.8	7.2

1 下穴をあける

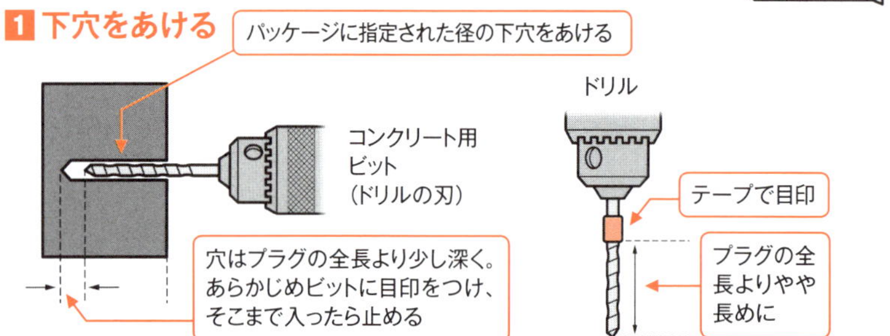

2 カールプラグを差し込む

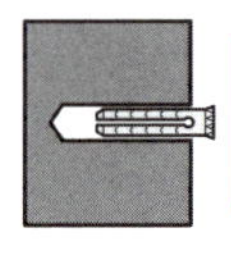

カールプラグを穴に差し込む。穴が大きすぎたら、穴に合った大きさのカールプラグに替える

3 ネジで固定する

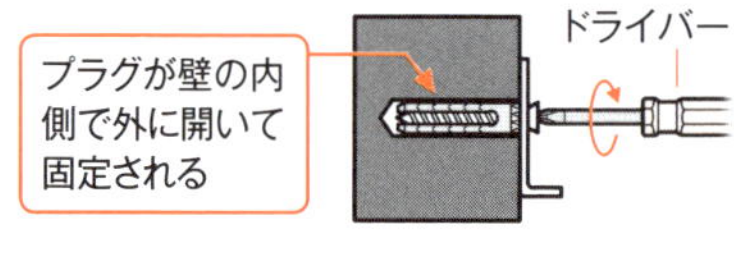

つるすものを当てがって固定する。このとき、必ずタッピングネジで固定する。ネジ径はパッケージに指定されたものを使用

PCプラグ（プラスチック製）

プラスチック製は割れにくく打ち込みやすく、切れば長さの調節も可能。
ただし、プラスチックが溶けるような高温の場所には使えない。

品番	ネジ径(mm)	ドリル径(mm)
5×25	2.4～2.9	5
6×25	3.1～3.8	6
6×35	3.1～3.8	6
7×25	4.1～4.8	7
7×35	4.1～4.8	7
8×32	5.1～5.8	8

1 下穴にプラグを差し込む

カールプラグと同じく下穴をあける

2 ネジで固定する

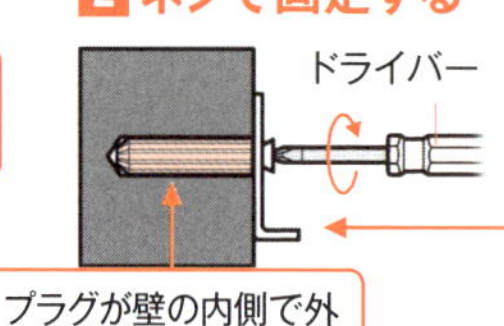

プラグが壁の内側で外に開いて固定される

つるすものを当てがって固定する。このとき、必ずタッピングネジで固定する。ネジ径はパッケージに指定されたものを使用

タイルの穴のあけ方

タイルにカールプラグを取りつける場合は、ドリルは石工用ビットを使用し、ビットを水でぬらしながらあける。タイルの表面ではなく、タイルとタイルの継ぎ目の目地にあける。

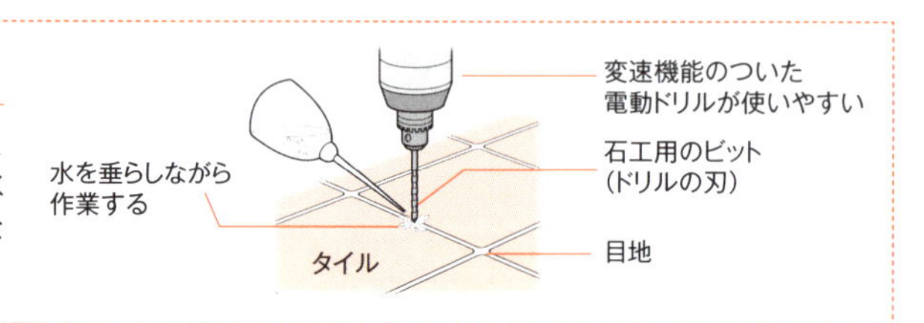

下穴が小さくて作業が簡単

ノープラグビスの取りつけ方

カールプラグは下穴をあけるのが手間ですが、この問題を解決したのがノープラグビス。特殊なネジ山のおかげで下穴を大きくあけなくてもねじ込めます。コンクリートなどの堅い壁に使えます。

特徴

- 下穴が小さくて済む
- カールプラグがなくてもネジを直接ねじ込める
- 手動のドライバーで簡単にねじ込める

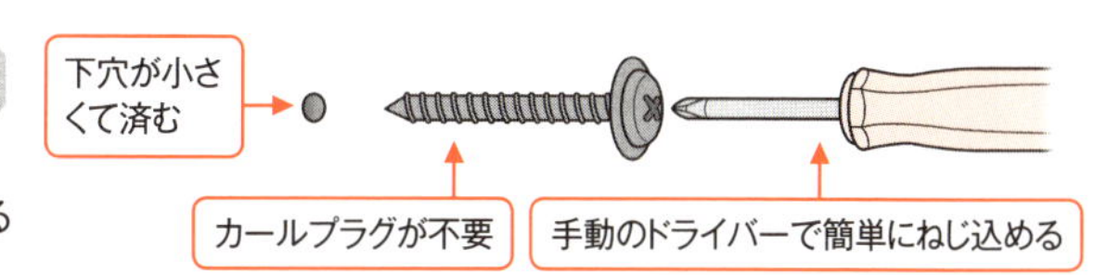

取りつけ方

必ず指定されたドリル径のビットを使って下穴をあける。下穴の深さは、使うノープラグビスより最低10㎜深く開ける。

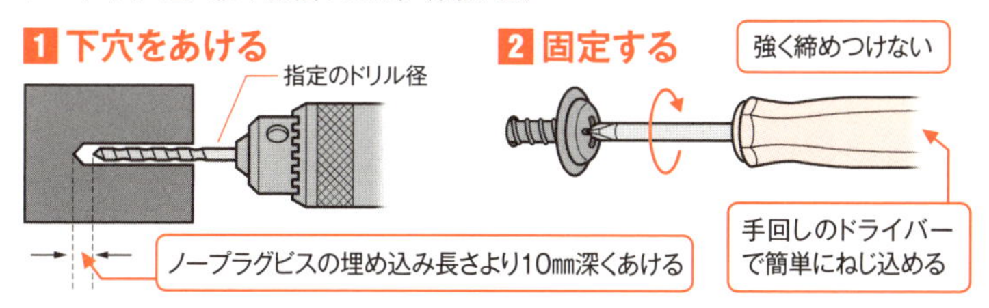

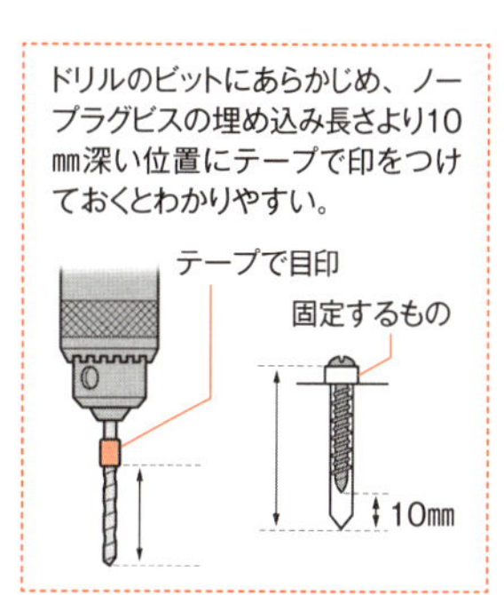

ひとことワンポイント

タイルにフックを取りつけるときのコツ

タイル、プラスチック板、金属の表面などにもフックを取りつけられます。その場合は、フックの裏側に両面粘着テープがはってあるものを使用。使用の際は、両面粘着テープをはがして壁面に密着させますが、はる前に壁面の汚れや油などを十分とり除いておくことが大事です。

ただし、両面粘着テープは強度に限界があるため、重いものをつるすなら、両面粘着テープを取り外し、エポキシ系接着剤を塗って、強度を高めましょう。製品に表示してある重量以上のものは、つるさないようにしましょう。

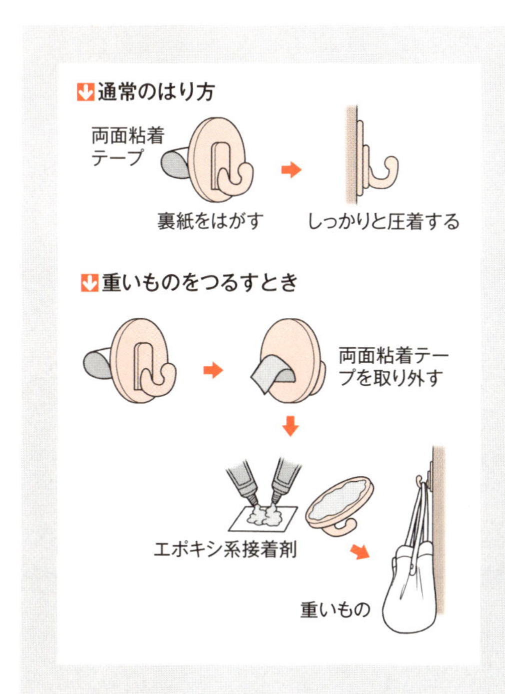

窓まわりのDIY

アルミサッシの補修

アルミサッシのメンテナンスを効率よく行うための手順があります。

まず、最初に窓枠の掃除をします。下から洗剤を少量ずつスプレーし、乾いたタオルなどの布で手早くふき取っていきます。ゴムパッキングの汚れがひどい部分は、歯ブラシでこすって。汚れを落としたあとは、必ず水ぶきで仕上げふきをすること。

アルミはアルカリ性に弱いため、洗剤が残っていると窓枠を傷める原因になります。

窓と窓が重なって、中の汚れがふけないときは、窓の上部などに、外れ止めがある場合は、それを外して外側から上に持ち上げるようにして窓を外して掃除します。窓ガラスは最後にきれいにふきます。

チェック アルミサッシの各部名称

始める前に

アルミサッシも経年により劣化してしまうので、メンテナンスが必要です。メンテナンスを行う前に、アルミサッシの各部の名称を知っておくと、部品を購入する際も役立ちます。

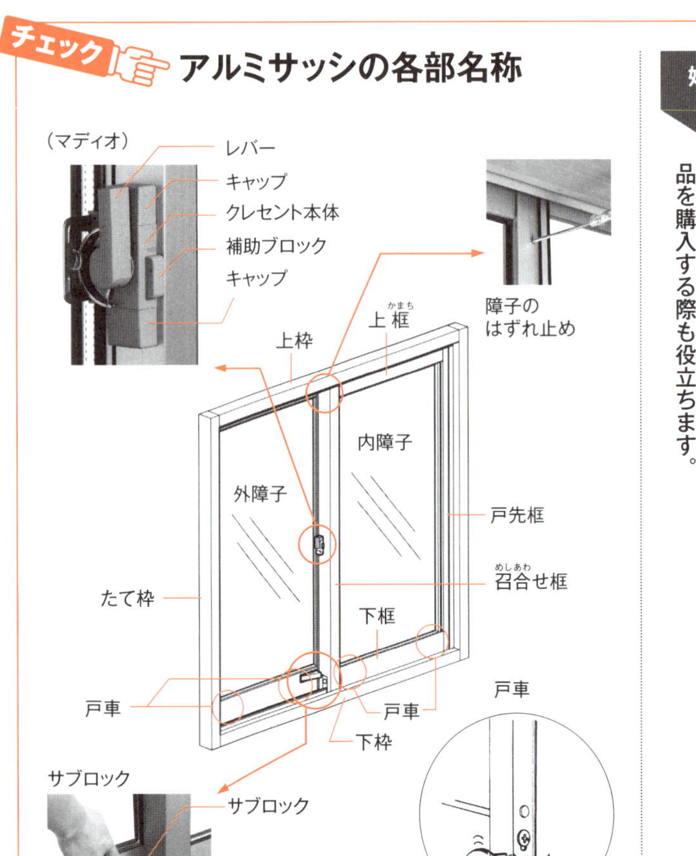

初期段階で早めに対処を

アルミサッシのガタつき調整

アルミサッシの開け閉めの際、ガタつくようなら早めの対処を。窓枠がレールにはまっていない場合は、二つある戸車の高さがずれているのが原因です。

サッシの下端についているビスを調整し、二つの戸車を上下させる。

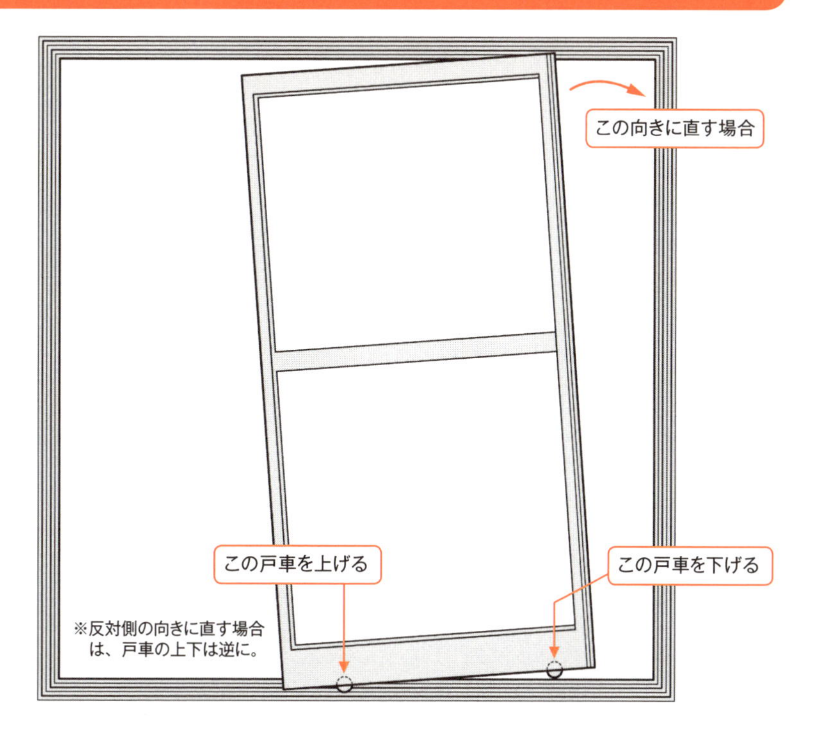

戸車の上げ方・下げ方

左右の窓枠の溝の下部にある穴にドライバーを差し入れ、奥のネジを回して戸車を上下させる。上げるときは右に回し、下げるときは左に回す。

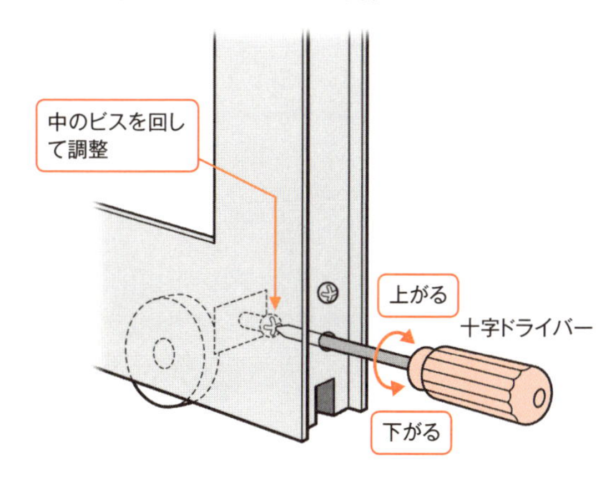

レールのすき間をなくす方法

調整後、とくに戸車を上げた場合は、戸車調整穴の上のネジ（召し合わせシールピース）をゆるめて、レールとのすき間をなくす。

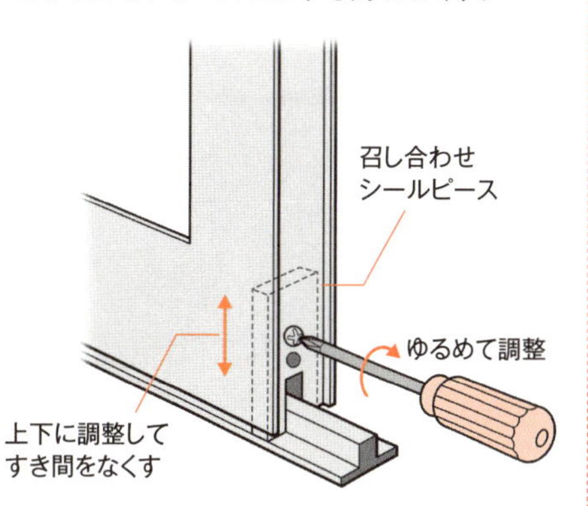

防犯上、不具合はすぐに調整

アルミサッシのカギの調整

アルミサッシのカギのことを「クレセント」といいます。クレセントの調整はすぐにできるので、かかりがゆるくなったり、きつくなったらすぐに直しましょう。

アルミサッシのカギの構造

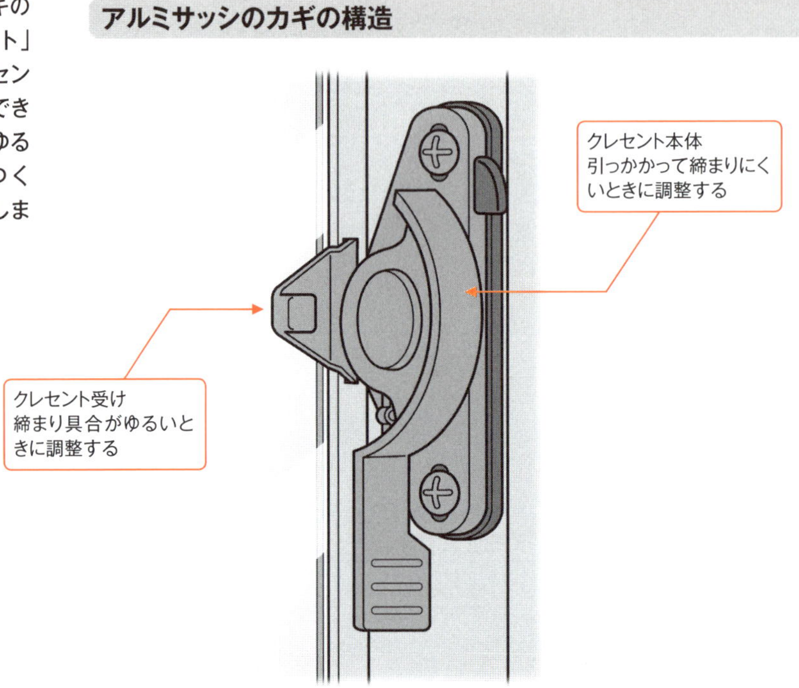

本体の調整

締まりにくいときは、クレセント本体についているビスをゆるめて上下方向に調整する。ネジが締まらないときは、エポキシ系の接着剤を塗ってから締める。

上下に調整

ゆるめて調整

クレセント受けの調整

締まりがゆるいときは、クレセント受けのビスをゆるめて左右に調整する。クレセントの動きが悪いときは、ミシン油を少量差す。

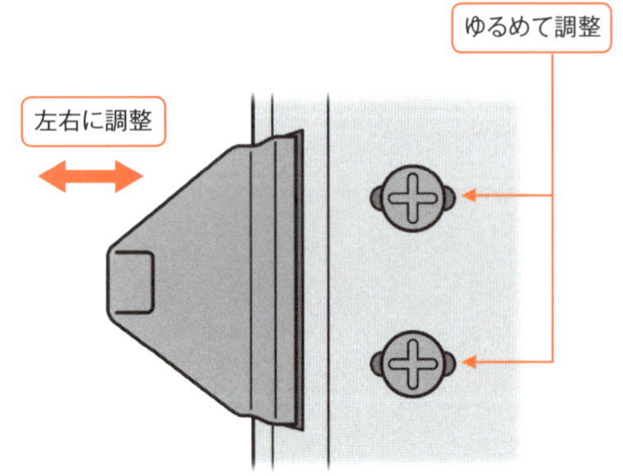

はっておけば安心

ガラスの飛散防止フィルムのはり方

自然災害や物をぶつけたりした際に、窓ガラスが割れて飛散しないように飛散防止フィルムを貼っておくと安心。作業前にガラスをキレイに掃除しておきましょう。

始める前に

1. カーテンや家具を移動させる
2. 窓下や壁がぬれないように養生する
3. 水に対して2～3%の中性洗剤を加えた石けん水を作り、スプレー容器に入れておく。
4. ガラス面や窓枠をキレイに掃除する。

1 ガラスフィルムをカットする

窓の寸法を測り、フィルムを縦横それぞれの実寸より3～5㎝大きめにカットする。

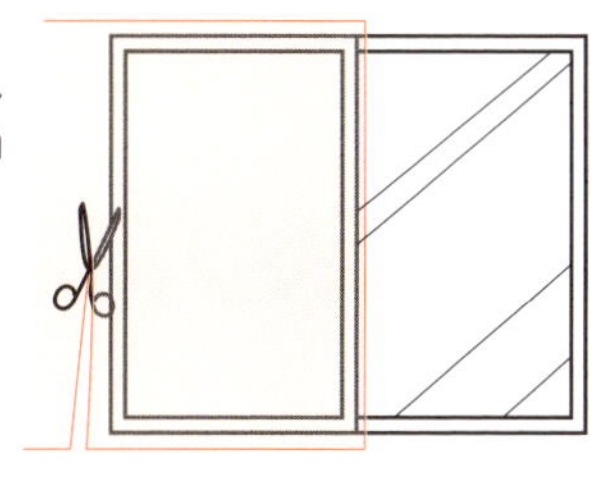

2 ガラス面を石けん水でぬらす

フィルムをはる前にガラス全体に石けん水をたっぷりと吹きつける。

3 ガラスフィルムをはがす

カットしたフィルムの裏側（セパレーター）を慎重にはがす。カットした際、一角にセロテープをはっておくとはがしやすい。はがしながら粘着剤面にたっぷりと石けん水を吹きつける。

4 フィルムをはる

フィルムの上部の両角を持ち、はる。この際、左右どちらかに2～3㎜のすき間をあけてはる。また手で持った部分はあとでカットするため、上部は上の窓枠よりはみ出すようにはす。

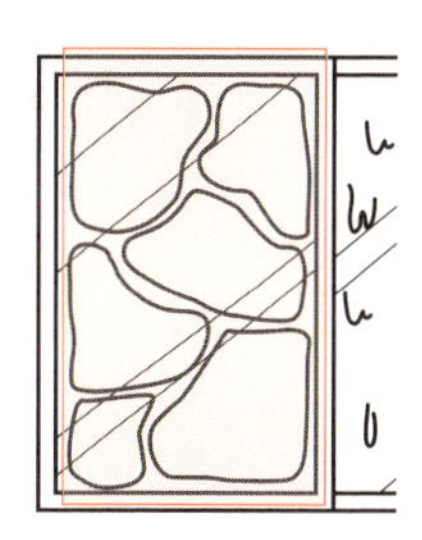

5 水分と空気を抜く

フィルムをはったら、フィルム全体に霧吹きで石けん水をふきつけ、フィルムがずれないよう片手で押さえながら、スキージーで中心から外に向かってなぞり、フィルムと窓ガラスの間の水分と空気を抜く。

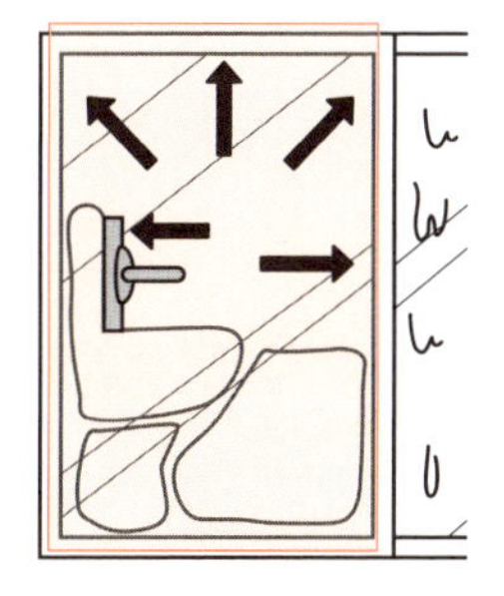

6 余分なフィルムをカットする

窓ガラスよりはみ出た部分をカッターで切り取る。窓枠にそってガラスフィルムにヘラなどで筋をつけ、定規をあてがって切るときれいに切れる。最後にフィルム表面に石けん水を吹きつけ、再度空気と水を抜く。水分はスポンジなどでふき取る。

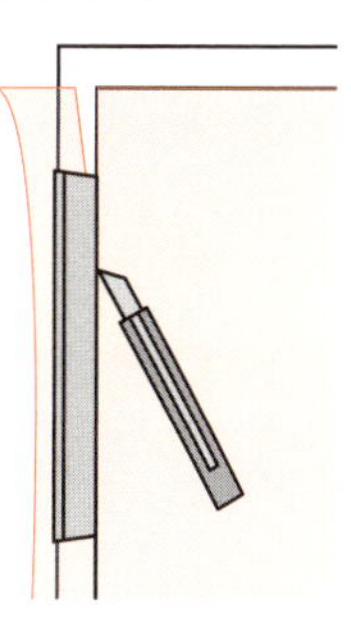

＊イラスト：シゲ シホ

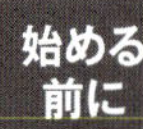

窓まわりのDIY

網戸のはり替え

網戸にあいた小さな穴。「このくらい大丈夫だろう」と放っておくと、穴は少しずつ広がり、そこから小さな虫が入ってきます。網戸のメンテナンスは思っているより簡単にできますので、小さな穴でも見過ごさず、修理しましょう。

穴が小さい場合は、市販の「網戸補強シート」などをはれば、すぐに補修できます。

穴が大きかったり、枠から網が外れてしまった場合は、全部はり替えたほうが簡単です。ひとりでは難しいので、家族の誰かにサポートしてもらいましょう。一度経験すると、次回からは手早くできるようになります。はり替えの際は、「押さえローラー」が必需品です。

始める前に

網戸のはり替えは意外に簡単にできます。ただし、それには専用の道具が必要。個別に販売されていますが、セットになったものもあって便利です。

チェック 網戸のはり替え道具

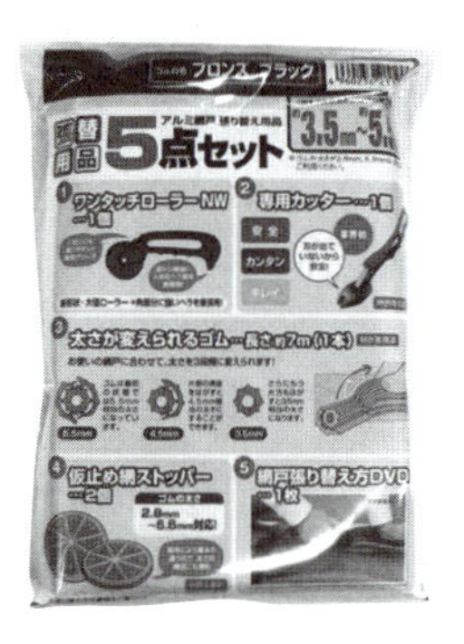

網戸張り替え5点セット
網戸張り替えに必要な道具がそろったセット。はり替え方がわかるDVDもついているので初心者でも安心。

①使い方説明DVD

②太さが変えられるゴム
網戸枠にネットをとめるための押さえゴム。サッシによって太さが異なるが、このゴムは3.5～5.5㎜のサイズに太さが変えられるので便利。

③網戸専用カッター
窓枠に合わせて網戸をカットするための専用のカッター。

④ワンタッチローラー
押さえゴムをはめ込む際に必要な道具。反対側についたツメで、古いゴムを外すこともできる。

⑤仮止めストッパー
新しい網をはる際、ゴムを埋め込む前に窓枠のすき間にはめて、網を仮止めするのに使用。

ゆるみが出ないよう引っぱりながらはる

アルミ網戸のはり替え方

はり替えに必要なものは、サランネットと呼ばれる網と、取りつけ用のゴム、専用の押さえローラー。これらは市販されています。サランネットは網目の大きさやネットの色が違うものが多種あります。

1 古い網を外す

まず押さえローラーについているツメかドライバーの先で、枠についている古いゴムを外す。ゴムを外すと古い網も外れる。

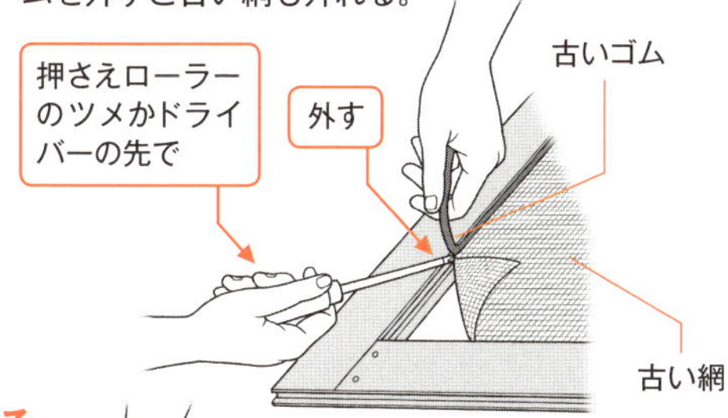

中桟がある場合は中桟も外す

2 枠の溝をきれいにする

古いゴムと網を外したら、新しい網を取りつける前に、枠の汚れをきれいにかきとる。

古い歯ブラシなどで汚れをかきとる

3 新しい網を切る

新しくはる網を枠に合わせて切る。市販の網は大体92cm幅。あらかじめ網戸の高さを調べて、それにあった長さを購入。

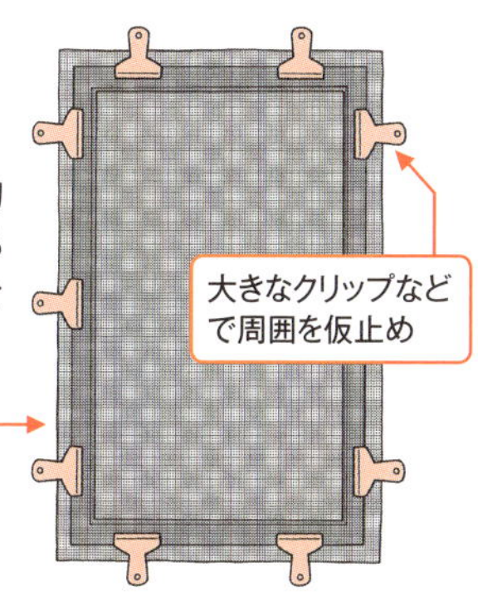

4 新しい網をはる

新しい網をはるときは、長辺→長辺→短辺→短辺の順に。新しい取りつけ用のゴムを、網と一緒に枠の溝に押さえローラーで埋めていく。対向する辺をもうひとりの人に引っぱってもらい、たるみを防ぐ。

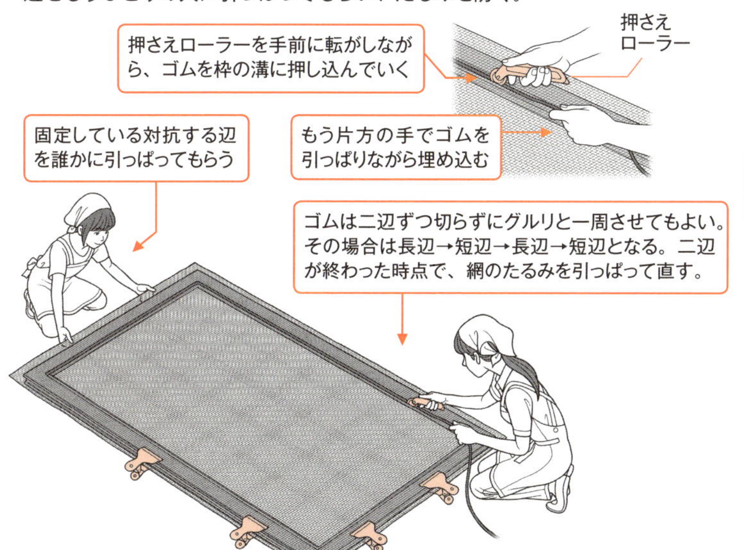

5 余分な網をカットする

網をはり終わったら、余裕を見た部分の網を金属定規で押さえながらカッターで切り取る。このとき、埋め込んだゴムや網を切らないよう注意。

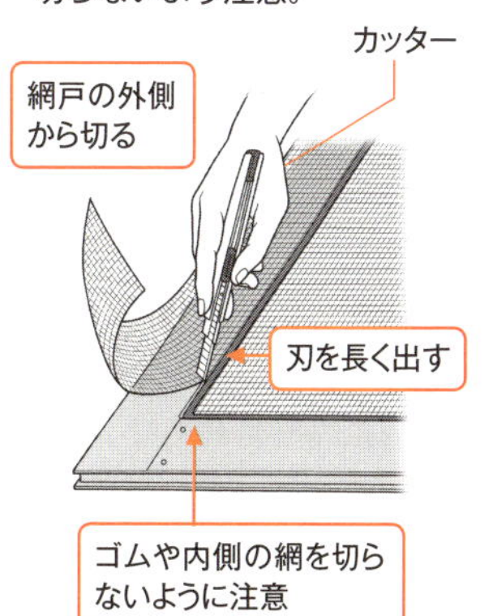

窓まわりのDIY

カーテンなどの取り替え

始める前に

部屋の模様替えに最も効果を発揮するのがカーテンの取り替え。その際、つり方を変えてみるのも手です。一般的な6パターンのつり方をご紹介しましょう。

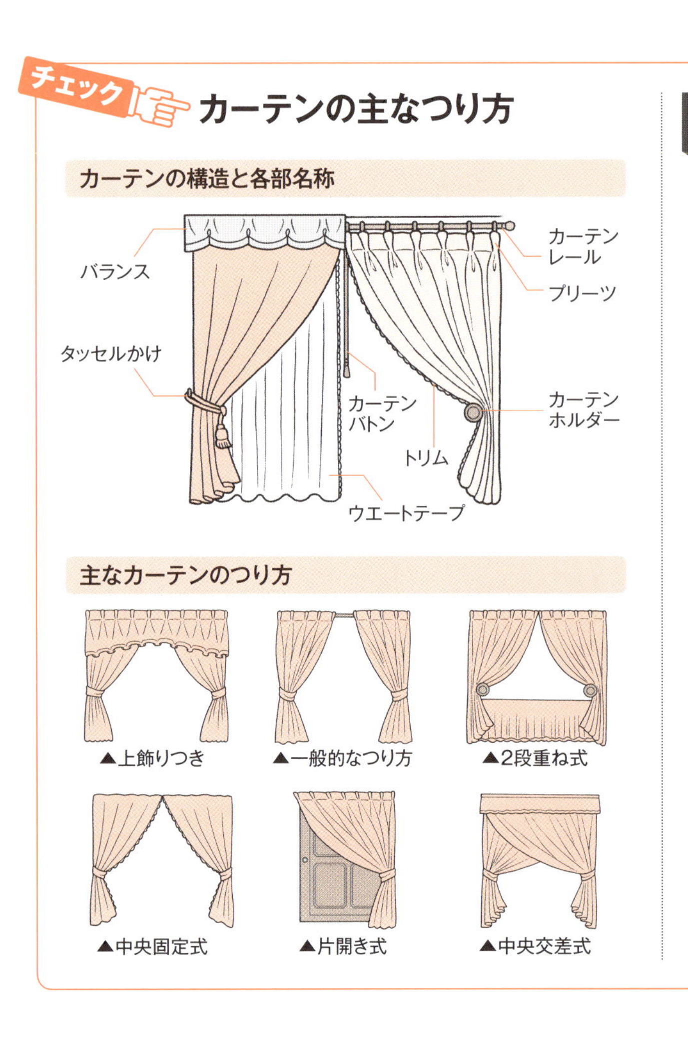

▲上飾りつき ▲一般的なつり方 ▲2段重ね式

▲中央固定式 ▲片開き式 ▲中央交差式

カーテンを取り替える場合、まず考えたいことは実用性重視なのか、インテリア重視なのか、ということ。そのうえで、部屋の用途やスタイルに合ったものを選ぶことが大事。応接間なのか子ども部屋なのか、その部屋をどのような雰囲気にしたいかで、おのずとつり方もカーテンの柄や生地の素材なども決まってきます。

カーテンはレディーメイドカーテンという、寸法に合わせて購入できる既製品が多種多様に揃っています。購入の際は、窓や戸の幅より少し大きめに注文することが大事です。

カーテンを取り替える際、レールも変えると雰囲気も変わるので、古くなったレールはこの際取り替えてもいいでしょう。

カーテンの重さに合ったレールを選ぶ

カーテンレールの種類と取りつけ方

カーテンレールには機能性重視と装飾性重視の2種類があります。種類によって取りつけ方もそれぞれです。レールを購入する際のポイントは、カーテンの重さを考えてレールの素材を選ぶこと。重い生地のカーテンには金属性かステンレス、あるいは太い丸棒のものを選びます。また、レールを窓枠や天井に直接つけるか、窓とカーテンの間に余裕を持たせるかでも取りつけ部品が異なります。いずれにせよ、レールは左右の窓枠よりやや長めにしましょう。

ポピュラーなカーテンレール

●シングルレール

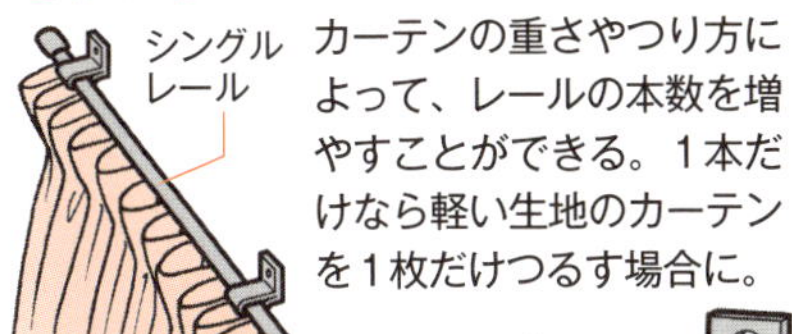

カーテンの重さやつり方によって、レールの本数を増やすことができる。1本だけなら軽い生地のカーテンを1枚だけつるす場合に。

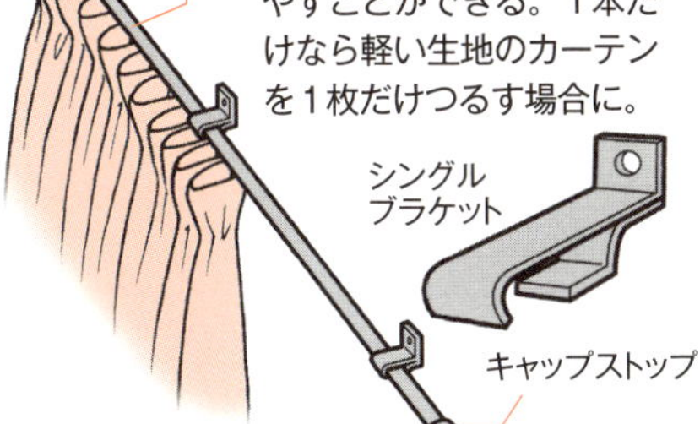

●ダブルに取りつける

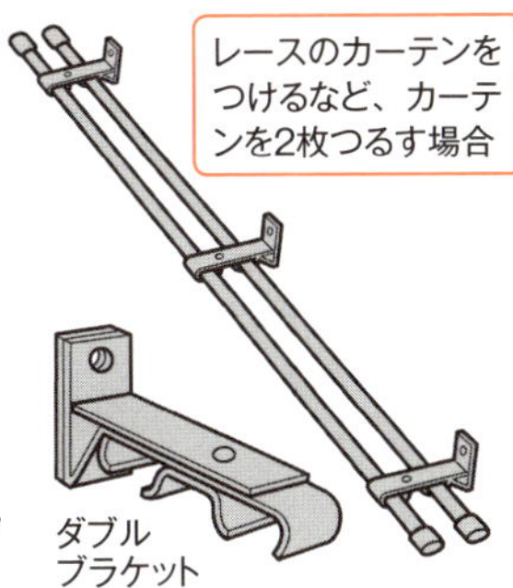

●バランスを取りつける

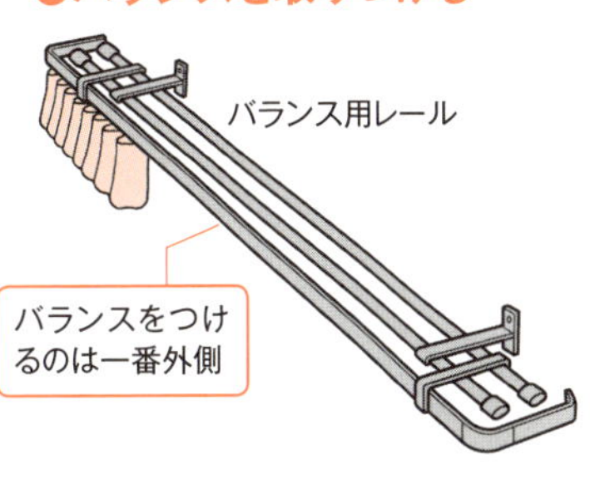

取りつけ方

●直接つける

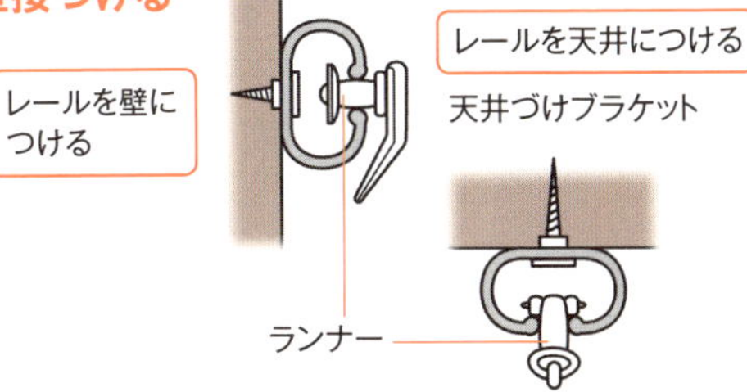

●窓とカーテンの間に余裕を持たせるとき

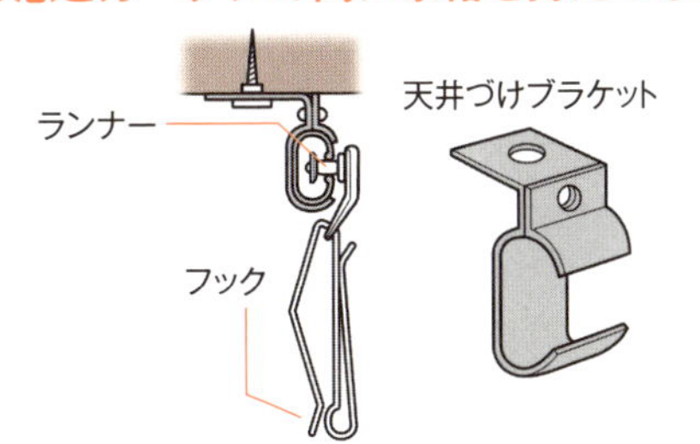

装飾性の高いカーテンレールの例

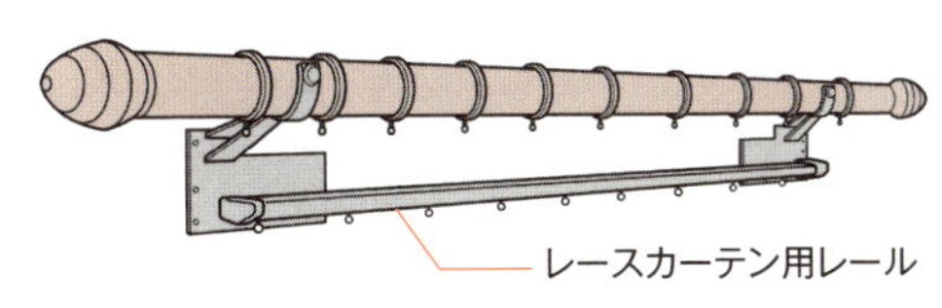

カーテンの固定のために両端のリングはブラケットの外側にかける

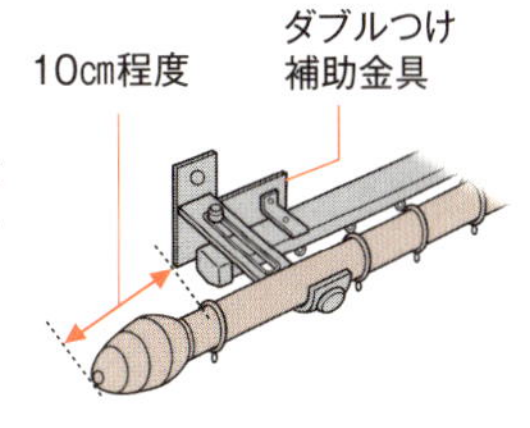

取りつけは意外に簡単!

ブラインドの取りつけ方

ブラインドは既製品を購入して取りつけますが、その際は幅と長さを指定します。
まず、ブラケットという専用の部品を取りつけてブラインド本体をはめ込みます。

1 ブラケットを取りつける

①ブラケットの取りつけ位置は両端から約４～７cm内側が適当。３個以上の場合はその間に等間隔に取りつける。

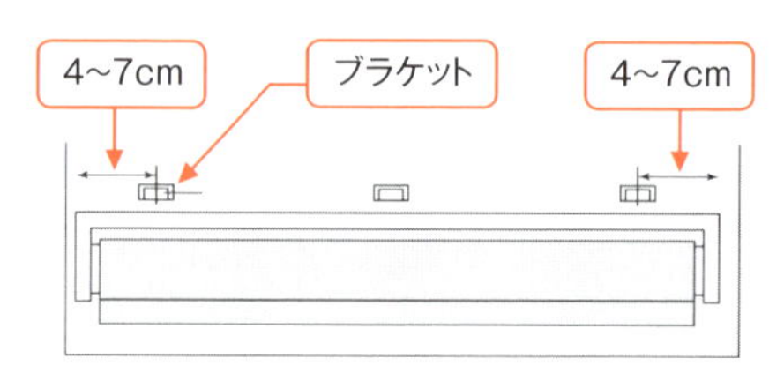

②ブラケットを付属の取りつけネジで取りつける。

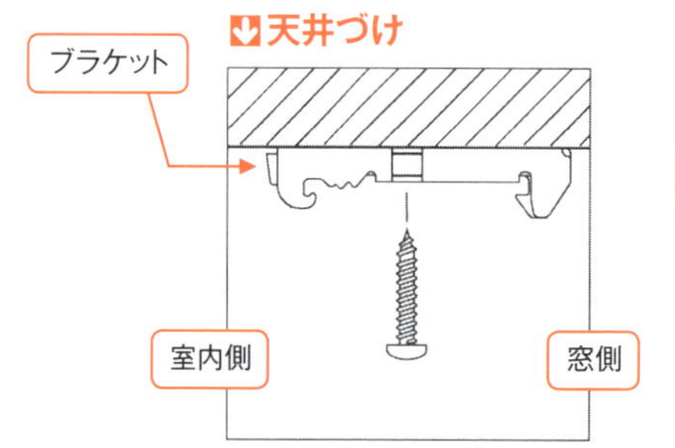

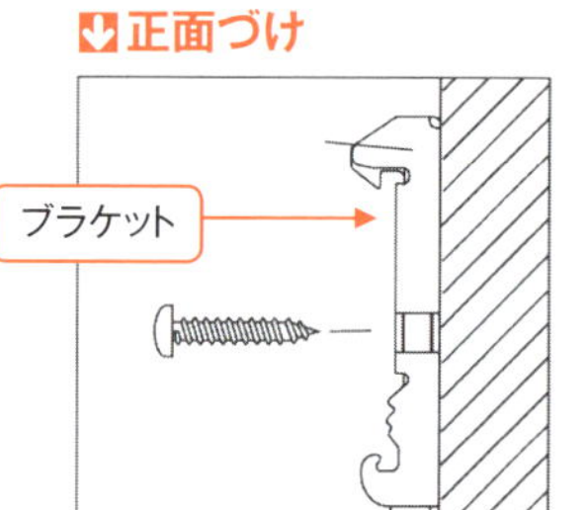

2 本体の取りつけ

セットバーをブラケットの仮止めフックに引っ掛け、本体を奥にカチッと押し込む。

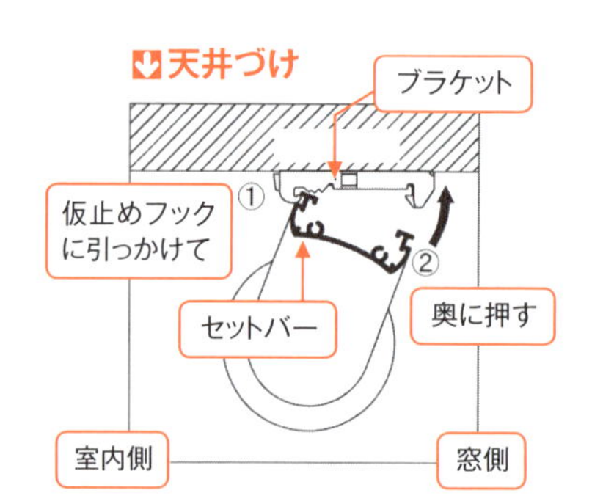

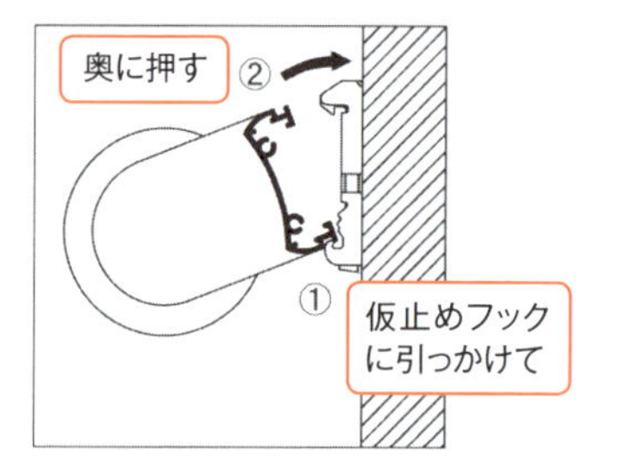

3 本体の取り外し

ブラケットの解除ボタンを押しながらセットバーを手前に引いて、本体を仮止めフックから取り外す。

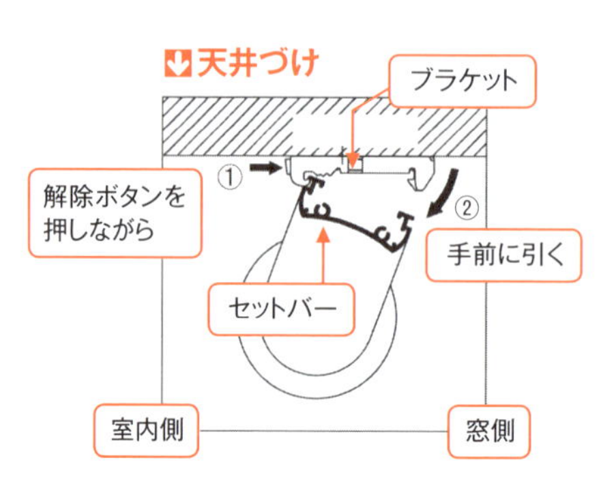

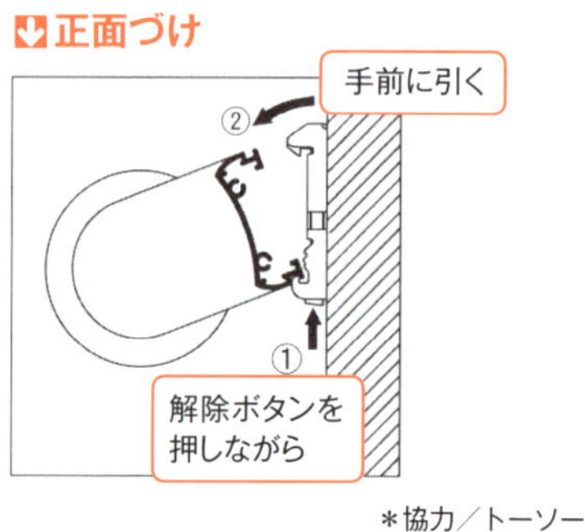

＊協力／トーソー

商品紹介

人気のスクリーンカーテン

窓辺を飾るものはカーテンやブラインドばかりではありません。最近ではロール式のカーテンやスクリーンカーテン、部屋のちょっとした仕切りがわりにもなるパネルカーテンや目かくし、すだれなど、多種多様な商品が出回っています。部屋を飾るインテリアのひとつとして選んでみてはどうでしょう。

スクリーンカーテン
スクリーンカーテンは窓辺だけでなく、ダイニングキッチンなどでキッチンとダイニングの間を仕切りにしたりと、自由に取りつけられる。シースルーや柄、色ものなどデザインも多彩。

パネルスクリーン
障子やふすまのようにスクリーンを左右にスライドさせて開閉。カーテンのようにヒダやドレープ感がないので、生地の素材感や風合いが楽しめる。とくに大型窓に最適。

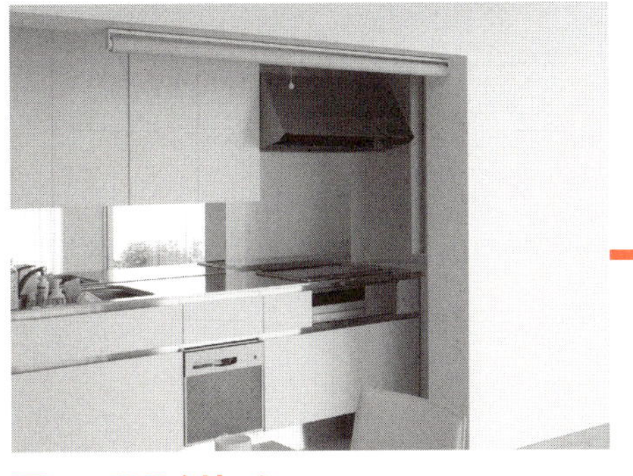

ロールスクリーン
ロールスクリーンは窓以外にも、室内に取りつけて目かくしとしても使える。来客に見られたくないキッチンや洗面所、本棚などに設置してもいい。色柄も豊富なので、インテリアのアクセントにもなる。

室内のリフォームとメンテナンス

フロアのDIY

フローリングの補修とはり替え

フローリングは畳に比べて掃除もしやすく、メンテナンスもしやすいことから、最近ではダイニングやリビングなどを、フローリングにする家庭が多くなりました。

確かに丈夫でメンテナンスがしやすいのですが、物を落としたりするとキズはついてしまいます。キズをそのままにしておくと見た目もさることながら、そこから劣化が進んでしまうので、キズができたらできるだけ小さいうちに補修することをおすすめします。

最近では補修用の道具が市販されているので、常備しておくといいでしょう。また、フローリングは木ですから、水に弱いもの。水をこぼしたら即座にふくことが大事です。

始める前に

フローリングに凹みやキズができたときは市販のメンテナンスキットで補修できます。ものを落としたり、ひっかき傷をつくったりと、フローリングは意外に傷つきやすいので、用意しておきたい道具です。

チェック フローリングのメンテナンスの道具

ハードスティック

凹みやキズに埋め込む充てん剤。ホットナイフで溶かし、キズに流し込む。乾いたら平らにならす。フローリングの色に合ったスティックを選ぶ。

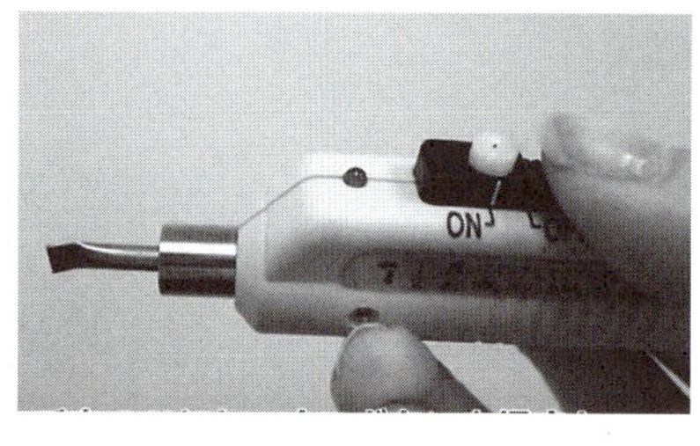

ホットナイフ

フローリングのキズに埋め込むハードスティックを、充てんするための電気ゴテ。

セットになった商品も

イージーリペアキット

フローリング修理に必要なホットナイフ、ハードスティック、クレーパー、ミニヘラがセットになっている。（ハウスボックス）

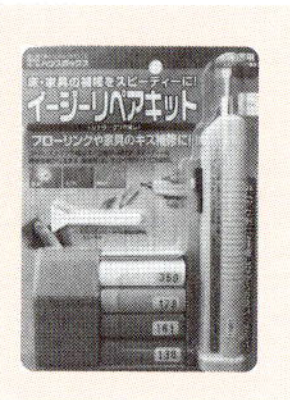

水とキズは厳禁！

フローリングのメンテナンス

フローリングは丈夫ですが、水気とキズには弱いので注意が必要です。水分をこぼしたらすぐにふくこと。キズは早めに補修すること。この2つが大事です。

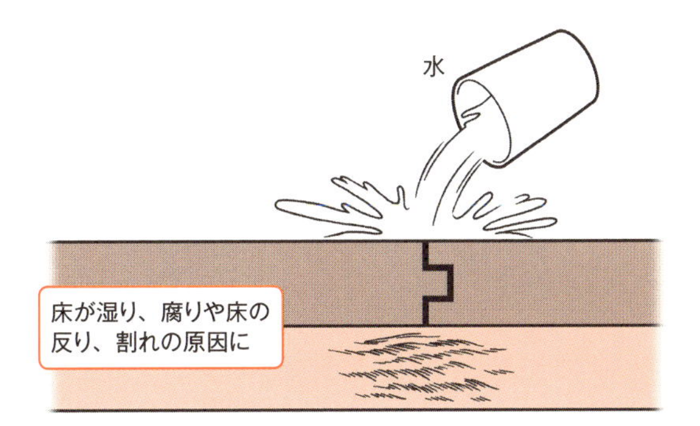

水
床が湿り、腐りや床の反り、割れの原因に

水をこぼしたら

水をこぼしたらすぐにふき取る。フローリングの継ぎ目から水分がしみ込むと、木が膨張し床が反ったり、割れることも。

キズができたら

えぐれたり引っかきキズができた場合は、キズが小さいうちに専用の道具で補修する。

1 補修個所を整える

キズ口のバリをとり除き、きれいに整える。カッターで切り取ったり、歯ブラシの柄など硬いものでならしてもいい。

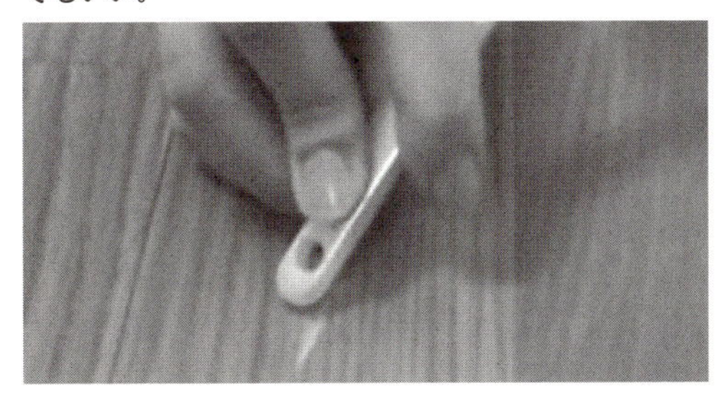

2 キズを埋める

床と同じ色のハードスティックをホットナイフで溶かし、キズに埋め込む。表面が盛り上がるくらい充てんする。

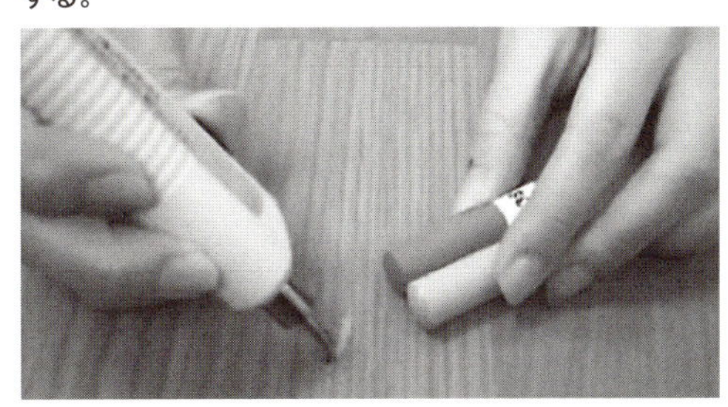

3 盛り上がった充てん部分を平らにする

ハードスティックが乾いたら（約1分程度）、床から盛り上がった部分をサンドペーパーなどでこすって平らにならす。

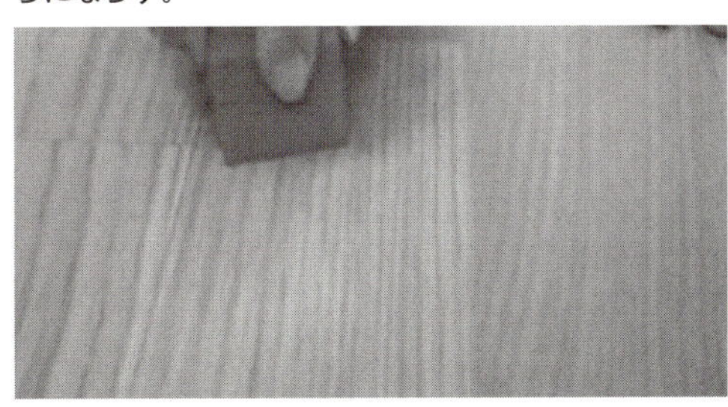

4 周囲に合わせて木目を描く

充てん剤の表面をならしたら、細字の油性ペンで周囲の床に合わせて、自然な木目を描いておく。または、床より少し濃いめのハードスティックで、木目を描いてもいい。

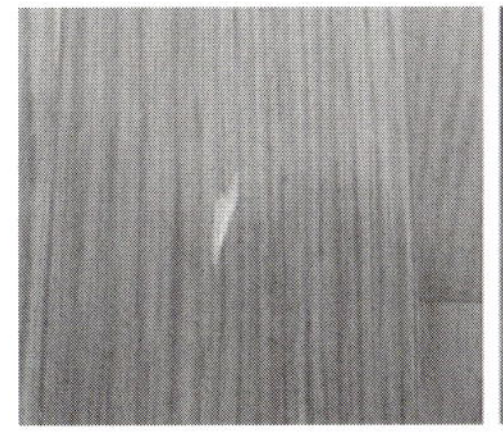

フロアのDIY

畳からフローリングへのはり替え

畳をフローリングの床にリフォームする方法は主に3種類。畳を上げ、その下の荒床（あらゆか）に根太（ねだ）を渡してその上にはる方法がひとつ。これは手間がかかりますが、すき間に断熱材などを入れることができます。また畳だけでなく荒床も取り外し、前からある根太の上に直接フローリングをはる方法もあります。この方法は簡単ですが、断熱効果が低いのが難点。

初心者でもやりやすく、また断熱効果も得られる方法が3つ目のやり方。荒床の上にインシュレーションボードを3枚敷き、さらに合板を1枚重ねて下地とし、その上にフローリングをはります。それぞれの板は接着剤ではり合わせるので、初心者でも簡単にできるでしょう。

始める前に

畳をフローリングにはり替える方法は主に3種類。初心者でもやりやすい方法もあります。また、断熱効果などその後の暮らしも考え、適した方法を選びましょう。

チェック

畳からフローリングにするやり方

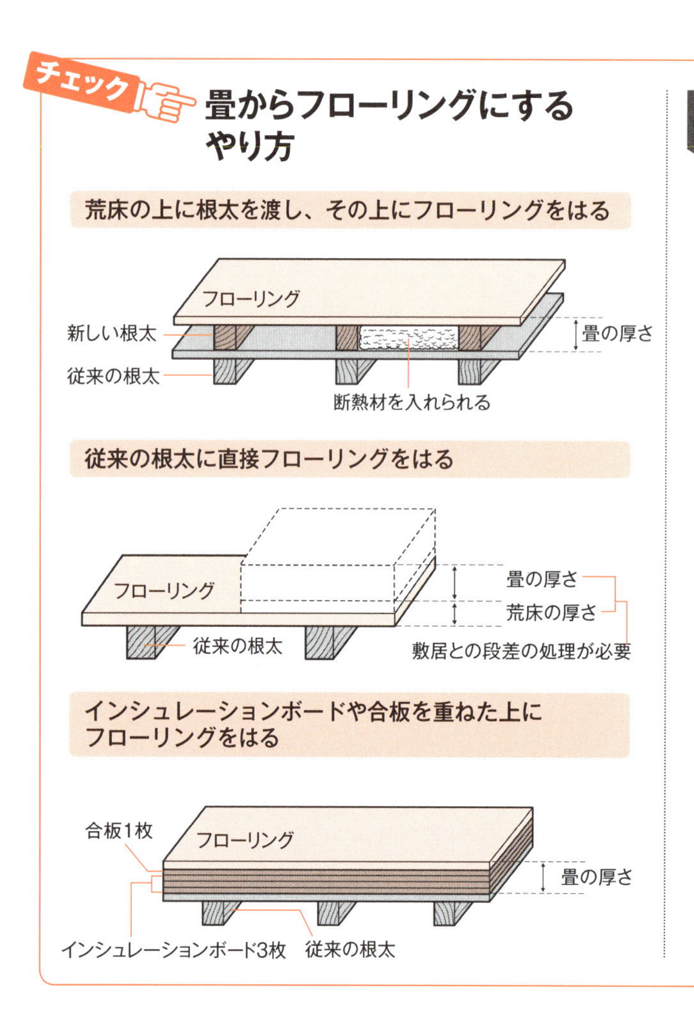

下地は木工用ボンドではり合わせる

下地のつくり方

前ページで紹介した畳からフローリングにするための三番目のやり方を解説します。
荒床の上にインシュレーションボードと合板を重ねて下地をつくります。

1 下地の厚さを決める

下地をつくるための材料を揃える。その際、インシュレーションボード3層の厚さと合板の厚さ、さらにフローリングの厚さを加えたものが、畳の厚さと同じになるようにする。畳の厚さは55～60㎜あるので、敷いてあった畳の厚さを測り、それに合わせてインシュレーションボードの数とその上にはる合板の厚さを決める。

畳の厚さが約60㎜だった場合

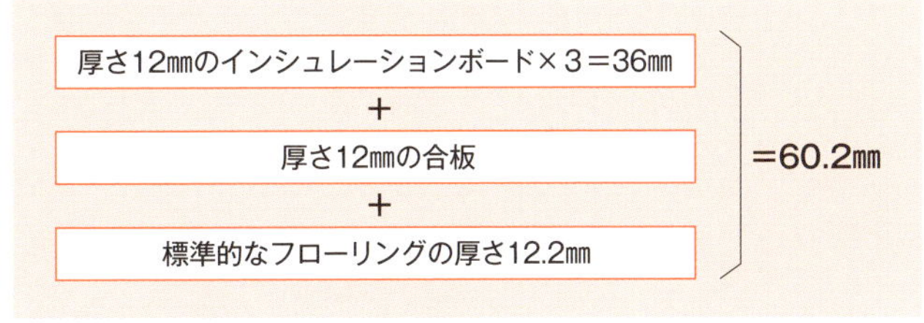

※畳が薄かった場合は、もっと薄い合板にする。逆にもっと畳が厚かった場合は、インシュレーションボードを４枚にしてもよい。

2 荒床に下地をはっていく

インシュレーションボードと合板は木工用ボンドではり合わせる。層を重ねる際は、継ぎ目が重ならないように、板の向きを変えていくこと。

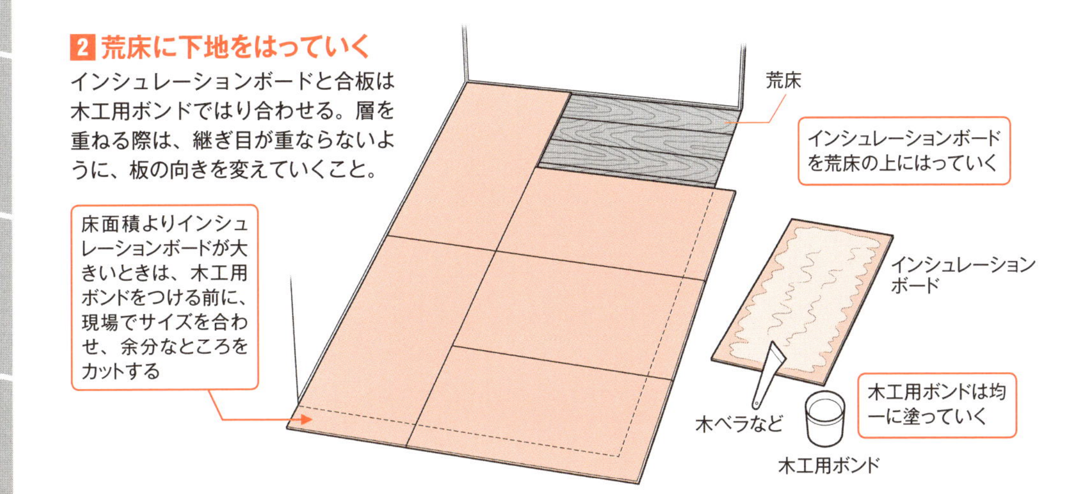

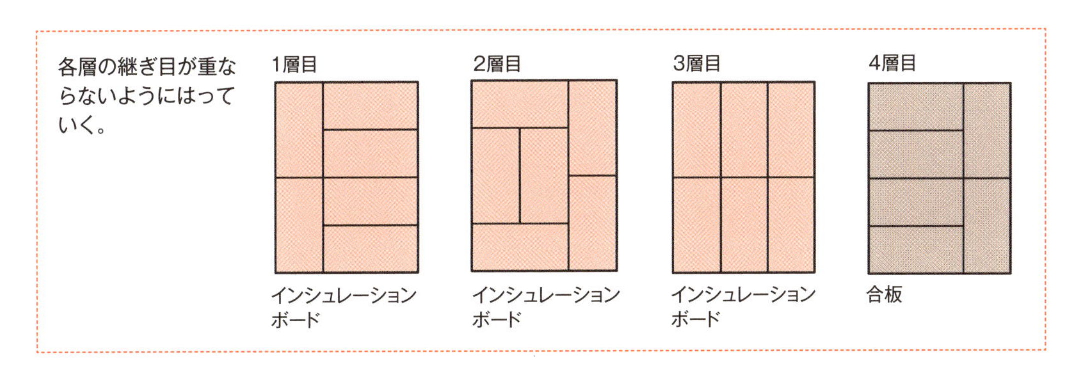

最初に全体のはり方を決める

フローリングのはり方

フローリングをはるときのポイントは、はり始めとはり終わりです。はり始めがゆがむと全体がゆがむので、壁に平行にはること。また、フローリングの切断面を真っ直ぐに切ることも、仕上がりを左右します。

1 1列目のはり方

フローリングは長辺方向の断面が本ざね加工されているのが普通。一方が凸形の男木(おぎ)、もう一方が凹形の女木(めぎ)で、男木を女木にはめ込んで合わせる。はり始めは、女木の凹形の溝の部分を切り落とし、壁にぴったりと合わせて敷く。このとき断面を真っすぐにすることが大切。

フロアクギで固定
フローリング
継ぎ目は接着剤で固定する
女木のこの部分を切り落とす

2 2列目からのはり方

偶数列は182㎝の板1枚と、真ん中で切った91㎝の板2枚を用意し、奇数列の継ぎ目と互い違いになるようにはる。

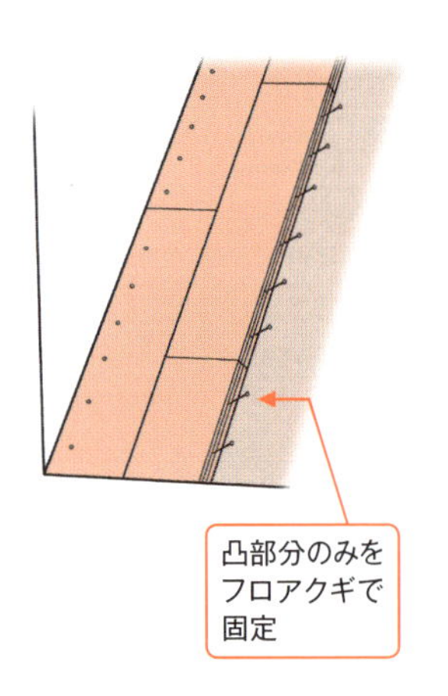

3 最後の1列のはり方

現物合わせで寸法線を引き、寸法線より2㎜ほど大きめに切ってから、はめ込むようにして入れる。小さめに切るとすき間ができてしまうので注意を。入れ込むときは、女木の凹部の下の出っぱりを落とし、当て木をして木ヅチで叩き込む。

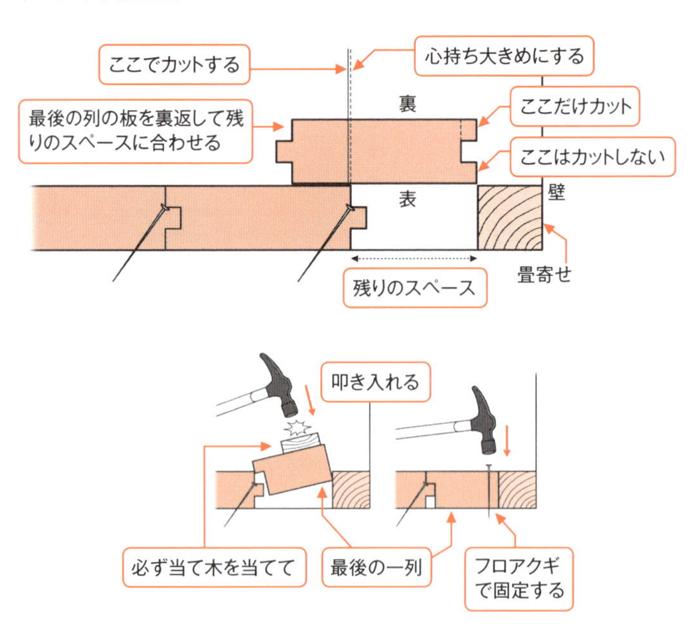

フローリングのレイアウト例

フローリングの板は部屋の長辺の壁に平行に縦長にはる。フローリングは継ぎ目を互い違いにはるので、1列目の継ぎ目が長辺の真ん中にきたら、2列目は1列目の1枚目の板の真ん中と2枚目の板の真ん中に継ぎ目がくるようにはっていく。

＊枚数の目安／1畳あたり182㎝のフローリング板3本

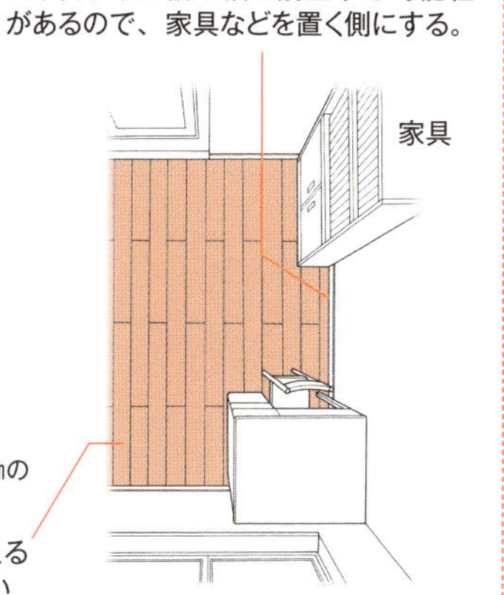

はり終わりは板の幅を調整する可能性があるので、家具などを置く側にする。
家具
板の継ぎ目は1列おきに揃えるようにすると仕上がりがきれい

フロアクギの打ち方

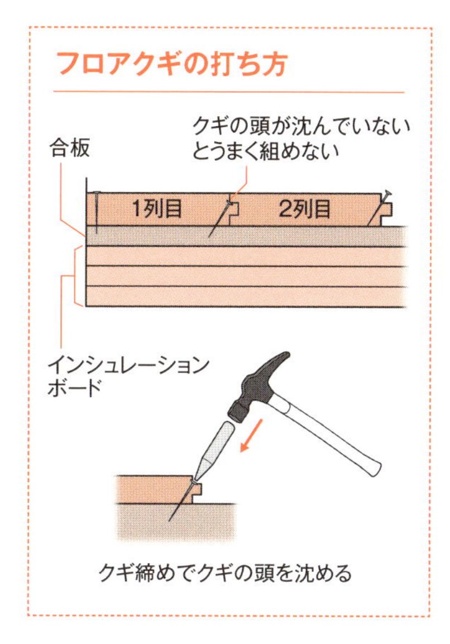

すき間ができてしまったら隠す

幅木の当て方

正確にはったつもりでも、コーナーや壁側の部分に少しすき間ができてしまうことがあります。そんなときは諦めずに、幅木を当てて隠してしまいましょう。

幅木の当て方

厚さ12㎜×幅45㎜程度の角材を、壁の下部にはり回す。接着剤を使用する。フローリングと同系色にすると、目立たない。

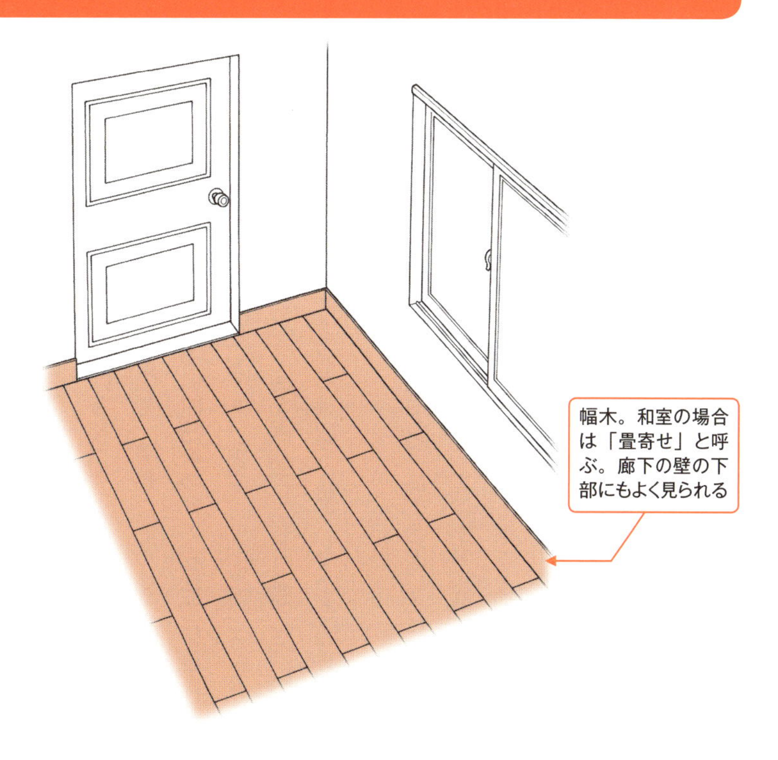

幅木。和室の場合は「畳寄せ」と呼ぶ。廊下の壁の下部にもよく見られる

フロアのDIY

クッションフロアの補修とはり替え

クッションフロアは表面がビニールなので、水に強く、汚れもふきとればきれいになります。

いろいろなパターン模様がプリントされていて、それにそってエンボス加工（浅い凹凸をつけて立体的にしたもの）してあります。部屋のイメージによって柄を選ぶことも可能です。中にはエンボス加工していないものもあります。

クッションフロアのはり方は、それほど難しいものではありません。ただ、何もない床に新しくはることは少なく、畳の部屋を洋室にするとか、プラスチックタイルや木質床にはるなどが考えられます。どのような床にはるかによって、やり方に若干の違いが出てきます。

始める前に

クッションフロアは弾力性のある床材で、水にも強く、柄も豊富なので、キッチンや脱衣所、子ども部屋などさまざまな部屋に使用できます。

チェック クッションフロアの構造

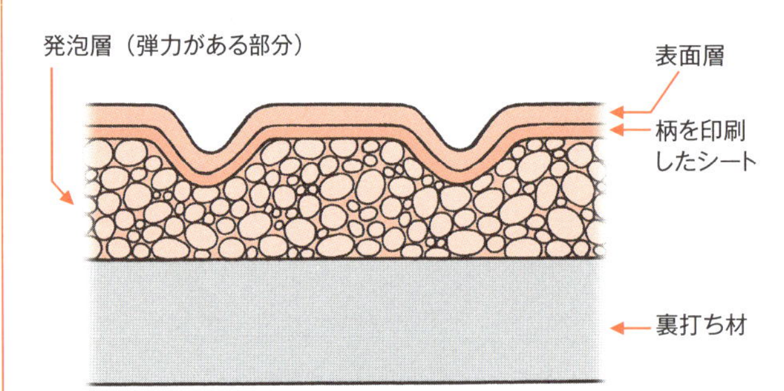

消臭効果のあるタイプ
抗菌、防カビ、防炎に消臭機能がプラスされたクッションフロア

水にも強い
厚みがあってクッション性が高い。キッチンや廊下、玄関、洗面所など水まわりにも

幅広の両面粘着テープではる

クッションフロアのはり方

クッションフロアは幅が91cmか182cmで長尺ものとして販売されています。
巻きグセがついているので、一度床に仮置きし、巻きグセを取ってから作業をします。

1 クッションフロアを仮置きする

部屋のサイズに5～10cmの余分を見込んでクッションフロアをカットし、仮置きして巻きグセをとる。

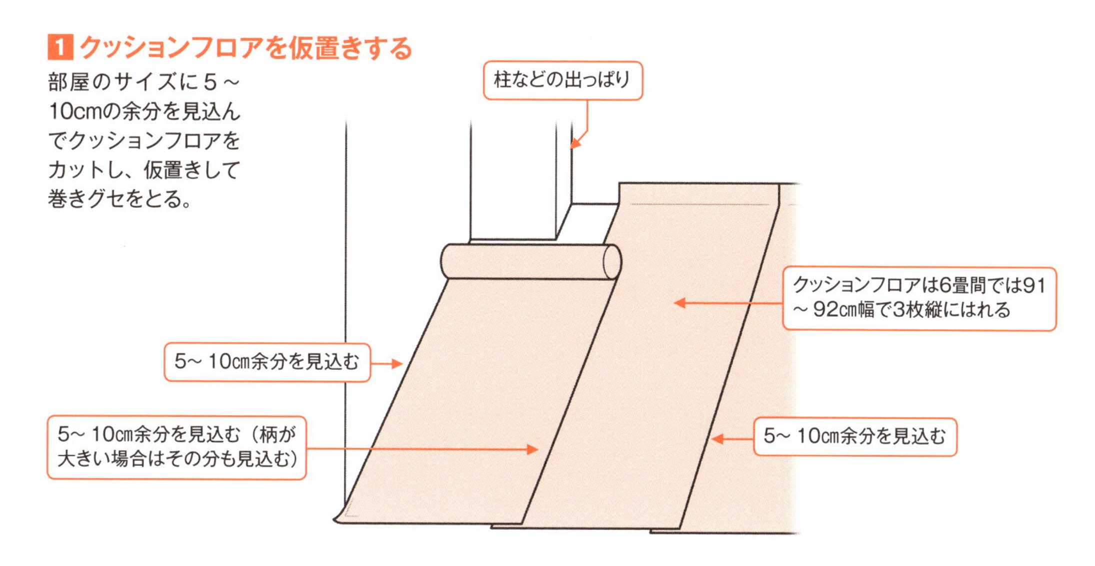

2 壁ぎわからテープではっていく

床にはるときは、まず床に両面粘着テープをはり、1枚分はったところで、はく離紙をはがして、クッションフロアを当てがって、上から押しつける。目立つほうの壁ぎわからはっていくこと。
1枚目と2枚目の柄合わせをし、カットする（84ページ参照）。

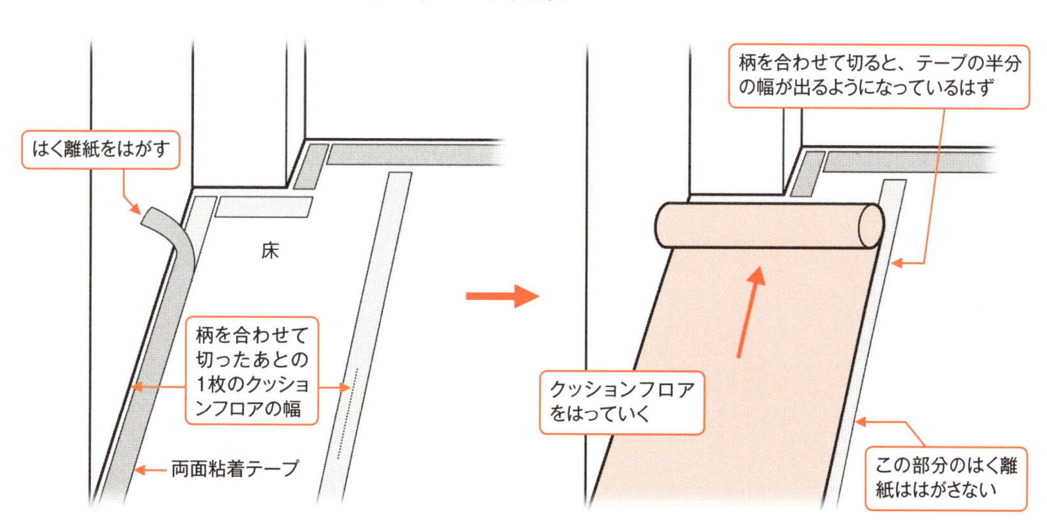

3 柄を合わせてはる

1枚目と2枚目の柄を合わせて重ね、2枚一緒にカッターで切る。両面粘着テープのはく離紙をはがし、クッションフロアをはる。合わせ目をローラーでしっかり圧着。

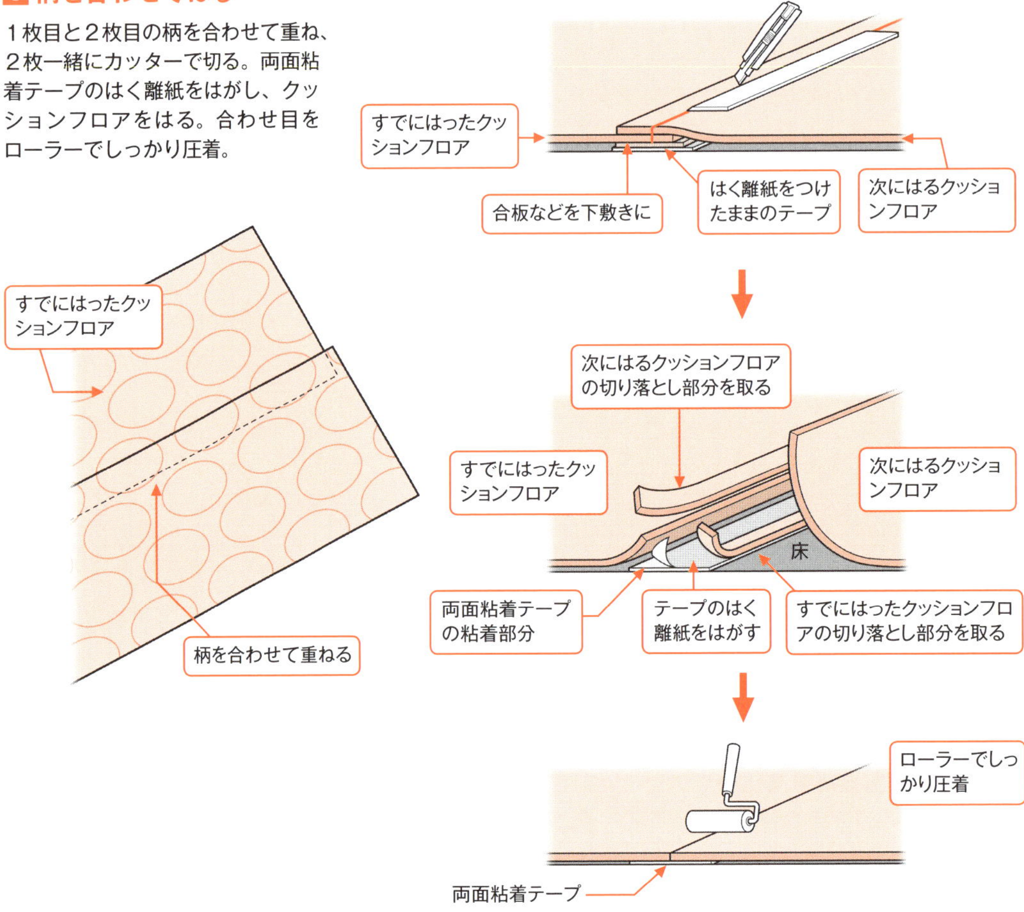

4 コーナーや壁ぎわを整える

コーナーや角は、裁縫用のヘラなどで角をしっかりきめ込み、余分な部分をカッターで切る。金属製の定規を当て、すべらせながら切るのがコツ。

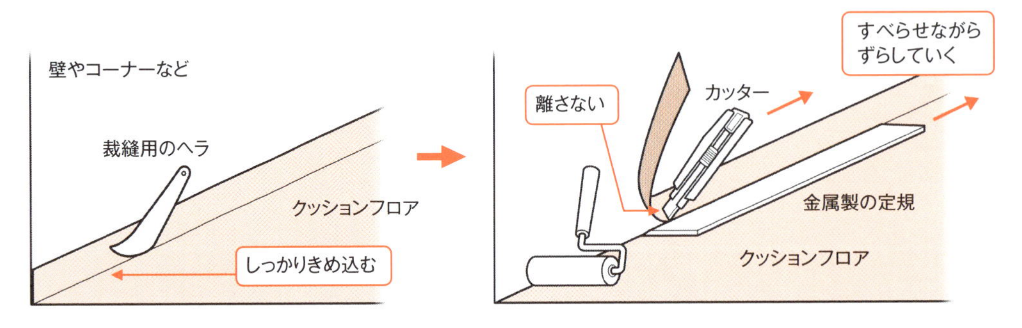

継ぎ目処理をしたほうが仕上がりがきれい

継ぎ目の処理のやり方

クッションフロアを複数枚はっていくときは、継ぎ目の処理をしっかりしたほうが仕上がりはきれいですし、はがれて浮きあがるということもなくなります。

市販のシームシーラー液を継ぎ目に垂らし、
クッションフロアを溶かして継ぎ目を接着する。

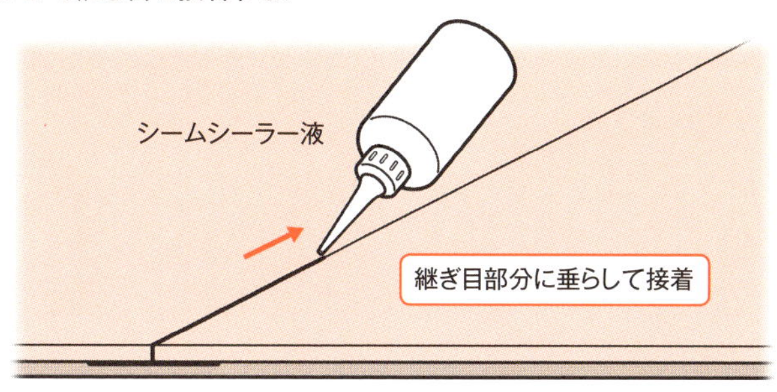

ちょっとしたキズがついてしまったら

クッションフロアの補修

使い勝手のいいクッションフロアですが、唯一の欠点が熱に弱いということ。熱いものに触れると溶けたような焼け焦げに。ただ補修も簡単なので覚えておきましょう。

焼け焦げの補修

軽度の焼け焦げは、シームシーラー液を垂らして表面を溶かし、ふき取る作業を何度か繰り返せば、ある程度は目立たなくなる。重度であれば、その部分を切り取り、余分のクッションフロアを埋め込む。このときに柄を合わせること。接着はカーペットテープを使用し、しっかり圧着したら、継ぎ目をシームシーラー液で溶かして接着する。

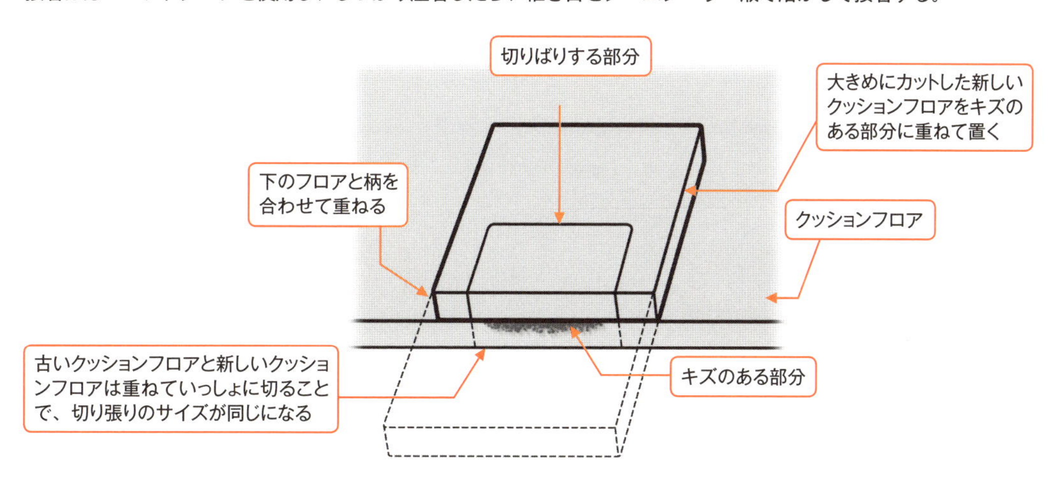

型紙を正確にとるのがコツ

トイレの床のはり方

壁から離れたところに出っぱりがある場合は、クッションフロアに切り込みを入れてはめ込みます。トイレの場合はあらかじめ型紙を取るとよりキレイです。

1 型紙をとる

まず便器より少し大きめに切った紙をあてがい、小さな紙ですき間を埋めて型紙を取る。

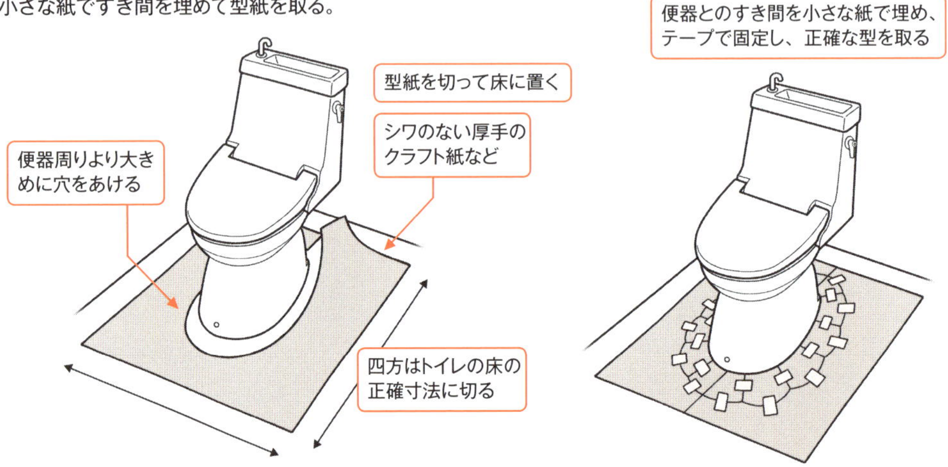

便器とのすき間を小さな紙で埋め、テープで固定し、正確な型を取る
型紙を切って床に置く
シワのない厚手のクラフト紙など
便器周りより大きめに穴をあける
四方はトイレの床の正確寸法に切る

2 型紙にそってクッションフロアをカット

型紙をクッションフロアに乗せ、引き写して切りぬく。このとき便器周囲の穴は型より少し小さめに切りぬく。四方は大きめに切る。

3 クッションフロアをはっていく

固定はカーペットテープなどを使用。便器部分は押し込むようにはるとすき間ができない。継ぎ目処理をし、最後に便器とクッションフロアのすき間に充てん剤を埋め込む。

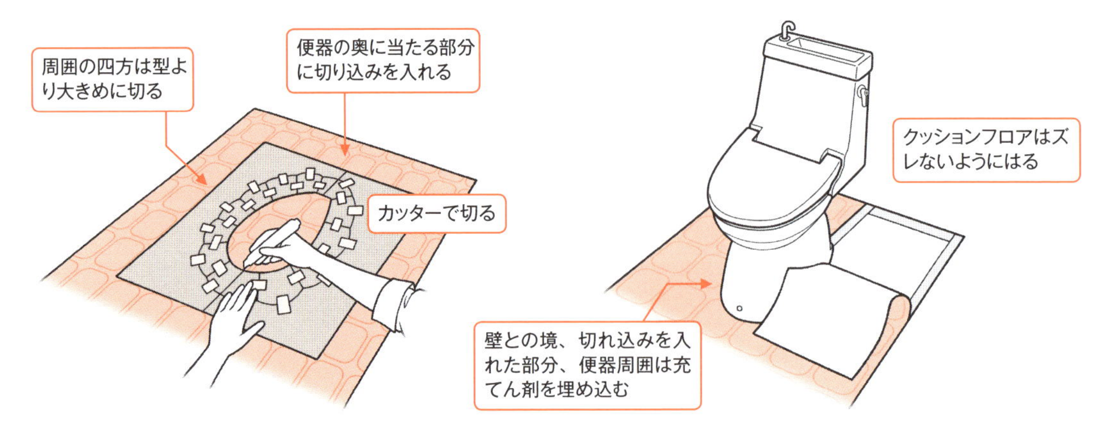

商品紹介

多彩なデザインのクッションフロア

機能性が高くデザインも豊富なクッションフロアは、店舗や住宅で幅広く使用されています。なんといって表面の塩ビの色や柄が魅力。
一見自然の木材のように見える木目調や、天然石のように見えるストーン風など、落ち着いた雰囲気を好む人向きのものもあります。また大胆な柄で、一気に部屋の雰囲気を変えることも可能です。フローリングのはり替えは難しいと思っている人は、クッションフロアを試してみてはいかがでしょう。抗菌機能なども付加されています。

木目調
一見フローリングのように見えるが、クッションフロア。木の種類や色味の違いなど種類も豊富。

ストーン風
石目模様のデザイン。冷たく感じる石目模様だが､クッション性が高く暖かい。石の種類や色味の違いでデザインも豊富。

パターン柄
もっとも一般的なクッションフロア。さまざまなパターンがプリントされているので、部屋の用途やインテリアに合わせて選べる。

素焼きレンガ調
テラコッタ風の柄が15㎝の格子状にデザインされている。

フロアのDIY

カーペットはり

始める前に

ロールカーペットのほかに、手軽で人気なのがタイルカーペット。正方形をしたタイル型のカーペットを置くだけの手軽さです。色や柄を組み合わせるのも楽しく、保温性、耐久性、防音性などの機能も兼ね備えています。

チェック 手軽にはれるタイルカーペット

色を変えて並べて市松模様に。個性がきわだつ部屋になる。

カーペットのすべり止めグッズ

すべり止めシート

カーペットの下に敷くだけで、カーペットのすべりをシート全面でしっかり防ぐ。

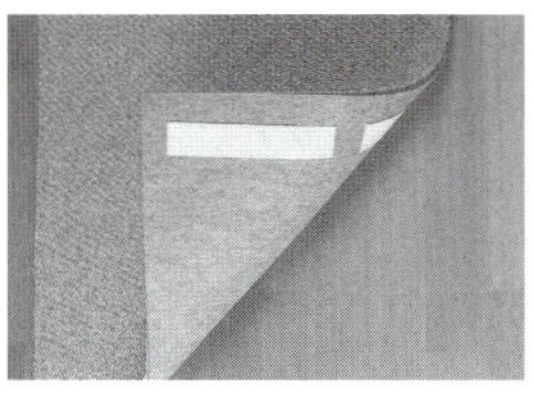

すべり止めシール

カーペットの端にはることで、テープ部分が床に吸着してカーペットのすべりやズレを防ぐ。

カーペットのはり方には2種類ありますが、素人がはる場合はクッションフロアと同じように、長尺のロールカーペットを使います。市販のロールカーペットは幅91cm、あるいは182cm。これを必要な長さを測って購入し、カーペットテープで固定します。

一方、タイルカーペットは、正方形のマットをはめ込んで敷いていくタイプ。取り扱いも楽で、色の遊びも楽しめるのがメリットです。

唯一気をつけたいのが、継ぎ目を目立たなく処理するということ。そうすれば部屋全体が、1枚のカーペットをはったように見えます。突き合わせるときにできるだけぴったりと合わせるようにすれば、それほど難しくはありません。

はじめてでもちょっとのコツでキレイに

ロールカーペットのはり方

ロールカーペットはクッションフロアと同じ要領ではっていきます。ポイントは継ぎ目をぴったり合わせることと、1枚目を壁に平行に、コーナーは直角に、の3つです。

1 床に両面粘着テープをはる

両面粘着テープをはる前に、カーペットを仮置きし、出来上がりのイメージを把握したら、クッションフロアと同様に、床に両面粘着テープをはる。

1枚目の幅
2枚目の幅
テープの縦半分に継ぎ目がくるようにはっていく
幅広の両面粘着テープ

2 カーペットをはる

テープのはく離紙をはがしながら、ロールカーペットをはっていく。とくに1列目は壁に平行に、コーナーはしっかり90度になるように慎重にはる。

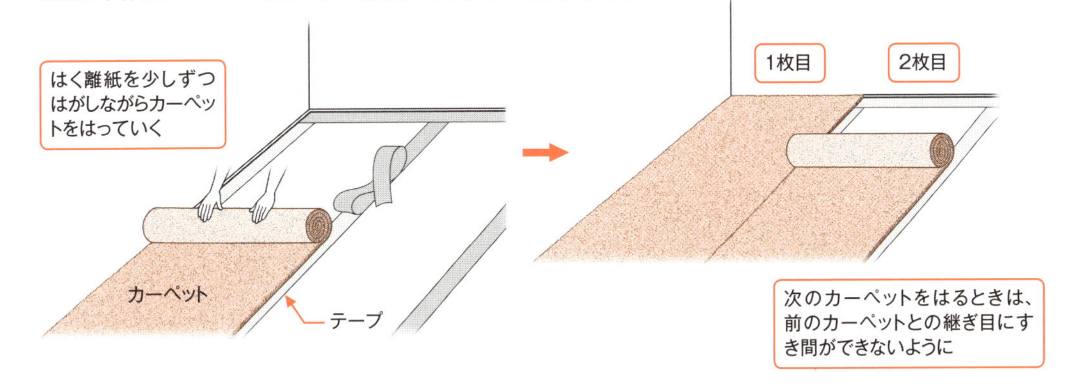

床に置くだけで接着剤も不要

タイルカーペットのはり方

マット状になっているタイルカーペットは、裏面にゴムがはってありズレないため、接着剤を使わず床に置くだけ。フローリングの部屋の模様替えに最適です。

ズレないよう、はじめに部屋に基準線を引いておく。はるときは中心から四方に。部屋の入り口などは、浮かないよう両面粘着テープで固定を。部屋の隅の半端な部分は、ハサミなどでカットする。

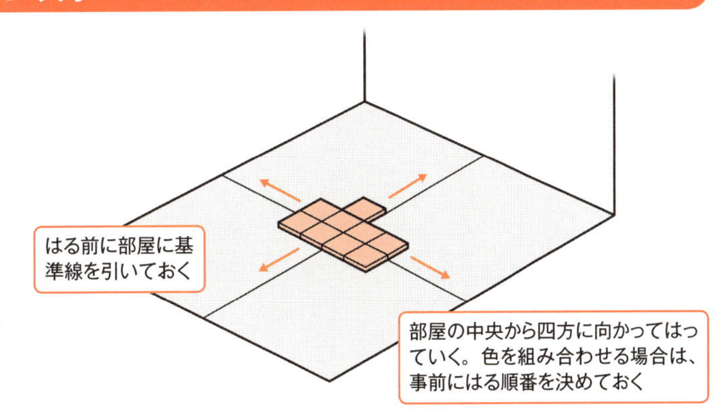

フロアのDIY

床の塗り替え

始める前に

最近の床用塗料は着色とニス塗りが同時にできるようになっています。また塗料でありながら水分や摩擦、衝撃にも強いなど、床の保護にも効果を発揮するものがあります。

チェック 床用塗料の種類

	特徴	用途
油性ニススプレー	着色とツヤ出しが同時にでき、木目を生かした仕上がりに。ツヤ消しタイプもある。摩擦・衝撃に強く、耐久性にすぐれている。8色あり。	フローリング、屋内外の木部、木製家具、木工品、木製品
油性ニススプレー	耐久性にすぐれ、ワックスがけ不要。水分や摩擦、衝撃に強い。すべりにくいので廊下、階段にもOK。ツヤありと半ツヤ透明の2色。	木の床、フローリング、階段、木製家具、その他の屋内外の木部、木製品
油性木工用着色ニス	着色とツヤ出しが同時にできる。ツヤ消しタイプもある。摩擦・衝撃に強く、耐久性に優れている。8色あり。	フローリング、屋内外の木部、木製家具、木工品、木製品

＊すべてアサヒペン

床の木目の美しさを維持するための手入れには、ワックスがけかニス塗りを行います。しかしワックスがけは手間がかかるうえ、かけてすぐは滑りやすいことが難点。一方、ニス塗りはとても簡単です。汚れがついても水ぶきできるメリットもあります。

床用のニスには、水性のものがあります。色は透明のほか各色あり、ニス塗りと同時に着色ができるようになっています。

オーク、チーク、マホガニーなどの床に着色したい場合は、オイルスティンと呼ばれる木部着色剤を塗り、その上に油性の床用ニス（透明）を塗って仕上げます。また着色とニスが同時にできる着色ニス、ツヤあり、ツヤなしもあります。

重ね塗りで仕上がりがキレイに
床の塗り替え

床を塗るときは、作業前の下準備も大切です。壁など塗らない場所をマスキングテープで養生するほか、床面の古いワックスや汚れをしっかりと取り除いておきます。

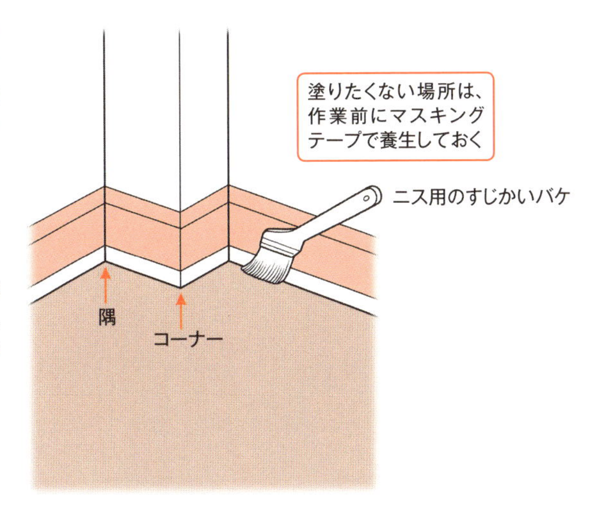

1 塗りにくい隅から塗る

ハケの3分の2程度までニスをつけ、容器の縁などでしごいてから塗る。まず、すじかいバケで塗りにくい部屋の隅から塗っていく。

2 広い面を塗る

広い面は平バケで木目にそって塗っていく。このとき、ハケは往復せず、一方向にのみ動かす。
下塗りのあと、2～3回重ね塗りする。重ね塗りは必ずニスが乾いてから。

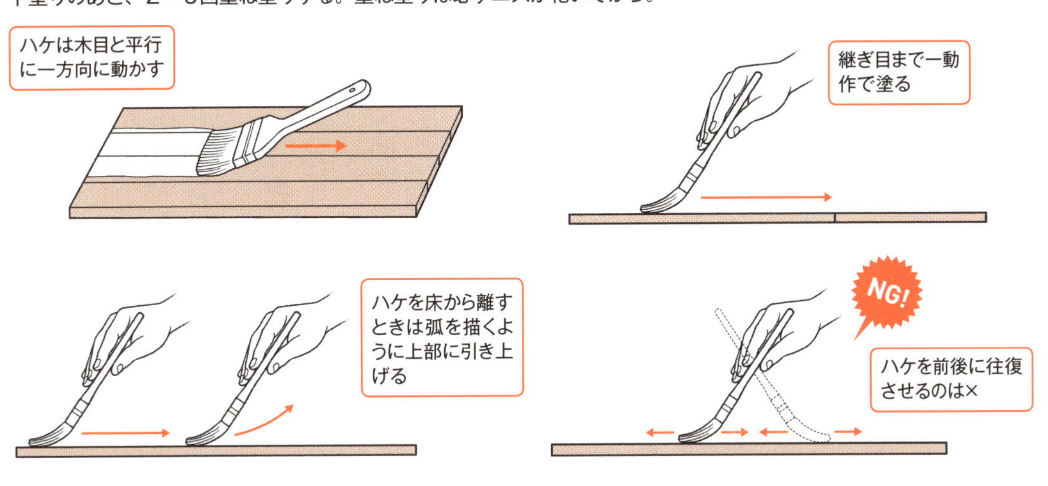

ハケは木目と平行に一方向に動かす
継ぎ目まで一動作で塗る
ハケを床から離すときは弧を描くように上部に引き上げる
NG!
ハケを前後に往復させるのは×

POINT!

▼**下塗り**

下塗り用のニスは、油性ならテレピン油、水性なら水かぬるま湯で薄める。ニスの分量の10～15%を入れるのが目安。

▼**2回目以降**

2回目以降の重ね塗りの際は、ニスは薄めずに使用。必ず、前に塗ったニスが完全に乾いてから次を塗る。

フロアのDIY

床のきしみを直す

床に立ち、足を踏んばってゆすってみると、床下がギシギシとなることがあります。それほど大きく上下動することがない場合は、床板と根太の固定が不十分なことが原因です。そんなときは、床板の鳴るところの周辺の床板と根太を、木ネジでしっかり締めると直ることがほとんどです。

床下のきしみを直すとき、和室では畳を上げ、洋室でじゅうたんが敷き詰めてある場合は、じゅうたんの毛足を分けて直接ねじ込みます。

床が上下動するようなら、床板（荒床）、根太、根太がけが、折れたり外れたりしていることが多いもの。折れたり、外れている程度は直せますが、木材が腐ってる場合は、業者に依頼することになります。

チェック 床下の構造

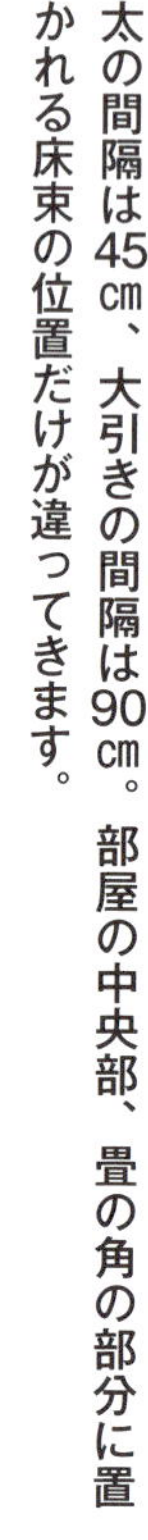

一般的な木造住宅の床下の構造は部屋の広さに関わらず大体同じです。根太の間隔は45㎝、大引きの間隔は90㎝。部屋の中央部、畳の角の部分に置かれる床束の位置だけが違ってきます。

きしんだら早めに対処を

床が鳴るときの直し方

床の上で身体をゆすってきしむようなら、床板と根太を木ネジでしっかり締め直してメンテナンスを。こうしたトラブルは、大型家具など重いものを置くことで起こる場合が多いです。

畳の場合

きしみのある床板の上の畳を上げ、床板から直接ねじ込む。

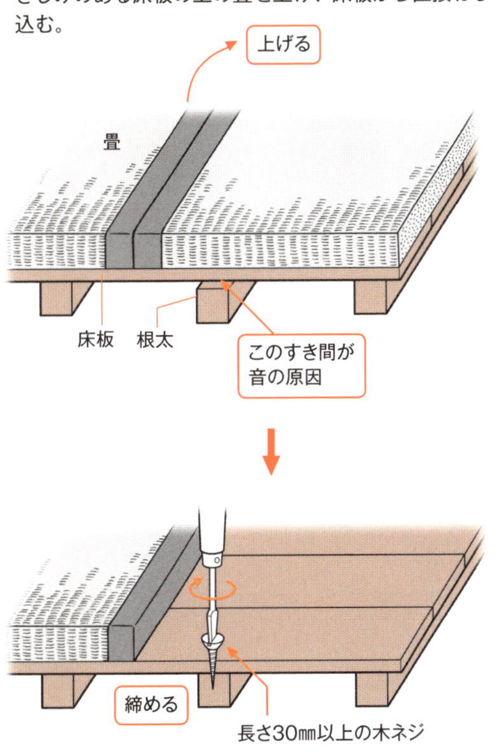

じゅうたんの場合

洋室の場合、すぐにはがせるカーペットやじゅうたんであればはがして、敷きつめのじゅうたんなら毛足をかき分けて、木ネジをねじ込む。

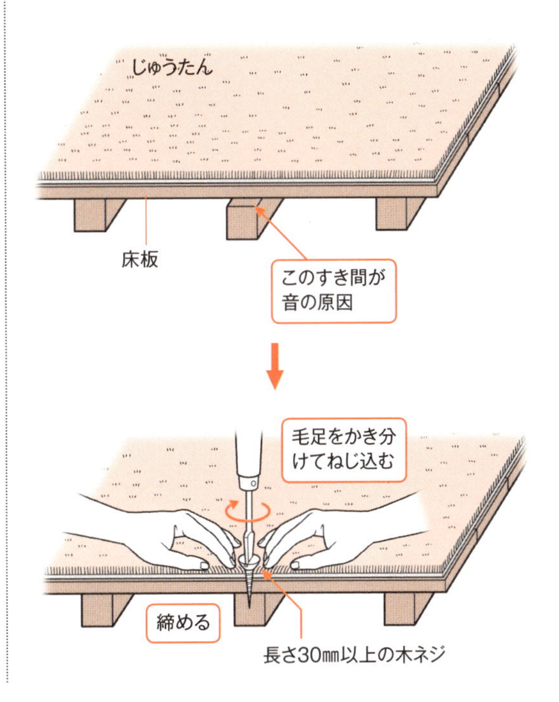

ネジを締めるときのポイントは、根太のセンターに締めること。できれば設計図などを参照して、根太の位置は正確に見つけたい。ネジを締めるときは、あらかじめキリなどで少し穴をあけておき、ネジ頭を少し埋め込むくらいに締める。

根太の場所の探し方

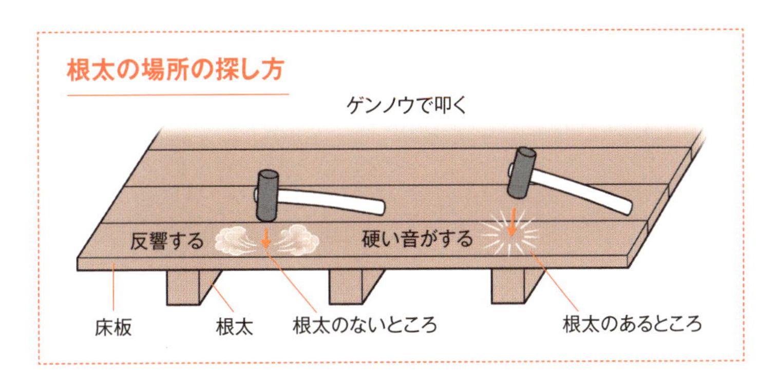

家具の
DIY

家具をリメイク

壁紙でキッチンをイメージチェンジ

一般的なキッチン。機能的ではあるがちょっとさみしい。

木目をプリントした壁紙をはることで雰囲気のあるキッチンに。

キッチンの扉も長く使うと汚れたりキズがついたりするものです。キッチンカウンター全部を取り替えるのはお金もかかりますし、そう簡単ではありません。

そこで壁紙をはってリメイク。はがせるタイプの壁紙を使えば、賃貸住宅のキッチンでも復元可能です。キッチンの扉は形がシンプルなので、初心者でもきれいにはることができます。

用意するもの

- はがせるタイプの壁紙
- カッティング定規
- マスキングテープ
- 両面テープ
- カッター
- 竹べら

＊P94 ～ 103：協力／ジュブリー

作業スタート

1 マスキングテープをはる

キッチンの壁紙をはる面をきれいにふいておく。油分が残らないようていねいに。壁紙をはる面の周囲にそれぞれにマスキングテープをはる。

2 両面テープをはる

賃貸物件であればマスキングテープの上に両面テープをはっていく。賃貸でなくても、このようにすると飽きたときのはり替えがラクに。

POINT 両面テープは縁のギリギリにはる

完成!

3 壁紙をはって完成!

サイズに合わせて壁紙をはったら完成。ガラリとイメージが違うキッチンに。

POINT 余分な部分をカットするには

縁の部分は竹べらやカッティング定規などでしっかりとクセをつけて、カットラインをつくる。まっすぐにクセがつくまでしっかりクセづけを。

カッティング定規を隅にしっかりあて、カッターで切る。このとき定規とカッターはできるだけ面から離さないようにすべらせる。

壁紙＋ペイントで机をリメイク

シンプルなテーブル。使っているうちに飽きてきたり、汚れやキズが目立ってきたり………。

壁紙とペイントでガラリと豪華なイメージに。
壁紙の色や柄は思いきりカラフルにしてもいい。

子どもの学習机や家事用机など、シンプルで実用性が高い机も、ひと手間を加えることで、立派なインテリアの一部として存在感を持たせることができます。

最近では、簡単にはってはがせるタイプの壁紙も登場。ここでは、はがせるタイプの壁紙を使った、机のリメイクを紹介します。

壁紙以外でもカッティングシートでも応用は可能です。

壁紙とペイントを組み合わせることで、より個性的でデザイン性の高いリメイクになります。自由な組み合わせを楽しんでください。

用意するもの

- 木工用ボンド
- サンドペーパー
- 好みの柄の壁紙
- 養生用シート
- マスキングテープ
- ペンキ
- 水性ウレタンニス
- ハケ

作業スタート

1 木部にサンドペーパーをかける

テーブルをひっくり返し、周囲が汚れないようにビニールでしっかりと養生する。ペイントする木部の部分にサンドペーパーをかけ、表面を整えておく。この作業が荒いとペンキのノリが悪かったり、のちにはがれてしまうことがあるのでていねいに。

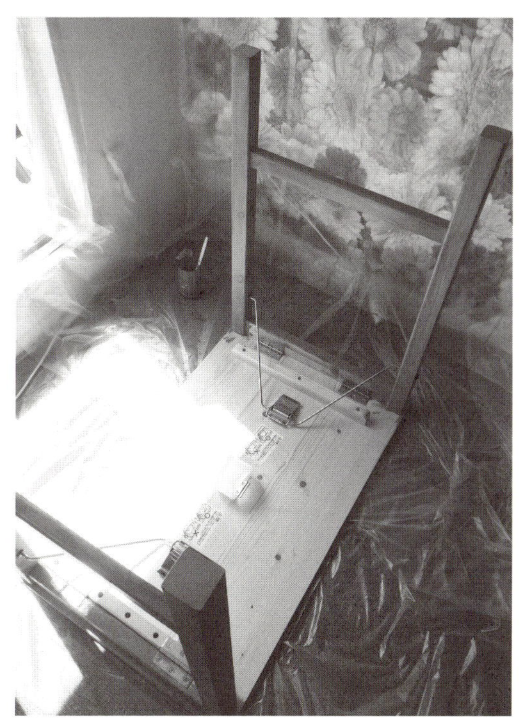

サンドペーパーは木片に巻くと使いやすい。

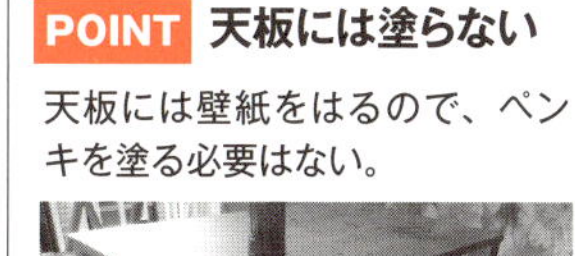

POINT 天板には塗らない

天板には壁紙をはるので、ペンキを塗る必要はない。

2 ペンキを塗る

ペイントしたい部分にペンキを塗っていく。塗り終わったら完全に乾燥させる。

3 天板に木工用ボンドを塗る

壁紙は、天板より大きめにカットしておく。壁紙より天板のほうが大きい場合は2幅用意。それから、壁紙をはる天板全体に木工用ボンドを塗る。壁紙を2幅合わせる場合は、1幅分ずつ壁紙をはってから、2幅目を作業する。

POINT

木工用ボンドは、はがれやすいコーナーや端にはとくに念入りに塗る。

4 壁紙をはる

木工用ボンドをぬり終えたら、壁紙を柄が垂直になるように置き、空気が入らないようにしっかりと押さえつける。

POINT 縁に折り目をつける

壁紙の余分な部分が切り取りやすいように、手で折り目をつけていく。しっかりと押さえてクセづけをする。

5 余分な壁紙をカットする

しっかりと折り目をつけたら、刃を家具の端に沿わせるようにしてカッターで切っていく。

POINT 壁紙を2枚幅はりあわせる場合

2幅使用する場合は、4からの工程を繰り返す。壁紙をはり合わせるときの柄合わせは慎重に。

6 ウレタンニスを塗って仕上げる

壁紙の上ウレタンにニスを塗って仕上げる。一度塗りが完全に乾いたら、もう一度上塗りをし、乾いたら完成！

POINT

ニスの上塗りは一度目とは違う方向に塗っていく。

完成!

壁紙＋ペイントで椅子をリメイク

機能性重視の椅子に個性をプラス。

背もたれと座面、木部にひと手間加えるとおしゃれな椅子に。

机だけ、椅子だけリメイクするのもいいのですが、机と椅子がセットになっている場合は、同じようなイメージに揃えてリメイクすると、インテリアとしての完成度も高まります。机は白で、椅子は黒というようにあえて真逆の色を持ってくるというのもおしゃれです。

木部は壁紙やカッティングシート、ペイントで自由にアクセントをつけられます。安価な椅子をまとめ買いし、ひとつひとつデザインを変えてみるのも楽しいでしょう。

布などがはってある座面も、好みの柄にはり替えることができます。

用意するもの

- 好みの柄の壁紙
- 好みの柄の布
- ペンキ
- 水性ウレタンニス
- マスキングテープ
- 木工用ボンド
- ホチキス
- ハケ
- 養生用のシート
- サンドペーパー
- カッター
- カッティング定規

作業スタート

1 椅子の座面を外す

周囲が汚れないよう養生をしたら、椅子の座面を外す。座面は裏側からネジで留められていることが多い。

POINT ネジ穴をふさいでおく

ネジをはずしたネジ穴にペンキが入らないよう、マスキングテープをはって穴をふさいでおく。

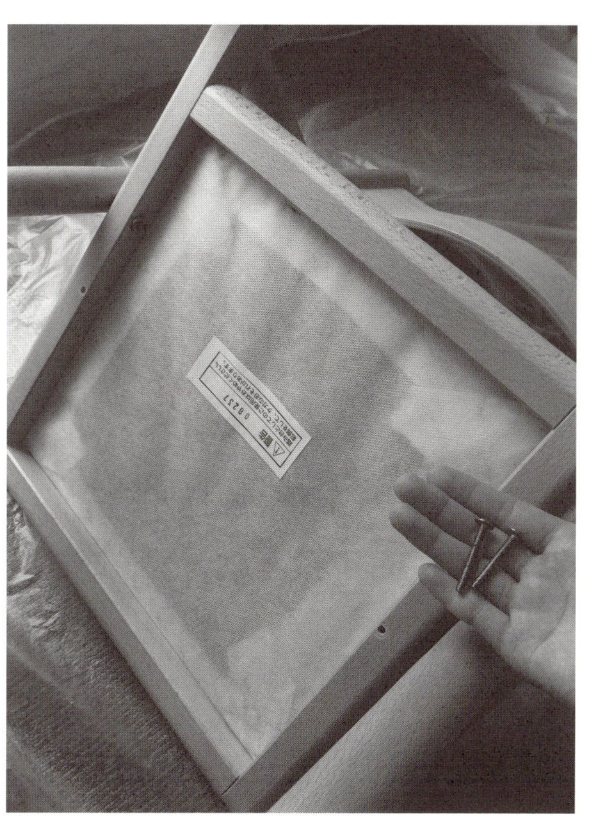

2 ペンキを塗る

木部の汚れを落とし、ざらついている場合はサンドペーパーで整えてからペンキを塗っていく。塗り終わったら完全に乾燥させる。ペンキの容器が大きかったりすると作業中不便なので、必要量をペットボトルを半分にカットして作った容器に移しおくと便利。

3 壁紙をカットする

背もたれにはる壁紙を、はりたい面積に合わせてカッターで大まかにカットする。

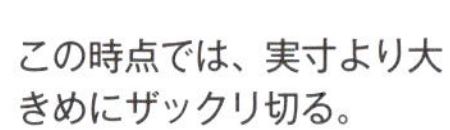

この時点では、実寸より大きめにザックリ切る。

4 木工用ボンドを塗り、壁紙をはる

背もたれの片面にだけ木工用ボンドを塗る。はがれやすい端はとくに念入りに塗っておく。

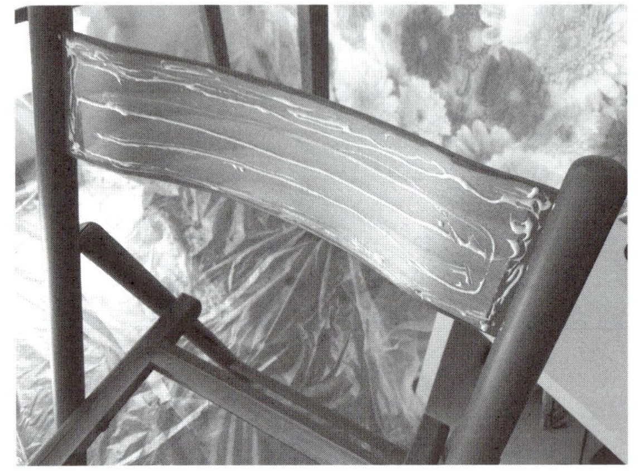

壁紙の柄を垂直になるよう意識して背もたれにはっていく。空気が入らないよう、しっかりと押さえること。

5 余分な部分をカットする

背もたれの端をカッティング定規でしっかりおさえながら、余分な部分をカットする。上下の端は定規は使わず端にカッターの刃を沿わせるようにしてカットする。このとき、カッターの刃を長めに出しておくと切りやすい。

背もたれのもう片面も3からの工程を同様に行う。背もたれに壁紙をはり終わったら、ウレタンニスを二度塗りして完全に乾かす。

6 座面をはり替え元に戻す

座面の生地をはり替える場合は、ここで。好みの布地をはり、裏側をホチキスでとめればOK。布がたるまないように注意を。

布は表面がたるまないよう、裏側で引っぱりながら接着していく。

完成!

布がピンとはるようにすると仕上がりがきれい。

家具のDIY

手づくり家具に挑戦

すのこ編

棚をつくる

市販のすのこを使ってつくる手づくり家具はDIYの基本です。すのこはメーカーによってサイズや色、材質が異なるので、好みのものを選ぶことが大事です。好みによってペイントしたり、布をはったりといったさらなるアレンジも可能です。
まずは簡単な棚からつくってみましょう。

用意するもの

- すのこ 85cm×45cm　3枚（板は偶数枚のもの）
- 木工用ボンド
- ノコギリ
- ネジかクギを20本程度

1 すのこをカットする

ノコギリですのこを真ん中から縦に切る。出っ張っている部分もカットして面をそろえる。３枚とも同様に。

POINT カットした切り口はサンドペーパーでなめらかに整えておくこと。

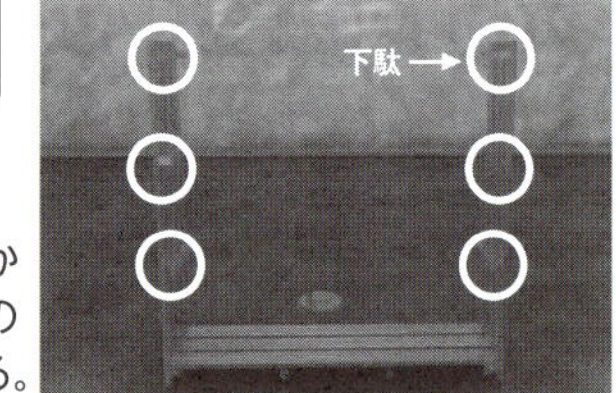

2 一番下の段をつくる

カットしたすのこ２枚を、下駄が内側にくるように向かい合わせに立て、一番下の下駄に乗せるように３枚目のすのこを渡す。下駄とすのこは木工用ボンドで接着する。

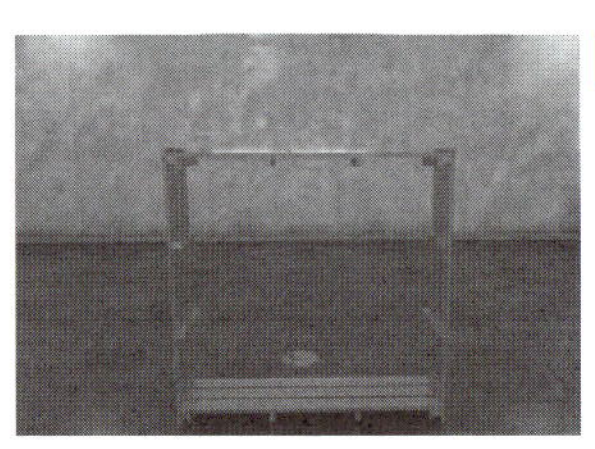

3 一番上の段をつくる

一番上の下駄に４枚目のすのこを渡し、一番上の段をつくる。このときも木工用ボンドで接着する。上下ともにボンドがある程度乾いたら、ネジかクギで固定する。

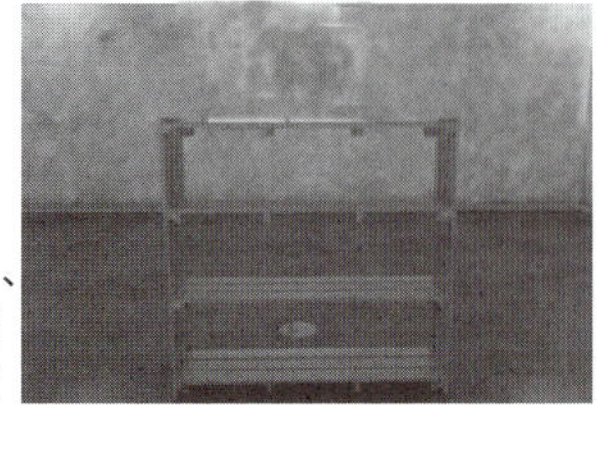

4 中の段をつくる

最後に中２段も同様にすのこを渡して、ボンドで接着し、ネジかクギで固定したら完成。中の段のレイアウトを変えられるようにするなら、ボンドなどで固定せず、ただ下駄に乗せるだけでもいい。

＊「すのこ編」ですのこを切ったときの切り口は、サンドペーパーなどで整えておきます。P104 ~ 119：協力／インテリアハート

すのこ編

三角シェルフ棚をつくる

すのこは蝶番（ちょうつがい）でつなげれば、脚立のように開いたり閉じたりできる可動式の家具にもつくり替えることができます。扱い方は簡単なわりに、さまざまなアレンジがきくのが、すのこのよいところでしょう。あとはどのようなものを作るかの発想しだいです。

ただ蝶番でつなぐ場合は、何かの拍子に倒れたり、指を挟んだりすることがないように注意しましょう。また上に置くものは、すのこの強度を考えた重さのものにすることも大事です。

用意するもの

- すのこ 85cm×45cm　2枚（6枚板のもの）
- 蝶番2個（ネジつき、中くらいのサイズ）
- 金ヅチ
- ノコギリ

1 すのこをカットする

すのこを板2枚と4枚のパーツにカットする。4枚のパーツが棚の脚となり、2枚のパーツが棚板になる。2枚のすのこを同様にカットする。

POINT ノコギリでカットしたら、切り口をサンドペーパーでならしておく。

2 板を外す

4枚つづりのパーツの、真ん中の2枚の板を取り外す。すのこの裏側から取り外す板を金ヅチでたたくと簡単に外れる。2つとも同様に外す。

3 脚を合わせ蝶番を取りつける

2で板を外したパーツを、下駄が外側を向くように合わせ、その先端に蝶番をネジでとめる。蝶番の羽がはみ出さないサイズのものを選ぶ。

4 棚をつくる

3でつないだ脚を開いて、各下駄に、1で2枚つづりのパーツに切ったすのこを渡す。2で取り外した板を木工用ボンドで接着して1枚の横板として使用。棚を可動させるつもりがなければ、それぞれの棚は木工用ボンドで下駄に固定を。

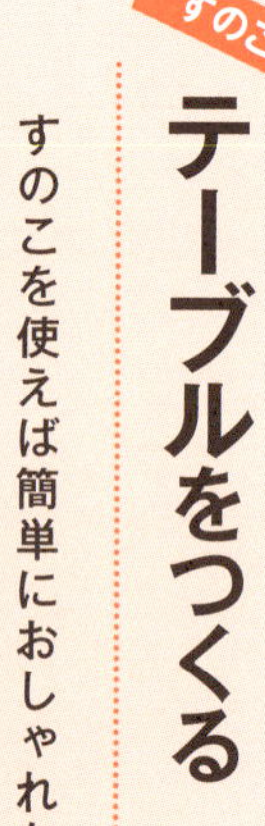

すのこ編

テーブルをつくる

すのこを使えば簡単におしゃれなローテーブルもつくることができます。天板に好みの色の化粧ボードをはれば、世界に一つだけのローテーブルの完成。

用意するもの

- すのこ 85cm×45cm　3枚
- 化粧ボード　88cm×45cm
- 木工用ボンド
- ノコギリ
- ネジかクギを20本程度
- サンドペーパー

1 すのこ1枚を真ん中でカットする

すのこを1枚だけ真ん中でカットし、テーブルの脚になるパーツをつくる。42.5㎝×45㎝が2枚完成。カットした切り口はサンドペーパーでならしておく。

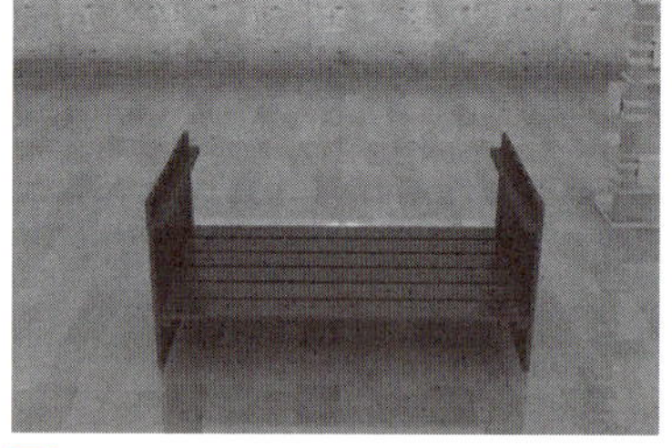

2 脚のパーツを接着する

カットした脚のパーツを内側に下駄、切り口が下にくるように立て、下の下駄にカットしていないすのこを渡し、木工用ボンドで接着する。ボンドが乾いたら、ネジやクギで固定。

3 上の段をつくる

上の下駄に、下の段と同じようにすのこを接着する。下の下駄をネジ止めしてから、上の下駄に取りかかると作業がしやすい。テーブルとしてはこのままでも完成。

4 左右の出っぱりをカットする

両端に立てたすのこの出っぱり部分を、両方とも切り取る。切り口はサンドペーパーで整える。

5 化粧ボードをテーブルの一番上にはる

好みの色の化粧ボードを、テーブルの一番上にボンドではる。化粧ボードは、あらかじめ計算してホームセンターなどでカットしてもらうとよい。

すのこ編

サイドテーブルをつくる

すのこ10枚で2つのサイドボードをつくることができます。間のすき間には雑誌や読みかけの本を差し込んだり、リモコン類も入れておけます。

用意するもの

- すのこ 85cm×45cm　10枚
- 金ヅチ
- 木工用ボンド
- ノコギリ
- サンドペーパー

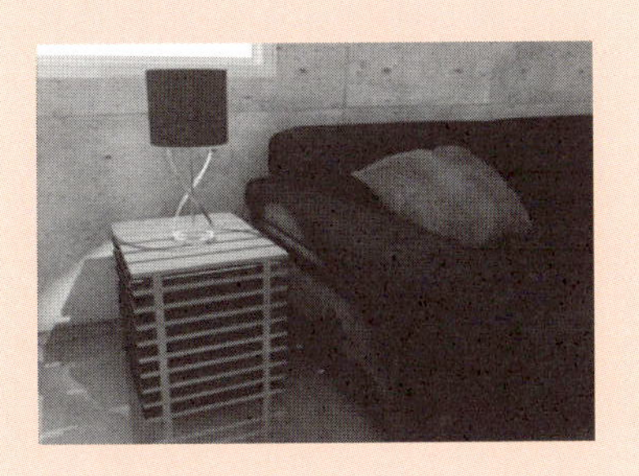

1 すのこ10枚をカットする

10枚のすのこを写真のようにカットする。真ん中を2か所カットするが、下駄の間隔が左右対称になるようにすると、出来上がりがきれいになる。切り口はサンドペーパーでなめらかにしておく。

POINT

①重ねるときは下駄の縦のラインをきちんと揃える。

②接着の強度を高めるため、すのこの下駄にあるクギの頭を木にのめり込むように金ヅチで打ち込んでおく。

2 すのこを重ねて接着していく

カットしたすのこを重ねてボンドで接着する。

3 10枚重ねたら完成

10枚のすのこを重ねたら完成。一番上のすのこのクギの頭は打ち込まず、そのままにしておく。好みで一番上に化粧板をはりつけてもいい。

すのこ編

簡単な椅子をつくる

椅子をつくるときのポイントは座面の高さと奥行き。座面の高さが合っていないと座り心地の悪い椅子になってしまうので、あらかじめ考えてからカットします。今回は高さ：約70㎝、奥行き：約40㎝、横幅：約45㎝、座面の高さ：約40㎝。

用意するもの

- すのこ 85cm×45cm　3枚
- 金ヅチ
- ペンチ
- ノコギリ
- クギかネジ　約24個
- サンドペーパー

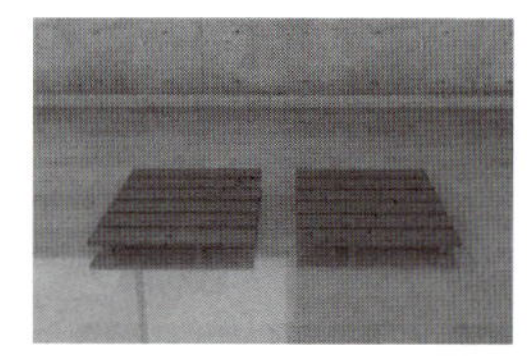

1 すのこ1枚を半分に切る

1枚のすのこを真ん中で切り、前足のパーツをつくる。切り口から上の下駄までの長さ＋1㎝が座面の高さになる。もし身長160㎝以下の人が使う場合は、もう少し短くてもOK。完成した後でも座面の高さは数㎝は調節可能。

2 背もたれと後ろ足のパーツをつくる

2枚目のすのこの上から2番目の下駄と、前足のパーツの下駄を背中合わせにして、前足の長さに合わせて余分な部分をカットする。カットしたら、一番上の下駄だけ取り外す。

3 座面のパーツをつくる

すのこは両端の角がまるくなっているので、これをカットして直線を揃える。両端から40㎝ずつに切り分ける。カットしたら、それぞれの下駄を裏から金ヅチで叩いて外し、クギも抜いておく。これで2枚のパーツができる。

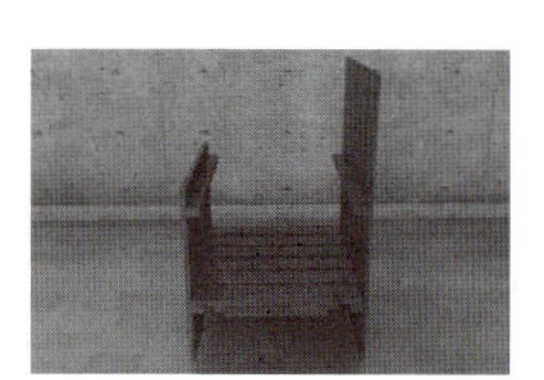

4 パーツを組み立てていく

前足のパーツと背もたれ＆後ろ足のパーツの下駄を向かい合わせ、3でできたパーツのひとつを下の下駄にのせてボンドで接着する。乾いたら、クギやネジで固定する。

5 座面を取りつける

同様に上の下駄にも1でできたもう一枚のパーツを乗せてボンドで接着し、乾いたら固定。前足の上部の出っぱりをノコギリでカットする。座ったときに座面がしなるようならカットした切れ端を座面の裏にはりつけて補強を。

6 取り外した下駄で持ち手をつくる

背もたれの上部に、2で取り外しておいた下駄を取りつけ、持ち手をつくる。つける位置は好みで。ボンドで接着し、クギなどで固定を。好みでカラーリングをしてもOK。

すのこ編

マガジンラックをつくる

わざわざ買うのはもったいないけれど、あると便利なのがマガジンラック。これもすのこでつくれます。カットする回数が多いのですが、作業は簡単なのでぜひ挑戦してください。

用意するもの

- すのこ 85cm×45cm　1枚
- ノコギリ
- 木工用ボンド
- サンドペーパー

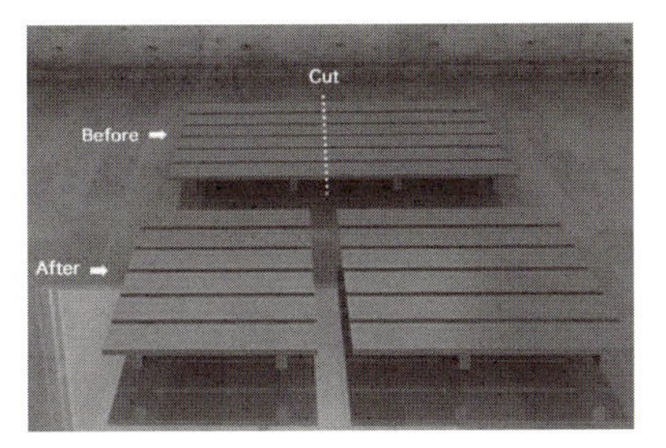

1 等間隔の下駄のパーツをつくる

すのこの下駄が等間隔になるよう、すのこをカットする。写真の場合は、左側がそのパーツ。

POINT すのこの下駄をはり合わせでできた間がラック部分。もっと広げたいなら、好みの広さになるよう、別の木材を足して下駄の高さを調節する。

3 パーツを組み合わせる

2でつくった3枚つづりのすのこを下駄を合わせるように向き合わせて、下駄を木工用ボンドで接着する。

2 さらにすのこをカットする

1でカットした大小ふたつのパーツをさらにカットする。下駄を等間隔にした短いパーツは、真ん中で切り、3枚つづりのすのこを2つつくる。長い方のパーツは一番端の板を切り離す。

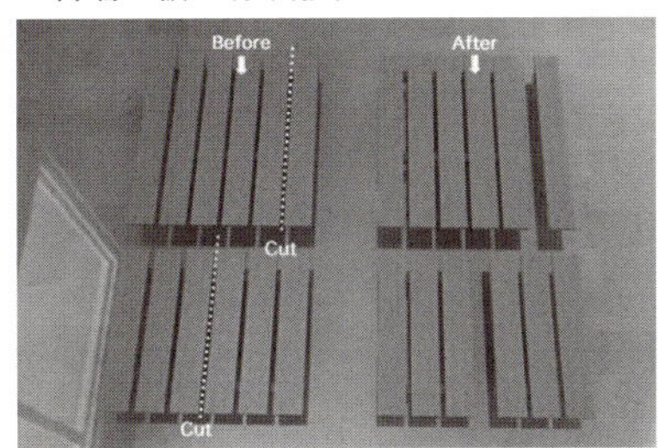

4 足をつくる

3できあがったラックを、2の長いすのこから取り外した1枚の板の上に乗せてボンドで接着する。ラックの横幅に合わせて、足の余分な部分をカットする。あらかじめカットしておくと作業は楽。

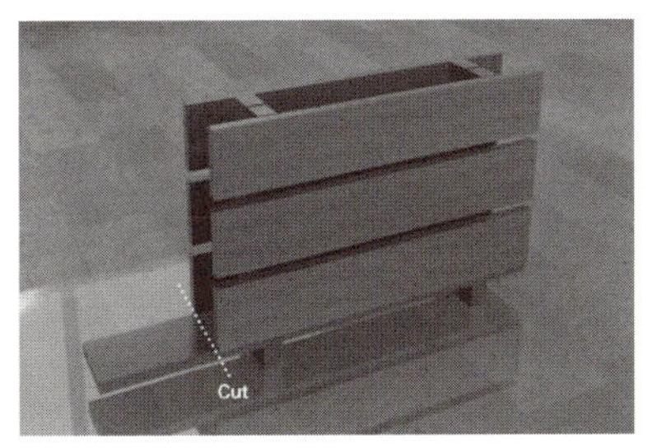

すのこ編

テレビ台をつくる

すのこは重ねることで強度が増します。組み立て方によっては、強度が求められるテレビ台やベッドなども、つくることができるのです。

本来のすのこの形状を生かして重ねると、アジアンテイストの家具が完成。好みに応じてペイントで色を変えることもできます。ここで紹介したつくり方を応用すれば、自分なりのテレビ台をつくることもできるので、チャレンジしてみては。

用意するもの

- すのこ 85cm×45cm　10枚（6枚板のもの）
- 金ヅチ
- ノコギリ
- ペンチ
- 木工用ボンド
- サンドペーパー

1 すのこの板を1枚だけ外す

10枚のすのこはすべて、端の板を1枚だけノコギリでカットする。

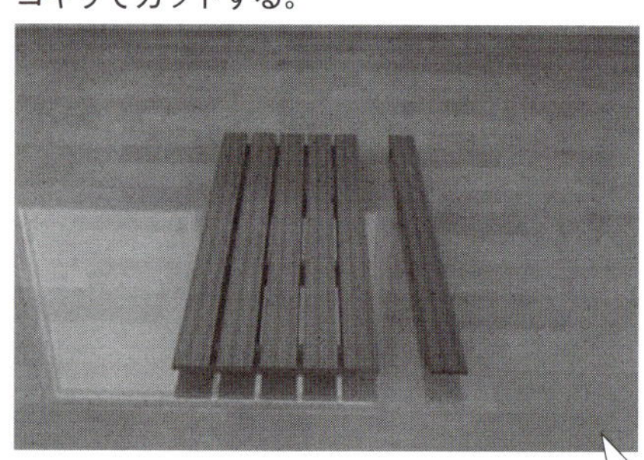

POINT テレビ台の奥行きを45cmにしたいのであれば、カットする必要はない。

2 すのこの下駄を取り外す

6枚のすのこの真ん中の下駄2つを取り外す。表側から金ヅチで叩くと簡単に外れる。残りの4枚のすのこは最後に出番がくる。

POINT 板に残っているクギは必ず、抜いておくこと。

3 取り外した下駄を取りつける

2で取り外した下駄を、6枚のすのこの両端の下駄の内側に木工用ボンドではりつける。両端の下駄の強度を高めることになる。

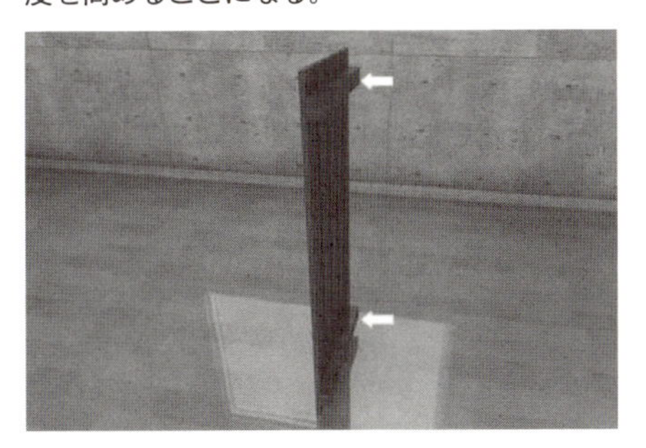

4 すのこをカットする

下駄を太くしたすのこ6枚のうち、4枚を下駄のラインでカットする。これでL字型のパーツが8つできたことになる。

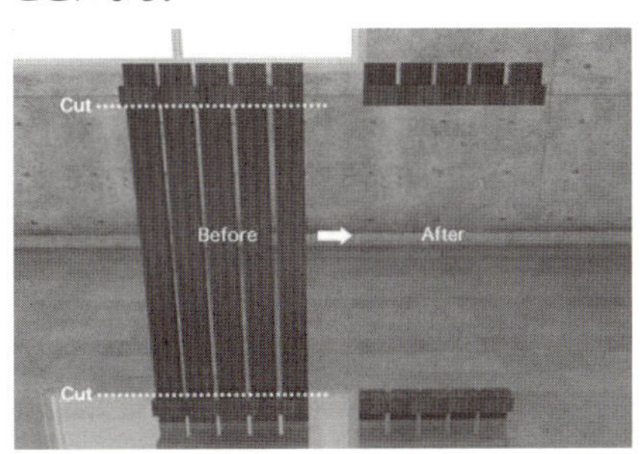

5 パーツを組み立てる

4でできたL字型のパーツ2つを重ね、木工用ボンドで接着する。それを2つつくり、4でカットしなかったすのこの下駄に木工用ボンドで接着する。このとき羽の向きは同じにすること。残りのパーツも同様に接着し、写真のようなものが2つできる。

POINT 接着する際は、下駄のクギの頭をカナヅチで叩いて、めり込ませてから木工用ボンドを塗る。

6 パーツを重ねていく

5でできた2つのパーツをさらに重ねていく。木工用ボンドで接着。この部分はテレビ台の中棚部分になる。棚板の高さは約10㎝程度。これより高さが欲しい場合は、L字型のパーツの数を増やせばよい。

7 土台を取りつける

6でできた棚の下に、1でつくった残り4枚のすのこのうち、3枚を重ねて接着する。残り1枚は一番上に重ねて接着する。

POINT 強度に不安がある場合は、4でできた板を背面に縦にはりつけると強度がアップする。

カラーボックス編

テーブルをつくる

すのこに続き、DIYで重宝するのがカラーボックス。市販のカラーボックスをそのまま置くのは味気ない、そう感じる人にはおすすめのDIYです。まずはノコギリ不要でカッターとボンドだけでできるテーブルからつくってみましょう。

用意するもの

- カラーボックス２段タイプ　１個
- 合板 90cm×45cm（厚さは18～24mm）１枚
- 木工用ボンド
- カッター
- オイルステイン
- サンドペーパー

1 カラーボックスを組み立てる

２段のカラーボックスを組み立てる。ただし、裏面の板は取りつけない。

2 天板をオイルステインで塗装する

天板になる合板をオイルステインで塗装する。塗装面をサンドペーパーで整え、ゴミがないようにきれいにふき取る。１度塗りはオイルステインをまんべんなく塗り、自然乾燥させる。このとき木目の方向に塗るのがコツ。乾いたら仕上げ塗りをする。

3 カラーボックスを加工する

オイルステインが乾くまでの間に、カラーボックスを加工。ボックスを横に倒し、上の面にカッターで切りキズをつける。表面にキズをつけたほうが天板の接着が高まる。

4 ボンドを塗る

キズをつけた部分にボンドを塗る。写真のようにボンドが全体に行き渡るように塗るとよい。とくに四隅と真ん中はていねいに塗っておく。

5 天板を接着する

ボンドを塗った面に天板を乗せて接着する。天板の左右の出っぱりが均等になるよう注意して。天板を乗せたら、しっかり接着するよう、上に本など重いものを置いておく。ボンドが乾けば完成。

カラーボックス編

ハンガーラックをつくる

カラーボックスにははじめから扉がついたものがあります。そんなボックスはちょっとした工夫でハンガーラックに変身。扉つきの段を有効に活用できます。

用意するもの

- カラーボックス1ドア　1個
- 突っぱり棒　1本

1 カラーボックスを組み立てる

カラーボックスを組み立てるが、上から2番目の棚板と裏面の板は取りつけない。

POINT　2番目の棚板を置くための部品を差し込む穴はそのままでも問題ないが、気になるようなら充てん剤などで埋めてもいい。

2 突っぱり棒を取りつける

カラーボックスの上部に突っぱり棒を取りつけたら完成。突っぱり棒の位置は、ハンガーをかけやすいよう天板との間のすき間を考えて決める。

組み合わせると

次のページで紹介する「ランドセルラック」と組み合わせると、子ども用の収納スペースに。普通のカラーボックスを置くだけでもいい。

カラーボックス編

ランドセルラックをつくる

カラーボックスの上部をあえて取り外すだけで、高さのあるものも置けるようになります。ランドセル以外にも、テレビや鉢植えなど、高さを気にせず自由に使えます。

用意するもの

- カラーボックス３段タイプ　１個
- プラスチックケース　４個
- 専用レール８本
- 仕切り板 27.5cm×27.5cm　２枚
- スライドレール　２個
- 木工用ボンド

1 カラーボックスを組み立てる

カラーボックスを組み立てる。このとき、一番上の段と裏面の板は取りつけない。

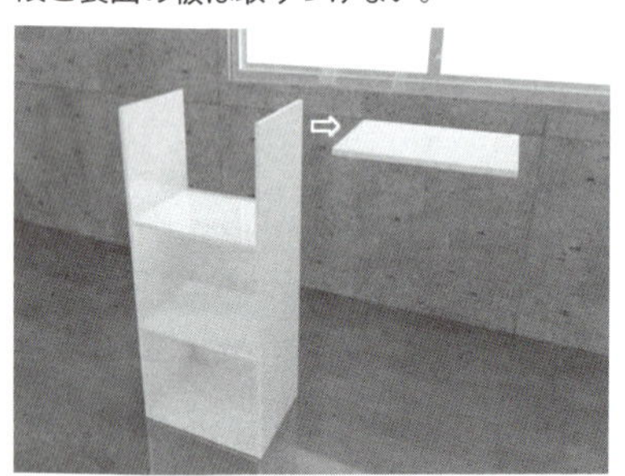

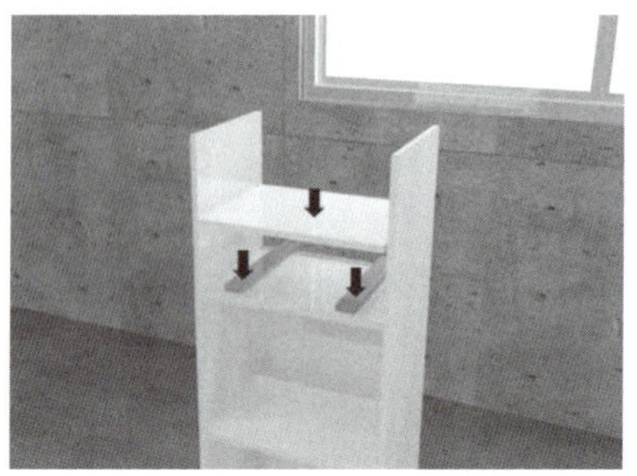

2 スライドレールを取りつける

スライドレールを上の棚板に木工用ボンドで２個取りつけ、その上に1で取りつけなかった一番上の板を取りつける。これでスライド棚が完成。面倒ならスライド棚にする必要はない。

3 仕切り板を取りつける

中段の棚に仕切り板を入れ、教科書などを縦に入れられるスペースをつくる。仕切り板２枚は等間隔に立てボンドで接着する。仕切り板はあらかじめホームセンターで段の高さに合わせてカットしてもらうといい。

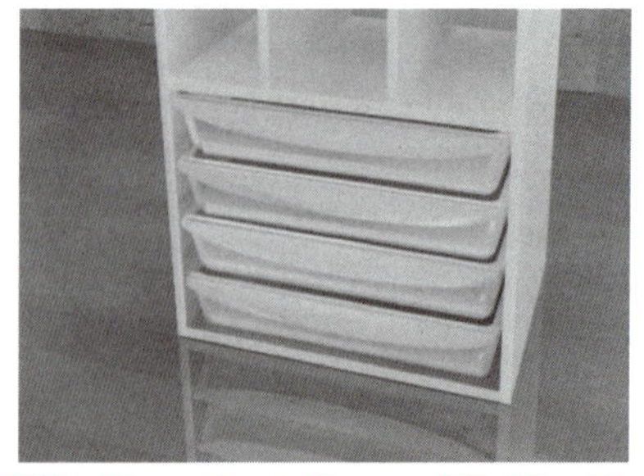

4 プラスチックケースを取りつける

最後に下段にプラスチックケースを取りつける。専用レールを使うと、ケースがスライド式になる。

カラーボックス編

ベッドをつくる

カラーボックス工作の定番ともいえるベッド。カラーボックス製なので、下段が収納としても使え、丈夫。普通の3段ボックスでは横幅が足りないので、ワイドタイプを使用すると市販のマットレスもピッタリはまります。

用意するもの

- カラーボックス3段ワイドタイプ　3～5個
- 2×4材　長さ244cm　7～9本
- 木工用ボンド
- ノコギリ
- ネジ　50個ぐらい

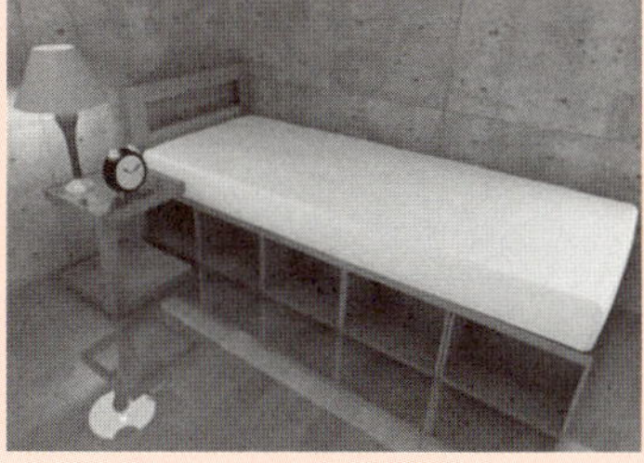

1 カラーボックスを組み立てる

カラーボックスを組み立てるが、裏面の板は組み立てない。また一番端の棚板も取りつけず、端の段の底板として、差し込み接着。この際端に合わせて接着するのがコツ。

2 カラーボックスを並べる

必要なカラーボックスをすべて1の要領で組み立て、縦に並べる（写真参照）。カラーボックス同士はボンドなどで接着してもいいが、はりつけると引越しの際など面倒なので、あえて接着せず並べるだけでOK。

3 2×4材を乗せて接着する

並べて置いたカラーボックスの上に、2×4材を並べてネジで固定する。2×4材の長さはカラーボックスの横幅×カラーボックスの数。あらかじめホームセンターなどでカットしてもらうといい。

4 ヘッドボードをつくる

ヘッドボードがいらなければ、3で完成。2×4材を長さ80～90㎝にカットし、それを2本用意。ベッドの端にぴったり合わせて、ネジなどで固定する。

5 ヘッドボードに横板を渡す

最後にヘッドボードの横板を木工用ボンドで接着。横板の長さは、カラーボックスの高さ－2×4材の横幅×2。横板を取りつけたら完成。

カラーボックス編

キャットタワーをつくる

カラーボックスではペットの遊び場もつくれます。買うと高いキャットタワーも意外に簡単に完成。より快適にするためにフェルトなどをはると、猫も喜ぶはず。タワーの高さはお好みで。

用意するもの

- カラーボックス4段タイプ　1個
- ノコギリ
- サンドペーパー

1 カラーボックスを組み立てる

カラーボックスを組み立てるが、一番下の板以外の棚板は取りつけない。取りつけなかった板は、飼い猫が通れる大きさを目安に、写真のように1/4ほどカット、切り口はサイドペーパーで整える。これをすべての棚板に。四角だけではなく丸くカットしてもいい。

2 棚板を取りつける

すべての棚板をカットしたらカラーボックスに取りつけていく。穴は裏面の板側にくるように取りつける。

3 棚板を互い違いに取りつける

すべての棚板を取りつけていく。このとき穴が互い違いになるように置いていく。

POINT フェルトなどで装飾する

3で完成だが、より喜ばれるタワーにすべく、カットした切り口や棚板にフェルト生地などをはっていくと、すべり止めにもなり、見栄えもよくなる。はる生地は猫の好きな感触のものを選んで。段によって素材を変えてもよい。

4 一番上の棚を取りつける

一番上の板は手前に穴がくるように取りつける。

カラーボックス編

シェルフをつくる

キューブ型のカラーボックスと天板を組み合わせると、さまざまなスタイルの棚をつくることができます。部屋の広さや用途に応じて、自分のイメージに近いものをつくることができるのです。ここではいくつかのアイデアをご紹介します。これをヒントに発想を広げてみてはどうでしょう。

用意するもの

- カラーボックス1段タイプ　複数個
- 合板など
- サンドペーパー

●収納ベンチ

キューブの上で2枚の板をジョイントとさせると、板が座面になったベンチ収納に。キューブの数を増やせば収納量もアップ。

●シェルフ

板の長さを長くして、キューブ4つと組み合わせればシェルフの完成。天板の形や段の高さ、横幅は部屋に合わせて変更可能。

POINT 合板の色を変えてもOK

合板にペイントして、部屋のインテリアに合わせるとよりおしゃれに。ペイントするだけで、カラーボックスと板だけでできているとは思えない出来栄えに。

●電話台

板を挟んで2つのキューブを重ねればシンプルな電話台のできあがり。キッチンで炊飯器や電気ポットを置く台としても使える。高さも自在に。

●コーナー家具

変則的に組み合わせるとおしゃれなコーナー家具にも。部屋の隅を有効利用したい場合にうってつけ。低い段は子どもの勉強机としても使える。

カラーボックス編

間仕切り棚をつくる

間仕切り棚は棚の長さや高さをカラーボックスの大きさによっていかようにも変えられるので、部屋に合ったサイズにアレンジしましょう。もちろんペイントやカッティングシート、壁紙で色や柄をつけてもおしゃれです。

用意するもの

- カラーボックス3段タイプ　1個
- カラーボックス2段タイプ　1個
- 1×4材　長さ90cm　13枚
- ノコギリ
- 木工用ボンド

1 カラーボックスを組み立てて重ねる

まずカラーボックスを2つ組み立てる。その際裏板は取りつけないこと。組み立てたボックスを左右いずれかの端に合わせて重ねる。ボックスは木工用ボンドで接着する。

2 1×4材をカットする

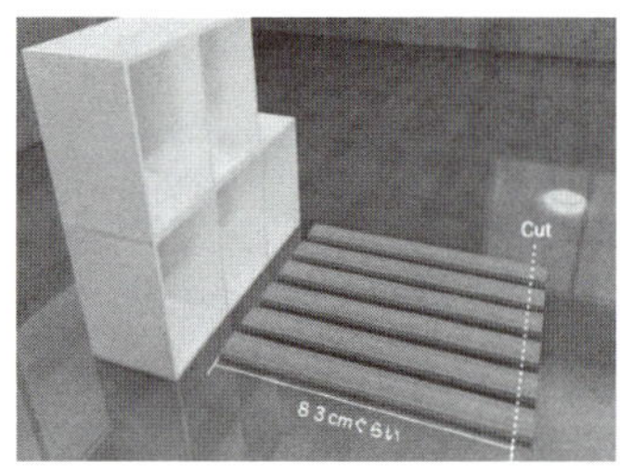

1×4材12枚を用意し、2つのカラーボックスを重ねた高さに合わせてカットする。ボックスの横幅を足した寸法であらかじめカットすると実際に合わせたときに多少のズレが出る場合があるので、重ねてから合わせたほうが安心。

3 1×4材をはっていく

2でカットした1×4材を縦の枠に、木工用ボンドではりつけていく。左右の板はそれぞれの枠の端に合わせてはる。真ん中の板は枠の中心にくるよう慎重にはる。

POINT 少し外したデザインを求めるなら、この段階で完成でもOK。

横枠をはる場合は、それぞれの間隔を測って残りの1×4材1枚をカットし、はりつける。上下の板はそれぞれ端に合わせて、真ん中は枠の中心にくるようにはる。

最後に横に出っ張っている部分にもそれぞれのサイズを測って板をカットしてからはっていく。裏面にも同様にはっていく。

カラーボックス編

キッチンカウンターをつくる

カラーボックスを使えば、ご覧のキッチンカウンターも、数千円程度で簡単につくれます。カウンターの長さも部屋に合わせて調節できますし、化粧板などで飾れば、カラーボックスでつくったとは思えないほどの出来栄えに。

用意するもの

- カラーボックス３段タイプ　２個
- ２×４材　長さ90cm程度　２本
- 天板用パイン材　120cm×40cm程度　厚さ18mm以上　１枚
- キャスター（必要であれば）　４個
- タオル掛け用金具　１個
- 木工用ボンド
- ネジ
- カッター

1 カラーボックスを組み立てる

まずカラーボックスを組み立てる。耐久性を考えて、できるだけ丈夫そうなものを選ぶこと。カラーボックスを横に倒して、２つを重ねる。２×４材を2本ともカラーボックスの横幅２個分の長さにカットし、矢印のところをネジで固定する。

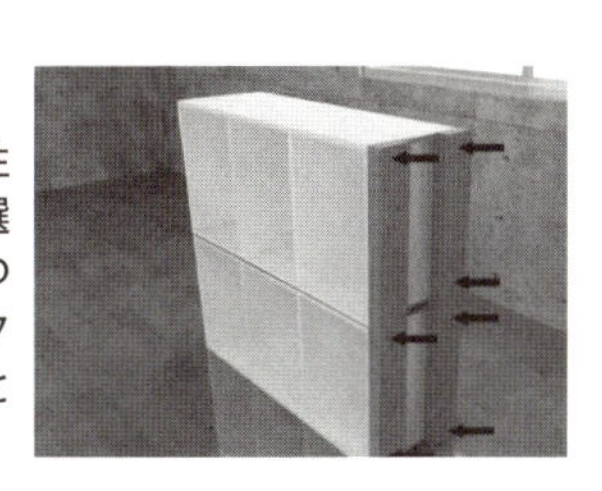

2 底にキャスターを取りつける

カラーボックスに取りつけた板にキャスターを取りつける。可動式にしないのであれば、取りつけなくてもいい。

3 天板をはるためのキズをつける

キャスターをつけたら、キャスターを下にしてボックスを立てる。そして、カラーボックスの上にカッターでギザギザのキズをつける。キズをつけたら木工用ボンドを全面に塗る。

POINT 平らな面と面ではボンドの接着がよくないので、あえてボックスにキズをつける。

4 天板をはりつける

天板をはりつける。設置する場所によって、長辺をカラーボックスの前面か背面の端、どちらかに合わせるか決めておくこと。短辺は真っ直ぐな側をカラーボックスの端に合わせる。

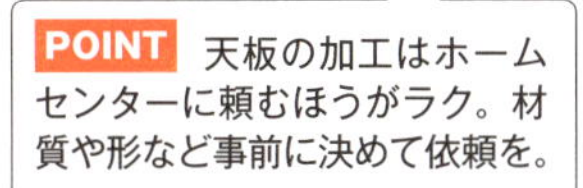

POINT 天板の加工はホームセンターに頼むほうがラク。材質や形など事前に決めて依頼を。

5 タオルかけを取りつける

天板が完全に接着するまで、上に重しを乗せるか、クランプではさんで固定しておくとズレない。天板が完全に接着したら、天板のはみ出した部分の下に、タオルかけを取りつける。

POINT タオルかけの位置は、高すぎても低すぎても使いづらいので、よく考えて取りつけること。

ひとこと
ワンポイント

パイプとジョイントで欲しいモノをつくる

新しいDIY素材として人気が高いのが、パイプフレームです。パイプとジョイントを組み合わせることで、オリジナルの家具や道具が作れます。

パイプをカットすることでどんなサイズにもできますし、さまざまな形のジョイントによって平面にも立体にも自在に組み立てることができます。またパイプの太さも各種揃っているので、用途に応じて強度も変えられます。

パイプフレームで何かをつくりたいと思ったら、まず設計図を描きます。これがとても大事。これで必要なパイプの寸法と数、ジョイントの種類と数を出します。

とはいえ慣れないうちは、組み立てるだけになっているキットを購入するのもいいでしょう。

パイプフレームの4つのメリット

カンタンに作れる
設計図通りにパイプとジョイントを組み立てるだけなので、誰でも簡単につくれる。

オリジナルのものがつくれる
スペースや用途に応じて、自分が欲しい形のものをつくることができる。

軽くて丈夫
パイプの素材は強度があるが、中が空洞になっているため軽い。持ち運びもも楽にできる。

サビに強い
表面をプラスチックでコーティングしているので、屋外に設置するものでもサビにくく、掃除もしやすく衛生的。

＊P120～122：協力／矢崎化工（株）

パイプフレームでつくった作品例

パイプとジョイントを組み合わせることでこんなにさまざまな作品がつくれます。
屋内外を問わず活躍します。

グリーンカーテン

角度調節ができるジョイントを使用することで、自立させることも、壁に立てかけることも自在にできる。

藤棚

藤などつる性の植物を育てるのに欠かせない植物棚。棚を組み立てる楽しみと、植物を育てる楽しみが同時に味わえる。

タイヤラック

タイヤのサイズに合わせてつくれるうえに、タイヤの大きいRV車から普通車に乗り換えて もパイプを切断すれば対応できる。

折りたたみテーブル

可動するジョイントを使用することで、室内でもアウトドアでも活躍する折りたたみテーブルもできる。サイズも自在。

椅子&フットレスト

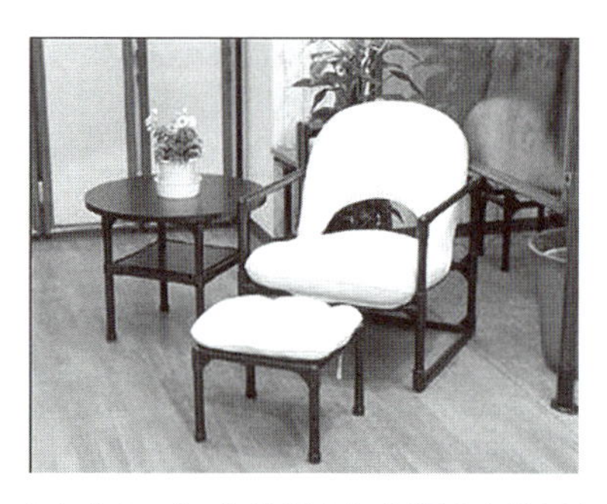

パイプでつくった枠組みに市販の座椅子とクッションをプラスすることで、座り心地のよさそうな椅子とフットレストが。椅子の横幅や奥行きを、自分サイズにつくれる。

ハンガースタンド

子ども部屋など、服から小物までまとめて収納するのに便利なハンガースタンドも。キャスターを取りつけることで移動も楽にできる。

カット不要！
組み立てるだけのキットも

初心者向きなのがパイプをカットする手間がいらない、完成品のキット。組み立てるだけで、機能的な道具ができます。

↓フラワースタンド

上部が平らなパイプを使用することで植木鉢がぐらつく心配無用。横幅のサイズが選べる。

↑→布団干し

軽くて丈夫な布団干しも、自分で組み立てることができる。収納時はコンパクトに折りたためるので便利。

第2章 屋外のリフォームとメンテナンス

塗装

木部の塗装

始める前に

屋外用の木部の塗料は風雨に強く、また紫外線や汚れにも強いことが求められます。ひとつの機能に特化したものや、複数の機能を兼ね備えたものがありますので、目的に応じて選ぶようにしましょう。

屋外に接している木製のデッキや扉などは、人や物がぶつかってキズがついたり、風雨にさらされることでどうしても劣化しやすいものです。ニスの塗装がはげるなどすると、防水効果も低くなり、ますます劣化を進めることに。メンテナンスはこまめに行いましょう。

木製の門扉や玄関ドアは家の顔でもあるので、いつもきれいにしておきたいものです。最近はカラフルな扉も人気。メンテナンスを兼ねて、色を塗り替えてみるのもいいでしょう。

木部の塗装は、下地をていねいに整えることが一番大事です。そうすれば、ただニスを塗っただけでも仕上がりは美しくなるので、下地づくりに力を注ぎましょう。

チェック 屋外の木部用塗料の種類

	特徴	用途
水性ビッグ10 多用途	特殊フッ素樹脂、反応硬化型シリコン変性アクリル樹脂、紫外線劣化防止剤配合。**汚れにくく、抜群の耐久性**。サビ止め、防カビ効果あり。45色と色も豊富。	ドア、雨戸、羽目板、板べい、ガーデン用品などの屋内外の木部や家具、木製品。フェンス、門扉、鉄柵などの鉄部。コンクリート、ブロックなど多様。
水性建物用	特殊フッ素樹脂、シリコン架橋システム、紫外線劣化防止剤配合。サビ止め剤配合。**ツヤがあり、色はエナメル調**。ツヤ消しタイプもある。30色。	ドア、雨戸、羽目板、板べい、ガーデン用品などの屋内外の木部や家具、木製品。フェンス、門扉、鉄柵などの鉄部。コンクリート、ブロックなど。
水性 スーパーコート	特殊フッ素樹脂、シリコン架橋システム、紫外線劣化防止剤配合。サビ止め剤配合。**ツヤがあり、色はエナメル調**。ツヤ消しタイプもある。45色。	ドア、雨戸、羽目板、板べい、ガーデン用品などの屋内外の木部や家具、木製品。フェンス、門扉、鉄柵などの鉄部。コンクリート、ブロックなど。
油性超耐久 屋外用ニス	紫外線吸収剤を配合。素材の変色を大幅に抑制。**木部への浸透、密着にすぐれ耐久性が高い**。ツヤありと半ツヤ透明の2色。	玄関ドア、外板、フェンス、ガーデン用品など屋外木部。屋内木部には使用しない。
油性 スーパーコート	シリコンアクリル樹脂のシリコン架橋システム、紫外線劣化防止剤、サビ止め剤配合。**モルタルやコンクリートなどのアルカリ面にも塗装可能**。45色。	ドア、雨戸、羽目板、板べい、ガーデン用品などの屋内外の木部や家具。フェンス、門扉などの鉄やアルミ、ステンレス。コンクリート、ブロックなど多様。

*すべてアサヒペン

下地をキレイに整えることがカギ!

玄関ドアの塗り直し

木製の玄関ドアや門扉を塗り直す際は、古い塗装をしっかり落とすことが大事。ニスなどが塗ってある場合は、目の細かいサンドペーパー（240番くらい）で、必ず木目にそってこすり落とします。

玄関ドアの古い塗装の落とし方

1 ハンドルを取り外す

ペンキなどの前の塗装を落とすには、塗料はく離剤をハケで塗る。ドアノブなどは取り外すか、マスキングテープをはって養生しておく。

2 ヘラで古い塗料をかきとる

塗料はく離剤を塗ってしばらくすると、前の塗料が浮きあがってくるので、先のとがった平らなヘラで削ぎ落すか、ボロ布でぬぐい取る。一回で落ちなければ何度かはく離剤を塗って同じことをくり返す。

3 水で洗い流す

前の塗料が全部落ちたら、ホースで水をかけて洗い流す。ブラシを木目にそって動かししっかり洗浄。板が乾いたら、粗目のサンドペーパー（80番ぐらい）でこすり、表面をなめらかにする。

仕上げ塗りのやり方

1 木材保護塗料を塗る

木目をきれいに生かすために、木材保護用の塗料をハケで塗っていく。必ず下から上へ。工程1～2はスピードが大事。手早く行うこと。また作業前に蝶番(ちょうつがい)などはマスキングテープで保護を。

2 布でふき取る

木材保護塗料を塗ったら、塗料が乾かないうちに手早くボロ布などでふき取る。このとき、木目にそって手を動かし、塗料を木にしみ込ませる。完全に乾くまで1日は放置する。

3 屋外用ニスで仕上げる

すじかいバケで透明な屋外用ニス（またはワニス）を塗る。今回は上から下へ。ひとハケではムラが出やすいので、1か所を2～3回塗る。着色したい場合は、ニスを塗る前に、1回塗り水性建物用の塗料を塗る。

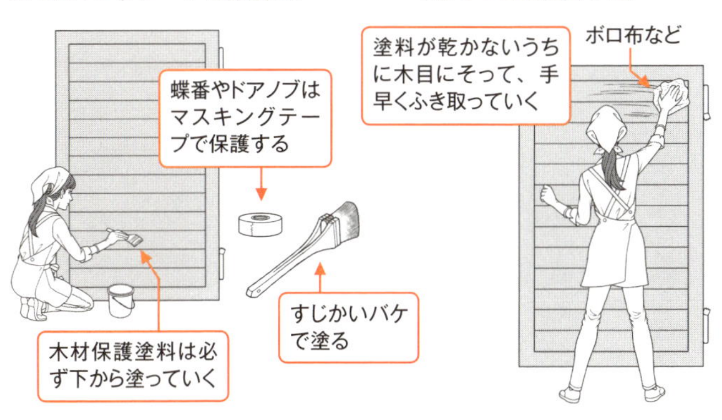

塗装

鉄部の塗装

始める前に

屋外の鉄部の塗料は、サビ止め効果が高いことが第一条件と言っていいでしょう。サビ止め効果の高い下塗り用のものもありますが、最近ではサビ止め効果が高いうえに、仕上げ塗りとして使用できる塗料があります。

鉄部用塗料の種類

	特徴	用途
油性鉄部・木部用EX	**タレにくく、仕上がりもきれい。**サビ止め剤を配合。日光や雨に強い合成樹脂調合ペイント。色は13色。	門扉、フェンス、シャッターなどの鉄部、鉄製品。ドア、雨戸、ガーデン用品などの屋内外の木部や家具、木工品などの木製品。
油性シリコン鉄部用	シリコン変性樹脂使用により、**耐久性にすぐれ、美しい光沢を保つ。**強力サビ止め剤配合で長期間サビの発生を抑える。排気ガス、酸性雨、塩害にも強い。18色。	門扉、フェンス、シャッター、物置、パイプ、機械器具、農機具などの鉄部、鉄製品。アルミ建材やステンレス製品。床以外の屋内の家具、木工品などの木製品。
カラーサビ鉄用	特殊な防サビ剤配合で、**サビを落とさずに上から塗れるものも。**サビ止めと上塗りが同時にでき、速乾性の1回塗りなので塗装時間が大幅に短縮。耐候性に優れている。	鉄部の扉、フェンス、シャッターパイプ、機械器具、農機具などのあらゆる鉄部、鉄製品。
油性サビ鉄用	特殊な防サビ剤配合で、**サビを落とさずに上から塗れるものも。**無公害防サビ顔料が配合されており、安全性が高い。色は赤さびとねずみ色の2色。	門扉、窓格子、さく、手すり、シャッター、ガレージ、機械器具、農機具などのあらゆる鉄部、鉄製品の下塗り。
油性シルバーコート	塩害、サビに強いシルバーペイント。**塗りやすく1回塗りで仕上がる。**日光や雨に強く、美しい銀光沢の合成樹脂塗料。ただし、常時水につかるところ、熱のあるところには使えない。	鉄製の扉、門扉、フェンス、シャッター、パイプ、機械器具、農機具などあらゆる鉄部、鉄製品。

*すべてアサヒペン

最近はアルミ製の門扉やフェンスが人気ですが、鉄製のものも多く見られます。鉄製は丈夫ですが、放っておくとサビるという弱点があります。

はじめは塗装の表面にあったツヤが年月を重ねるうちに消え、手でさわると白い粉がつくようになります。やがてあちこちで塗料の膜がはがれ、そのあとに赤サビが出ます。これを放置すると、ひび割れが出て、そこから雨水が入りこみ、腐食はさらに進んでしまいます。こうならないうちに早めに手を打つことが大事。

塗料を塗り替える際は、木部の塗装同様に下地づくりが大事ですが、鉄部の場合はサビ取りに重点をおきます。サビ取りが不十分な状態で上に塗料を塗っても腐食は止まらないので注意。

サビをしっかり落としてから塗装を

鉄製門扉のサビ取りから塗装まで

鉄部のメンテナンスの基本はサビ取り。特に溶接部分はサビが出やすいのでていねいに。
塗装は、まずサビ止めを塗り、完全に乾いてから行います。

サビの落とし方

用意するもの ▶下塗り用の水性サビ止め塗料、上塗り用のエナメル（水性または合成樹脂）、ペンキ（合成樹脂）、油性の場合は薄め液。

道具 ▶ワイヤブラシ、耐水ペーパー（80番くらい）、スクレーパー、すじかいバケ（幅の狭いもの）、すき間用ハケ（ベンダー）、手袋式ハケ、ボロ布、マスキングテープ、薄いビニールシートなど

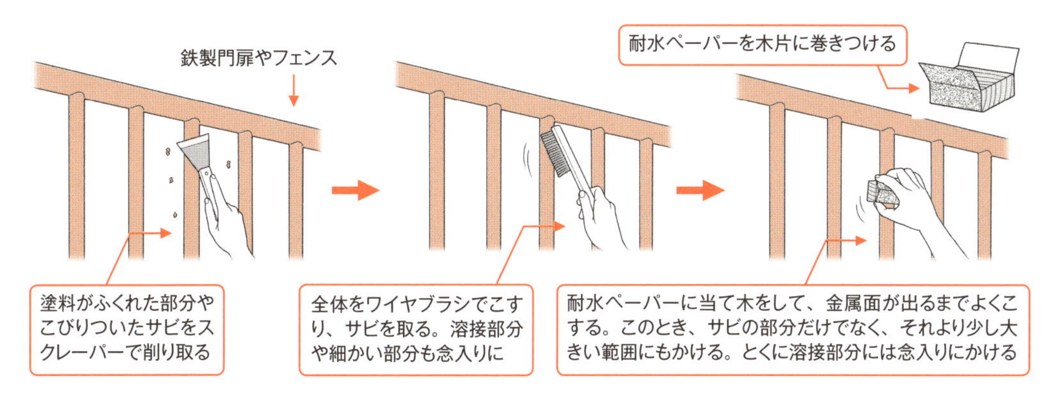

塗りにくい部分を先に

狭い部分の塗り方

塗料は薄めず使うが、一度に厚塗りをせず、ハケは平行に軽く動かすようにして重ね塗りすること。塗りにくい部分から先に塗り、次に上から下へと塗っていく。特に蝶番部分はサビが出やすいのでていねいに塗る。また、鉄格子の間が狭く、すじかいバケが使いにくい部分は、すき間用のハケを使うと便利。すき間に入れると左右の鉄格子が同時に塗れる。

塗装

ブロック・モルタル塀の塗装

ブロック塀はブロックがむき出しで味気ないものです。そこで、ブロック塀を塗装してみては？　塗装することで見た目もよくなりますし、耐水性も上がるので、まさに一石二鳥です。
ブロックやモルタル塀の塗装の際は、割れやひびなどの補修を行います。汚れがひどい場合は、水で洗い流しておくことも忘れないでください。
手に入りやすい塗料として上にいくつかご紹介しますが、それぞれに特徴があるので、購入の際は目的に応じたものを選ぶようにしましょう。
また次ページには、カワラや屋根、ひさし、トタン用の塗料を紹介しています。屋根まわりのメンテナンスの際の参考にしてください。

始める前に

外壁を含めた外まわりの塗料は対象物によって向き不向きがあるので、購入の際はよく確認を。また、塗る前の養生も忘れてはいけません。塗料をつけたくない部分にはマスキングテープや新聞紙で養生して。

［参考］屋外用塗料

モルタル、コンクリート塀

	特徴
水性建物用	酸性雨や酸性雪、排気ガス、塩害に強い水性シリコンアクリル樹脂塗料。フッ素樹脂、紫外線劣化防止剤、サビ止め剤配合。**厚塗りしてもたれにくく塗りやすい1回塗りタイプ**。無臭。色は30色。
水性外がべ用ツヤ消し	**日光や雨に強く、落ち着いたツヤ消しに仕上がる**水性アクリル樹脂塗料。防カビ剤、防藻剤配合。ハケさばきが軽く塗りやすく、乾きやすい。塀のほか、屋根のスレートなど平滑な面に。3色。
水性外かべ凹凸塗料ツヤあり	弾力性にすぐれた厚塗り用塗料。**下地のひび割れに強く、専用のローラーバケで凹凸状に仕上げられる**。防カビ、防藻剤配合。スレート、レンガ、しっくいなどにも。必ず専用ローラーを使用。3色。
水性シリコンアクリル外かべ用	**耐久性にすぐれた水性シリコンアクリル樹脂塗料**。酸性雨、酸性雪、排気ガス、塩害に強い。フッ素樹脂、紫外線劣化防止剤、防カビ剤、防藻剤配合。金属、木材、セメント、セラミックにも。10色。
防水塗料スプレー	**コンクリート壁、モルタル壁などの風化や白化を防いで長持ちさせる**。すぐれた防水性を発揮し、汚れも防ぐ。冬場は外壁の凍結防止にも有効。セメント瓦、カラーベスト、モルタル塀の下塗りにも。色は透明。
防水塗料	**ハケ塗りタイプの強浸透タイプで、水のしみ込みを防ぐ効果大**。塗料の上塗りも可能。外壁以外にも木部やスノコの防水にも。またシーラーとして瓦などの下塗りに。色は透明。

カワラ

	特徴
水性かわら用 	水性アクリル樹脂のかわら用塗料。**酸性雨や排気ガスに対してすぐれた保護効果を発揮**。伸びがよく、塗りやすい。コロニアル・カラーベストなど新生瓦、スレート瓦、セメント瓦に。色は7色。
水性高級かわら用 	**紫外線に強く、防水性、耐久性が高い**水性シリコンアクリル樹脂のかわら用塗料。防カビ、防藻剤配合で長期間カビや藻がつきにくい。コロニアル・カラーベストなど新生瓦、スレート瓦、セメント瓦に。6色。

屋根・とい・ひさし

	特徴
水性屋根用遮熱塗料 	太陽光の赤外線を反射し**表面温度の上昇を抑える特殊顔料を使用**。紫外線劣化防止剤を配合し、耐候性にすぐれた水性シリコン樹脂の、トタン屋根、かわら屋根兼用塗料。色は8色。
油性高級アクリルトタン用 	**乾燥が早く、ツヤが長期間持続する**油性アクリル樹脂のトタン用塗料。強力サビ止め剤配合。とい、ひさし、下見板、塀などのカラートタンにも。色は7色。耐候性にすぐれている。
油性トタン用 	**塗料の伸びが良く、トタン板への密着性にすぐれた油性のトタン用塗料**。酸性雨、酸性雪や塩害に強い。強力サビ止め剤配合。といやひさし、下見板、塀などのトタン板にも。12色。
油性シリコンアクリルトタン用 	特殊シリコンアクリル樹脂を使用。乾燥が早く、ツヤが長期間持続。耐久性にもすぐれている。**酸性雨、酸性雪、塩害に強い**。とい、ひさし、下見板、塀、カラートタンにも。6色。

*すべてアサヒペン

あると便利な道具

広い範囲を塗るのに便利なオートローラー

塗装のときに、昔ながらのハケで塗る時代は終わりました。今は、ハケよりも手軽に扱えて、きれいに塗れるローラーバケやコテバケが主流になっています。ローラーバケは普通のハケより作業の能率がよく、広い範囲を塗るときに便利。

このローラーバケのローラーに自動的に塗料をポンプで送りこみ、ローラーバケを塗料につける手間をはぶいたものが「オートローラー」です。スプレーガンは、塗料が飛散するため室内での使用には適しませんが、オートローラーなら室内外を問わずに使用できるので便利です。

塗料は塗る面積の倍近くは用意を

モルタル塀の塗装の仕方

モルタルを塗った塀に塗装するのは、それほど難しくありません。塗料は1回塗りの水性塗料がおすすめ。塀の凸凹も考慮して、塗料は塗る面積分の倍近くは用意したほうが安心です。また作業前に塗らない部分の養生も、しっかりしておきましょう。

1 周囲やぬりにくいところをはじめに塗る

塀の上下と両端、凹凸などの塗りにくい部分を、すじかいバケで塗る。

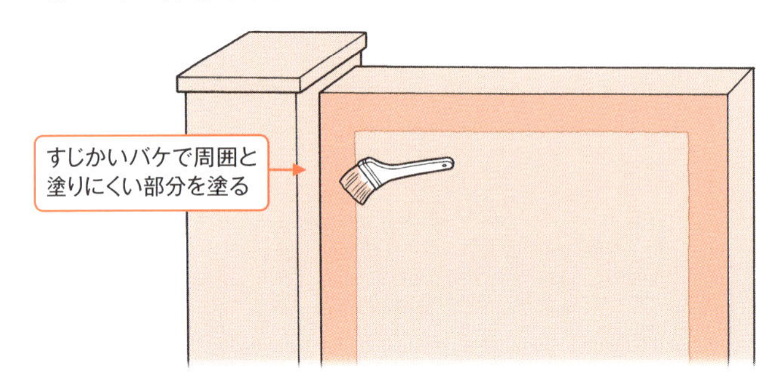

すじかいバケで周囲と塗りにくい部分を塗る

2 全体面を塗る

全体はローラーバケを上下に動かし塗っていく。上から下までを一気に塗れない場合は、上下に何分割かして塗る。ローラーバケの幅の4分の1～3分の1ずつ重ねるようにして横に移動を。

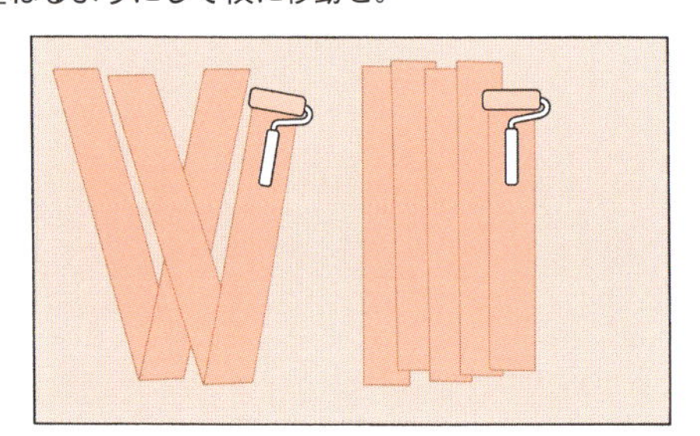

「V」字を重ねるように塗り重ねてもいい

「V」字に塗る場合も、上下に真っ直ぐ塗る場合も、1/3～1/4ずつ重ねるようにして横に塗り進める

凹凸部を塗るコツ

凹凸部分、特に凹部分に塗料をうまく入れるには、ローラーに塗料を多めにふくませ、塀に押しつけるようにする。

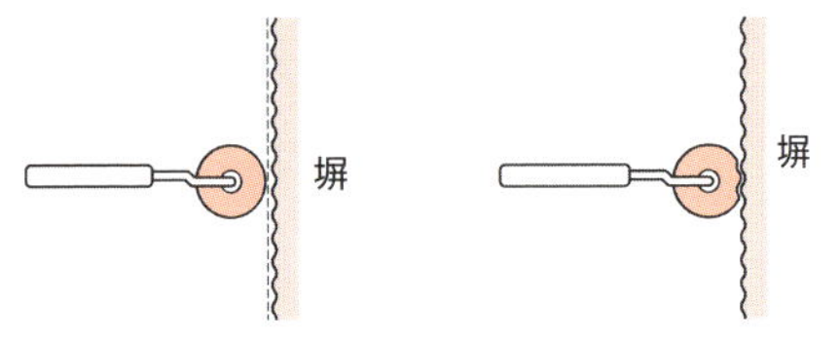

塗料を多めに含ませる。力が弱いと凹凸の中に塗料が入らないので注意。

ローラーを塀に押し付けるようにして塗る。

塗るときは目線の高さで分割させない

上下に何分割かして塗る場合、分割した境目が歩く人の目線の位置に来ないように。境目のラインが凸凹しているのが目について、粗が目立つことに。

✕ 目線の高さに境目がくると、塗り始めが均一でないのが目立ってしまう

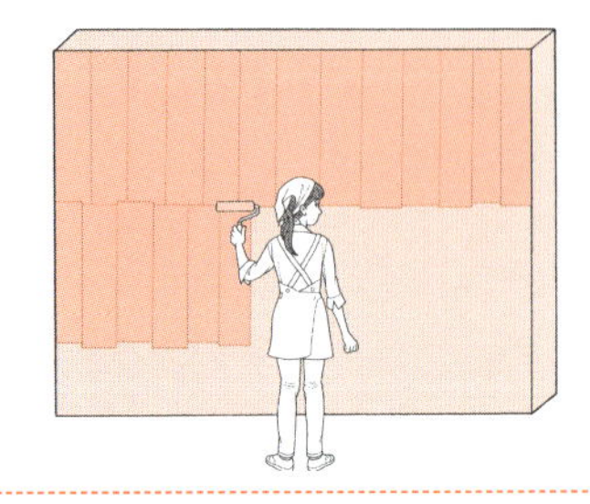

○ 目線の高さに分割の境目がこないと塗りムラが気にならない

外壁メンテナンスの基礎知識

ひびや欠けは早めに対処を

塀の塗装を行う前に、割れや欠け、ひびの補修が必要です。ひび割れや欠けは強度を低下させ、劣化を早めることになるので、ひびや欠け、割れが見つかったら、早めに対処することをおすすめします。

モルタルの塀や外壁にはひびが入りやすく、そのまま放っておくと、徐々に亀裂になり、そこから雨水が入りこみ壁全体をもろくしてしまうのです。モルタルのひび、欠けはできるだけ早めに対策を講じる必要があります。

ここでは、モルタル塀とブロック塀のメンテナンスを紹介します。

モルタル塀や外壁

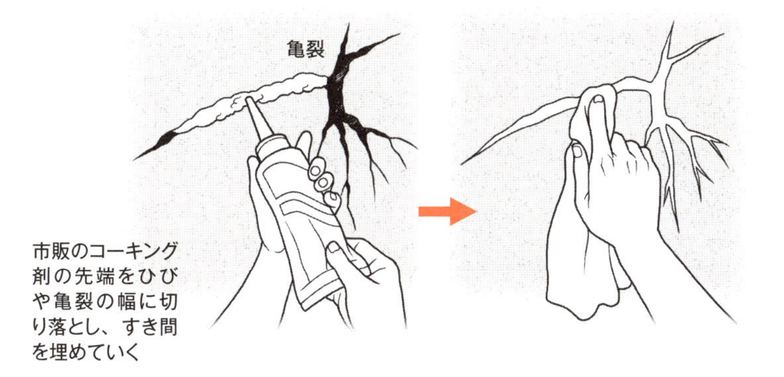

市販のコーキング剤の先端をひびや亀裂の幅に切り落とし、すき間を埋めていく

コーキング剤を埋めたら、ボロ布で表面をならす。変成シリコン系のコーティング剤なら水を、油性の場合は灯油を、事前にボロ布にしみ込ませておく

ブロック塀

ブロック塀

モルタルを塗って破損部分を補う

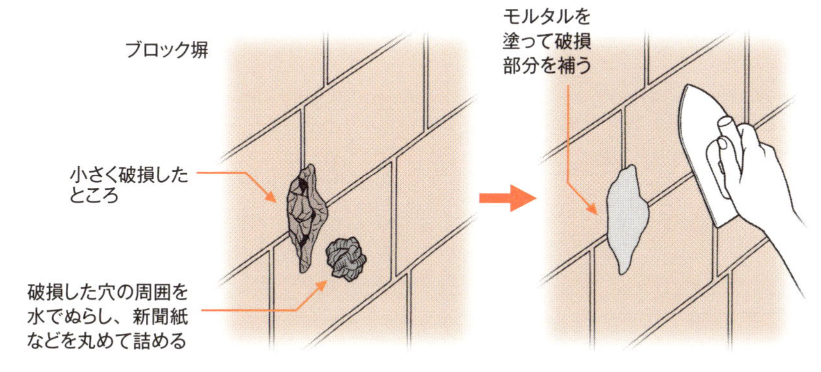

小さく破損したところ

破損した穴の周囲を水でぬらし、新聞紙などを丸めて詰める

破損が大きい場合は、破損したブロックごと取り替える

塗装用具の基礎知識

ペインティングはDIYでよく行う作業です。塗料の選び方、塗装の仕方はもちろん大事ですが、実は塗料や塗装用具の扱い方を知っておくこともとても重要です。道具を上手に始末することで、次回の作業がやりやすくなります。

新しいハケをおろすとき

新しいハケを使用するときは、下ろしたてをすぐに使うと抜け毛が塗装面にはりついて、仕上がりに影響することが。使用前に抜け毛をとり除く。

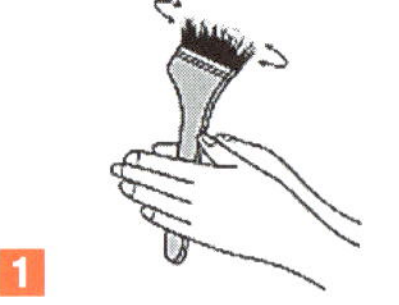

1 柄を両手で挟んで回すと、抜けた毛が浮いてくる。

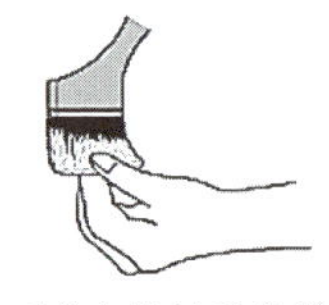

2 浮いてきた抜け毛を指でしごいてとり除く。

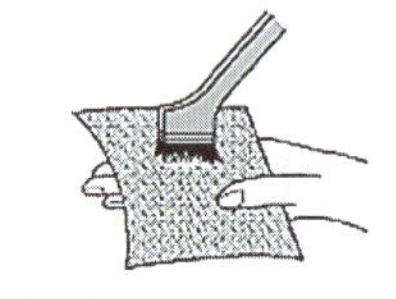

3 100番くらいのサンドペーパーで毛先をなでるようにしてそろえる。

ハケの持ち方

1 持つ位置は、柄の中心よりやや上。
2 あまり強く握らない。
3 ハケをラクに動かすためには、ひじや手首にはあまり力を入れない

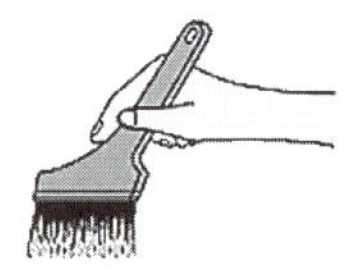

塗料の含ませ方

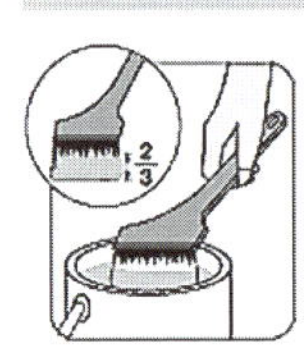

1 毛たけの1/3 ~ 2/3までを塗料の缶の中に入れる
2 穂先に平均に塗料を含ませる。

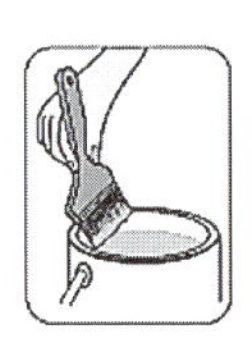

3 塗料の容器の内側に、柄が触れるようにする。
4 容器の端で軽くしごいてから、塗る場所へハケを持って行く。

ハケが固まらないようにするには

使用中にハケが固まらないようにするには、空気に触れさせないこと。塗装の合間にほかの作業を行う際は、水性・油性どちらの塗料も、ハケは水につけておく。再度塗装作業にとりかかるときは、使う前によく水気を切ってから塗料をつける。

もしハケが固まりかけたら、ラッカー薄め液に少しの間つけておけば、また使えるようになる。
作業中にはけが固まってしまうと、作業効率が落ちてしまうので、このひと手間は惜しまないこと。

後始末のやり方

塗装終了後はすぐに、ハケなどの塗装用具についている塗料を落とすこと。水性なら水で、油性ならペイント薄め液で下洗いを。その後中性洗剤で洗う。専用のハケ洗い液もある。油性塗料を洗う場合は、手袋を着用すること。洗い終わったハケは陰干しし、乾燥剤を入れたビニール袋で保管する。
残った塗料はしっかりと蓋をして保管を。やむをえず捨てる場合は、水性、油性それぞれの固化剤で固化させるか、新聞紙などに塗り広げて、乾かしてからゴミとして処分を。

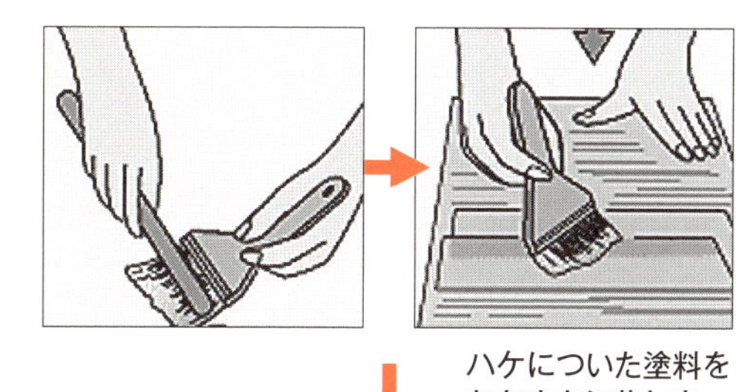

ハケについた塗料をおおまかに落とす

油性塗料

ハケ洗い液

ハケ洗い液で下洗いする

※ラッカー系塗料には使用しないこと

ペイント薄め液で下洗いする

中性洗剤で洗う

水性塗料

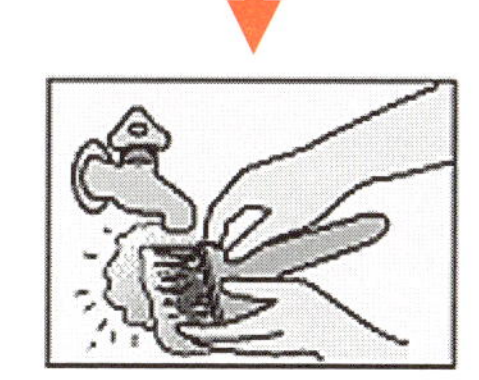

流水でよく洗い流す

中性洗剤で洗う

水洗いのあとに陰干しをする

＊アサヒペンHPより

ブロックやレンガ、タイル

ブロックを積む

始める前に

塀に使われる素材として一般的なのが（コンクリート）ブロック。セメントを規格に合わせて成型したもので、重量・強度・サイズ・形によって何種類かあります。

ブロックの形やサイズ

基本ブロック

基本ブロックは、軽い順にⒶ～Ⓒの3タイプがあり、ⒶとⒷを軽量ブロック、Ⓒを重量ブロックと呼ぶ。用途によって使い分ける。

軽量ブロック

Ⓐ 一般の塀や間仕切りの壁など

Ⓑ 高い塀、建物の構造物など

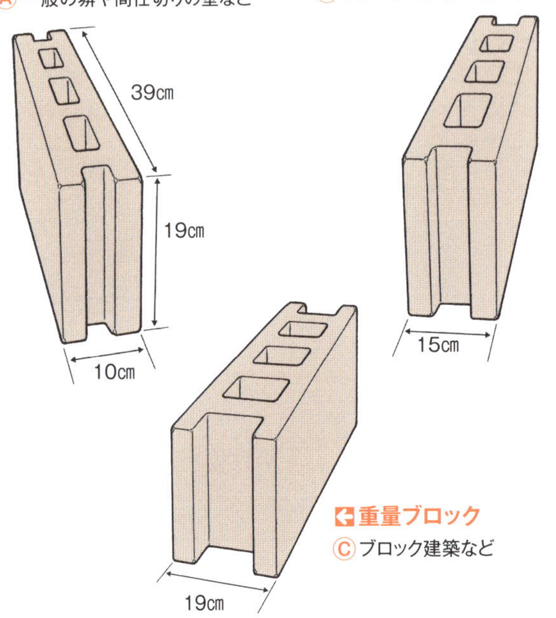

重量ブロック

Ⓒ ブロック建築など

塀や建物の基礎に使われるブロックは、サイズ・形によって基本ブロックと異形ブロックに分けられます。基本ブロックはサイズによって3種類に分けられますが、異形ブロックにはさまざまな形やサイズがあります。

化粧ブロックは、ブロックの片面、もしくは両面に砥石などで装飾を施したもので、塀をオシャレに見せるためのものです。ほかにも、横に鉄筋を入れて強度を高めた横筋ブロックや、風通しをよくする中空ブロック（ルーバーブロック）などもあります。

施工方法はほぼ同じですが、使用するブロックの数は違ってくるので、設計と採寸をしっかりして、必要なブロック数を正確に割り出す必要があります。

異形ブロック

異形ブロックは基本ブロックと組み合わせて使用。塀に化粧を施す化粧ブロックや風通しを良くする中空ブロック、強度を高める横筋ブロック、隅やサイズを合わせに使用するものなどがある。

中空ブロック（ルーバーブロック）

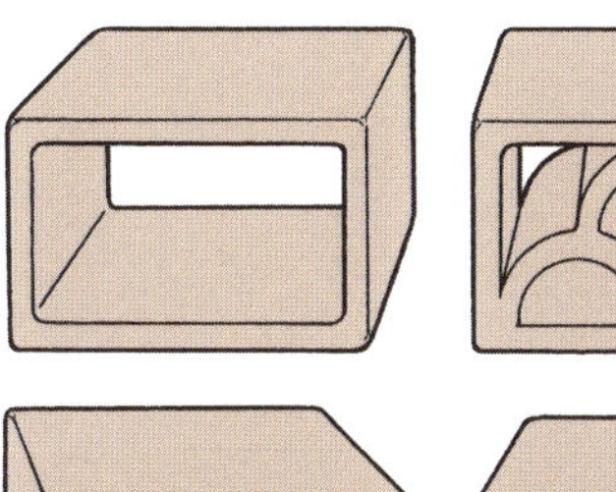

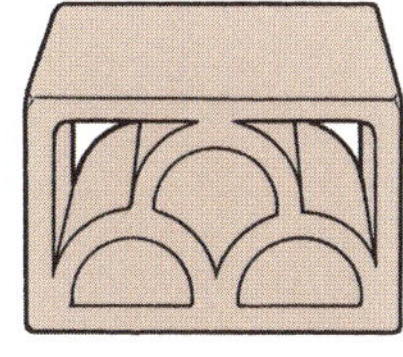

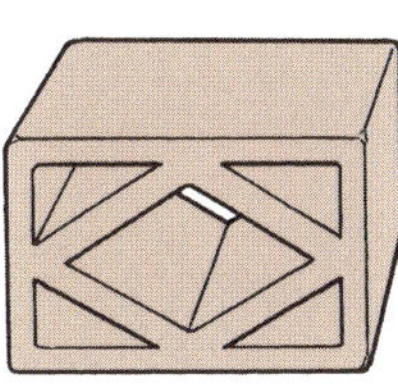

隅用ブロック

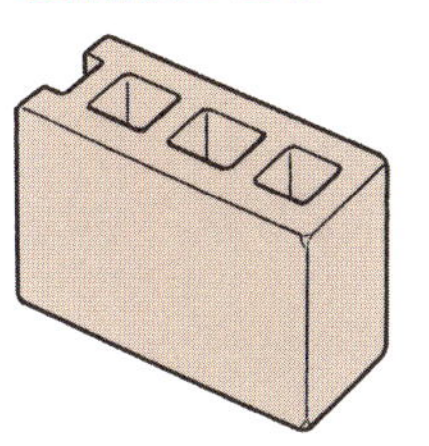

横筋ブロック

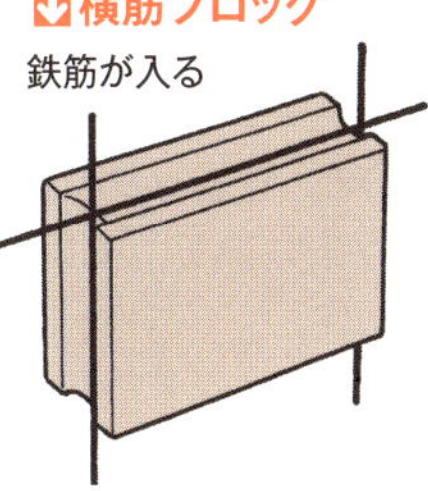

2分の1ブロック

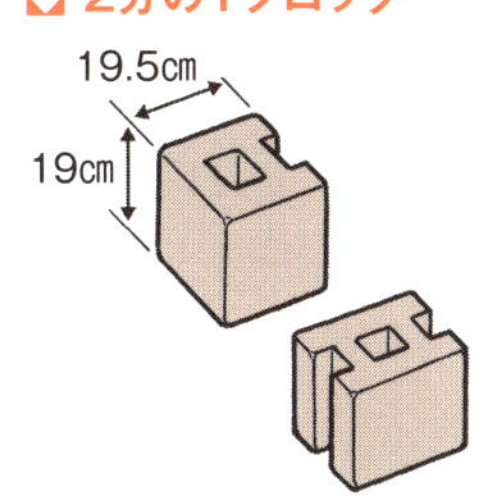

化粧ブロック

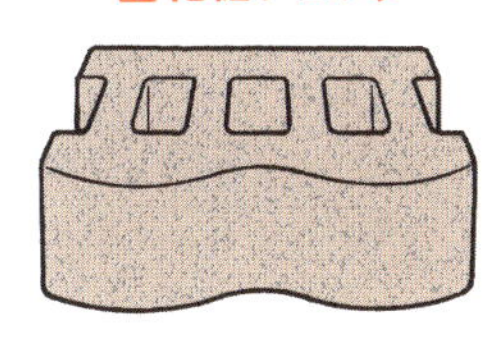

ひとことワンポイント

隣の家との境界線とは？

塀を新しくつくったり、つくり直しをするときに気をつけたいのが、お隣との境界線です。家々の境界には境界石があり、その中心線が境界線となります。

では、境界線の内側に塀をつくればいいのか、境界線の上なのか、あるいは境界線の外側でいいのか、これは意外に大事な問題。境界線を巡ってのお隣とのトラブルは多く、さらにこじれると面倒なことになるので、注意が必要です。法律では、境界線上に塀の中心線を合わせればいいと決められています。

しかし、塀は隣家にとっても毎日目にするものです。リフォームする場合には、必ずひと声かけて、十分な理解を得てから取りかかりましょう。

基礎をしっかりつくることで頑丈に

ブロック塀の積み方

ブロックを積むときのポイントは、１日に３段ずつくらい積んでいくこと。さもないと、ブロックの重さで目地がつぶれてしまいます。数日がかりを予定しましょう。

基礎のつくり方

基礎はコンクリートと重量ブロックによってつくる。地面を重量ブロックの高さプラス15～20㎝の深さに掘る。ブロック２個ごとに縦に通す鉄筋も、間隔を測って入れることを忘れずに。また、基礎の重量ブロックと１段目の間に横筋も入れる。

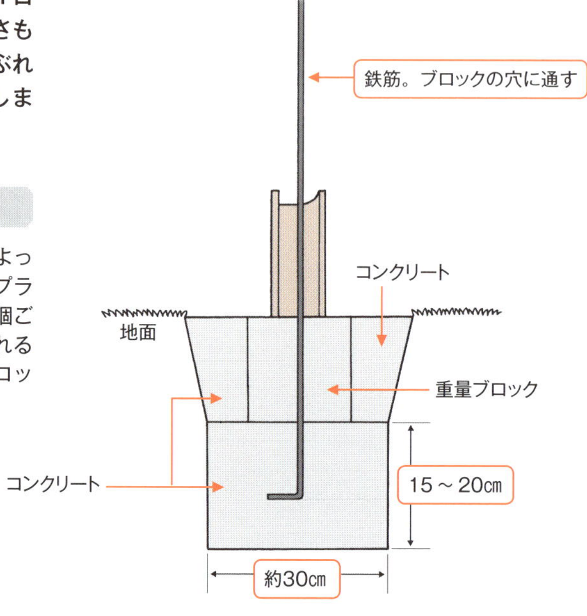

ブロックの積み方

基礎の上にブロックを積む。このとき、塀の両端にやり形（積むブロックの幅と高さの基準となる板）を立てて、水糸をはり、ブロックが水平になるように注意しながら積んでいく。横筋ブロックは２段おきに、縦筋はブロック２個ごとにたてる。

やり形（10㎝幅の板）
やり形は垂直に立てる
縦の鉄筋。ブロック2個ごとに入れる
水糸
各段の目印を入れておく
やり形（10㎝幅の板）
19.5㎝…【ブロックの高さ19㎝+上の目地の厚さ5㎜】

*コンクリート、モルタルについては、243ページを参照。

ブロックを積むポイント

横の鉄筋は専用の横筋ブロックを使用。基礎ブロックとの接続部に１段入れ、以後２段ごとに横筋ブロックを入れていく。ブロックはモルタルでつなげていく。

●1段目の並べ方

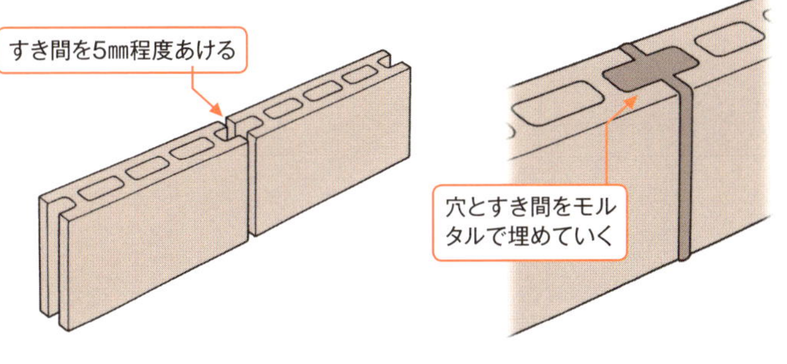

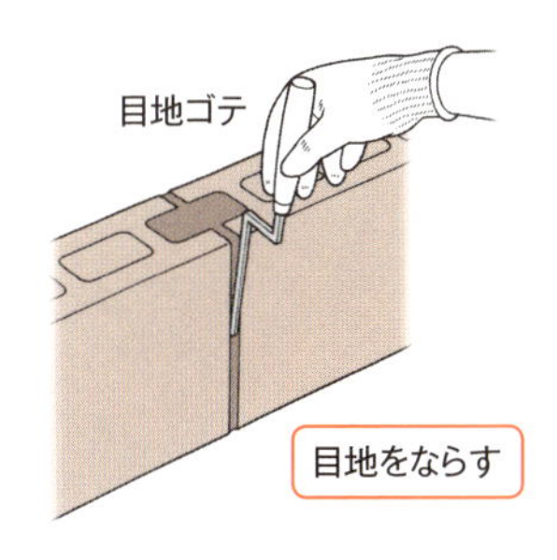

●2段目以降の積み方

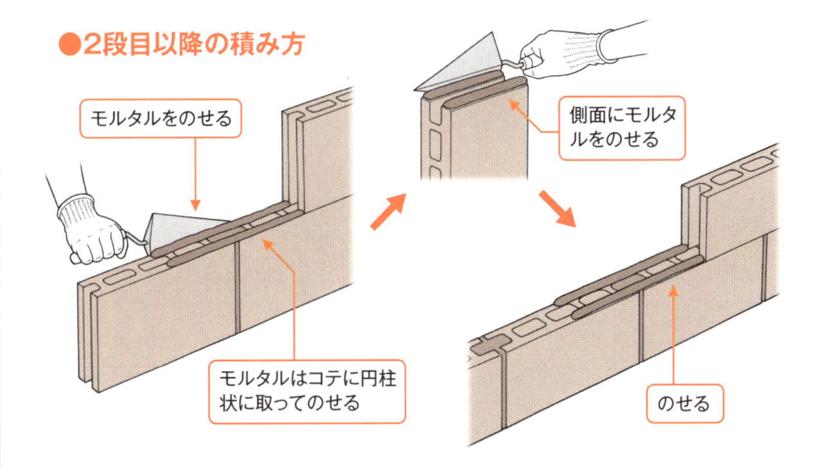

便利な道具

1回すくうと、ブロックの短辺にちょうどの長さに。2回でブロックの長辺となる。

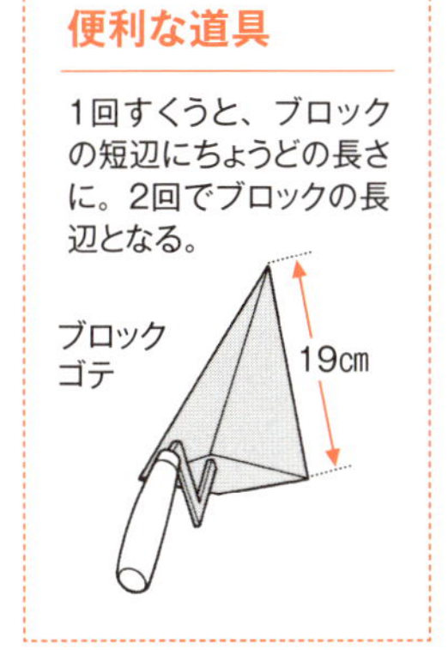

控え壁のつくり方

フェンスをつけるための基礎として１～２段積む程度なら不要だが、ブロックだけで塀をつくるときは、厚みによって積める段数に制限がある。塀の高さが1.2mを超えるときは、長さ3.4m以内ごとに控え壁をつくる必要がある。

ブロックの厚さ	高さの制限段数	制限高さ	控え壁の間隔
10㎝	7段	1.5m	6ブロック以下
15㎝	10段	2.1m	8ブロック以下
19㎝	12段	2.5m	10ブロック以下

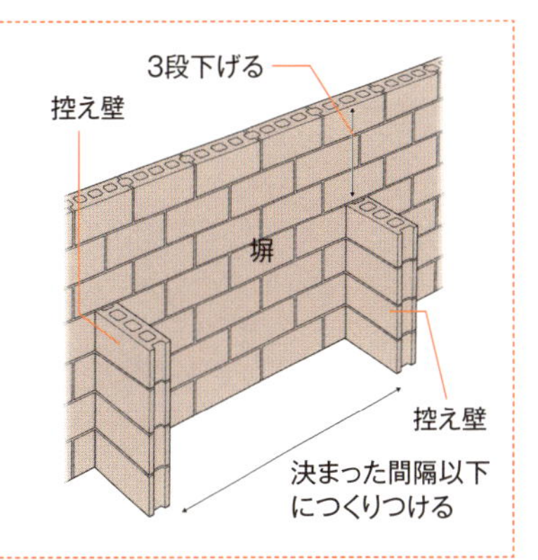

横筋の鉄筋はL字に曲げて

コーナーの処理の仕方

縦の鉄筋は基本ブロックの間に入れていきますが、横の鉄筋は横筋ブロックを使って入れます。その際、コーナーでは横筋をL字型に曲げます。これで強度が保たれます。

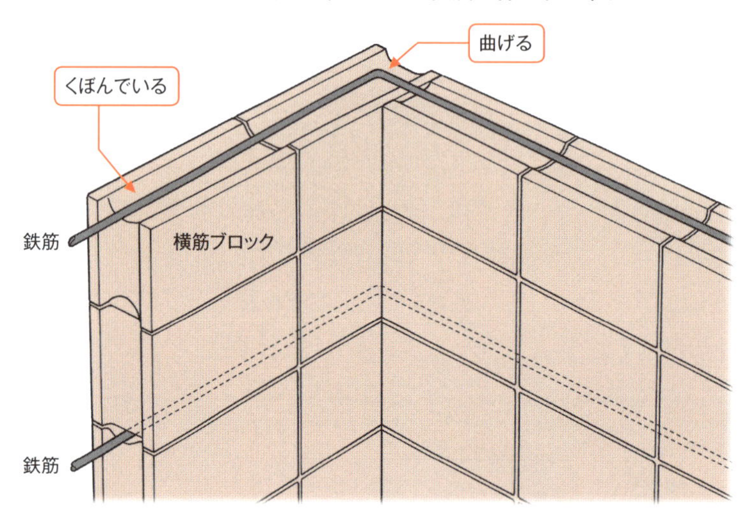

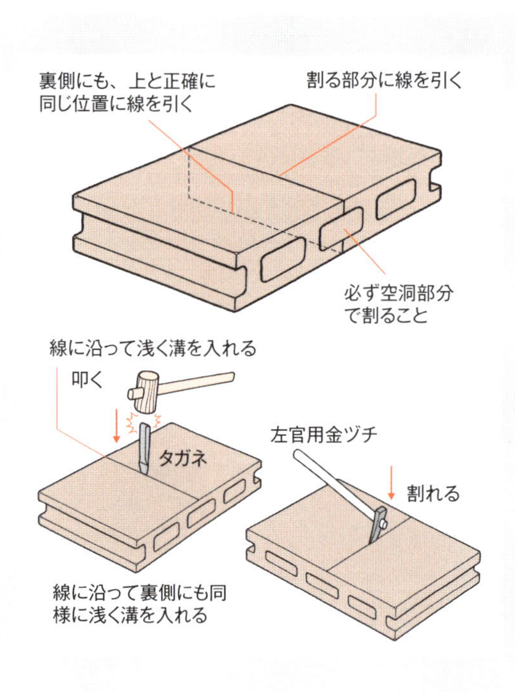

ひとことワンポイント

ブロックの割り方

ブロックを互い違いに積んでいく場合、どうしても中途半端な寸法のものが必要になってきます。ハーフサイズの既製品がありますが、とくにコーナーなどでは、特殊な寸法が必要になってきます。

こういう場合は、ブロックを割って、ちょうどいいサイズのブロックをつくっていきます。

ブロックは空洞部分があるので、そこを割ります。タガネという道具を使用すれば簡単に割れます。

破損したブロックを一個まるごと交換

ブロック塀の直し方

何らかの原因でブロック塀が破損した場合、タガネで破損したブロックを壊して取り外し、コンクリートを流し込んで直したり、新しいブロックをはめ込みます。

上部の破損の場合

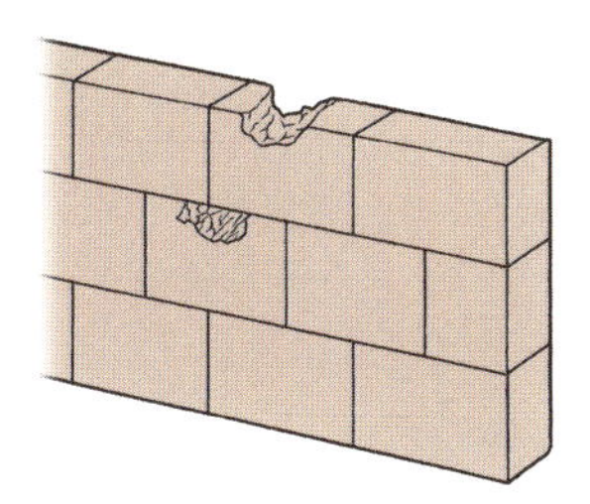

1 とり除いた部分に板を取り付ける

破損したブロックをタガネでとり除いた部分に、裏表、コンクリートクギで板を打ち付け、さらに針金でしっかり固定する。枠ができたら、モルタルを流し込む。

針金で縛って固定

モルタルを流し込む

板など

2 表面を形成する

モルタルが固まったら、板をはずし、モルタルを表面に薄く塗る。モルタルが生乾きのうちにセメントの粉をはきつけておくと、表面がブロック風になり、違和感がなくなる。

モルタルが乾きかけのときにセメントの粉をはきつける

中間部分の破損の場合

●横筋ブロック部分の場合

中間部分の破損の場合、必ず上か下に横筋が通っている。中の鉄筋に合わせてブロックをタガネでかき取ってはめる。

●縦の鉄筋が通っている場合

ブロック2個ごとに縦の鉄筋が通っているので、その場合も、鉄筋に当たる部分はタガネでかき取る。

鉄筋が通る部分をタガネでかき取る

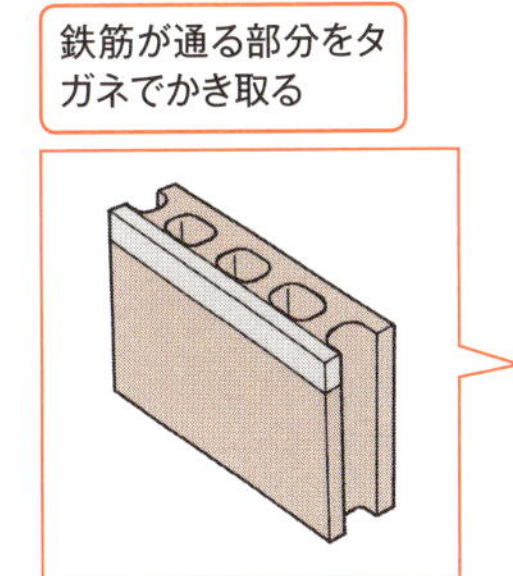

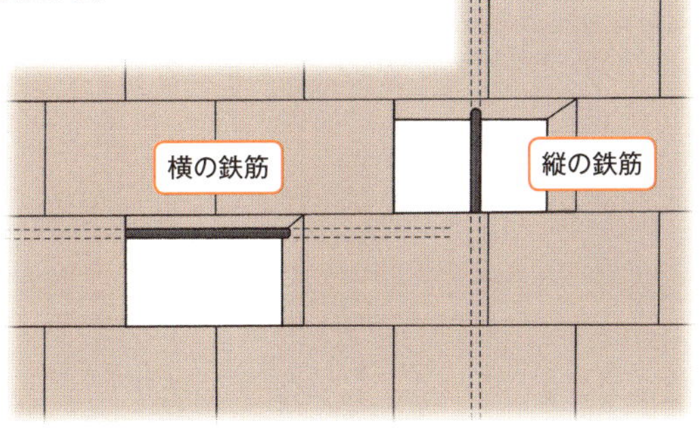

縦の鉄筋が通る部分をタガネでかき取る

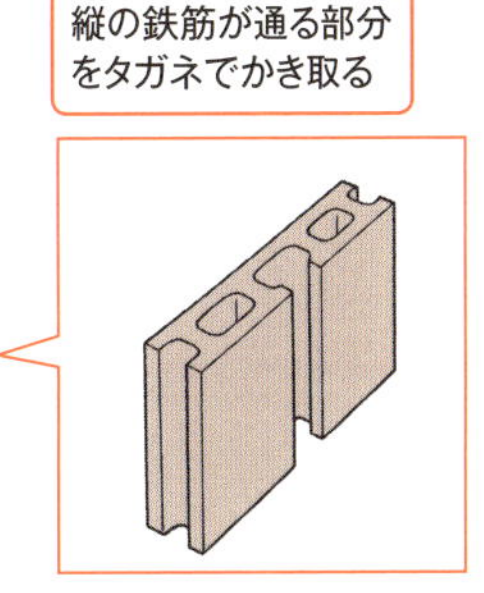

＊どちらも、はめ込んだら切ったところをモルタルで埋める。

ブロックやレンガ、タイル

レンガを積む

始める前に

レンガは標準サイズを基本に、何等分にするかによっていくつかのサイズに分かれます。自分で割ることもできますが、既製品もあるので、そちらを使用してもOK。

レンガのサイズ チェック

標準サイズ

標準サイズを基準に、それを何等分にするかでサイズはさまざま。サイズはJIS規格で決まっている。

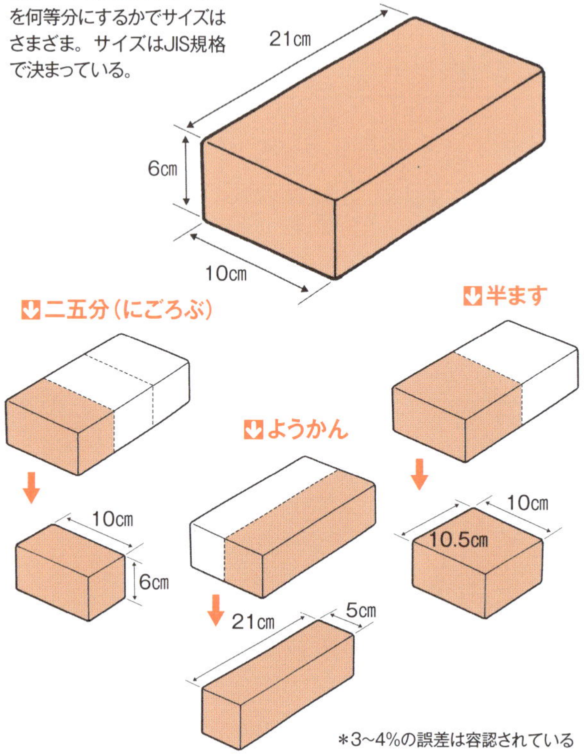

21㎝
6㎝
10㎝

二五分（にごろぶ）

10㎝
6㎝

ようかん

21㎝
5㎝

半ます

10㎝
10.5㎝

＊3～4%の誤差は容認されている

レンガにはサイズ以外にもさまざまな種類があります。

●**普通レンガ**…文字通り、普通のレンガですが、その中でも普通焼と上焼の2通りの焼き方があります。

●**焼きすぎレンガ**…焼くときに火が通りすぎたもので、普通レンガより黒ずんでいたり、ムラがあったりしますが、あえてそれを味わいとして意図的に使用する場合があります。

●**耐火レンガ**…炉など高温になる部分に使用するレンガで、1～42番の数字で耐熱性が分かれています。

なお、レンガは吸水性が高く、モルタルなどの水分を吸ってしまうことがあります。接着をスムーズにするために、工事の前に水につけて、十分に水分を吸わせておきましょう。

商品紹介

水に浮くほど軽量で加工性にもすぐれた

注目の超軽量レンガ

DIYでも大注目の超軽量レンガは、軽くて耐久性が高い、新しいレンガ材です。その軽さは水に浮くほど。
軽いということは、建物に負担をかけないということ。両面テープで簡単にはりつけられるので、室内のリフォームでも重宝。タイルの持つ高級感を持ちつつ、超軽量と高耐久性を実現できた、これから注目の新しいレンガ材です。

●超軽量レンガの特徴

①水に浮くほど超軽量
②弾性接着剤で施工が簡単
③紫外線に強く、経年劣化を抑えられる
④タイル内部の空気層で断熱効果を発揮
⑤スレート用ノコギリなどで加工が簡単

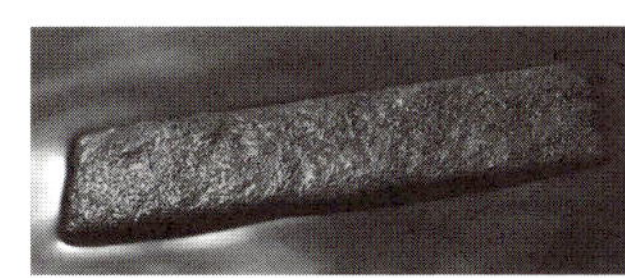

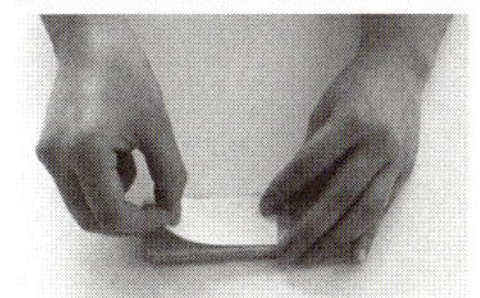

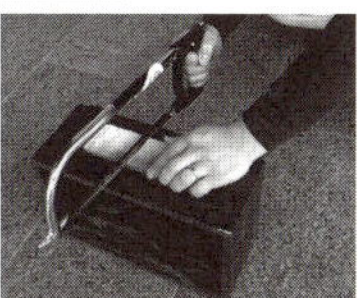

ひとことワンポイント

既製品を買わなくても割れば必要なサイズに

コーナー部分など、標準サイズのレンガではサイズが合わない場合、ちょうどいいサイズのレンガを使用します。さまざまなサイズのレンガが売られていますが、標準サイズのレンガを割れば購入する必要もないので手軽です。
割り方はコンクリートブロックと同様ですが、ブロックよりもろいので力加減には気をつけましょう。

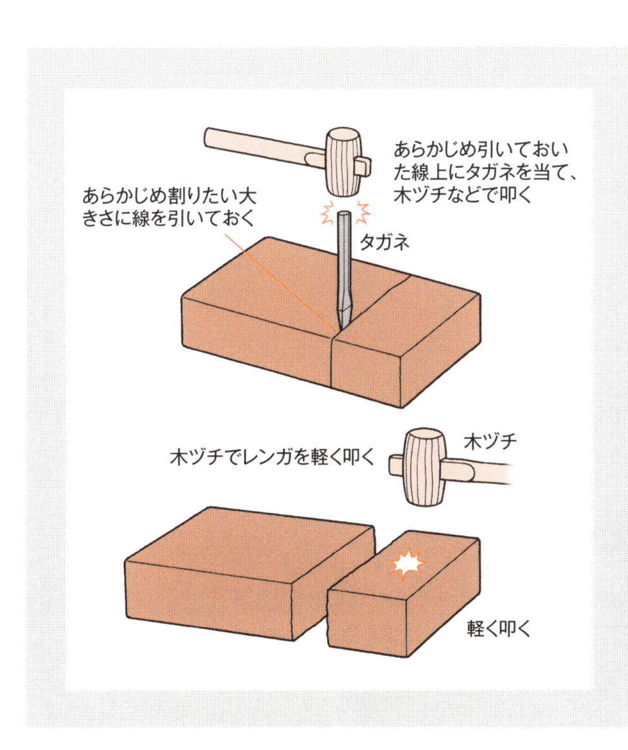

基礎をつくってその上に積んでいく

レンガの積み方

まずレンガを積む前に基礎をつくります。穴を掘り、割栗石（わりぐりいし）という岩石や玉石を割った直径10～20cmの砕石を敷き、コンクリートを流し込みます。基礎ができたらレンガを正確に水平に積んでいきます。

基礎のつくり方

レンガを積む場所を深さ20～30㎝ほど、幅40㎝ほど掘り起こし、割栗石を10～15㎝ほどの高さに敷き詰め、その上にコンクリートを10～15㎝の厚さに流し込んで固める。

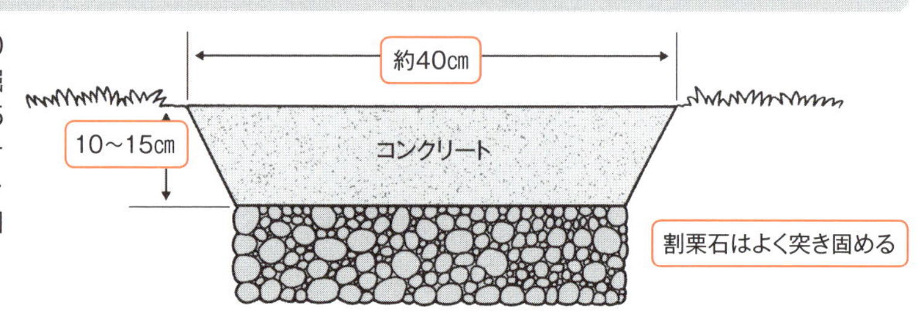

レンガの積み方

やり形を立て、そこに水糸をはり、正確に1段ずつレンガを積んでいく。1度にたくさんのレンガを積むと、モルタルがはみ出すことがあるので、1日3～5段程度にし、作業のあとは、レンガの表面についたモルタルを水洗いしておく。

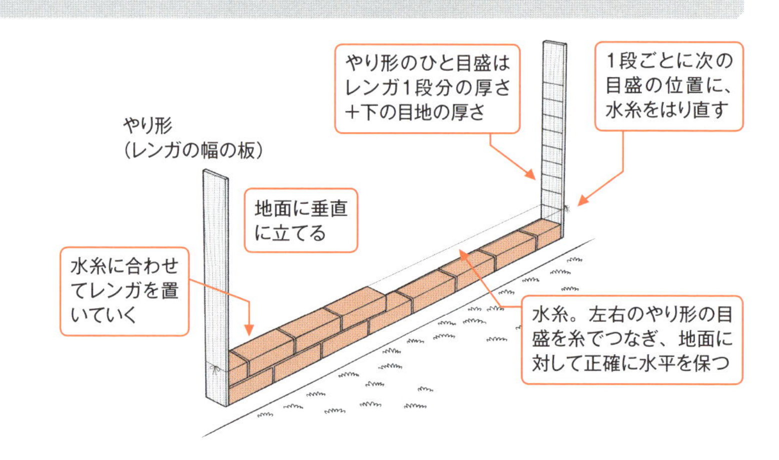

●積み方

水糸に合わせてレンガを積んでいく。下のレンガの上にモルタルをのせ、その上にレンガを重ねていく。横に並べるとき、目地の幅（10㎜以下）をあけて並べる。

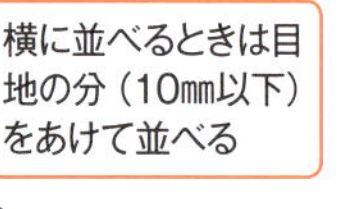

下のレンガの上にモルタルを乗せ接着剤にする

●隣同士のレンガのつなぎ方

あらかじめ空けておいた目地分のスペース（10㎜以下）にモルタルを詰めていく。目地ゴテを使用すると作業がしやすい。

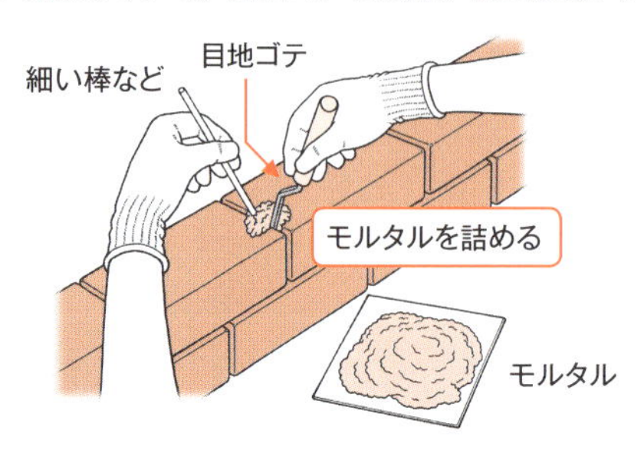

積み方しだいでさまざまな景色が

レンガの積み方のパターン

レンガの積み方にはさまざまなパターンがあります。それらは、縦横をズラさずに積んでいく「イモ目地」に対し、変則積みと呼ばれています。好みや用途で変えていいでしょう。

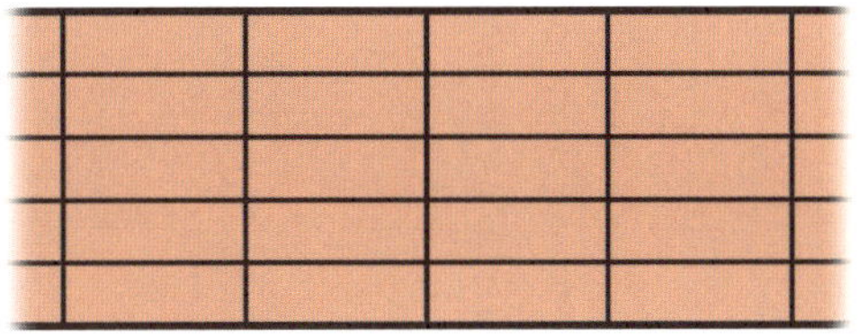

イモ目地

シンプルに縦横を揃えて積む方法。縦横の目地が格子状になっている。強度が弱いという説もある。

長手積み

レンガの長辺のみをジグザグに積む方法。壁の厚さが短辺の10㎝に限定されてしまう。

小口積み

レンガの短辺が表面に出るようにジグザグに積む方法。壁の厚さを最大21㎝とることができる。東京駅のレンガは小口積み。

フランス積み（フランドル積み）

レンガの長辺と短辺を交互に並べていく方法。フレミッシュ積みとも呼ばれる。

オランダ積み（イギリス積み）

1段はレンガの短辺だけを並べ、次の段は長辺だけを並べていく積み方。強度が高いとされ、鉄道の橋梁によく見られる。

ブロックやレンガ、タイル

タイルのはり方

始める前に

ブロック塀やレンガ塀の表面にはる外装用タイルは、吸水率の低い磁器かせっ器質になります。サイズは小口平、二丁掛が主ですが、最近は三丁掛以上の大型タイルや特殊形状タイルも増えています。

チェック

外装用タイルの規格

名称	寸法（㎜）
小口平（こぐちひら）	108×60
二丁掛（にちょうがけ）	227×60
三丁掛（さんちょうがけ）	227×90
四丁掛（よんちょうがけ）	227×120
ニュー小口	94×54
100角	94×94
150角	144×144
200角	194×194
300角	294×294
ボーダー	227×40
異形状・乱形	

＊参考資料：「タイルの知識」（INAX2003年6月版）

ブロック塀やレンガ塀の表面にタイルをはると表面を強化できますし、見た目もキレイに仕上がります。作業も比較的簡単にできるので、チャレンジしてみては。

タイルには磁器質タイルと陶器質タイルの2種類があります。

磁器質タイルは硬質で耐摩耗性が高いのですが、吸水性は低く、色数にも限りがあります。

陶器質タイルは柔らかい分扱いやすく、色彩も豊富ですが、床面には使用できません。

タイルは、専用の接着剤を使ってはります。モルタル面に接着するなら、水ねり接着剤が一般的。そのほかに、木材や鉄材にも接着できる接着剤も、販売されています。

はる面の凹凸はモルタルで平らに

タイルのはり方

作業前に、はる壁の表面の汚れを落としておきます。凸凹があったらモルタルを塗って平らにならします。タイルのラインがズレないよう下げ振りで垂直をとります。

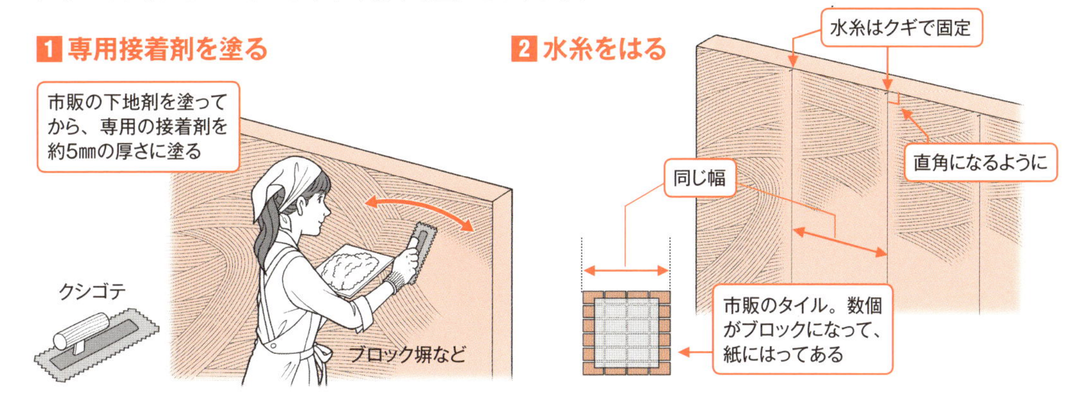

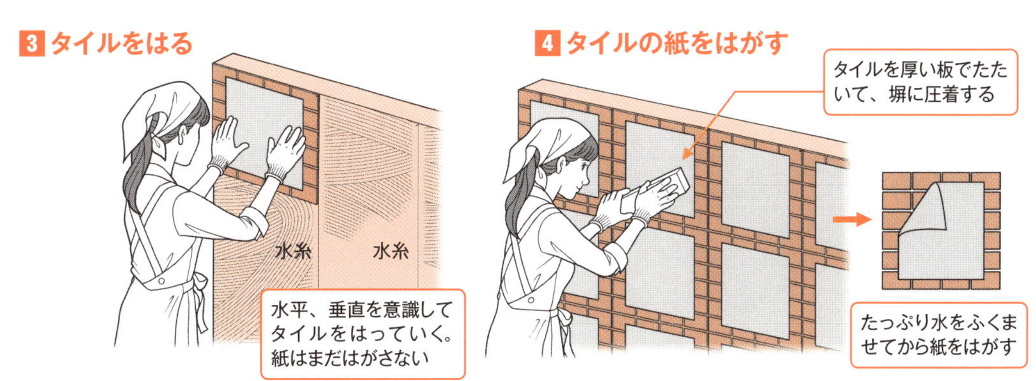

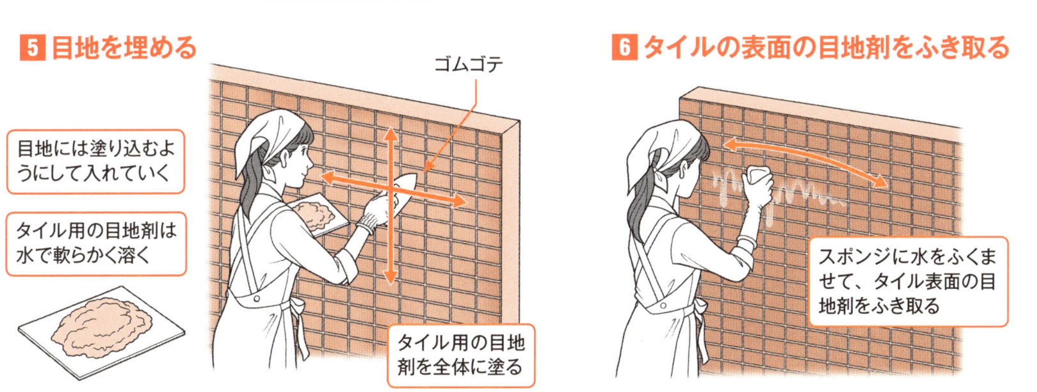

＊作業は必ずゴム手袋を着用して行なう。タイルをはってから穴をあけることはできないので、蛇口などを付ける場合は、あらかじめタイルに穴をあけてからはる。

雨どい

雨どいの補修

始める前に

雨どいは意外にたくさんの部品が取りつけられています。風雨や雪、落ち葉やゴミから雨どいを守る部品が必要なのです。雨どいを補修する際は、それらの部品の状態も確認し、もし破損があるようなら一緒に補修を。

チェック 雨どい関連部品

吊具

雨どいの強度を高めることができる。

落ち葉よけ

落ち葉止め

軒どいに取りつけることで落ち葉の侵入を防ぐ。雨どいに丸めて入れるネット状のものもある。

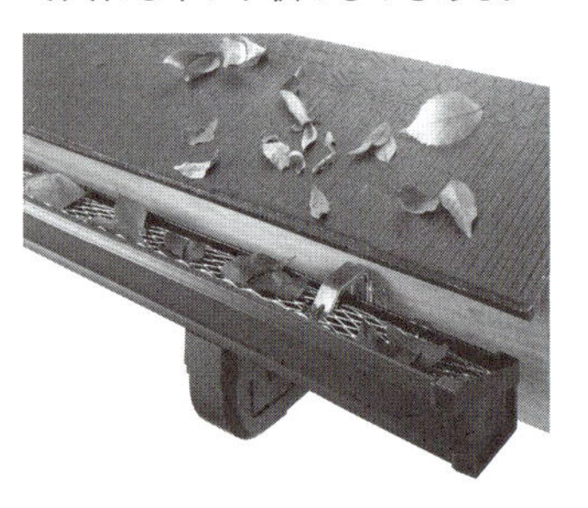

玄関関連部品

化粧くさり

玄関用の装飾雨どい。上部の飾りますが受けた雨水がくさりを伝わるようにして流れ落ちる。

住宅用の雨どいにはいろいろな品質のものがありますが、一般的なのが塩化ビニール製、次が亜鉛メッキ製です。塩ビの雨どいは、プラスチック材でつくってあるので、腐食しないばかりか、成型品で軽く、組み立てが簡単であるといった利点があります。ただし、台風などで何かがぶつかったりすると破損しやすく、猛暑や厳寒、雪の重みにも弱いという弱点も。しかし、そういったことがあったとしても、塩ビ製の雨どいは値段や取り替えの簡単さなどから人気があります。

ただ、雨どいも5年、10年と経つうちにいつの間にか破損して雨もりの原因になる場合があります。台風や雪の季節の前など、定期的に点検と掃除をしたほうがいいでしょう。

構造はシンプルだけど部品は多い

一般的な雨どいの構造

雨どいの掃除、メンテナンス、補修を行うに当たり、構造を知っておきましょう。構造はシンプルですが、部品は多く、破損部分だけの交換も可能です。

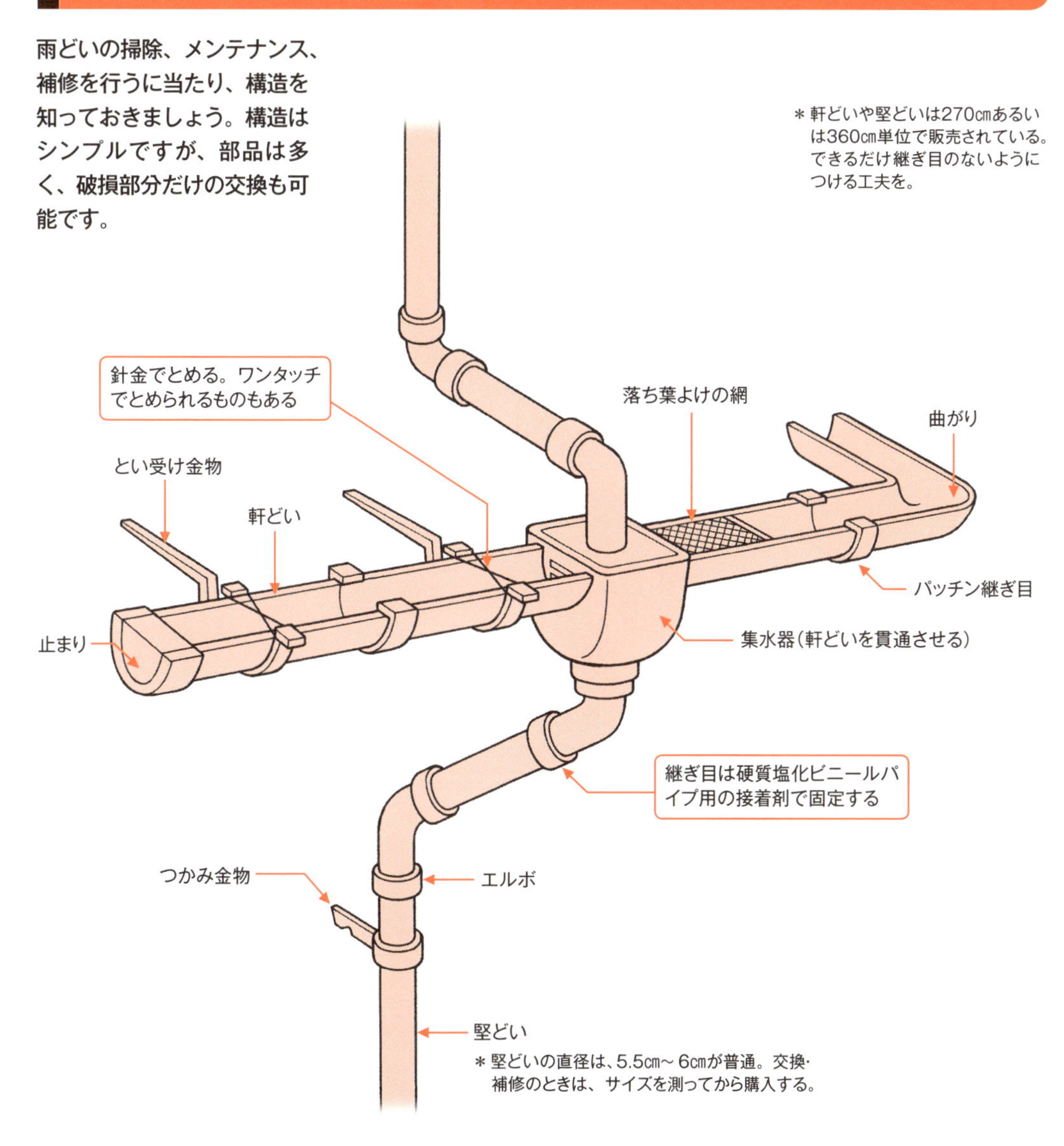

＊雨どいの掃除、メンテナンス、補修は、脚立やはしごを使っての作業になります。
- 脚立の天板（最上段）に乗らない
- 脚立・はしごは平らで安定したところに設置する
- はしご使用時は補助者に支えてもらう

など、使用上の注意を必ず守ってください。

定期的な清掃が一番大事!

雨どいのメンテナンスのやり方

屋根に平行になっている軒どいには、落ち葉や土ボコリがたまりやすいので、定期的に竹ぼうきなどで清掃を。雨水を下に流す堅どいが詰まっていることがあるので点検を。

こんなところをチェック

ゴミがたまりやすい場所は決まっているので、定期的にチェックを。破損している箇所は取り替えるか、テープを巻いて補強を。

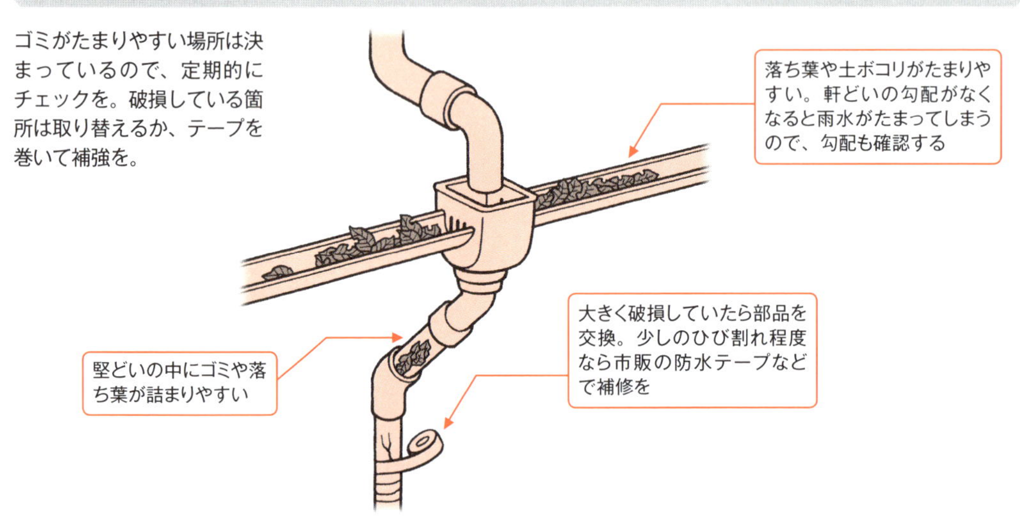

落ち葉や土ボコリがたまりやすい。軒どいの勾配がなくなると雨水がたまってしまうので、勾配も確認する
大きく破損していたら部品を交換。少しのひび割れ程度なら市販の防水テープなどで補修を
堅どいの中にゴミや落ち葉が詰まりやすい

手が届かないところの掃除

雨水を地面に流す堅どいに詰まったゴミは、エルボなどをはずし、上から上部にボロ布を結び付けた針金を通し、下から引っぱってゴミをかき取る。

ボロ布

針金。上から入れて下から引く

こまめにメンテナンスを

雨どいの組み立て

雨どいの補修の際の組み立て方には、いくつかのポイントがあります。
ポイントを押さえてていねいに作業をすることが大事です。

とい受け金具の交換

古い金具を取り外し、木工用パテなどで古い金具がついていた穴を埋め、別の位置にキリで穴をあけ、新しい金具を取りつける。

といの寸法どり

といの寸法はとい受け金具にのせて、正確にとる。片方の端にといを合わせ、反対側の端に揃えてえんぴつなどで印をつける。印の位置で正確に金キノコギリで切断する。

軒どいの接続

破損した部分を切り取ったら、切り取った幅と同じ幅にカットした新しい軒どいを用意する。接続部分を雨どい用接着剤でしっかりと接着。接着面の汚れは事前にきれいにしておく。

止まりの取りつけ

軒先の高くなる方のといの端に、止まりをはめ込む。雨どい用接着剤でしっかりと接着する。

軒どいの固定

軒どいを銅線かメッキ鉄線で、とい受け金具に結んでしっかりと固定する。

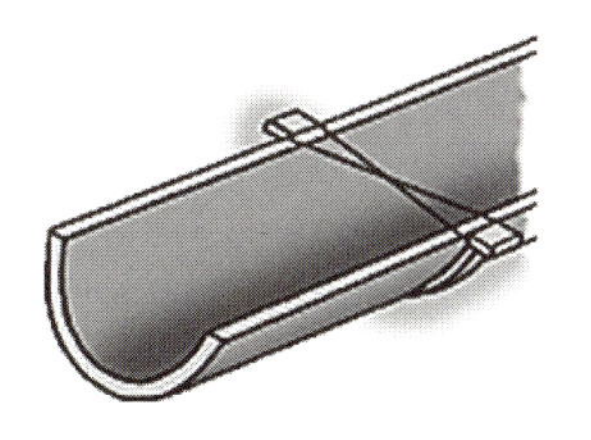

軒どいのこう配

軒どいは雨水が集水器に自然と流れるようにこう配をつける。とい受け金具の間隔90cmごとに1cmのこう配をつける。

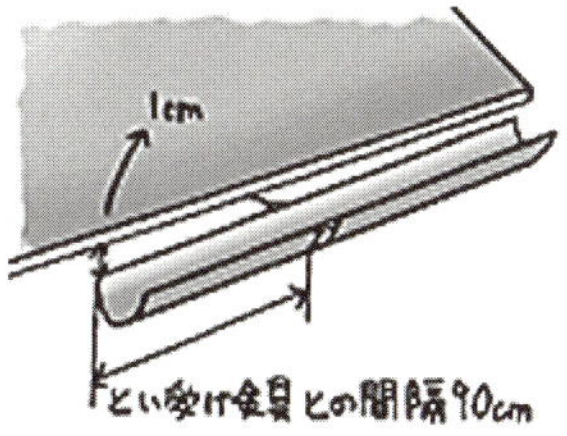

＊ロイヤルホームセンター HPより

デッキ

デッキの補修

始める前に

デッキ材は、主に軟質、あるいは硬質の塩化ビニール製のものが多く、サビたり腐ったりせず、暑さや寒さにも強く変質しません。扱いも簡単なのがDIY向きです。

いろいろなデッキ材

一般的な連結タイプ

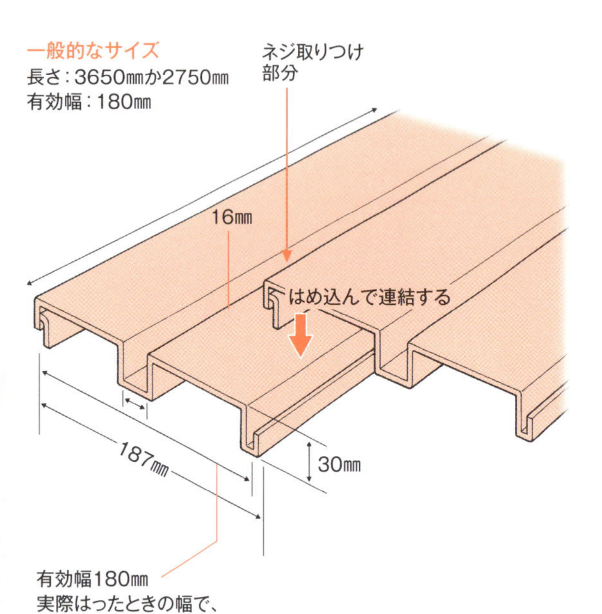

※寸法は「タキロンデッキ材」の例

デッキ材は幅方向の両端が凹部と凸部になっていて、はめ込むだけでつなげるようになっているものが一般的です。ほかに中空タイプ、上から順に置いていくだけで連結できるものなどがあります。いずれもストッパーがついているので外れる心配はありません。作業時間も短く、施工も簡単。

まず、施工する場所にデッキ材の長さを合わせます。金切りノコギリやジグソーなど、使用するデッキ材の材質に合った道具で切断しましょう。

デッキ材は必ず根太(ねだ)に固定します。根太が木材か金属かによって固定するネジが異なります。また、温度差による伸縮で起こる変形防止のため、ネジ穴は使用するネジ径より少し大きめにあけるのもポイントです。

単独タイプ

ネジ取りつけ部分

微調整のできる中空タイプ

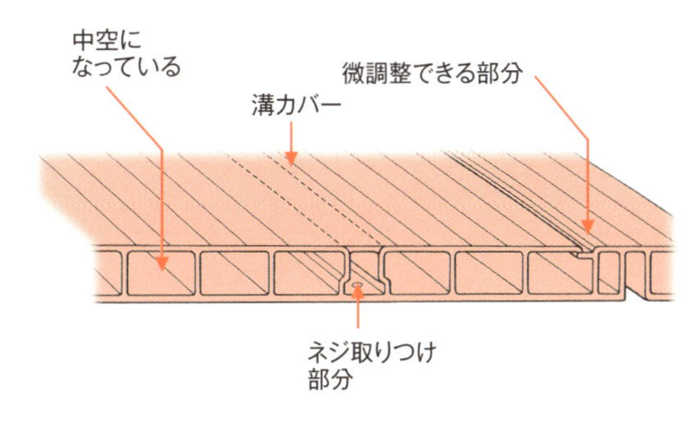

商品紹介

置くだけで簡単にベランダにデッキが

本格的なデッキをつくるのは難しいという人におすすめなのが「置くだけデッキ」。正方形の木材製のパーツを置いていくだけ。通常のデッキと違い必要な枚数がわかるので、DIY初心者でも完成度の高いデッキがつくれます。

無機質なコンクリートのベランダも、「置くだけデッキ」でウッディなデッキに一変。

＊協力／ハンディテクノ

●設置方法

外周から設置し、順々に内側に設置していく。下地材のフック部分を差し込みながら置いていくだけ。

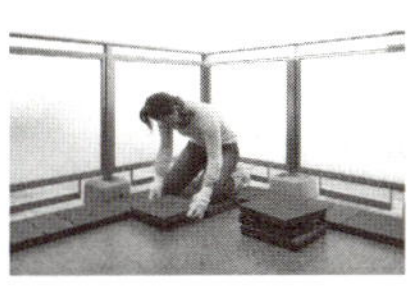

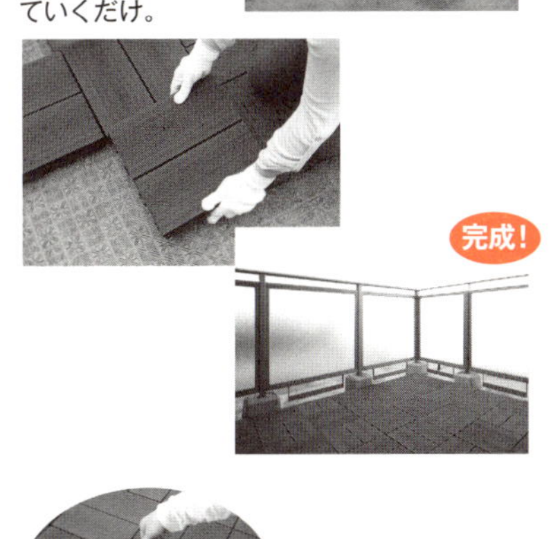

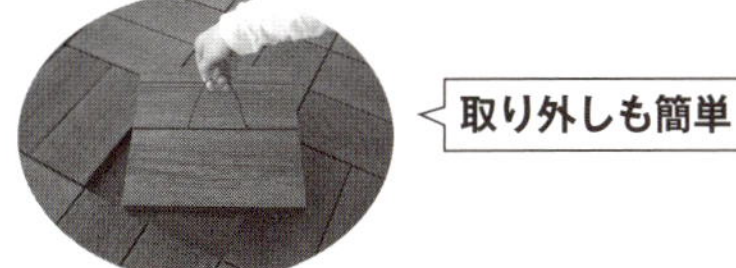

ベランダ

ベランダの補修

始める前に

ベランダの構造は複雑になっています。これは防水対策をきちんとするため。ただ、経年劣化でひび割れが広がると、水もれの原因に。大ごとになる前に早めの防水対策を。

チェック ベランダの構造

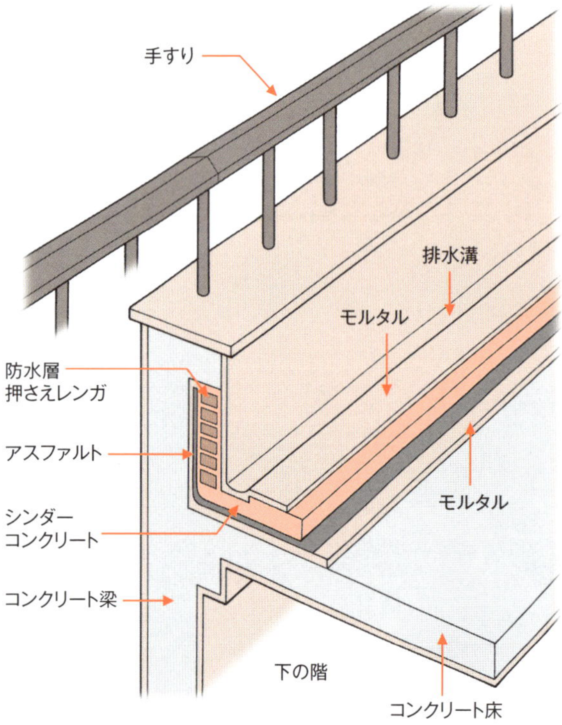

ベランダのひび割れが広がって、階下まで水もれする事態に陥ると、素人の補修は無理です。そうなる前の早めの防水対策は、とても大事です。

ベランダの防水対策でいちばん簡単な方法が、防水塗料を塗るやり方。「水性屋上防水塗料」などの名称で売られています。

塗る前には、ベランダのホコリや汚れをよく落とし、下地として、溶剤タイプの防水塗料を塗っておくと、防水効果が高まります。

細かいひび割れがある場合は汚れを落とした後に、「セメダインポリコーク」などの名称で売られている油性充てん剤を埋めておきます。コンクリート同士の継ぎ目も念のために埋めておくとより安心です。

ひび割れや継ぎ目を補修してから

ベランダの防水塗装のやり方

ベランダの防水塗装は清掃→ひび割れ処理→1回目塗装→2回目塗装が基本的な流れ。
ひとつひとつの作業をていねいに行うことを心がけて。

1 ベランダの清掃をする

塗装の前に、ベランダを徹底的に掃除する。水で流しながらデッキブラシなどでゴミ、ホコリ、油分などの汚れを落とし、しっかり乾かす。

2 ひび、継ぎ目を充てん剤で埋める

細かいひび割れは油性充てん剤で埋める。コンクリート同士の継ぎ目も念のために埋めておく。

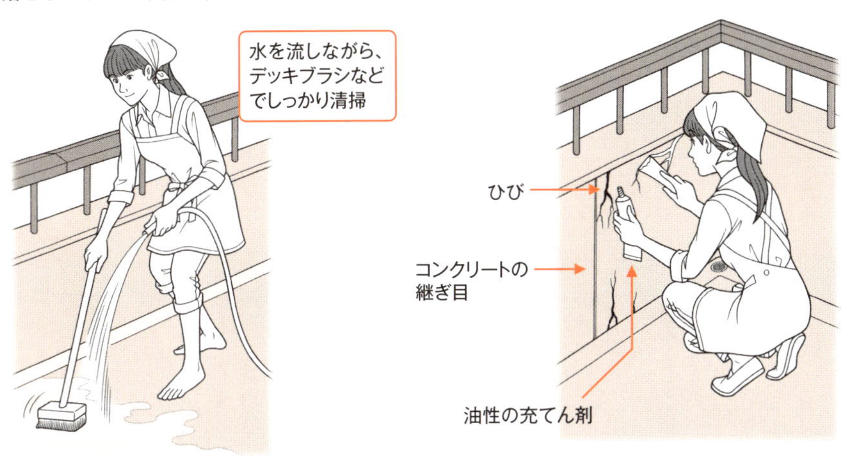

3 下塗りをする

溶剤タイプの水性屋上防水塗料を塗る。排水口にはボロ布などをつめ、溶剤が流れ込まないようにする。

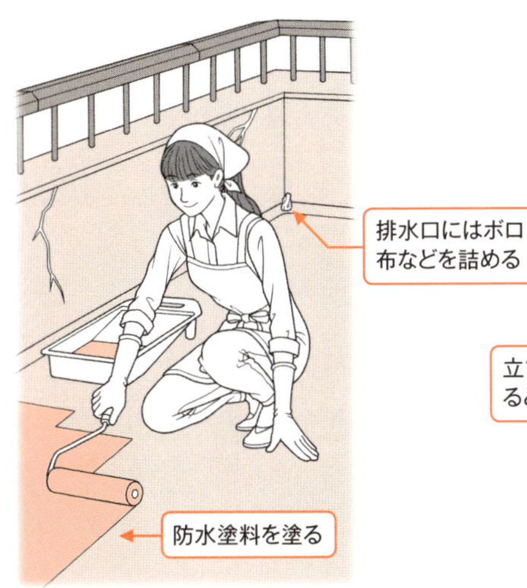

4 上塗りをする

上塗りの際は、床部分だけでなく立ち上がりの部分にも少し塗るようにする。二度塗りすることでより防水性が高まる。

立ち上がり部分も塗ると防水効果大

厚塗りで二度塗りする

玄関まわり

玄関・門扉の補修

チェック 門柱と門扉の構造

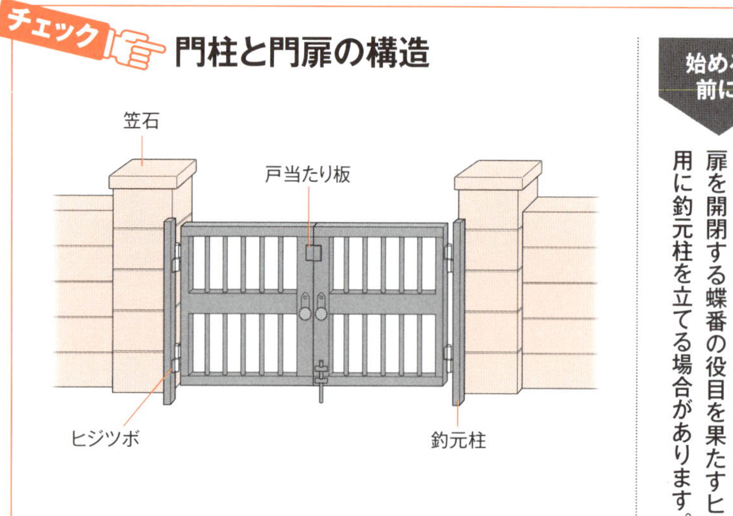

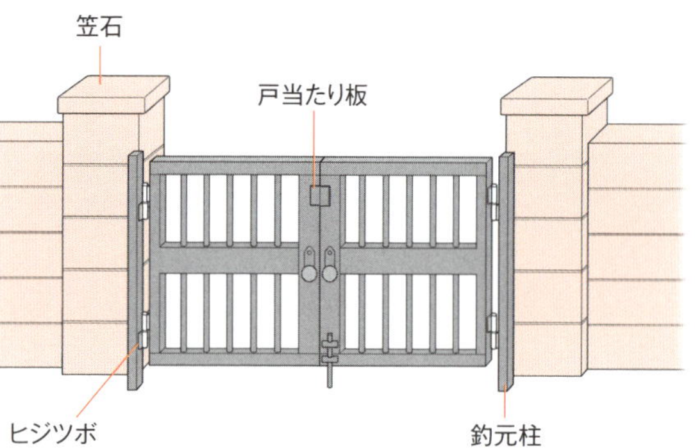

始める前に

一般的な門扉の構造は両側に門柱が立ち、その内側に門扉がつきます。門扉を開閉する蝶番の役目を果たすヒジツボを、門柱に埋め込む場合と門扉用に釣元柱を立てる場合があります。

門柱にヒジツボを埋め込むタイプ

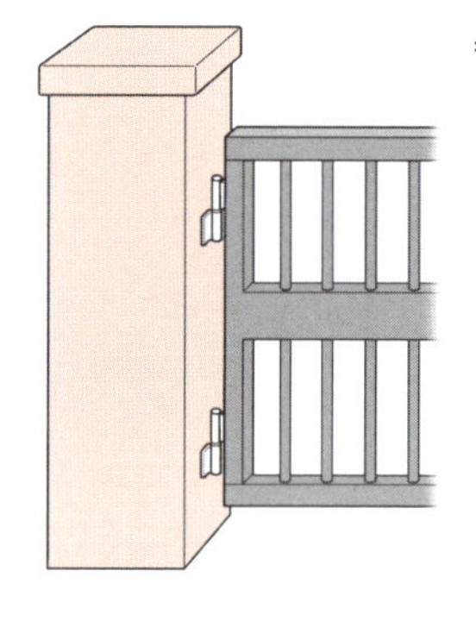

＊このほかに、最近では、柱がアーチになっているタイプや、門扉が三枚以上あるものなどがある。また、電気錠つきのもの、オートクローザーのついたものなどもあるが、DIYで取りつけるのは難しい。

多くの一戸建てでは、玄関の手前に門扉を設置しています。門を自分でつくる場合、門柱までＤＩＹで行うのはなかなか難しいのですが、門扉は市販のキットを利用することができます。

門柱に門扉を開閉する蝶番の役目のヒジツボを埋める場合と、釣元柱を立てて別にする場合がありますが、ヒジツボは門柱に埋め込むやり方のほうが作業は簡単なのでおすすめです。門扉のキットを購入する際も「埋め込みタイプ」を選ぶようにしましょう。

原則として、門扉は内側に開くようにつけますが、外側に開くタイプもあるので、購入の際は確認が必要です。

また片側開きの場合も、右専用、左専用、兼用タイプとあるので、その場合も使いやすいものを確認して購入を。

門柱の材質によってつけ方が違う

門柱に表札のつけ方

門柱に表札をつける場合、門柱の材質によって接着剤や接着法を選ぶ必要があります。表札専用の接着剤も販売されています。

モルタルなど

陶器製の表札をモルタルのように表面が平らな門柱に取りつける場合は、金属用、コンクリート用のどちらの接着剤でもかまわない。

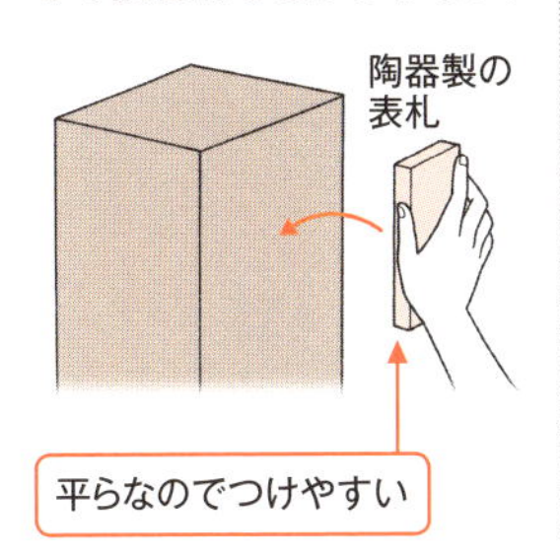

ブロック

門柱がブロックの場合、表面が凸凹しているので、ビニール溶液系の接着剤などを厚めに塗って接着面を平らにしてはりつける。

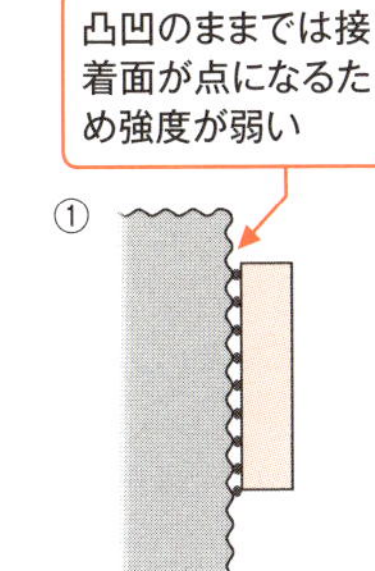

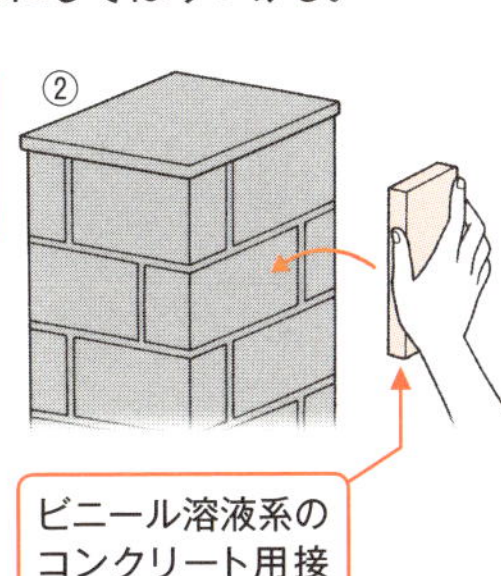

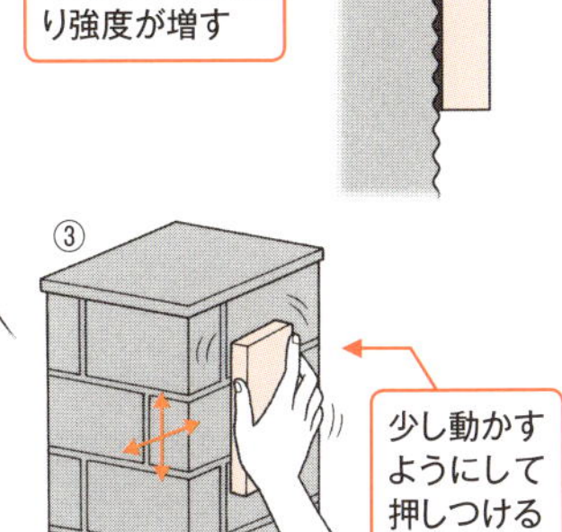

ひとことワンポイント

郵便受けを取りつける

郵便受けは既製品も多く出ています。種類を大きく分けると「門柱に埋め込むタイプ」「門柱や門扉の上に固定するタイプ」「専用のポールを立ててその上に取りつけるタイプ」の3種類。

一般に多く見られるのは、門柱に埋め込むタイプですが、壊れたときに修繕が大ごとになるという欠点があります。

また使い勝手を考えて選ぶことも大事。

新聞受けも兼ねるのであれば、入口が大きく、雨から郵便物を守るようにふたがしっかり閉まるものがいいでしょう。

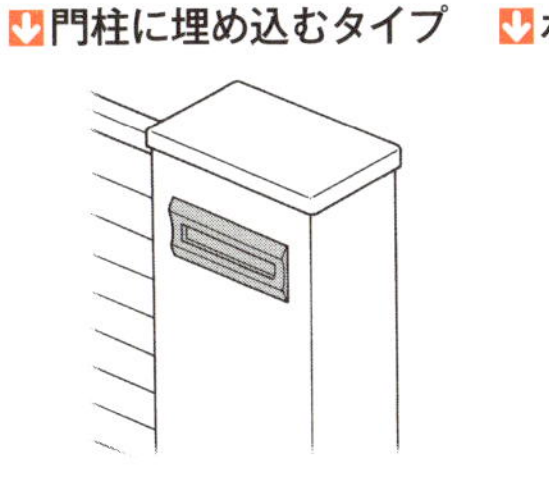

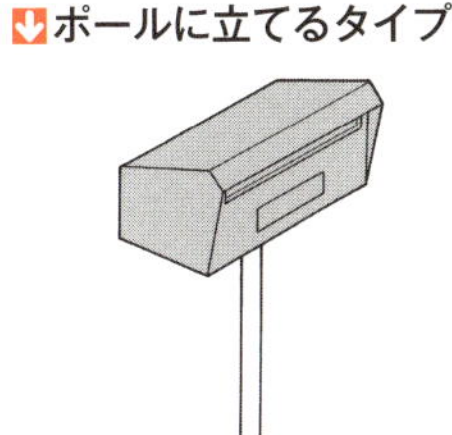

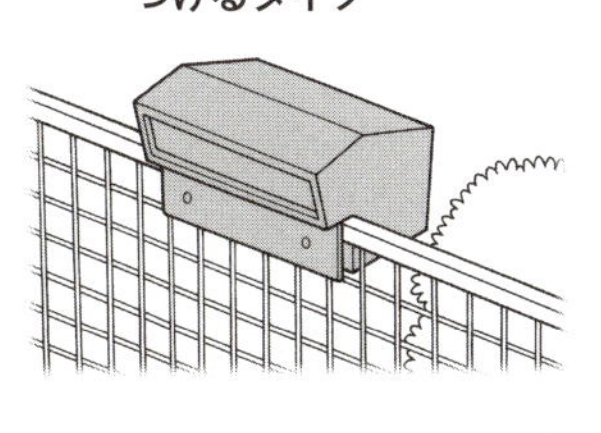

商品紹介

門扉のいろいろ

門扉をDIYでつくることは難易度が高くなります。門柱の欠けや門扉の蝶番のメンテナンス程度ならDIYでも十分対応できますが、門扉の取りつけは、高度なDIY作業となります。

門扉で大事なことは耐久性と防犯性でしょう。最近はそれらを兼ね備えたうえで、さまざまなデザインや機能を持った門扉があります。ここでは、代表的なものをご紹介しましょう。

一般的な門扉

価格がお手頃なスタンダードタイプの門扉。

伸縮自在で狭いスペースにもOK

間口も奥行きにもスペースがとりずらい、狭いアプローチに最適な伸縮門扉。

個性的なデザインの門扉

アルミ形材をメッシュ状に組み合わせた個性的なデザインの門扉。

高級感のある門扉

シンプルでシャープなデザインが高級感を与え、景観になじみやすいデザイン。

タッチ&ノータッチキー式電気錠対応

話題のタッチ&ノータッチキー式電気錠対応の門扉。オートクローザー内蔵。

第3章 DIYの基礎知識

DIYの基礎知識

ノコギリ

▼ノコギリの知識

木工作業でもっともよく使われる道具。ノコギリは、作業の内容や切る木材によって歯の形や厚さ、ノコギリの形状そのものも変わってきます。

一般的な両歯ノコギリには、ノコギリの両方の辺に2種類の歯がついています。まず、木材の木目に対して直角に切るときと斜めに切るときは、目が細かい「横びき歯」を使います。また、木目の方向と平行に切るときに使うのは、目が粗い「縦びき歯」。これが基本の使い方です。

いずれの場合も、日本のノコギリは引いたときに切れるように歯がついています。

ノコギリには、両歯ノコギリのほかにもさまざまな種類があります。

両歯ノコギリの各部の名称と歯の使い方

サイズは刃渡り寸法で表し210 ~ 320㎜のものがあり、一般的には270㎜までのものが多いが、使いやすいサイズは「9寸もの」と呼ばれる240㎜。

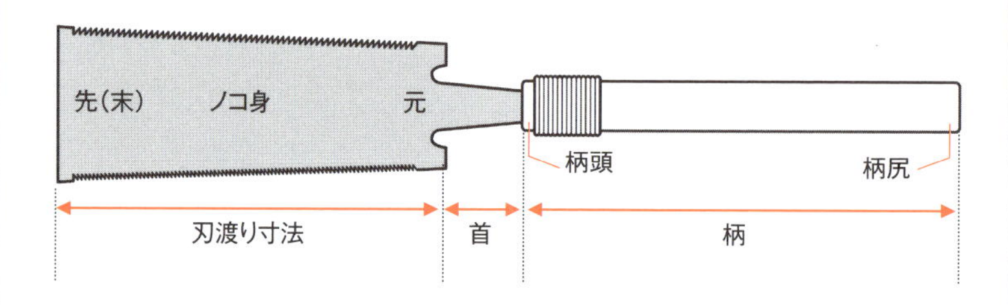

縦びき歯 縦びき歯は目が粗く、一般的には材料を木目にそって切るときに使う。ただし、引き始めは横びき歯を用いる。

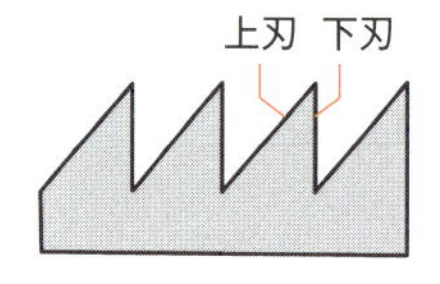

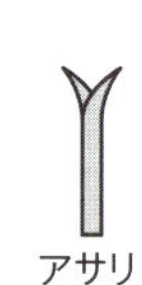

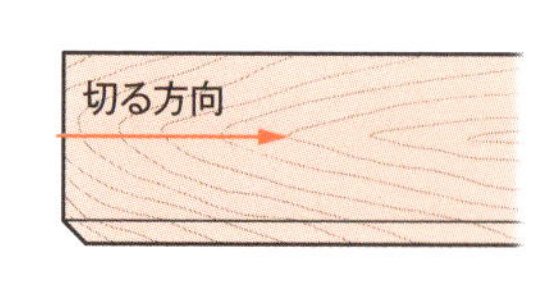

横びき歯 横びき歯は目が細かく、一般的は材料を木目に対して直角に切るときや斜めに切るときに使う。ただし、合板は木目に関係なく横びき歯を用いる。

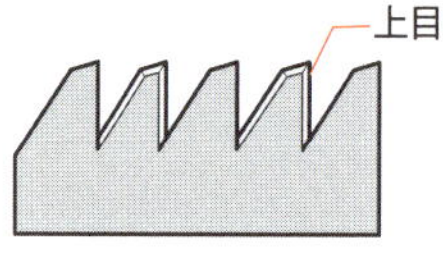

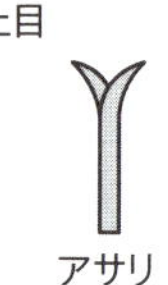

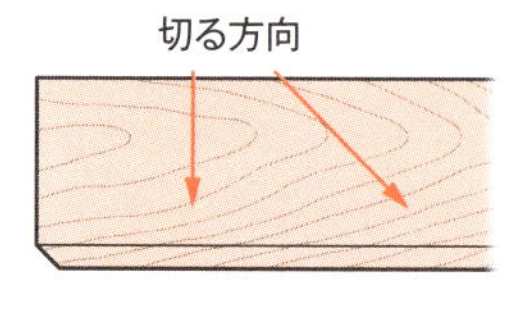

用途に応じて使い分けよう

いろいろなノコギリ

ひとくちにノコギリといっても、代表的な両歯ノコギリ以外にも、さまざまな種類があります。目的や切る材質などに合ったノコギリを選びましょう。

折り込みノコギリ

木工の小作業向きのノコギリで、ノコ身が柄の中に折り込める。縦びき、横びき兼用だが、横びき歯と縦びき歯がついた両歯タイプもある。刃渡りは120 ～ 270㎜が一般的。

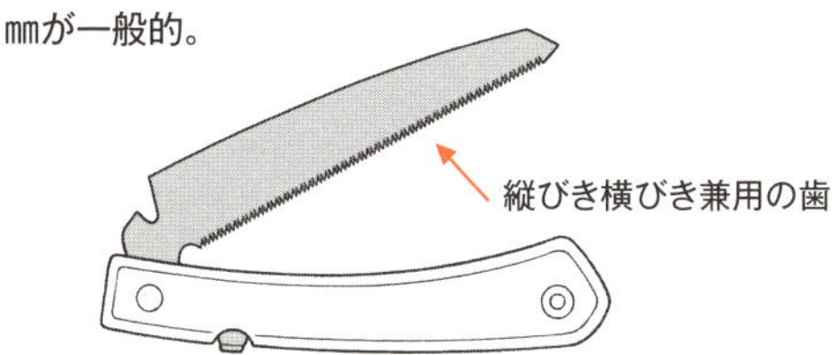

胴つきノコギリ

木工の細密作業向き。ノコ身が非常に薄くできていて、補強のために背金がついている。歯は細かく、アサリも小さいのが特徴。

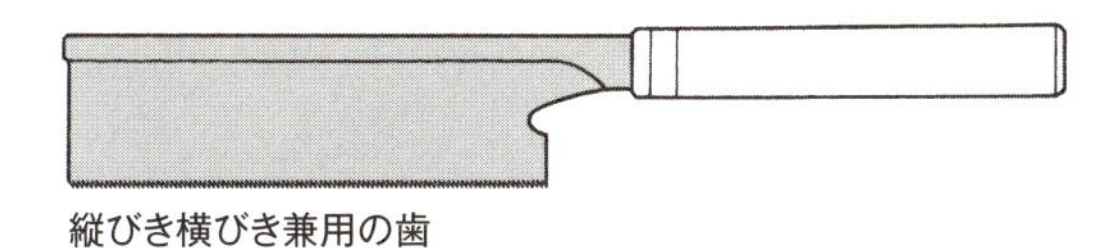

あぜびきノコギリ

木材の上に溝をつくったり、くりぬいたりするときなどに使用。ノコ身は樽形で、両辺に横びきと縦びきの歯がついている。刃渡りは60 ～ 90㎜が一般的。

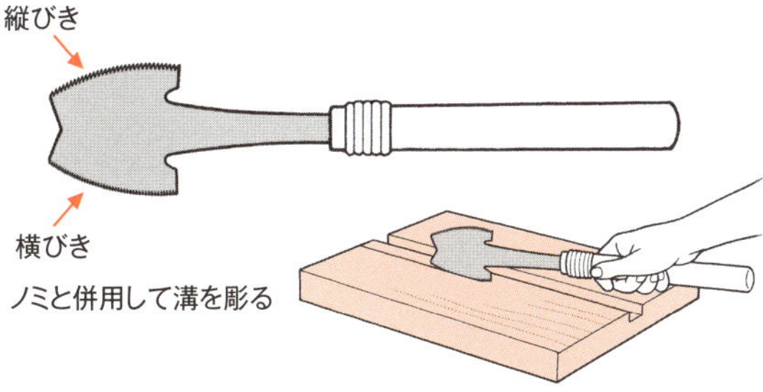

回しびきノコギリ

板をくりぬくとき、曲線に切るときなどに使用。ノコ身が厚めで細く、「元」の部分が10㎜程度で先端にいくにしたがって細くなっている。刃渡りは180 ～ 240㎜のものが一般的。

ドリルなどで穴をあけ、先端を入れて曲線を切る

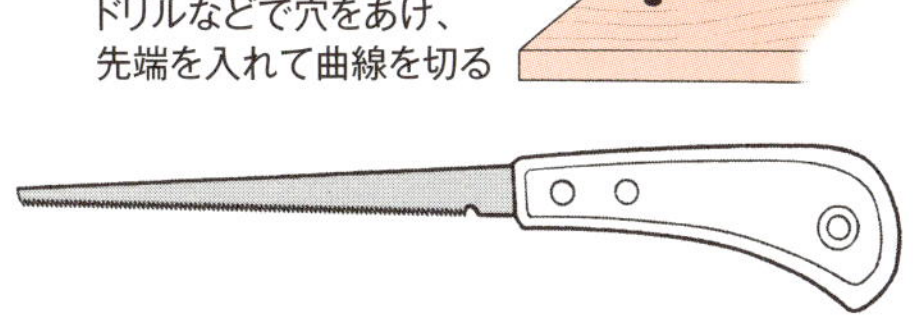

糸ノコギリ

弓に細い刃をつけて使用。合板などの木材を曲線に切ったり、くりぬいたりする作業に使用するが、厚い木材には不向き。替え刃をつけ替えることで金属板も切ることができる。

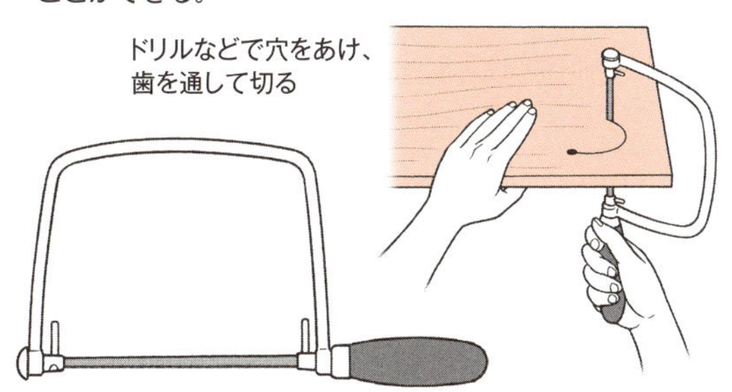

金切りノコギリ

糸ノコギリのように刃を弓につけて使う。主に金属用。鉄パイプ、アルミ板などを切断できる。替え刃のつけ替えによって、さまざまな材質が切断できる。

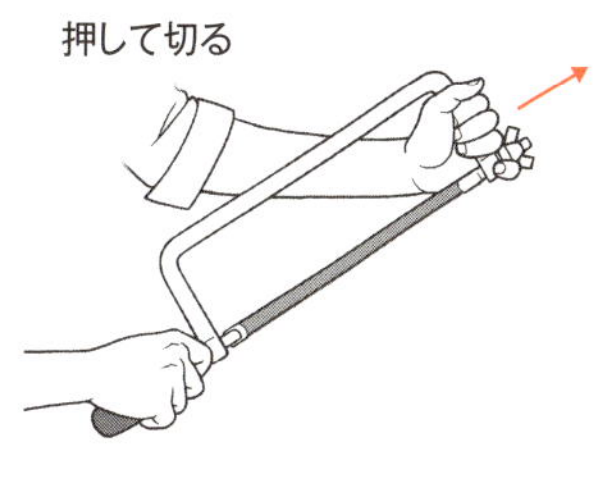

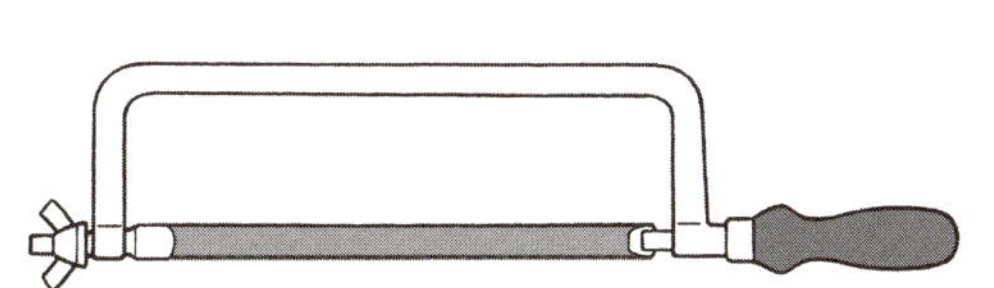

切る材料をしっかり固定すること

ノコギリの使い方

ノコギリの使い方のポイントは2つ。切る材料をしっかり固定することと、
ノコギリを真上から見るような姿勢をとること。そのためにはノコびき台があると便利です。

両手で切るときの切り方（横びきの場合）

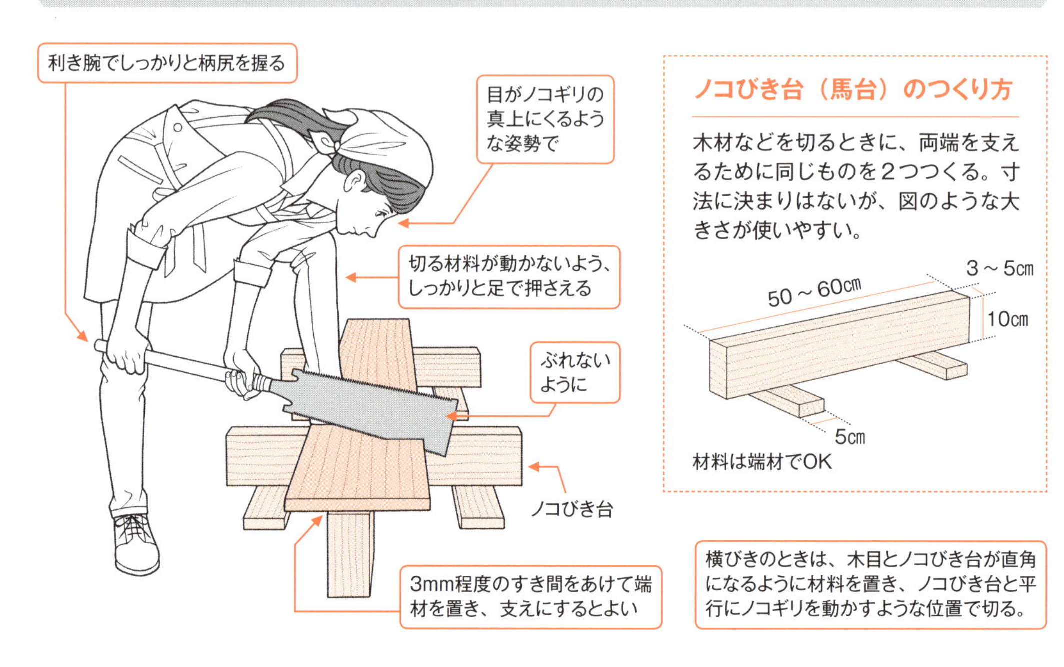

利き腕でしっかりと柄尻を握る
目がノコギリの真上にくるような姿勢で
切る材料が動かないよう、しっかりと足で押さえる
ぶれないように
ノコびき台
3mm程度のすき間をあけて端材を置き、支えにするとよい
50～60cm
3～5cm
10cm
5cm

ノコびき台（馬台）のつくり方

木材などを切るときに、両端を支えるために同じものを2つつくる。寸法に決まりはないが、図のような大きさが使いやすい。

材料は端材でOK

横びきのときは、木目とノコびき台が直角になるように材料を置き、ノコびき台と平行にノコギリを動かすような位置で切る。

両手で切るときの切り方（縦びきの場合）

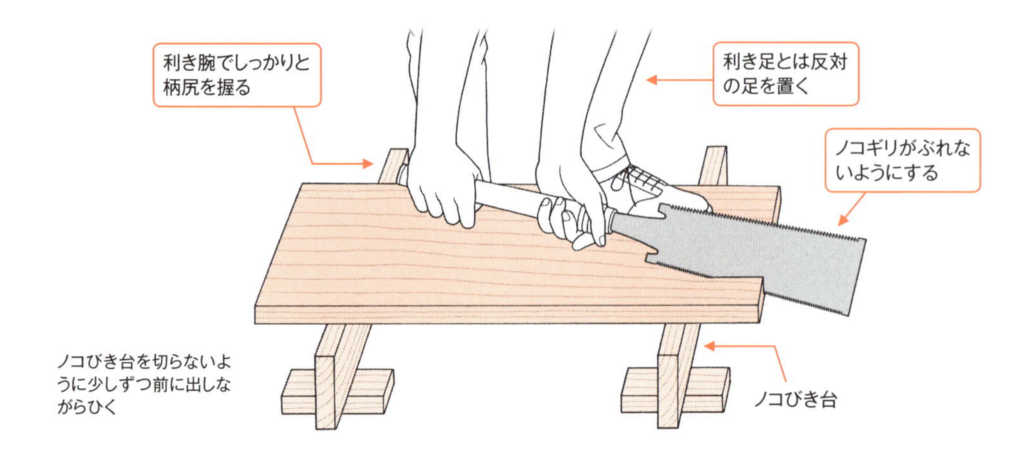

利き腕でしっかりと柄尻を握る
利き足とは反対の足を置く
ノコギリがぶれないようにする
ノコびき台

ノコびき台を切らないように少しずつ前に出しながらひく

コツを押さえて使う

ノコギリで上手に木を切る方法

ノコギリはやみくもに前後に動かせばいいというわけではありません。
ムダな力を使わず上手に使いこなすには、ちょっとしたコツがあるのです。覚えておくといいですよ。

ひきはじめ

ノコ道をつける。ノコ道とは、ひきはじめのところ。縦びき歯を使う場合も、ノコ道は横びき歯でつける。あらかじめひいた線の外側に歯を当て、ノコ身の元に近いほうで軽く小刻みに２～３回ひくのがコツ。

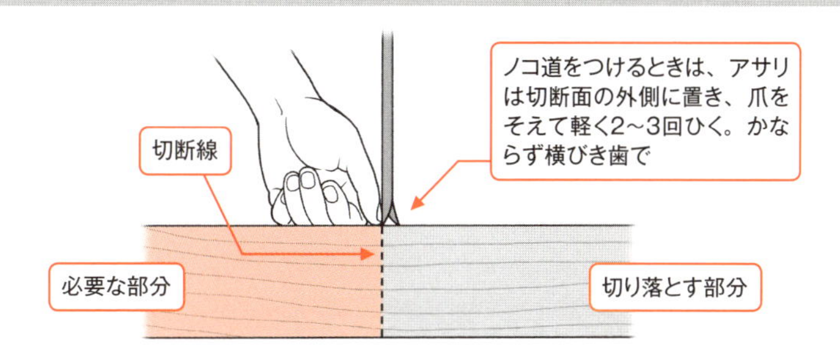

ノコギリの角度

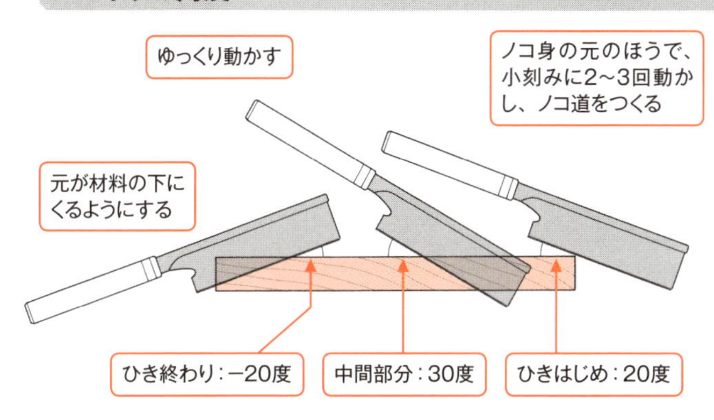

ノコギリと材料の角度は、ひきはじめは20度くらい、中間部分は30度くらい。これは必ず一定を保つこと。中間部ではノコギリは大きくゆっくりとひき、ノコ身全体を使うようにする。手前に引き寄せるときは力を加え、前に押し出すときは力を抜く。ひき終わりのノコ身と材料の角度は水平に近いほど浅くするか、逆に元が材料の下にくるようにする。ひき終わりは、材料が重みで落ちないよう、左手で支えるか、ノコびき台をあてがっておく。ノコギリは小刻みに動かすこと。

角材の切り方

使用頻度が意外に多いのが角材。切り方のコツはノコギリではなく、角材を回して切っていくこと。

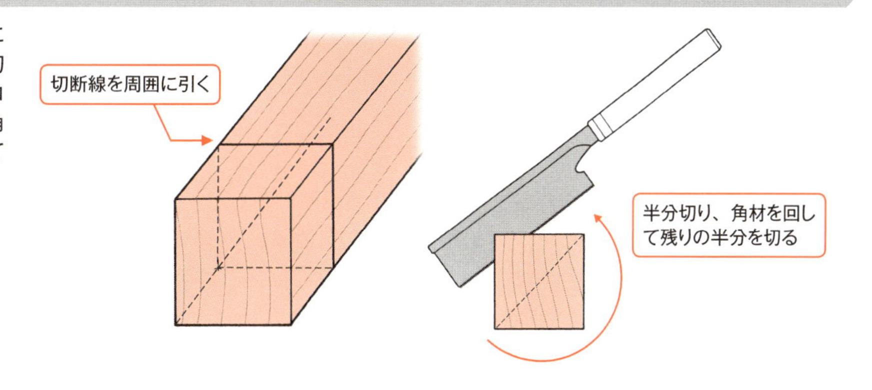

切る･削る･彫る

カンナ

▼カンナの知識

基本的には、材料の表面を平らにするための道具。しかし最近は、とくにホームセンターなどでは、材料の表面はすでに平らに加工されたものが販売されています。そういう点から、DIYでのカンナの役割は、面取りをしたり、切断した材料の寸法を調整したりというときの補助道具と考えられるようになりました。

いずれにしても、カンナをうまく使いこなすには少々技術が必要。基本的なことを知っておきましょう。

平面を削る二枚刃カンナには、3つの種類があります。荒仕工(あらしこ)カンナ、中仕工(ちゅうしこ)カンナ、仕上げカンナです。まずは二枚刃カンナの構造を知っておきましょう。

二枚刃カンナの構造

二枚刃カンナの種類

荒仕工カンナ……材料をおおざっぱに削るもの。刃口のすき間が2㎜程度ある。
中仕工カンナ……材料を平坦に削るもの。刃口のすき間は1.5㎜程度のもの。
仕上げカンナ……よりきれいに仕上げるもの。刃口のすき間は0.5㎜程度のもの。

カンナ刃を抜いた状態

カンナ刃

こんなに種類が豊富です!

いろいろなカンナ

カンナの種類は、大きく、前ページで紹介した3種類に分けられますが、
そのほかにも細かい作業内容によってさまざまな種類のカンナがあります。

平面を削るカンナ

平カンナ

一枚刃と二枚刃がある

長台カンナ

平カンナより台が長く、36㎝ある

一枚刃と二枚刃がある。とくに正確な平面削りが必要な場合に

台無しカンナ

刃がほぼ垂直についていて、紫檀（したん）や黒檀（こくたん）などの硬い木の仕上げに用いる

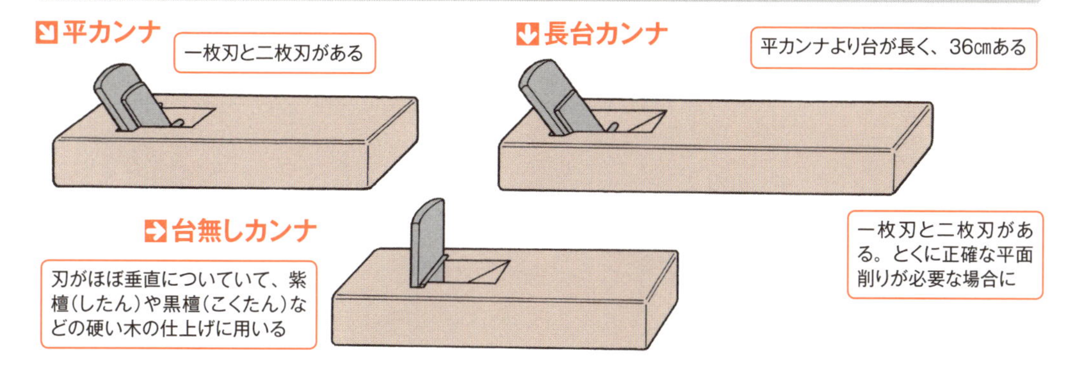

平面の一部を削るカンナ

きわカンナ

刃が斜めについている。材料の隅など入り組んだところを削るのに用いる

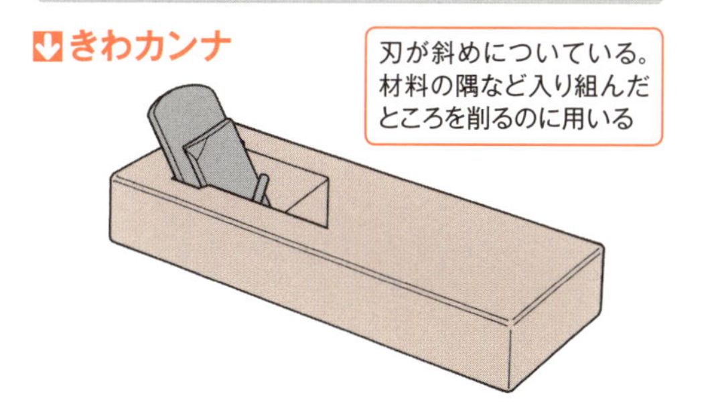

曲面を削るカンナ

そり台カンナ

材料の内側などを曲面に削ることができる

面取りをするカンナ

面取りカンナ

材料の角に45度の角度をつけたり丸くしたり、あるいはさまざまな形に面取りする場合に用いる。面取りの形によって、下端の形も違う

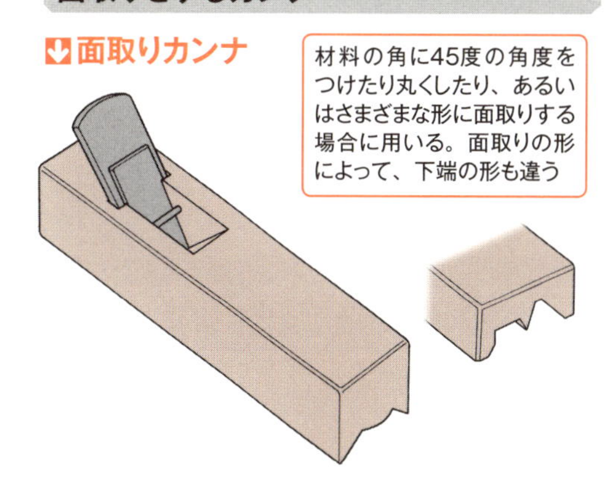

溝を彫るカンナ

溝カンナ

敷居の溝を彫ったりするときに用いる

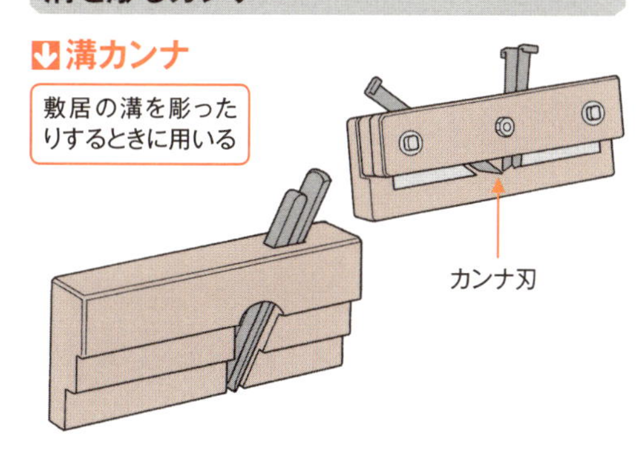

買ってすぐには使えません

カンナを使う前の調整

購入したカンナは普通はそのままでは使えません。刃の調整が必要です。
ちょっとしたコツがあるので、覚えておくといいでしょう。

カンナの刃・裏金の出し入れのやり方

刃の調整はゲンノウを用い、刃を出すときは刃の頭を叩き、抜くときは台頭の上端の左右の角を交互に、刃と平行に叩く。

刃を抜くとき

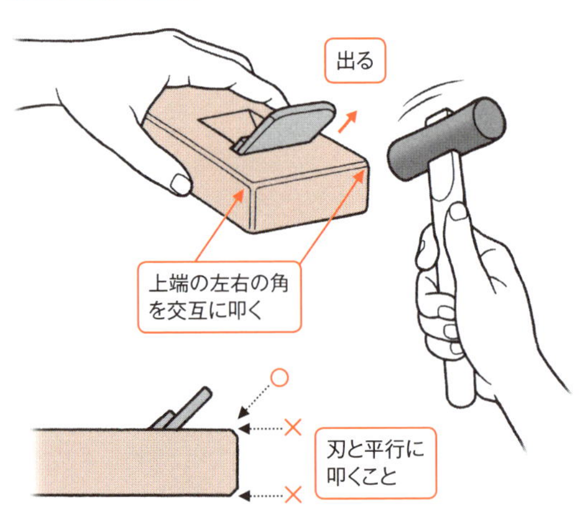

刃を出すとき

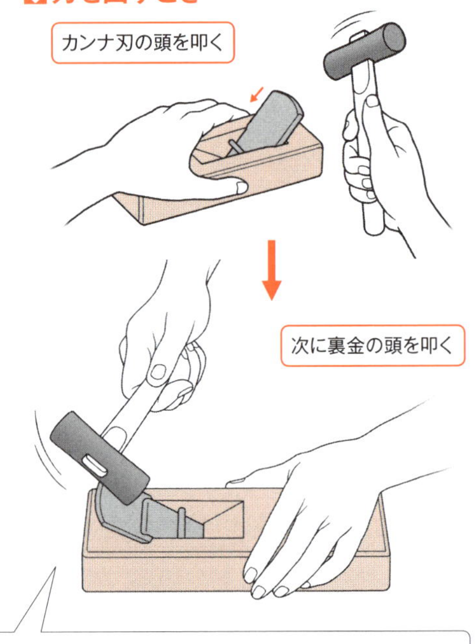

木材の順目（ならいめ）と逆目（さかめ）

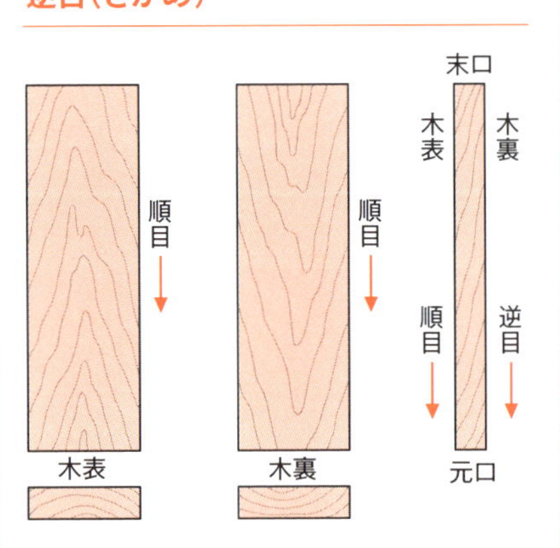

カンナ刃と裏金の調整（順目の場合）

刃の出具合は、髪の毛１本分。裏金は刃先と平行にし、刃よりも３㎜ほど引きこんだ位置に。ただし、木材を逆目で削るときは、刃との差は0.5㎜ほどにする。

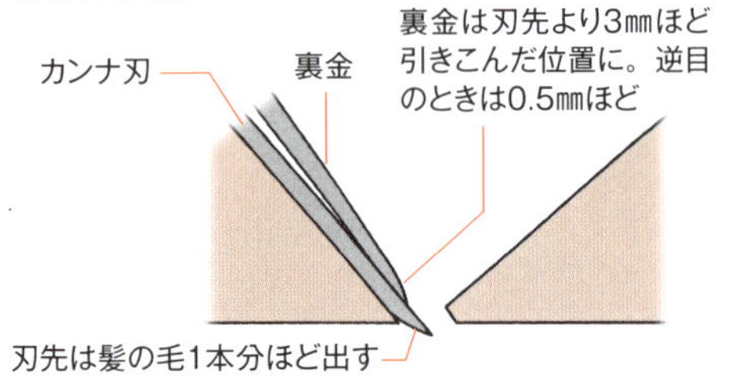

体全体でかけます

カンナの使い方

カンナがけのポイントはできるだけ順目でかけること。逆目では刃が引っ掛かって上手く削れません。順目と逆目を見極めて。またカンナは腰を使って全身でかけます。

カンナの持ち方・動かし方

平面削りで長い材料を削る場合、両手でカンナを持ち、腰を使って全身で引くようにする。かけはじめは材料の木口から少しカンナの刃口が出る位置。引き終わりは、引く力だけで抜くようにする。

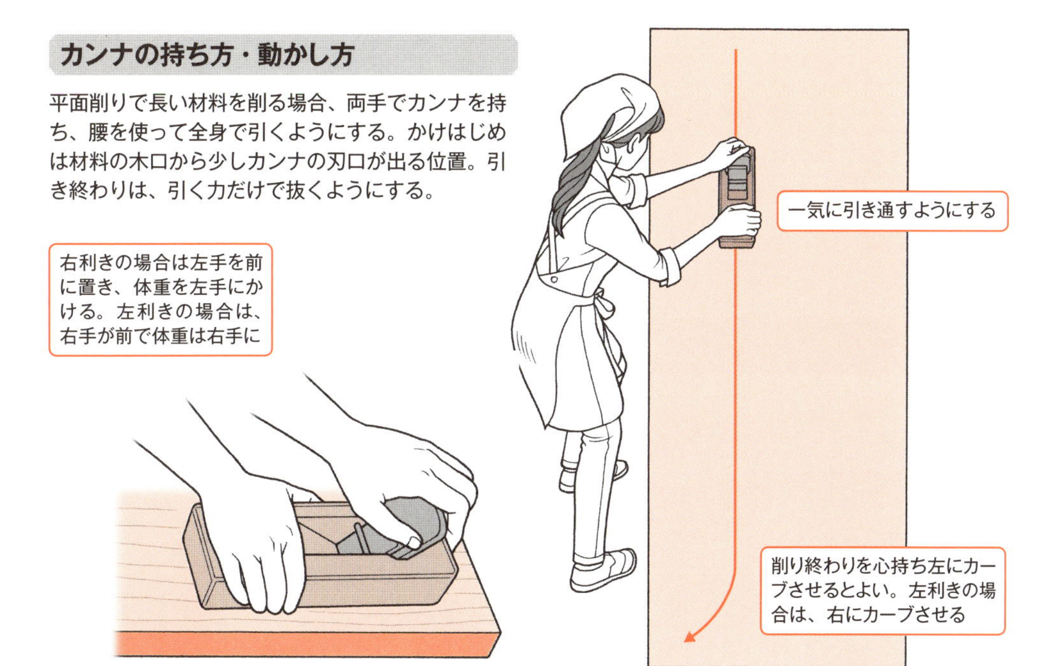

右利きの場合は左手を前に置き、体重を左手にかける。左利きの場合は、右手が前で体重は右手に
一気に引き通すようにする
削り終わりを心持ち左にカーブさせるとよい。左利きの場合は、右にカーブさせる

木端・木口の削り方

木端（こば）

木端を削るときは、順目と逆目に注意し、木目の流れている方向（順目）に削る。削り終わりが欠けないように注意すること。先に斜めに削っておくと失敗がない。また、木口に水を含ませる方法もある。

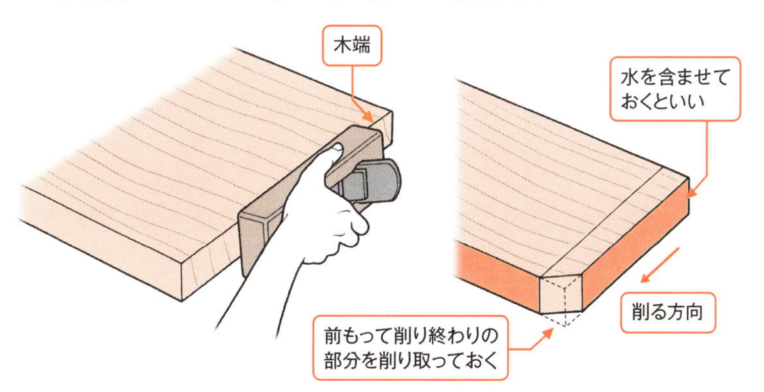

木端
水を含ませておくといい
削る方向
前もって削り終わりの部分を削り取っておく

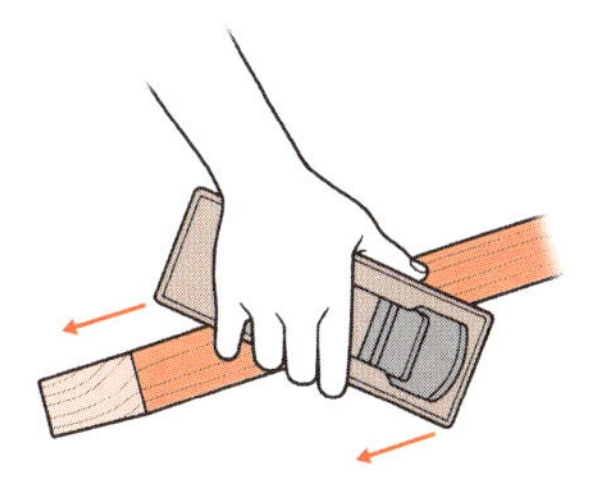

木口（こぐち）

木口を削るときは、カンナを斜めにして削る。

ノミ

▼ノミの知識

ノミも木工作業には欠かせない道具。大きく分けると、叩きノミと突きノミの2種類があります。

叩きノミは柄頭をゲンノウで叩いて使います。突きノミは、両手で持って突くようにして使います。

叩きノミの代表的なものが、追入(おいい)れノミと向待(むこうま)ちノミの2種類。追入れノミは歯先が薄く、浅い穴やホゾ穴の仕上げなどに使います。向待ちノミは刃先が厚く、柱や梁の加工に。どちらも数㎜から、さまざまな刃幅のものが揃っています。必要に応じて少しずつ揃えましょう。このほかにも、曲線のある穴を加工するための丸ノミや、刃が三角になったしのぎノミなどもあります。

ノミの種類と構造

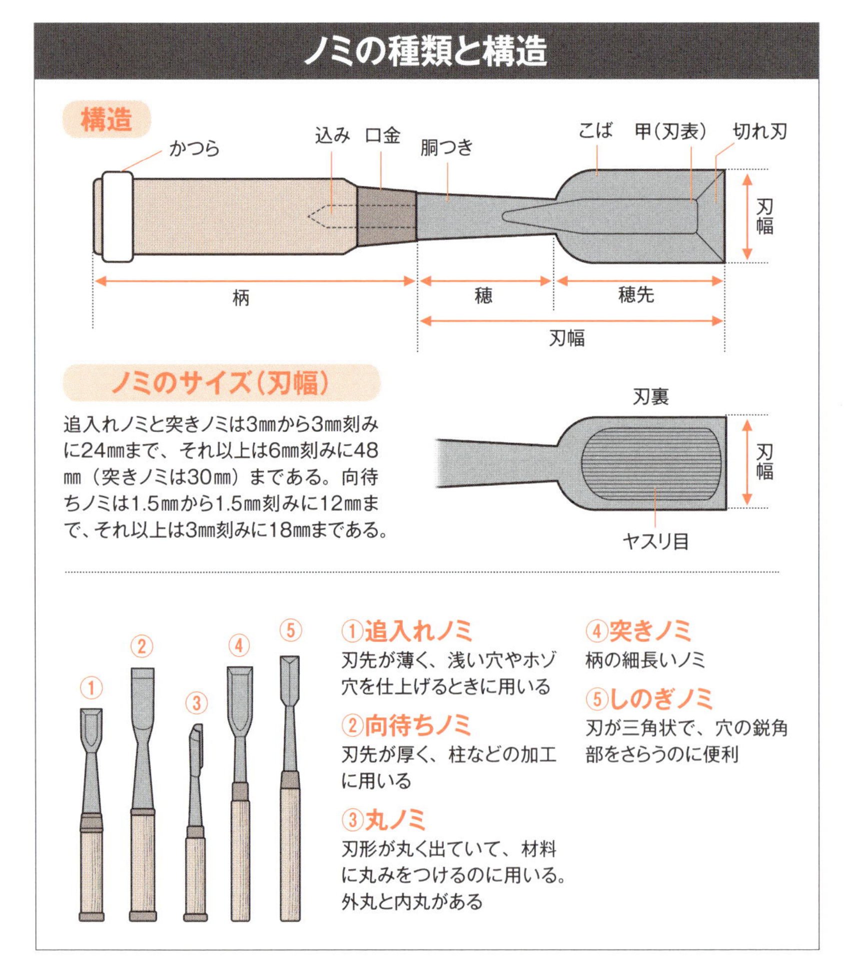

追入れノミと突きノミは3㎜から3㎜刻みに24㎜まで、それ以上は6㎜刻みに48㎜(突きノミは30㎜)までである。向待ちノミは1.5㎜から1.5㎜刻みに12㎜まで、それ以上は3㎜刻みに18㎜までである。

①追入れノミ
刃先が薄く、浅い穴やホゾ穴を仕上げるときに用いる

②向待ちノミ
刃先が厚く、柱などの加工に用いる

③丸ノミ
刃形が丸く出ていて、材料に丸みをつけるのに用いる。外丸と内丸がある

④突きノミ
柄の細長いノミ

⑤しのぎノミ
刃が三角状で、穴の鋭角部をさらうのに便利

力を入れすぎないように

ノミの使い方

あまり力を入れすぎると、材料を傷つけることがあるので注意を。
まずは追入れノミの9㎜、15㎜、24㎜の3種類を揃えておくといいでしょう。

叩きノミ

ノミを材料に直角に当て、ノミを真上から見下ろしながら、ゲンノウを水平に打ち下ろす。また、ノミを握るのはかつらの下あたりで、ゲンノウで叩くのは柄頭の部分。

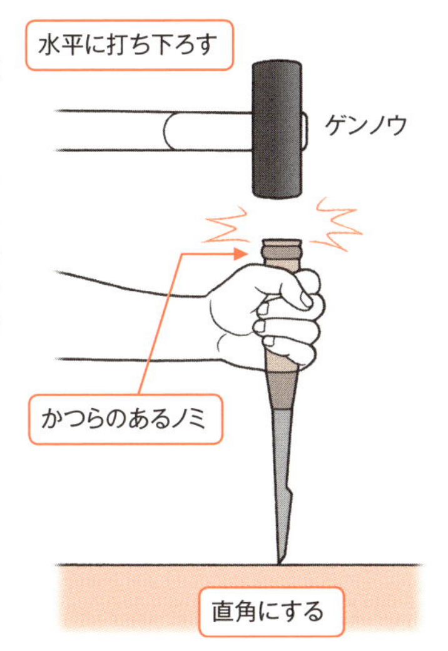

突きノミ

右手で柄を握り、左手で「首」のあたりを支えて、前に押すようにする。左手を刃の前方に出すようなことは絶対にしない。刃表を上にしたときは深く、反対にすると浅く掘れる。

下に彫るときは、水平に手のひらで叩く

直角にする

一方の手はそえるだけ

利き腕で強く押す

穴の彫り方

ノミで穴をあけるときは、刃裏のほうへずれやすいので注意する。

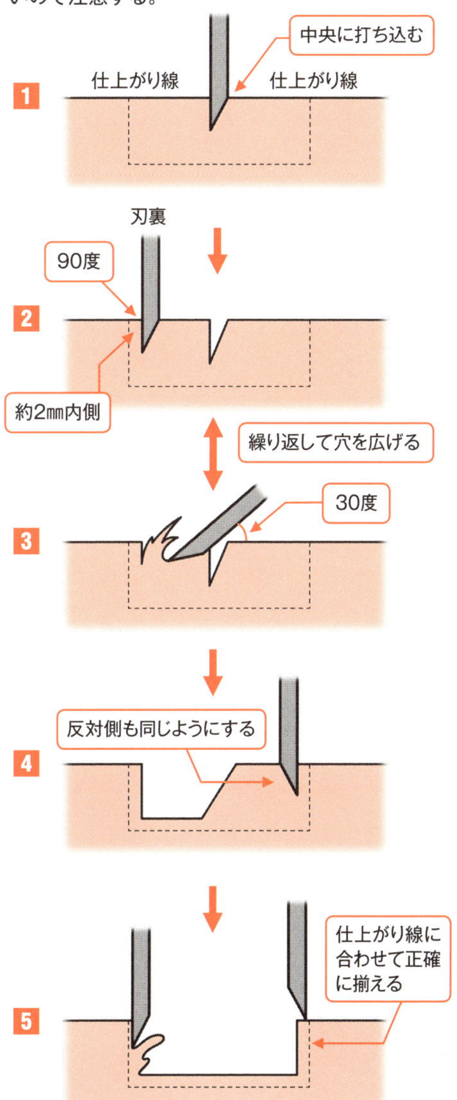

DIYの基礎知識

キリ

▼キリの知識

キリの種類は数種類あり、先端の刃先の形が異なっています。刃先の形で四つ目ギリ、三つ目ギリ、つぼギリ、ねずみ歯ギリの4種類あります。サイズがあるものとそうでないものがありますが、用途に応じて選びます。キリを選ぶポイントは、柄と刃がまっすぐについているかどうか。粗悪なものは曲がっているので、よく確認を。

使い方は穴をあける方向にまっすぐにキリをあてがい、ぶれないようにすること。つぼギリは、ほかのキリとは使い方が違い、刃の円周に合わせてまず円形に切り込みを入れます。そのときは刃をあてがって、柄の先端を手で軽く叩きます。そして手で回してもみ下げて、穴をあけます。

キリの使い方

穴をあける方向にまっすぐにキリをあてがい、ぶれないようにもみ込む。はじめは柄の先端をはさみ、軽くもむ。徐々にもみ下げていくと、自然にもむ力も強まるので無理に力を入れる必要はない。

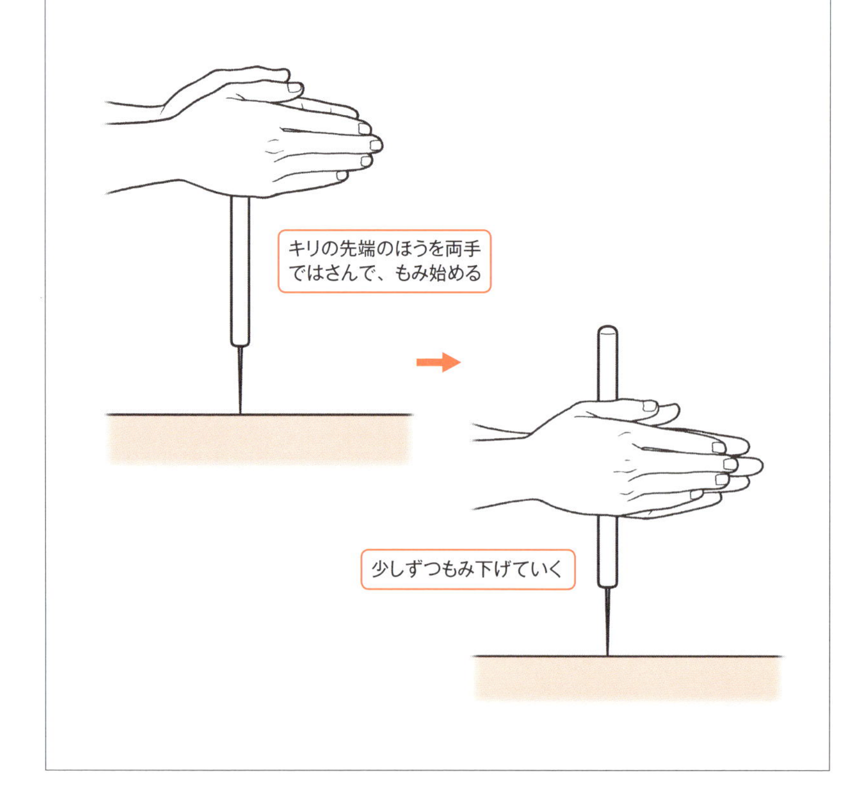

キリの先端のほうを両手ではさんで、もみ始める
少しずつもみ下げていく

必ず木材に対してまっすぐにあてがう

キリの種類

キリの種類は4つ。用途に応じて使い分けます。使い方のポイントは種類に関わらず穴をあけたい部分に対して直角にあてがい、もみ込むようにします。

キリの種類

●四つ目ギリ

主にクギを打つためのクギ道をつけたり、ネジの下穴をあけるときに用いる。刃先が徐々に太くなっているので、穴が深くなると穴は大きくなっていく。

太くなっていく

●三つ目ギリ

先端が三角錐の形をしていて、一定の大きさの穴を深くあけることができ、長いクギのクギ道をあけるときに便利。三角錐の大きさには各種サイズがある。

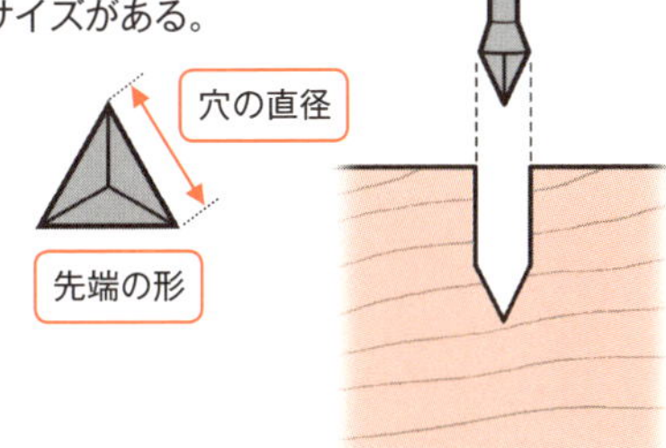

●つぼギリ

柔らかい木に、ダボ穴のような10㎜程度までの丸い穴をあけるのに使用。はじめに手のひらで叩いて、案内のキズをつけてからもみ込む。各種サイズが揃っている。

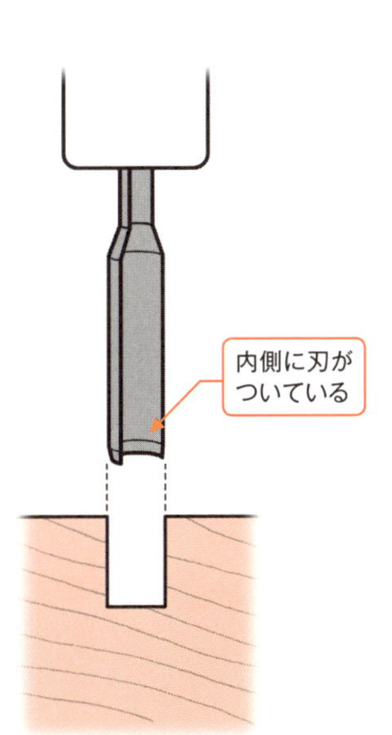

●ねずみ歯ギリ

つぼギリと同じように、大きな穴をあけるときに使用。つぼギリよりも、深い穴をあけることができる。硬い木、竹、プラスチックなどにも使える。

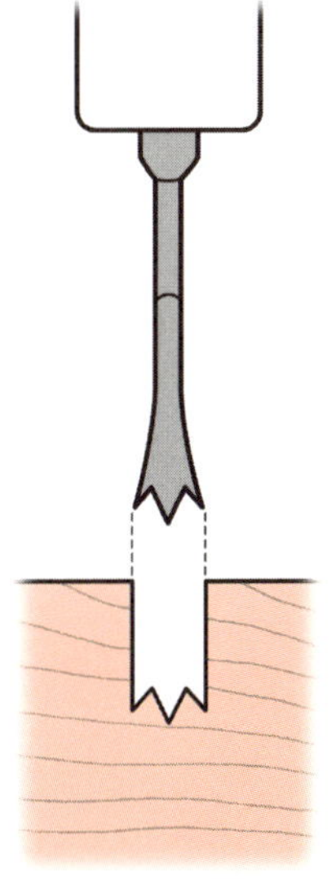

DIYの基礎知識

ドリル

▼ドリルの知識

主として穴をあける道具です。一般的なハンドドリル、クランク状の部分を回すクリックボール、ワインの栓抜きのようなT形ドリルがあります。

どれも先端にチャックと呼ばれる回転する固定器具があり、そこにビット（鋼の丸棒にねじれ溝を彫り、先端に刃をつけたもの。ドリルの刃）を取りつけて穴をあけます。T形ドリルの中には、すでにビットが固定されたものもあります。

ドリルは木材ばかりでなく、金属やプラスチックの細工にも使われます。クリックボールは、比較的径の大きい深い穴をあけるときに便利。選ぶときには、回転にブレがないか、チャックのツメが均等に開閉するかを見て。

ドリルの種類と使い方

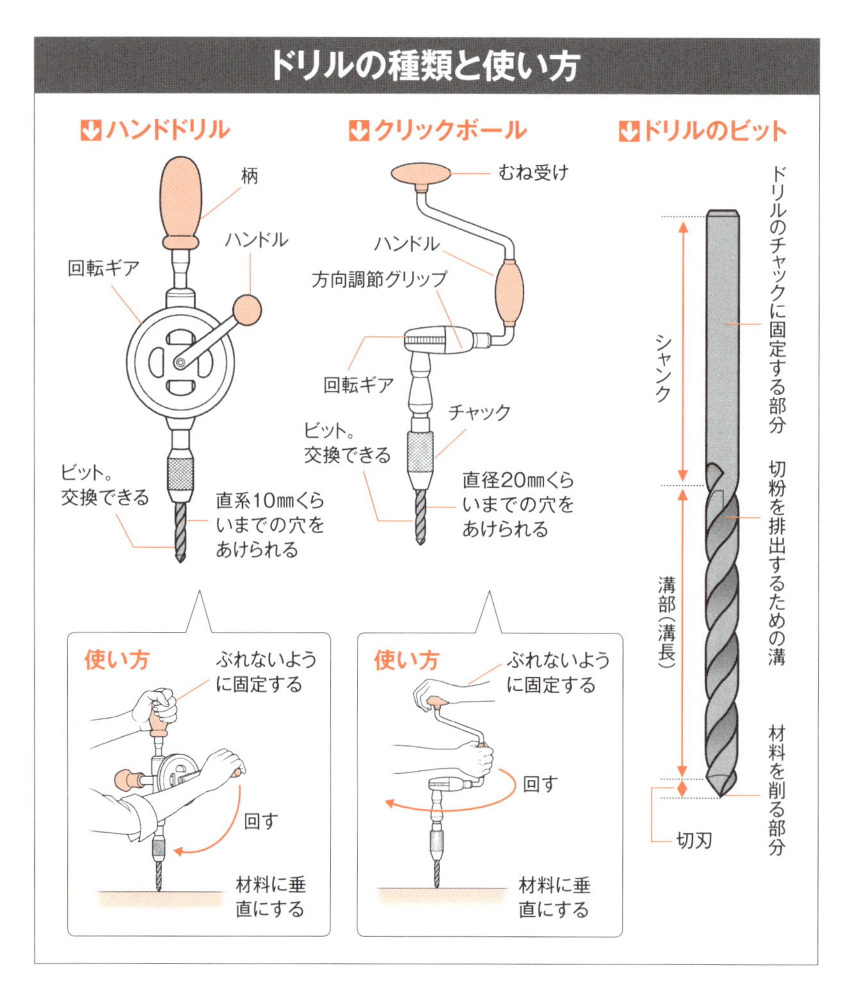

穴をあけるその他の道具

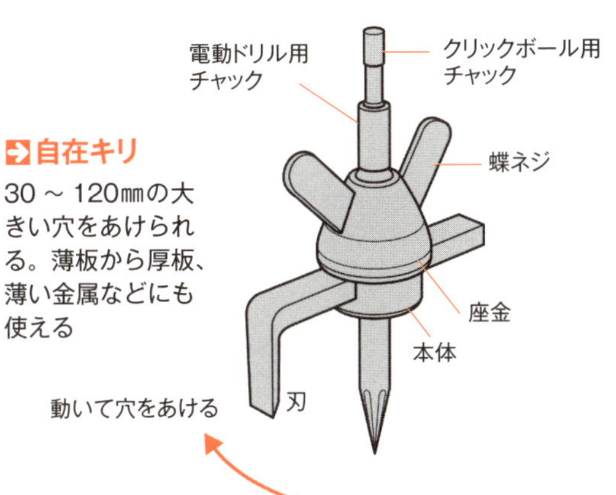

自在キリ

30 ～ 120㎜の大きい穴をあけられる。薄板から厚板、薄い金属などにも使える

ギムネ

大きめの穴を深くあけるときに便利

リーマー

小さな穴を大きくすることができる。主として金属用。あまり大きくあけると、正しい円にならなくなる

ファイルソー

穴をあけて、そのまま刺してノコギリのように材料を切ることができる

切断する部分

穴をあける部分

蝶番ポンチ

木ネジを締めるとき、最初のガイド穴をあけるときに使用

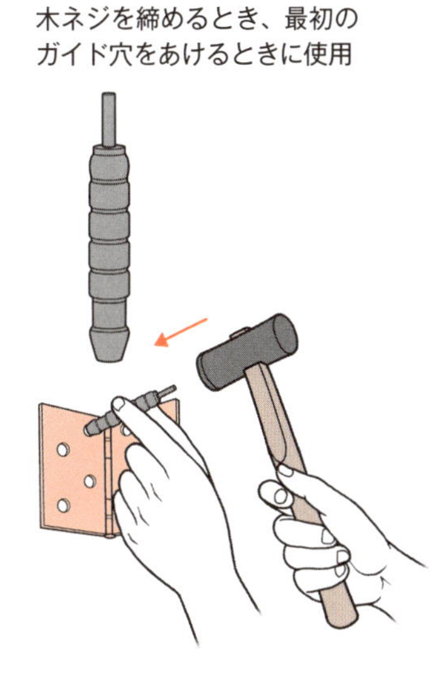

自動ポンチ

指で押すだけで、簡単に目印となる位置のくぼみを打てる

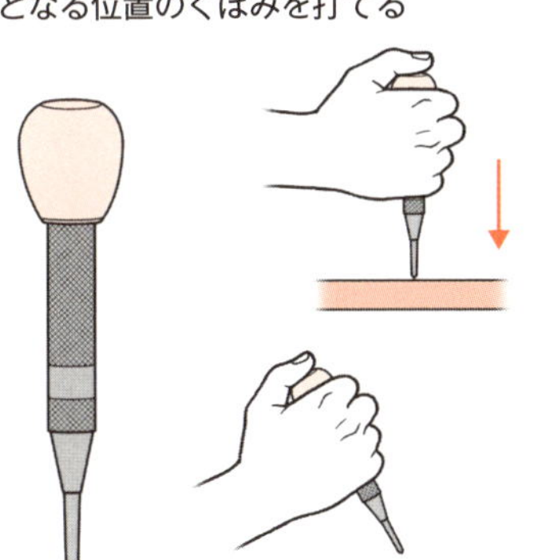

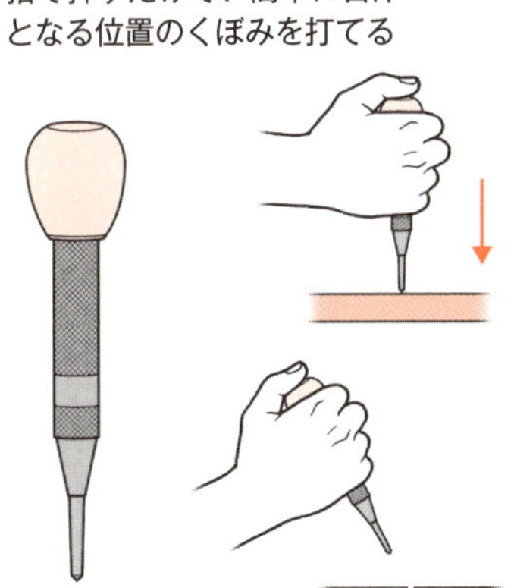

センターポンチ

金属に穴あけ位置をつけるときに使う。金ヅチで叩き、小さなくぼみをつける

DIYの基礎知識

切る・削る・彫る

ナイフ

▼ナイフの知識

ナイフは、木工の細かい作業にとても重宝します。

いわゆる小刀などは、切れ味が落ちるにしたがって刃を研ぐ必要があります。その点、替え刃を自由につけられ、切れ味が落ちたら刃先を折っていくカッターナイフは、手軽でとても便利な道具です。

ただし、必ず「木工用」として売られているものを使います。事務用のカッターナイフは、木工には適しません。3㎜程度の合板も切れる大型カッターナイフがおすすめ。プラスチック用、アクリル板用などもあります。

使用の際は、指をケガしないよう、材料を押さえる手と刃の位置には十分に気をつけましょう。

木工用カッターナイフの種類

一般的なカッターは、刃厚0.7mmの特大H刃を装備して強靱。持ち手もすべりにくい。木・プラスチック対応。

特大H型サイズのノコギリタイプも。強度が高く、「上目」を施した本格的な目立て。ストレートデザインの本体なので、さまざまな持ち方に対応可能。

必ず木工用のものを選んで

カッターナイフの使い方

カッターナイフはとても便利な道具ですが、木工作業では必ず「木工用」と明記されたものを選びます。事務用では強度が足りず、ケガをしかねないので注意を。

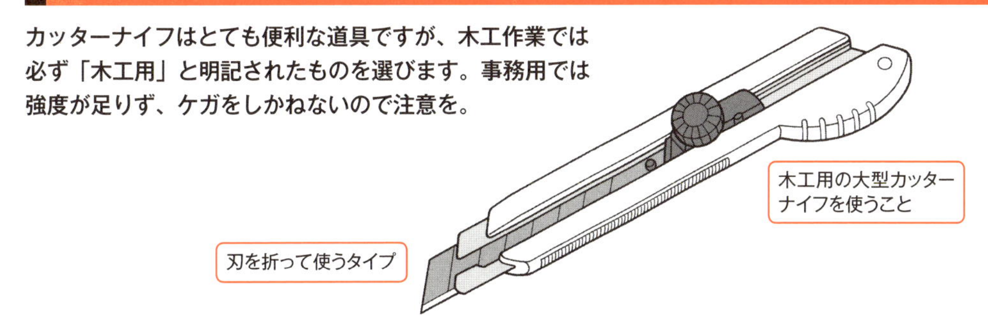

使い方

1回目は印をつける程度の気持ちで。このときに木目に刃先をとられないよう注意を。そのあと、何回か、キズのあとをなぞるように引く。

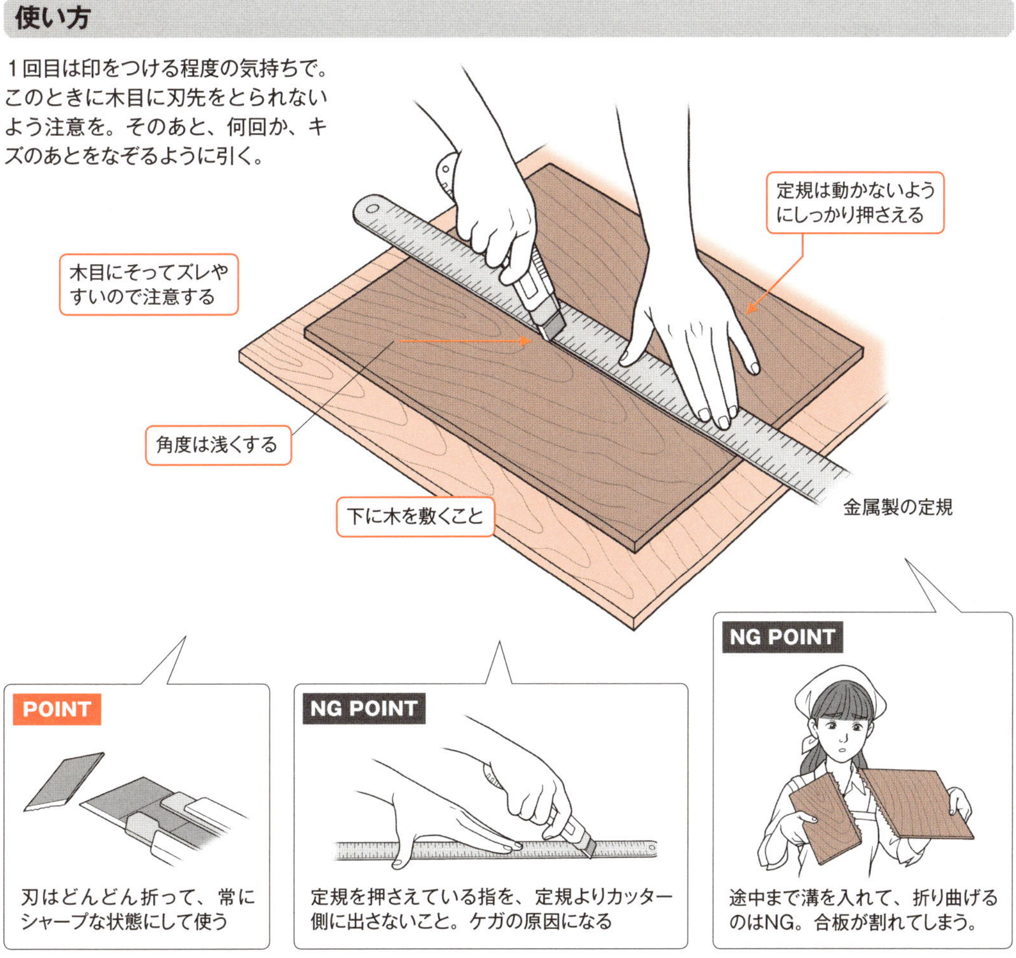

POINT
刃はどんどん折って、常にシャープな状態にして使う

NG POINT
定規を押さえている指を、定規よりカッター側に出さないこと。ケガの原因になる

NG POINT
途中まで溝を入れて、折り曲げるのはNG。合板が割れてしまう。

留める

クギ打ち

クギを打つときには、ゲンノウを使います。ゲンノウはこのほかにも、ノミ打ち、カンナ刃の出し入れ、細工をした板と板を組み合わせる作業(木殺し)など、木工作業の全般に用いられます。クギ抜きのついた金ヅチは、DIY作業には向きません。

▼ゲンノウの知識

重さは150~750gのものがあり、重さによって小ゲンノウ、中ゲンノウ、大ゲンノウに分類されます。DIYでは、重さが300g程度の中ゲンノウが使いやすいでしょう。

柄の長さは、頭を握ったときに、柄の先端がヒジあたりにくる程度のものが使いやすいです。

まずは、クギ打ちに欠かせないゲンノウの名称を覚えておきましょう。

ゲンノウ各部分の名称と種類

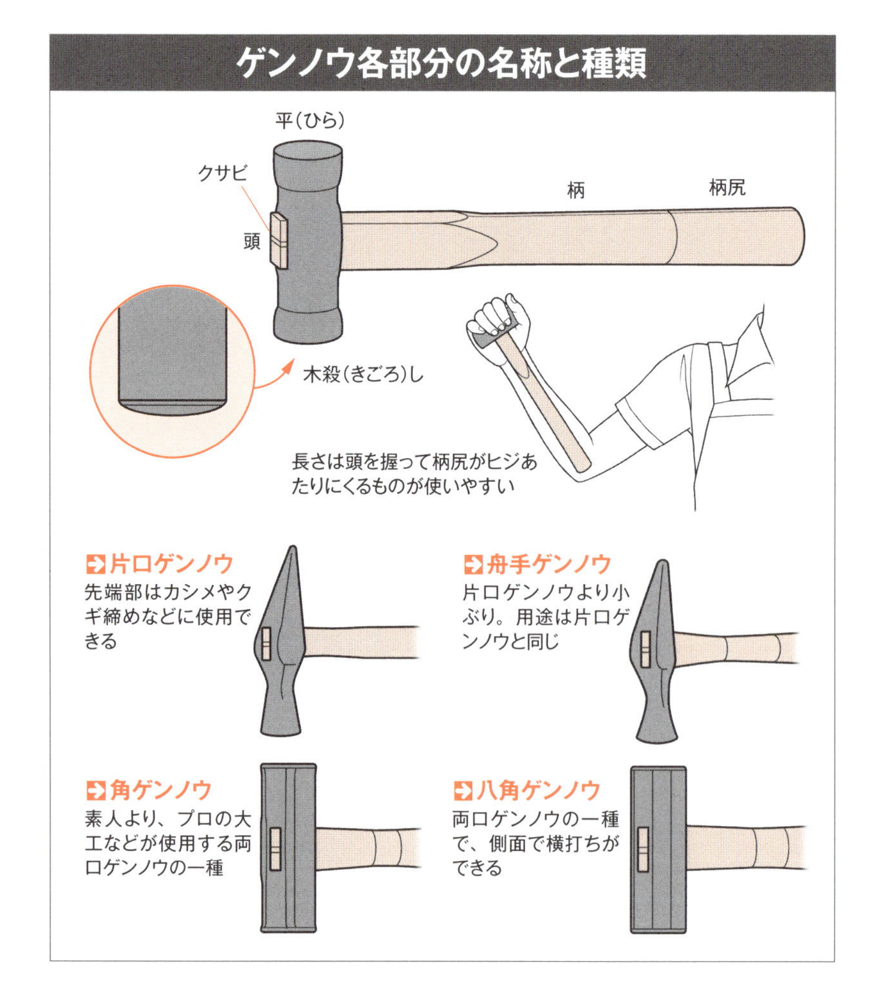

ちょっとしたコツを覚えて

クギ打ちの基本

クギ打ちは、最初から最後まで木殺しのほう（丸みのあるほう）を使います。解説書によっては、平で打って最後に木殺しで、とありますが、これではクギが曲がりやすいのです。

ゲンノウの持ち方

長く大きいクギを打つ場合は柄尻のほうを、小さく短いクギの場合は柄の中間を軽く握る。

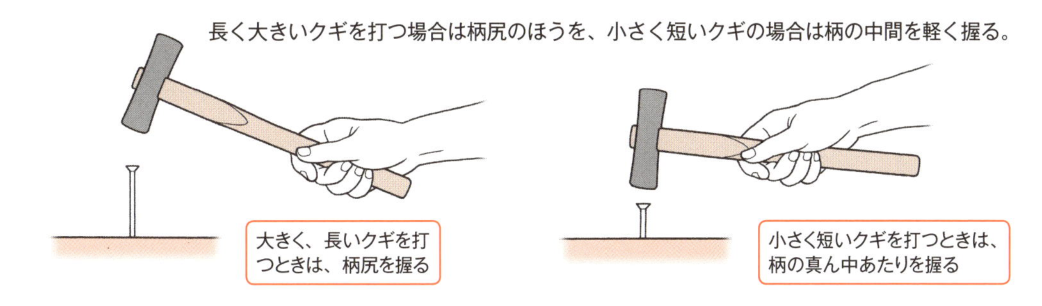

クギの打ち方

クギを打つときは、必ずキリで「クギ道」をあけてから打つ。これで曲がりにくくなり、板が割れることを防げる。クギを打つ際は、手首とヒジのスナップをきかせ、クギを打つ瞬間に、柄をギュッと握るようにする。

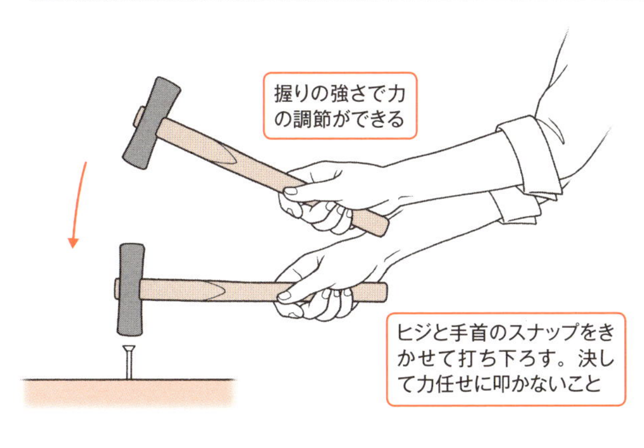

握りの強さで力の調節ができる
ヒジと手首のスナップをきかせて打ち下ろす。決して力任せに叩かないこと

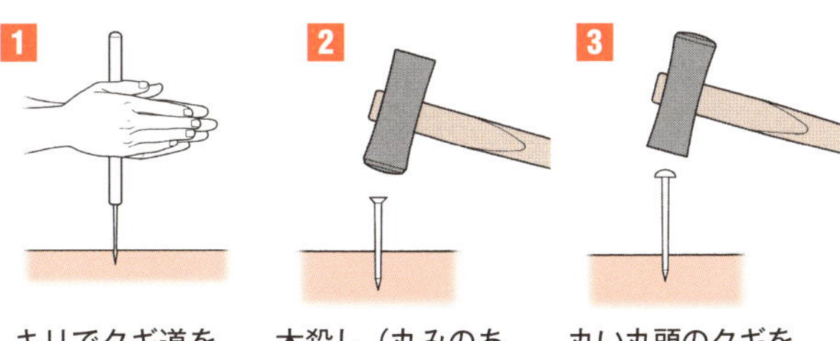

1 キリでクギ道をあけてから打つ

2 木殺し（丸みのあるほう）で最初から最後まで打つ

3 丸い丸頭のクギを打つときは、最初から最後まで平で打つ

強度を高めるコツ

木端（こば）へ打つ場合も、木口（こぐち）へ打つ場合も、木の厚みの中心にクギを打つ。さらにクギ打ちの間隔は均等にすること。また、少し斜めに打つ、真っ直ぐ打ち込むを交互にすると、強度が高まる。

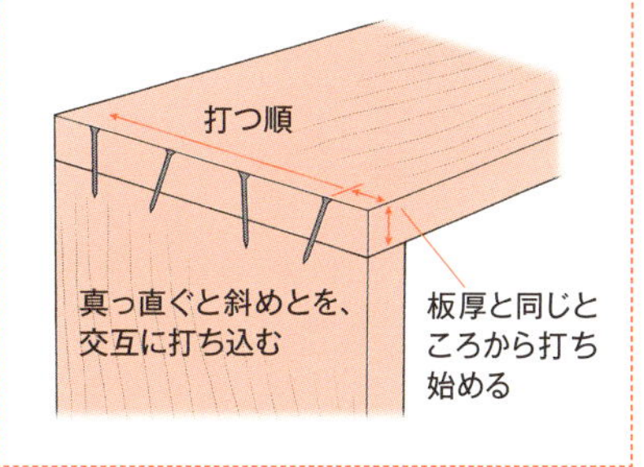

打つ順
真っ直ぐと斜めとを、交互に打ち込む
板厚と同じところから打ち始める

板の厚さによってクギの長さも変わる

いろいろなクギの打ち方

板の厚さによって使うクギの長さは異なります。さらに板の木端（木目に対して平行な切り口）に打つのか、木口（木目に対して垂直な切り口）に打つかでも異なります。

クギ打ちだけのとき

木端に打つときは、打つ板の厚さの2.5倍の長さのクギを使う。木口に打つときは3.5倍の長さのクギを使う。

木端に打つとき

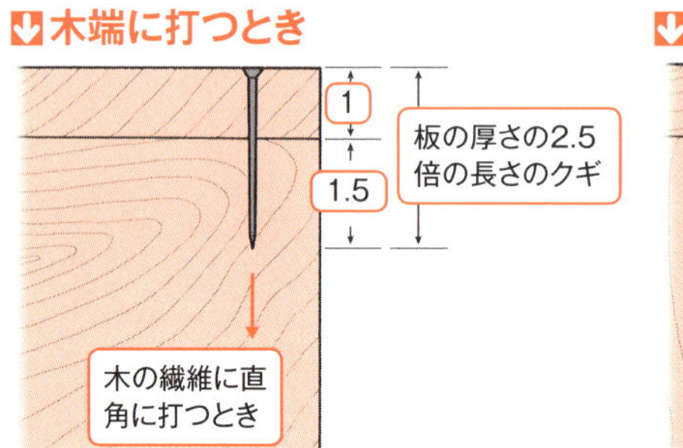

木口に打つとき

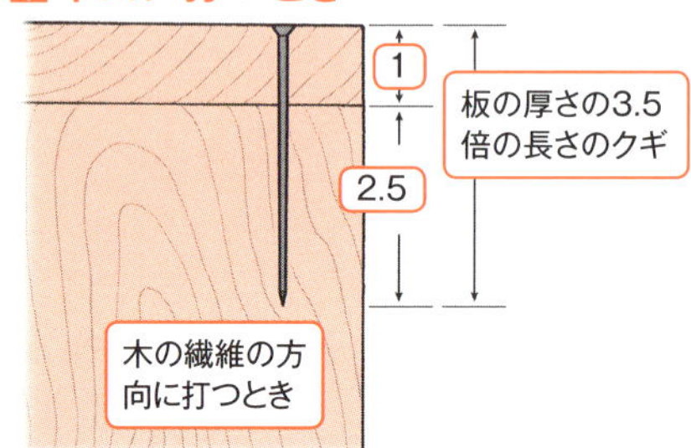

木工用ボンドを併用するとき

クギだけでなく木工用ボンドを併用するとより強度が高くなる。その場合は木端に打つときは板の厚さの2倍、木口に打つときは3倍でいい。

木端に打つとき

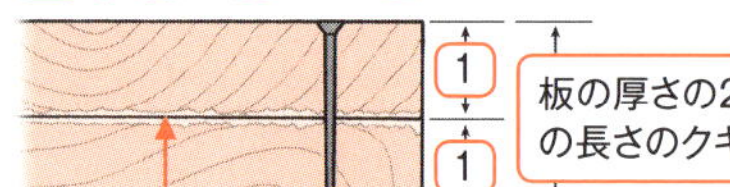
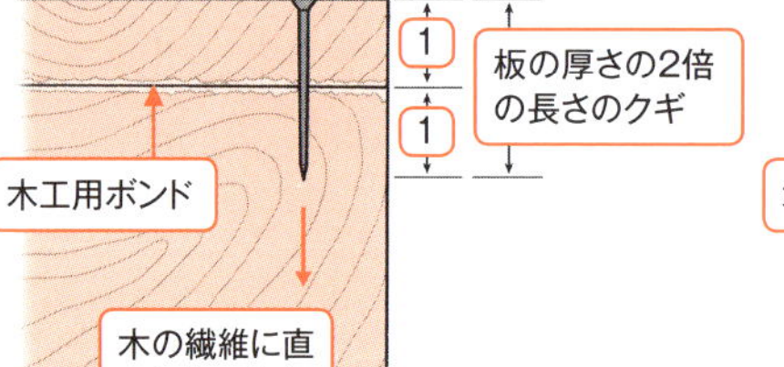

木口に打つとき

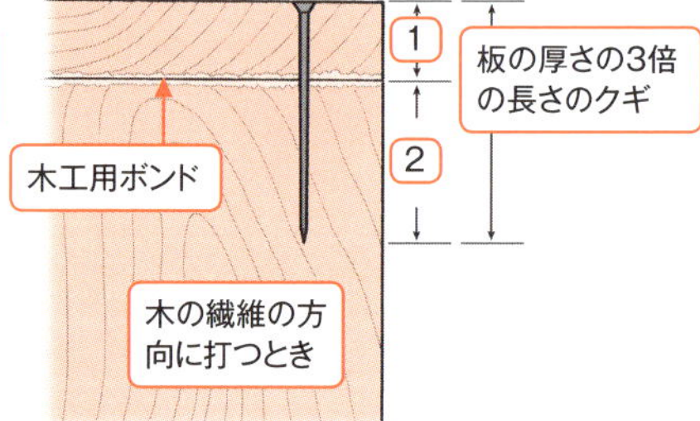

片手で打つ

ゲンノウの頭を包むように握り、親指と人さし指でクギの頭を持ち、ゲンノウの木殺しに当てる。このままクギを打つ位置に打ちつけ、クギの先端が少し入ったところで、普通にゲンノウを持って打ち込む。

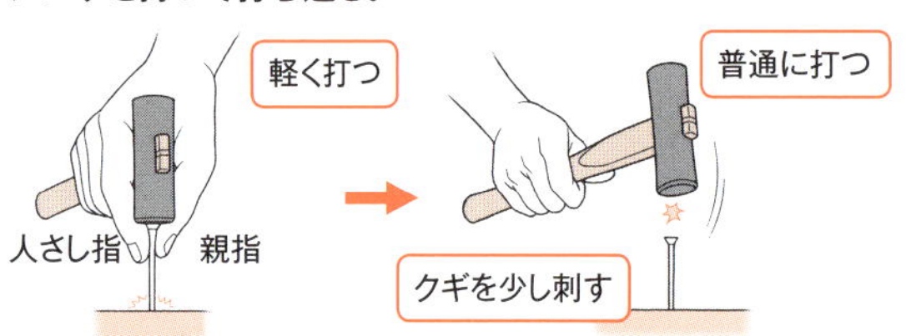

隅に打つ

隅や角など、ゲンノウが入らないほど狭い場所にクギを打つ場合は、最後はクギ締めという道具を使って打つ。

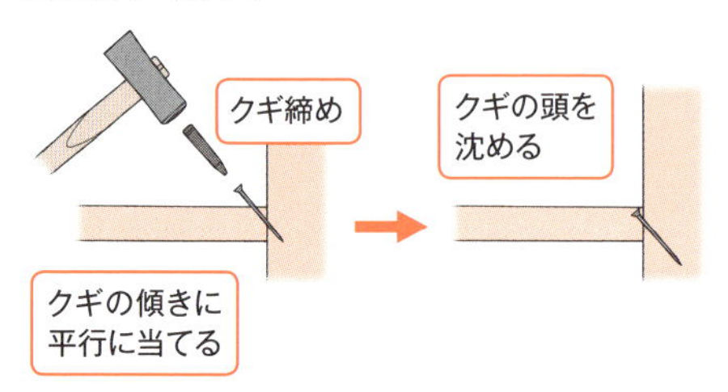

目立たせないときは

クギの隠し方

ひと目に触れやすい家具や建具など、クギ頭の金属部分を目立たせたくない場合があります。そんなときには、下の2つの方法が役に立ちます。

つぶしクギ

金床(かなとこ)の上にクギの頭を横向きに置き、ゲンノウの木殺しで頭を上から見て「=(イコール)」の形につぶしてから木材に

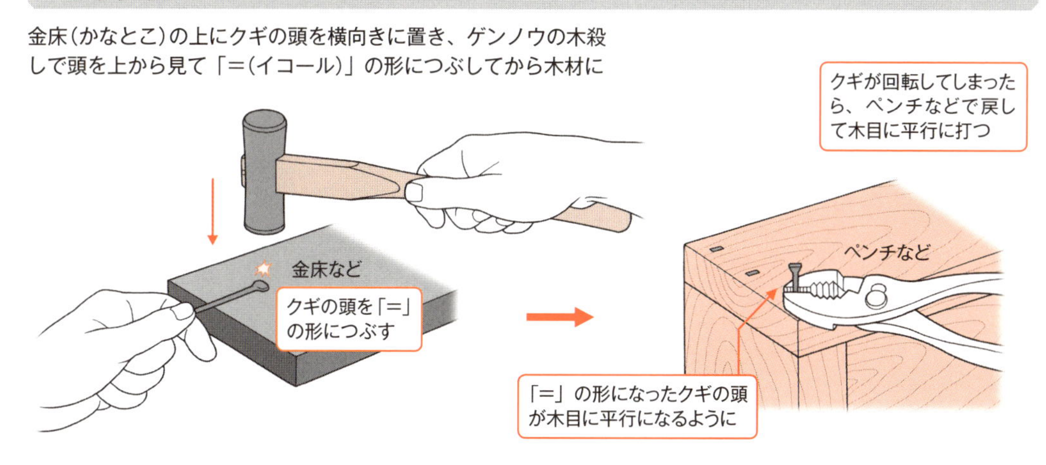

隠しクギ

ねずみ歯ギリあるいはドリルで、直径5～6㎜、深さ3㎜程度の穴をあける。穴の中心にクギを打ち、クギ締めで穴の底まで打ち込む。最後の市販のダボ用の丸棒をその穴に打ち込む。

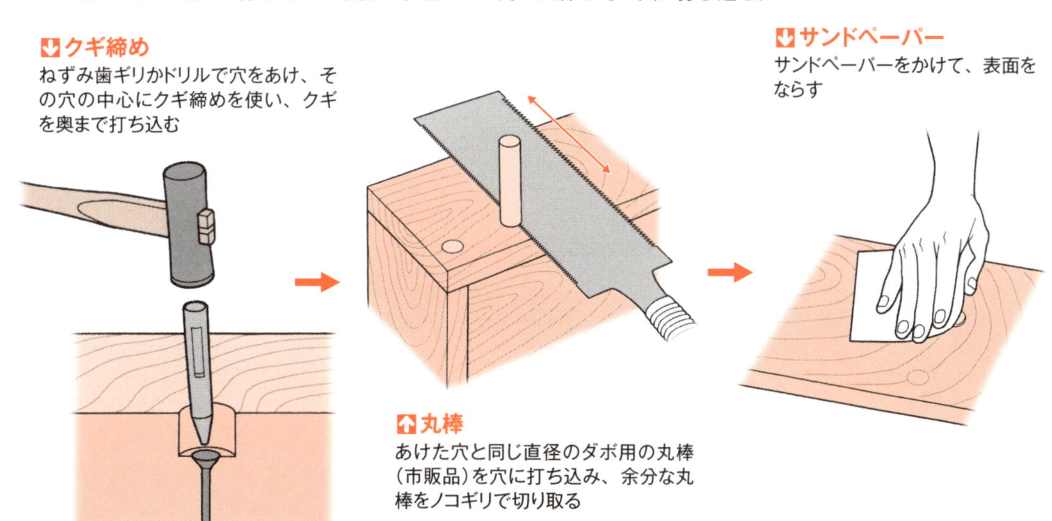

用途に応じて使い分けて

いろいろなクギ

ひとくちに「クギ」といっても、いろいろな種類のクギがあります。頭の形もさまざまですし、目的によっても種類が異なります。一般的なものをいくつかご紹介します。

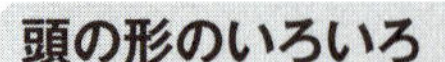

頭の形のいろいろ

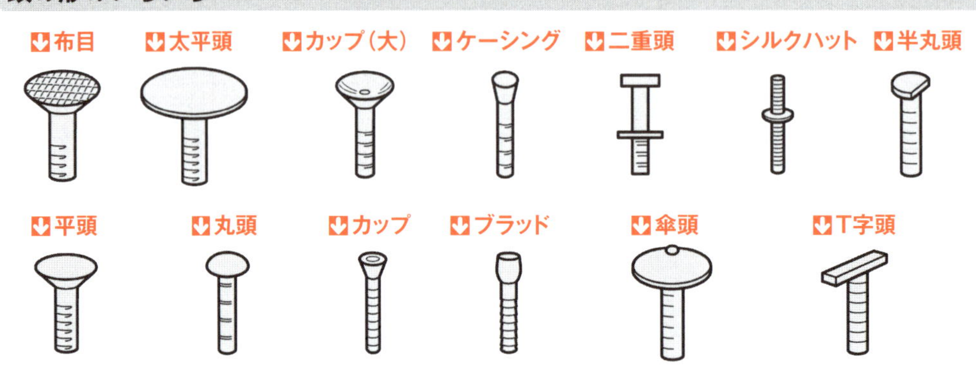

用途別クギのいろいろ

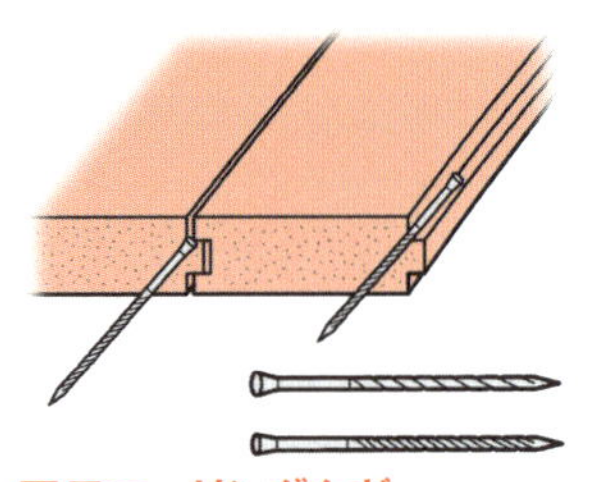

フローリングクギ
床材をはるときに使う。抜けにくいようにねじれがついている

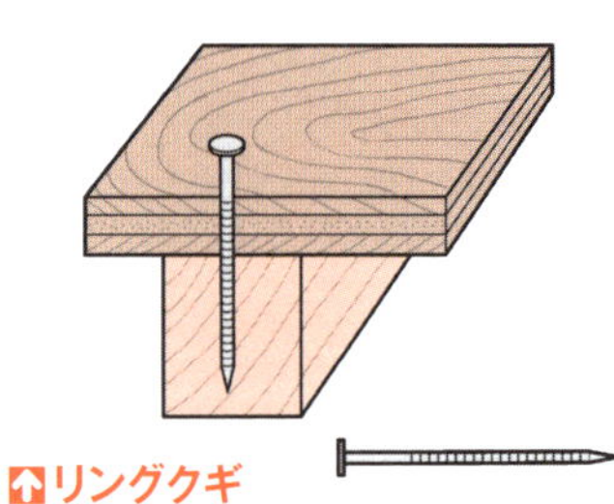

リングクギ
強度を高めるために、リング状に加工してある。天井の下地材など、合板の取りつけに使用

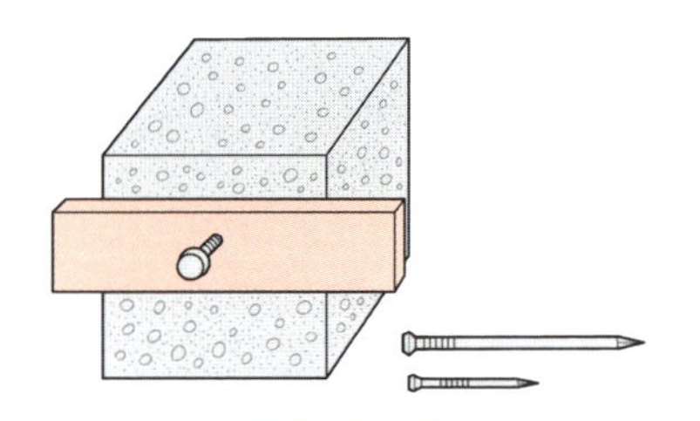

コンクリートクギ
コンクリートやブロックなどに、木材などを打ちつけるときに使用

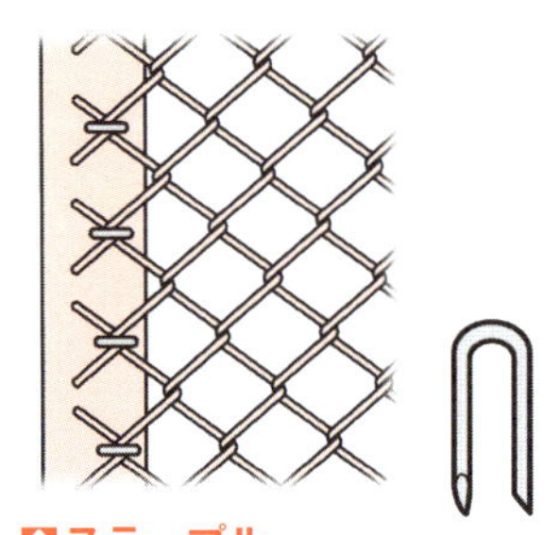

ステープル
有刺鉄線や金属のフェンスなどの固定に使用。「又クギ」とも呼ばれる

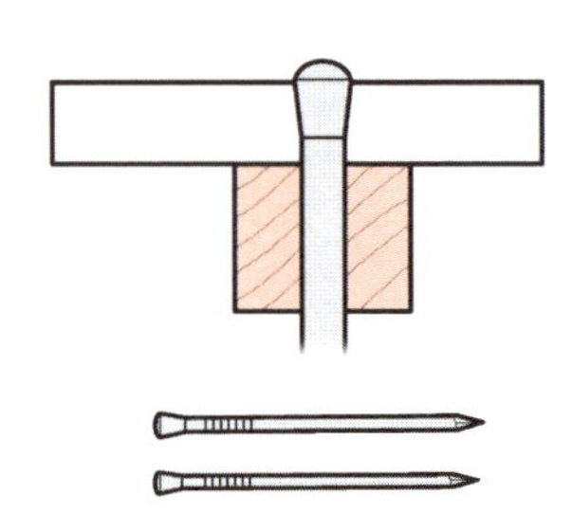

フィニッシュクギ
壁材などの取りつけに使用

傘クギ
頭に傘がついている。波板の固定に使用

DIYでも何種類かは用意したい

いろいろな金ヅチ

クギ同様に、金ヅチも用途に応じて何種類もあります。DIYであっても、用途に応じて二種類ほどは揃えておいたほうがいいでしょう。

先切り金ヅチ
クギ道をあける、クギ締めを使う際に使用

箱屋金ヅチ
打ち損じたときクギ抜きとしても使用

ネイルハンマー
西洋スタイルの金ヅチ

木ヅチ
柄も頭も木製

プラスチックハンマー

レンガ（ブロック）ハンマー
レンガやブロックを割るときに使用

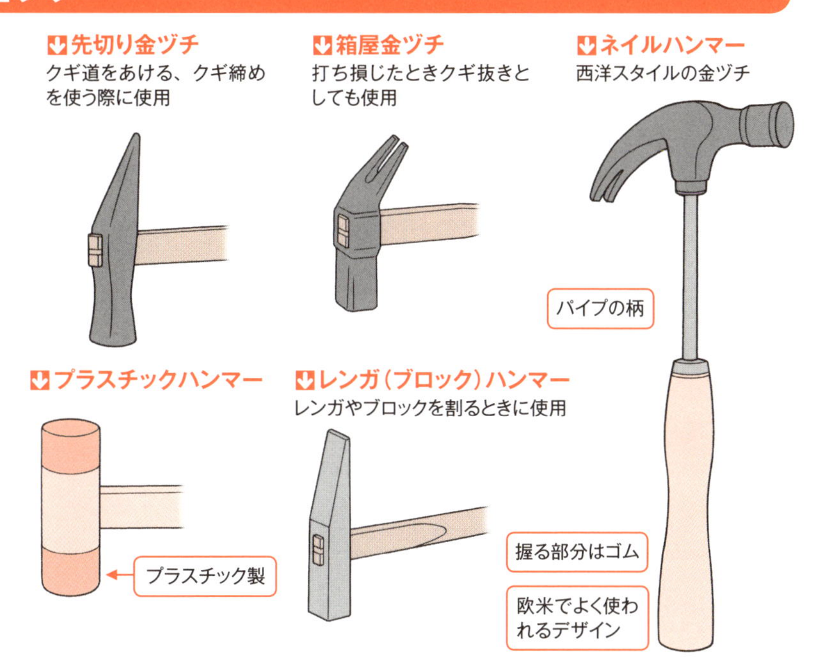

DIYの陰の必需品

クギ抜きの種類

木工作業においてメンテナンスに欠かせない道具がクギ抜きです。
一般に「クギ抜き」と呼ばれるものがカジヤ。DIYで使用するなら全長30㎝のものが手ごろ。

カジヤ　**バール**　**箱屋金ヅチ**

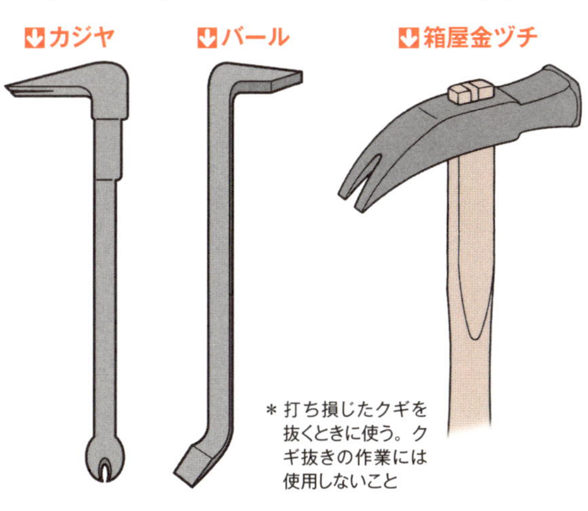

＊打ち損じたクギを抜くときに使う。クギ抜きの作業には使用しないこと

カジヤの使い方

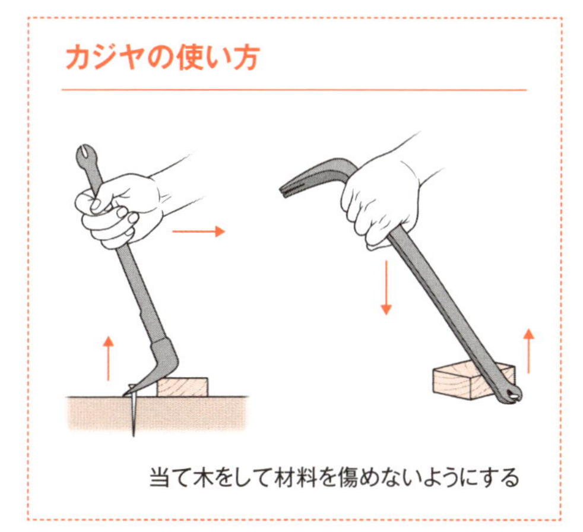

当て木をして材料を傷めないようにする

DIYの基礎知識

ドライバーとレンチ

▼ドライバーの知識

木ネジなどのネジ類を、締めたりゆるめたりする道具がドライバー。木ネジやネジの頭には「－」と「＋」の溝があり、それに合わせてマイナスやプラスのドライバーを使用します。

マイナスドライバーは、軸の長さと軸径でさまざまなサイズがありますから、ネジなどの寸法に合ったものを用います。注意したいのが、ドライバーをクギ抜きの代用品にしないこと。これをするとドライバーとして機能しなくなります。

プラスドライバーには軸が柄の中ほどまでしか通っていない普通型と、柄まで貫通している貫通型があります。木工作業用なら貫通型が丈夫でおすすめです。

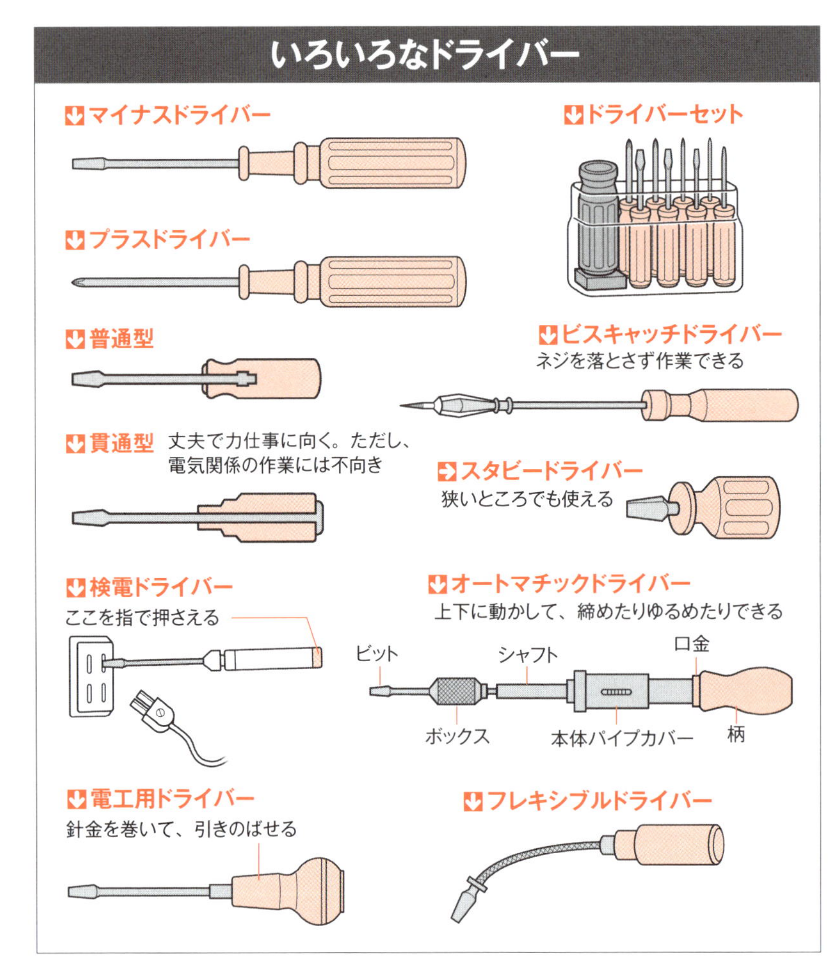

道具の扱い方もとても大事

ドライバーの構造と使い方

ネジ頭とのサイズが合わなかったり、刃先が欠けたり減ったもので作業するのはNG。道具を正しく扱うこともDIYの基本です。作業前に確認しましょう。

プラスドライバー

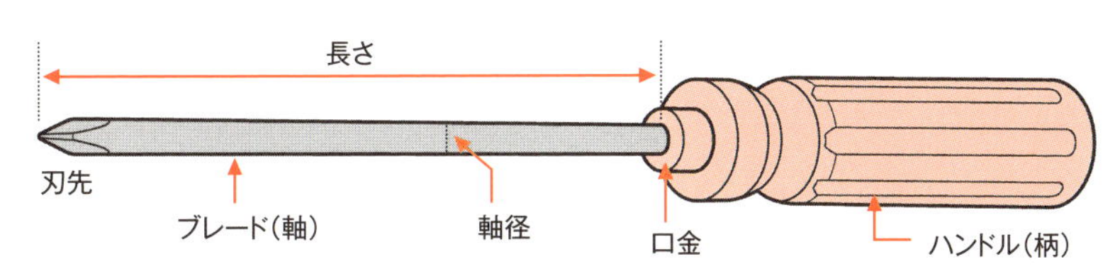

マイナスドライバー

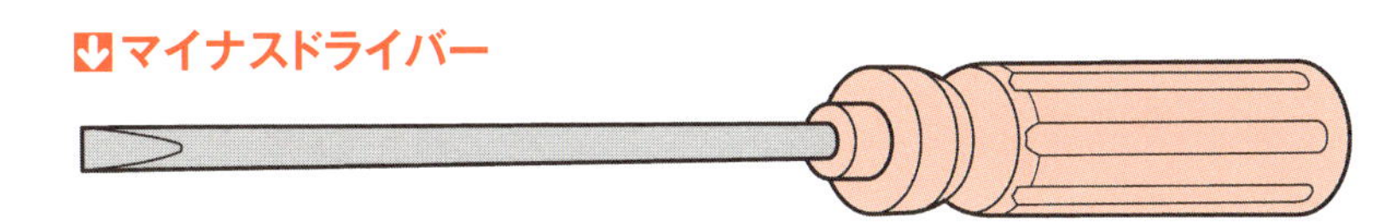

ネジのサイズに合ったドライバーを使う

ドライバーのサイズが小さいと上手く締まらないばかりか、ドライバーの刃先を破損する原因にも。サイズが大きすぎると、ネジの溝をつぶしてしまうので、ネジのサイズに合ったドライバーを使う。

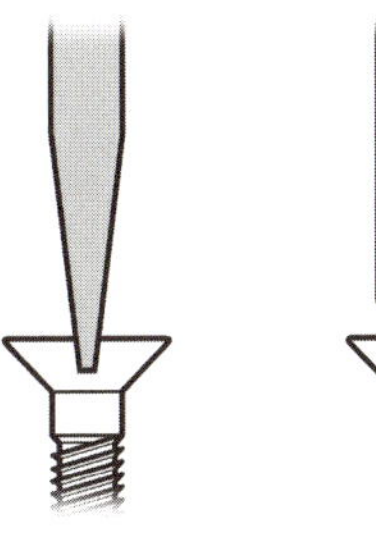
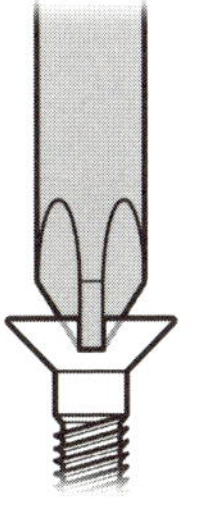
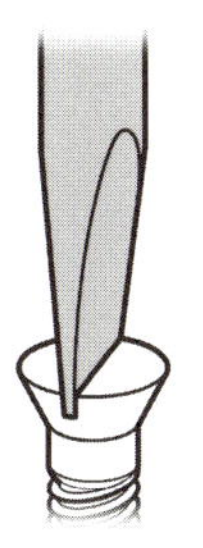
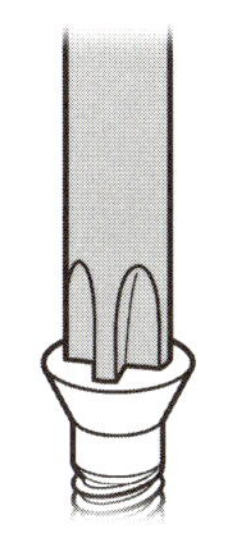

刃先の長さと幅が合っていないのも×

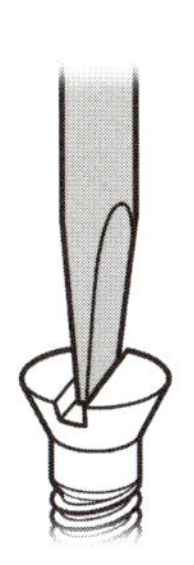
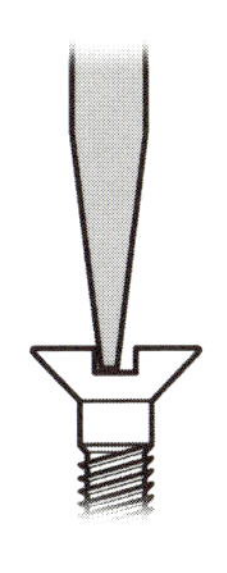
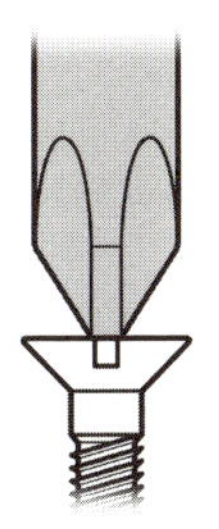
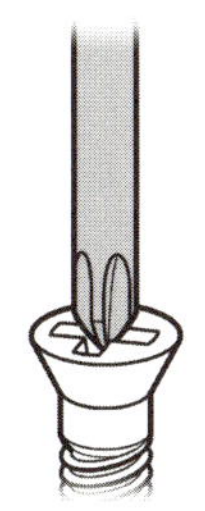

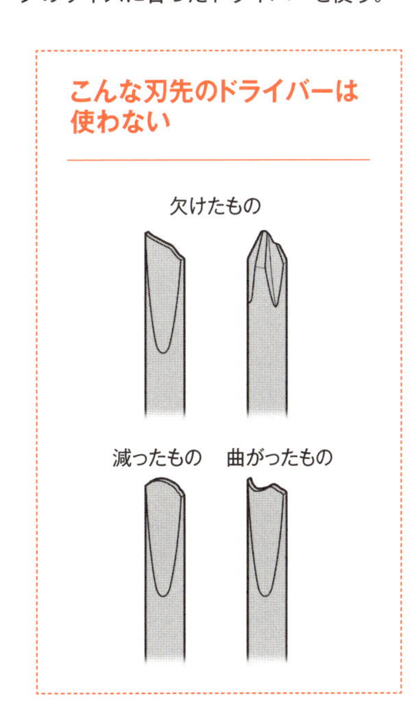

代表的なものは知っておきましょう

ネジやボルト・ナットの種類

ネジやボルト・ナットにもいろいろな種類があり、形によって用途や強度が異なります。
代表的なものを紹介しましょう。

木ネジ

もっとも一般的なタイプ。頭の形が横から見てすり鉢型の「皿頭」と半円状の「丸頭」「ナベ頭」がある。ネジは全長の３分の２程度。

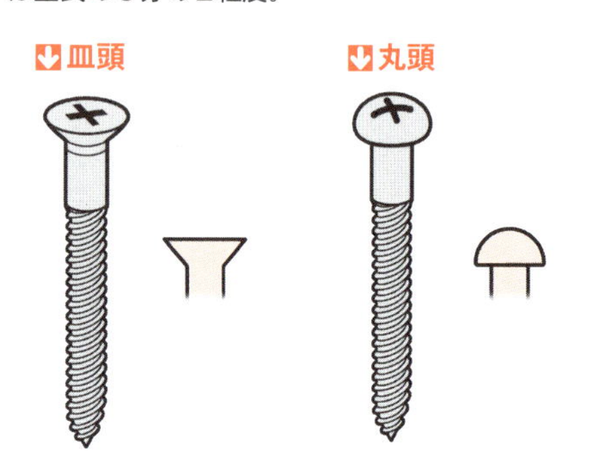

タッピングネジ

木ネジとほとんど同じだが、ネジが根元まで切ってあるので、固定する強度が木ネジよりも高い。

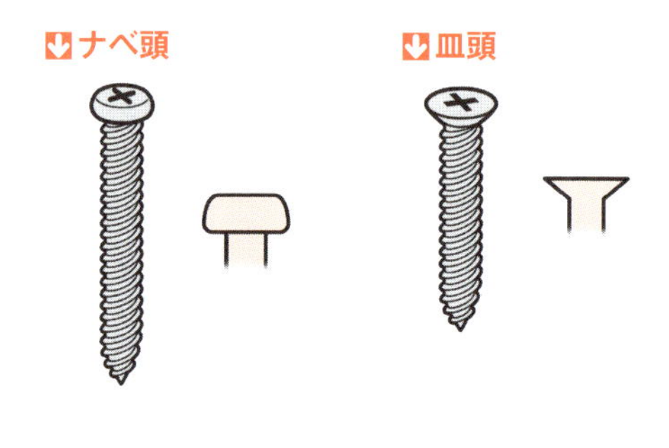

その他のネジ、ボルト、ナット

トラスタッピングネジ

ナベ頭ビス・ナット

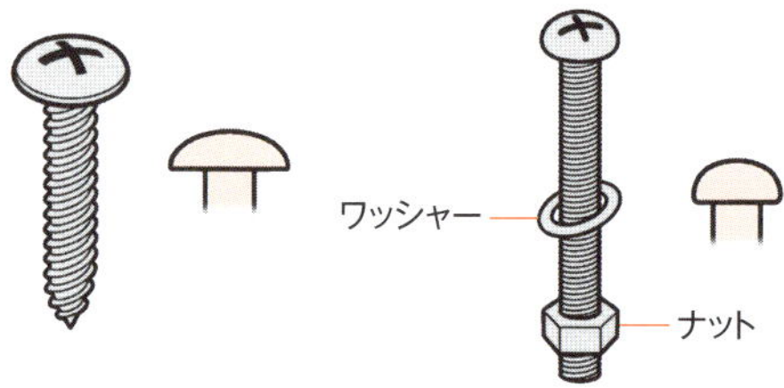

頭が丸みを帯びたタッピングネジ。頭部外径が大きいため、部材との接地面積が大きく、緩み止めの効果がある。見た目が美しく、デザインの観点から用いられることが多い。

現在もっとも多く使われているネジ。用途を選ばず、どのようなときにも利用できるネジといえる。ナットとボルトを使用することでより締めつけが強固になる。

蝶ボルト

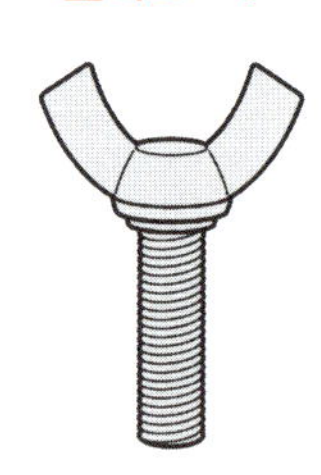

蝶のような頭を持つ。つまみネジの一種で道具がなくても指で締めることができる。ひんぱんにネジを緩めることが多い場所で用いられる。

六角ボルト

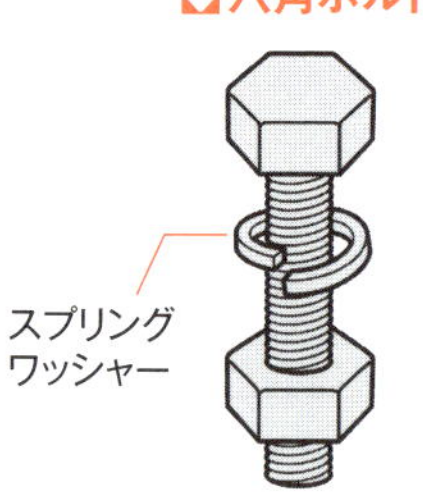

強度を必要とするところの固定に利用。六角のものが一般的。

DIYでは2種類あればOK

レンチやスパナの種類と使い方

主にボルトやナットを締めたりゆるめるのに使います。多種類ありますが、
DIYではモンキーレンチと水まわり用のウォーターポンププライヤーでこと足ります。

モンキーレンチ

ボルトやナットの大きさに合わせて調節できる万能型。全長150 ～ 250㎜のものが一般的なサイズ。
また柄とナットやボルトをくわえる面との角度は15度のものが使いやすい。

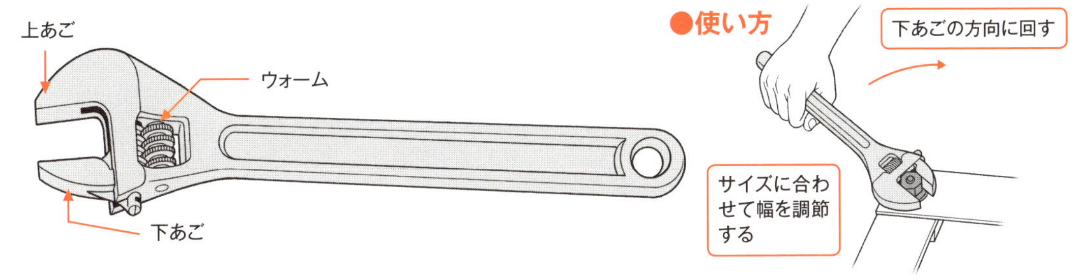

ウォーターポンププライヤー

水道などの配管作業などに使用。口の開きが、数段階に調節でき、
水栓部分の作業やパッキングの取り替え作業の際重宝する。

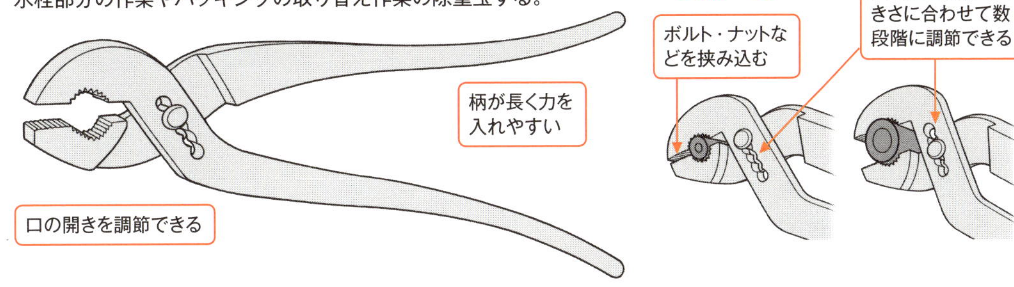

柄が長く力を入れやすい
口の開きを調節できる
●使い方
ボルト・ナットなどを挟み込む
挟み込む部品の大きさに合わせて数段階に調節できる

その他のレンチやスパナ

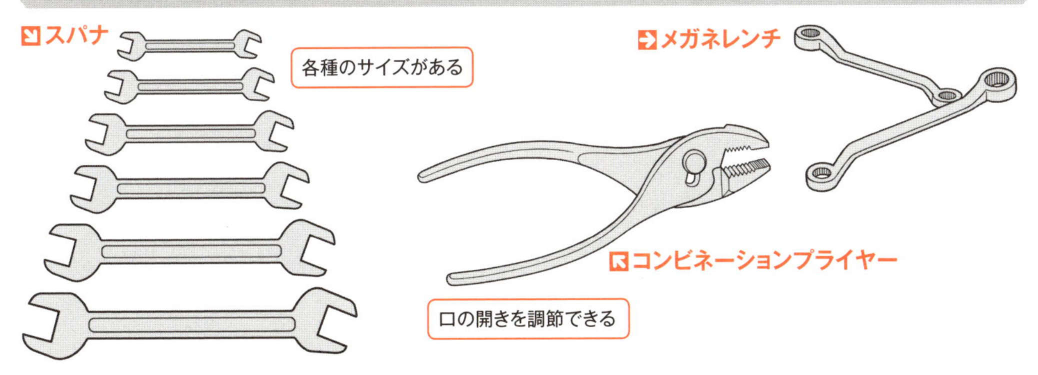

切る・削る・彫る
留める
締める
測る
磨く
木工作業
電動工具
塗料
接着剤と充てん剤
セメントとモルタル
素材

1本は備えておきたい

ペンチの各部の名称と使い方

活躍の機会が多い道具です。サイズは全長125㎜～ 250㎜までありますが、DIYでは175㎜を1本揃えておくといいでしょう。頭部のくわえ部から刃部にかけてぴったりと密着しているものを選びます。

各部名称

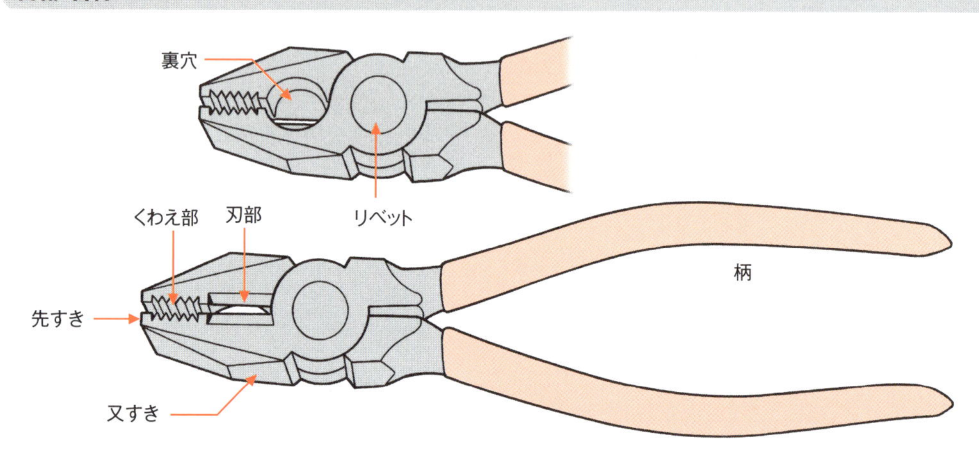

主な使い方

針金を刃部で切断する

刃部に挟んで切断する

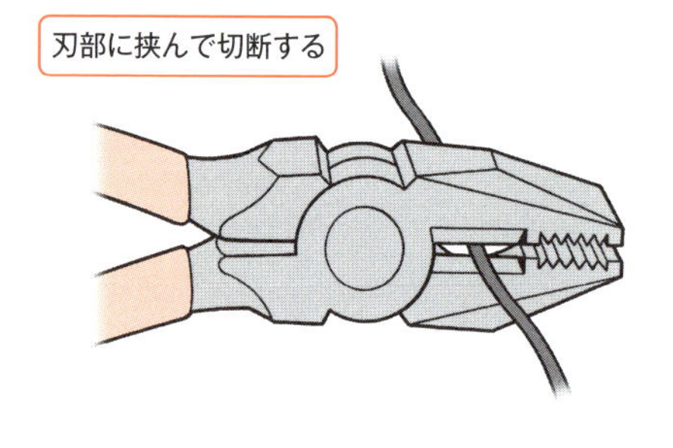

NG 針金を挟んで叩いて切断しないこと！

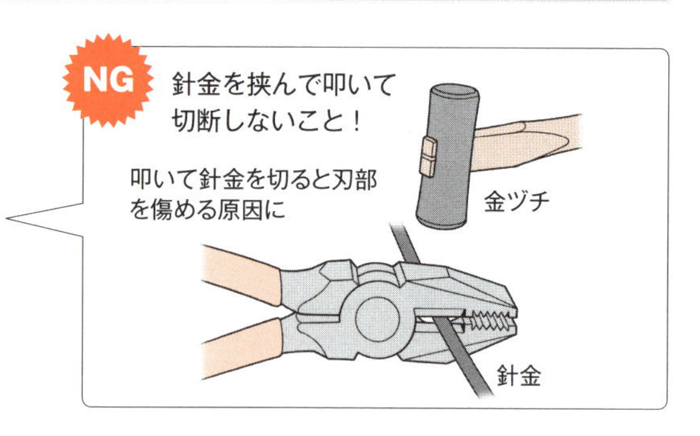

叩いて針金を切ると刃部を傷める原因に
金ヅチ
針金

針金を曲げる

針金を縦に挟んで曲げる

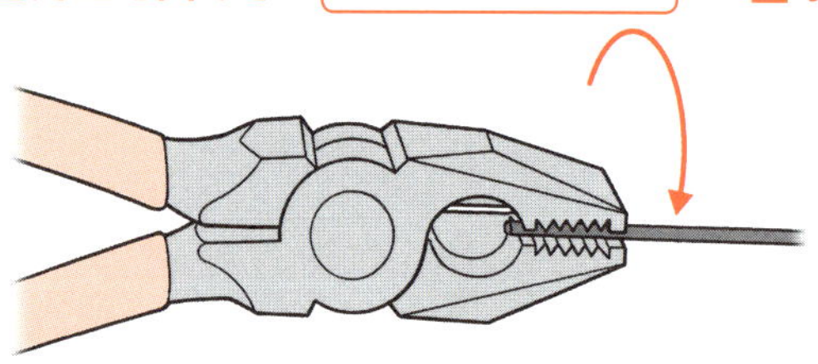

ボルトやナットを締める

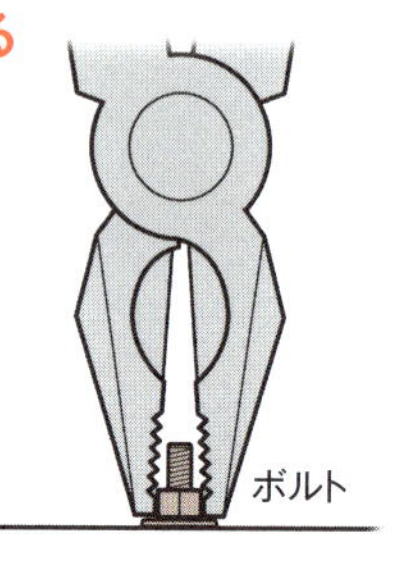

DIY豆知識

締め具は2種類あると便利

木工作業の工程で、ひんぱんに行われるのが材料同士を固定する作業。クギや木ネジなどを利用しますが、木工用ボンドを併用すると、よりしっかりと固定されます。
このとき接着剤が乾燥するまでギュッと保持しておく必要があります。そのときのために用意しておきたいのが締め具。もっともよく利用するのがC形クランプとハタ金。どちらも、強く締めつけるために材料にキズがつくことがあります。
これを防ぐため、必ず別の木で当て木をするのがポイントです。

C形クランプ

25㎜、50㎜、75㎜のサイズが重宝。広い範囲を固定することもあるので4～6個は用意しておきたい。複数の材料を同じサイズに切ったり、削ったりする際も利用できる。

接着剤が硬化するまで固定

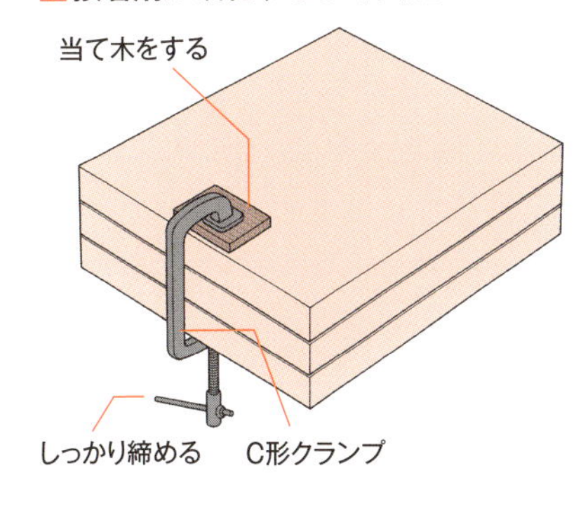

複数の材料を同じサイズに切るために固定

複数の材料の端を揃えるときに固定

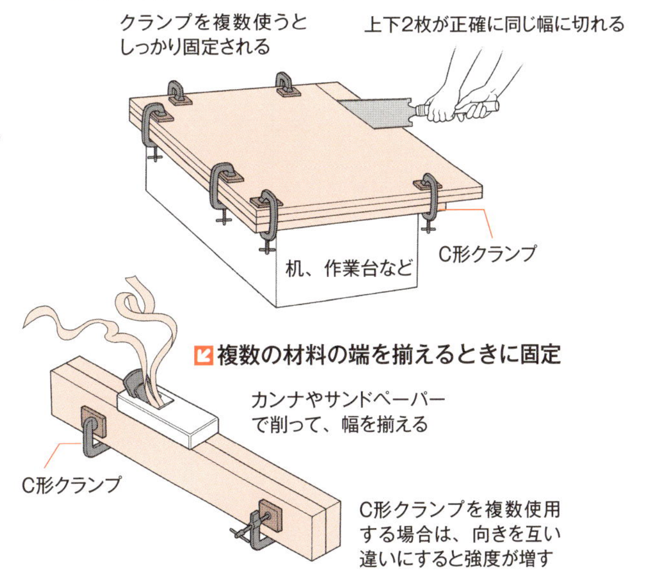

ハタ金

幅の広いものを固定するときに使用。長尺ものの材料の固定に使用することが多いので、3個を1組として用意。ハタ金を複数使うときは、必ず互い違いにセットすることがポイント。

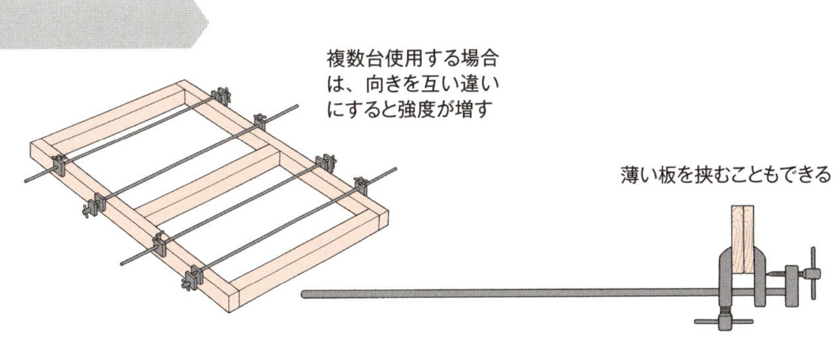

複数台使用する場合は、向きを互い違いにすると強度が増す
薄い板を挟むこともできる

いろいろな建築金物

建築金物とは、建築に使用される金属部材のうち、構造材や屋根、配管設備に用いられるもの以外のものをいいます。
クギ、蝶番、取っ手が代表的ですが、ほかにも隅金や棚受け、パイプ金具など、DIYでよく使用する金物も多くあります。
実用を主な目的にしたものを機能金物、装飾を主な目的にしたものを装飾金物とも呼びます。
ここで紹介する金物のうち、隅金は実用性と装飾性を兼ね備えた金物の代表例といっていいでしょう。日本の古い和箪笥や長持ちなどにも、凝った装飾の隅金が取りつけてあるものが見られます。また棚受けも洗面所やトイレなどに棚をつくるときなどに重宝しますが、装飾が施されたものもあります。

隅金

補強のために用いるもので、最近は塗装仕上げのものもあり、また、組み立て家具などでは斬新なデザインのものが使われていたりと、種類も豊富になっている。

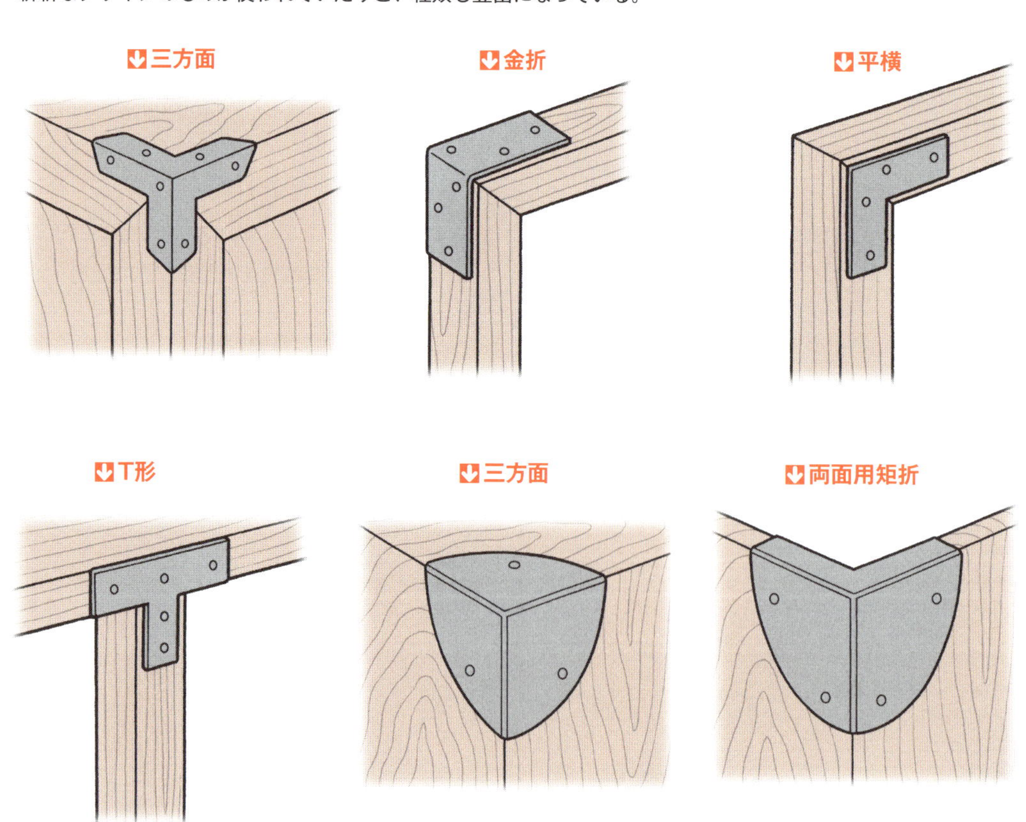

棚受け

「L」字形になった金具で、棚を作りつけるときなどに用いる。
棚受けをつけるときは、長いほうを壁に当てると強度が上がる。

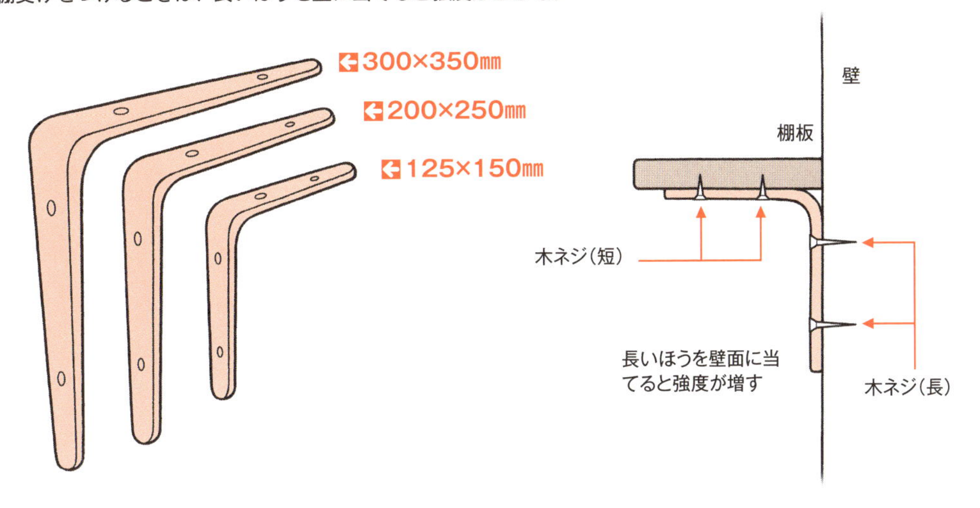

パイプ金具

木製の丸棒で手すりをつけたりするときに利用される。さまざまなタイプのものがあり、組み合わせて自由につなぐことができる。

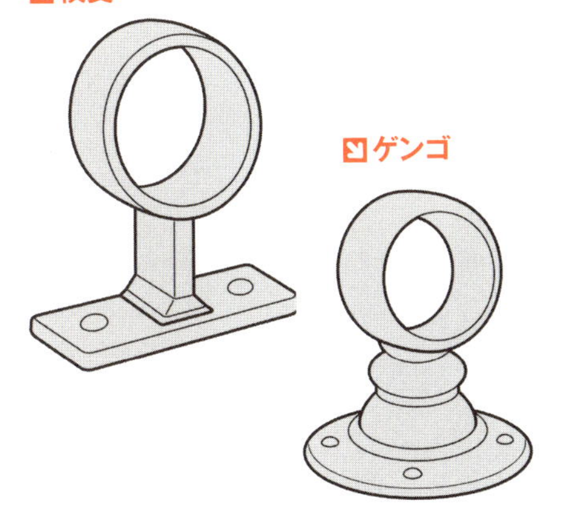

蝶番(ちょうつがい)

ドアなどの開閉に使用。サイズは高さが25～150㎜までであるが、出入り口に使うものは89㎜以上を用いる。

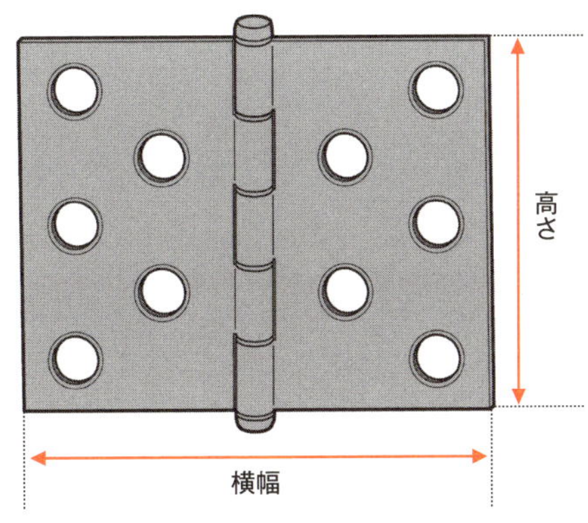

出入り口用はサイズは高さ89、102、127、150㎜。横幅102、127、150㎜。厚さ2～3㎜がある

測る

サシガネ

▼サシガネの知識

「曲尺（かねじゃく）」ともいい、木工作業では、常にそばに置いておきたい道具。一見すると「L」字形をした普通の定規のように見えるサシガネですが、「大工道具の王」と呼ばれるほどまでに、木工作業のさまざまなシーンで役に立つ道具です。用途は非常に幅広く、サシガネの使い方だけで一冊の本ができるほど。

サシガネの各部には、それぞれ呼び名があります。「L」字形の長いほうを「長手」、短いほうを「妻手」と呼びます。角の部分は「矩手かねて）」と呼ばれています。

市販のものは長手が50㎝、妻手が25㎝のものと、長手が30㎝、妻手が15㎝のものがあります。どちらでもよいのですが、DIYでは長手が50㎝、妻手が25㎝のものを持っていればいいでしょう。

サシガネの表裏には、さまざまな目盛りが刻まれています。この目盛りのひとつひとつが、この道具のすぐれモノたるゆえんです。長手の中ほどを左手で持って、妻手を右側にした場合の面を「表目」といい、妻手を左側にした場合を「裏目」といいます。

まず表目。これは通常の物差しとして使用します。長手、妻手方向ともに外側に1㎜刻みに（0・5㎜刻みのものもある）それぞれ50㎝、25㎝の目盛りが刻まれています。

一方裏目には、妻手方向の外側にだけ1㎜刻みの目盛りが25㎝まで刻まれています。それ以外の目盛りはいろいろな目安として使われるもので、決まった単位はありません。

長手方向の外側には「角目」と呼ばれる目盛りが刻まれています。これは表目の$\sqrt{2}$倍を刻んであります。妻手の内側の目盛りを「丸目」と呼び、これは表目の3・14分の1の目盛りとなっています。

これらの裏目の目盛りを利用することで、サシガネは単に長さを測ったり直線を引いたりする定規の役割だけでなく、三角定規や計算尺の役目も果たすことができるのです。

はじめは使いこなすのは難しいかもしれませんが、木工作業を重ねるうちにサシガネの便利さがわかるようになるはずです。

まずは名称を覚えておこう

サシガネの各部分の名称

サシガネをはじめて手にした人は複数刻まれた目盛りの意味がわからず戸惑うかも。
サシガネを知る第一歩として、まず各部の名称と目盛りの意味を覚えましょう。

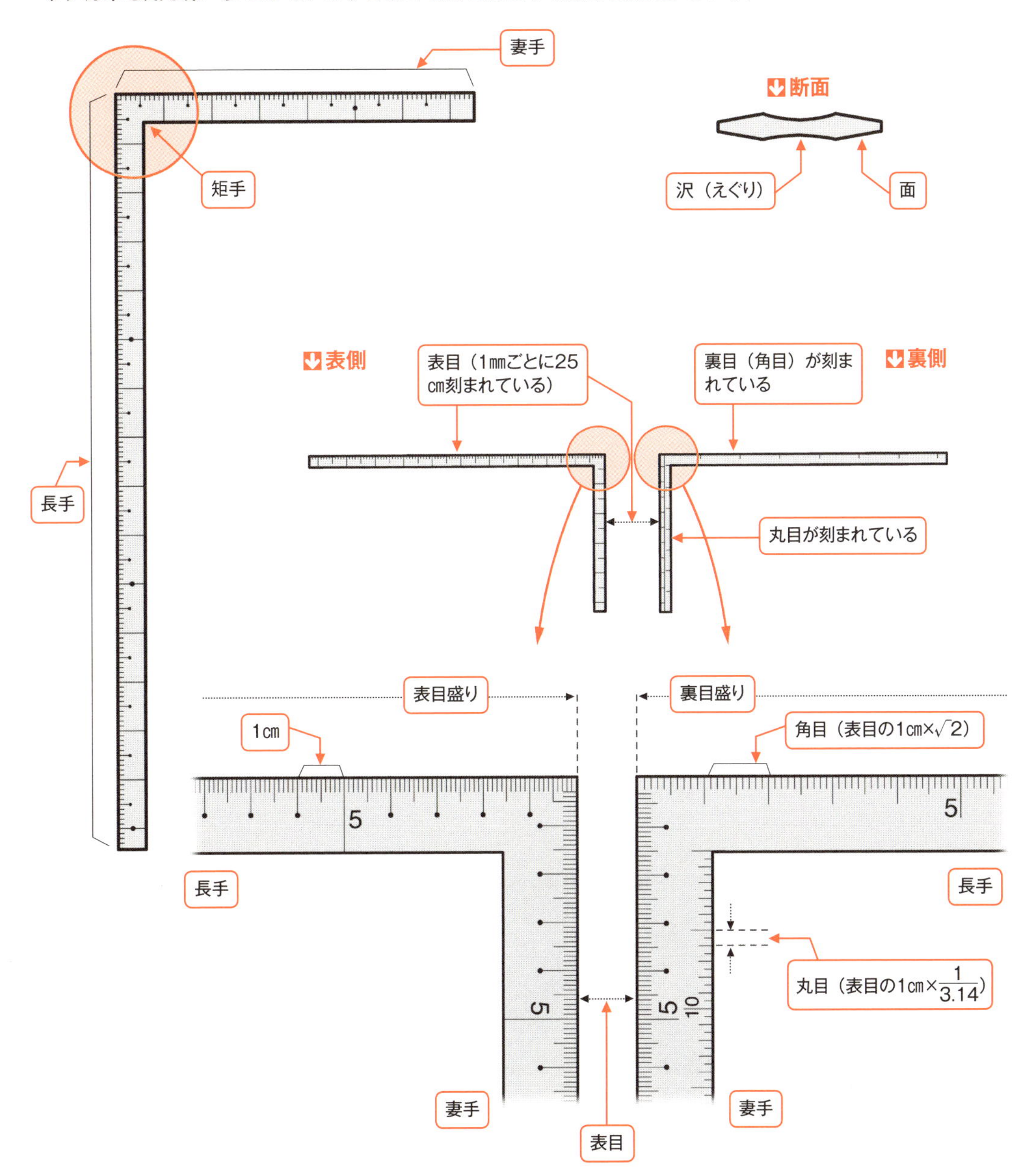

使いこなせるようになれば初心者卒業

サシガネの使い方の基本

サシガネの使い方の第一歩は直線を引くこと。そして正確に角度を引くことです。
そのときは、必ず表面を上にして使うのが基本です。

直線を引く

直角線は、左手で長手を押さえ、右手で妻手の外側に線を引く。この際、サシガネがずれないように注意が必要。

垂直線

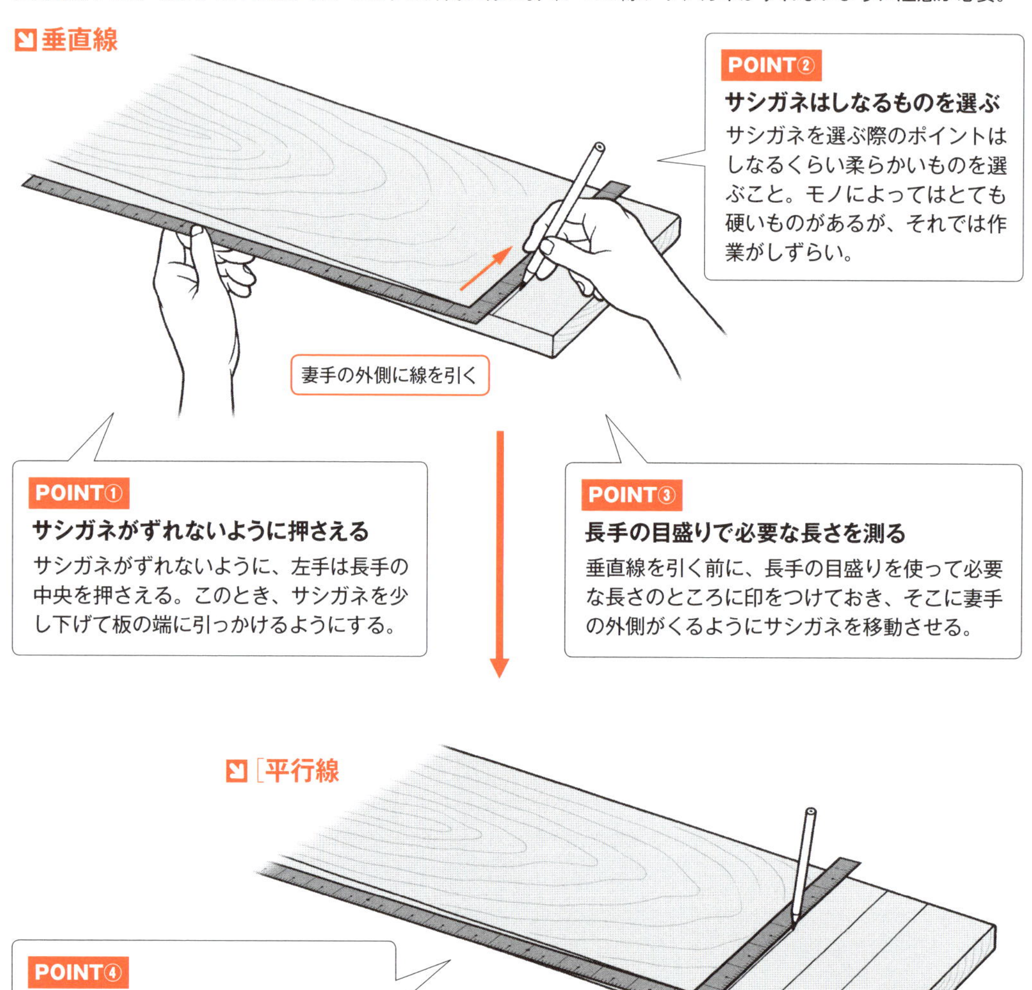

POINT②

サシガネはしなるものを選ぶ

サシガネを選ぶ際のポイントはしなるくらい柔らかいものを選ぶこと。モノによってはとても硬いものがあるが、それでは作業がしずらい。

POINT①

サシガネがずれないように押さえる

サシガネがずれないように、左手は長手の中央を押さえる。このとき、サシガネを少し下げて板の端に引っかけるようにする。

POINT③

長手の目盛りで必要な長さを測る

垂直線を引く前に、長手の目盛りを使って必要な長さのところに印をつけておき、そこに妻手の外側がくるようにサシガネを移動させる。

[平行線

POINT④

サシガネは板の端に当てたまま移動

サシガネの長手を少し押し下げて、板の端に当てながら横に移動させる。サシガネがずれると平行に線を引けない。

45度の角度を引く

45度の角度は木工作業では必要になる角度で「留め」と呼ばれる。サシガネを用いれば簡単に引くことができる。

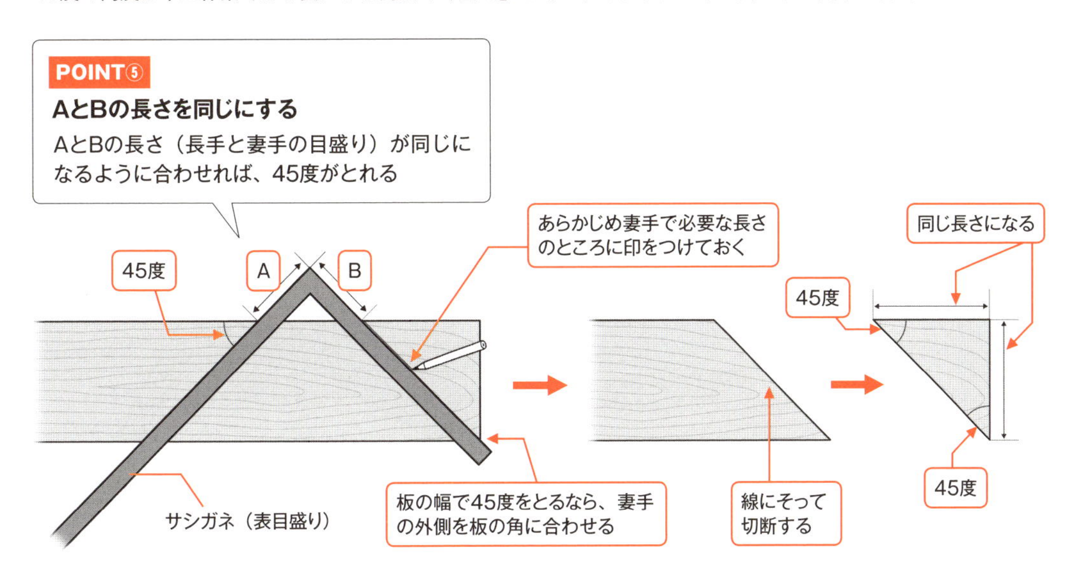

30度、60度の角度を引く

30度、60度もよく使う角度。AとBの長さを2：1にすることで簡単に引くことができる。

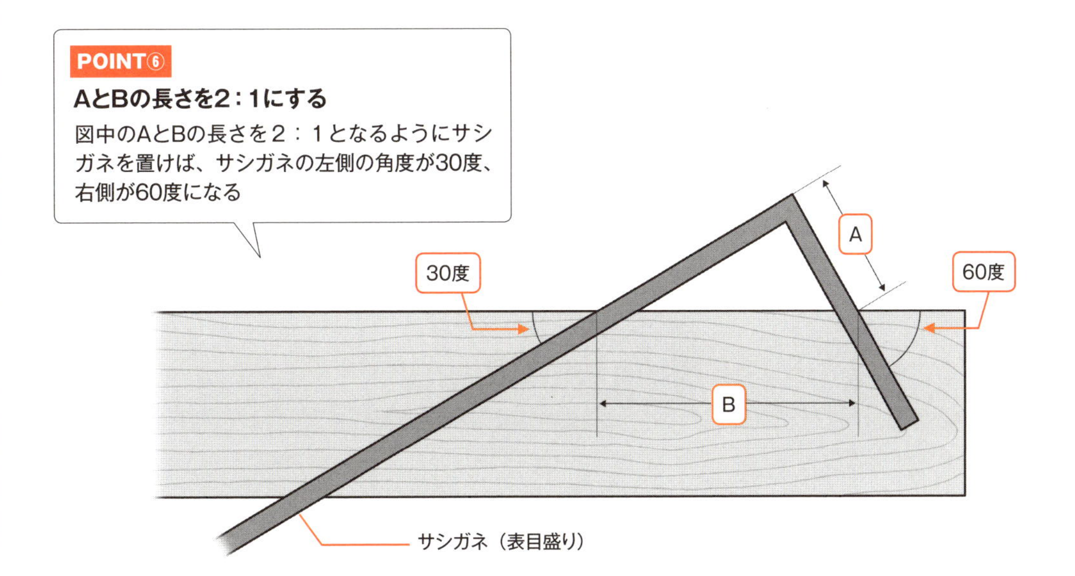

割りきれない長さでも一発で等分できる

等分にするやり方

サシガネを使えば板を等分にすることもできます。たとえば3等分にする場合、板の幅が3で割り切れる場合はいいのですが、3で割り切れない場合は、定規で正確に等分することは難しいもの。でも、サシガネを使えば簡単に何等分にでもできます。

●例／ 40㎝の幅の板を3等分にするとしたら

等分にしたい板の幅が、等分にしたい数で割り切れない場合は、サシガネの目盛りを割りきれる数に合わせ、印をつける。

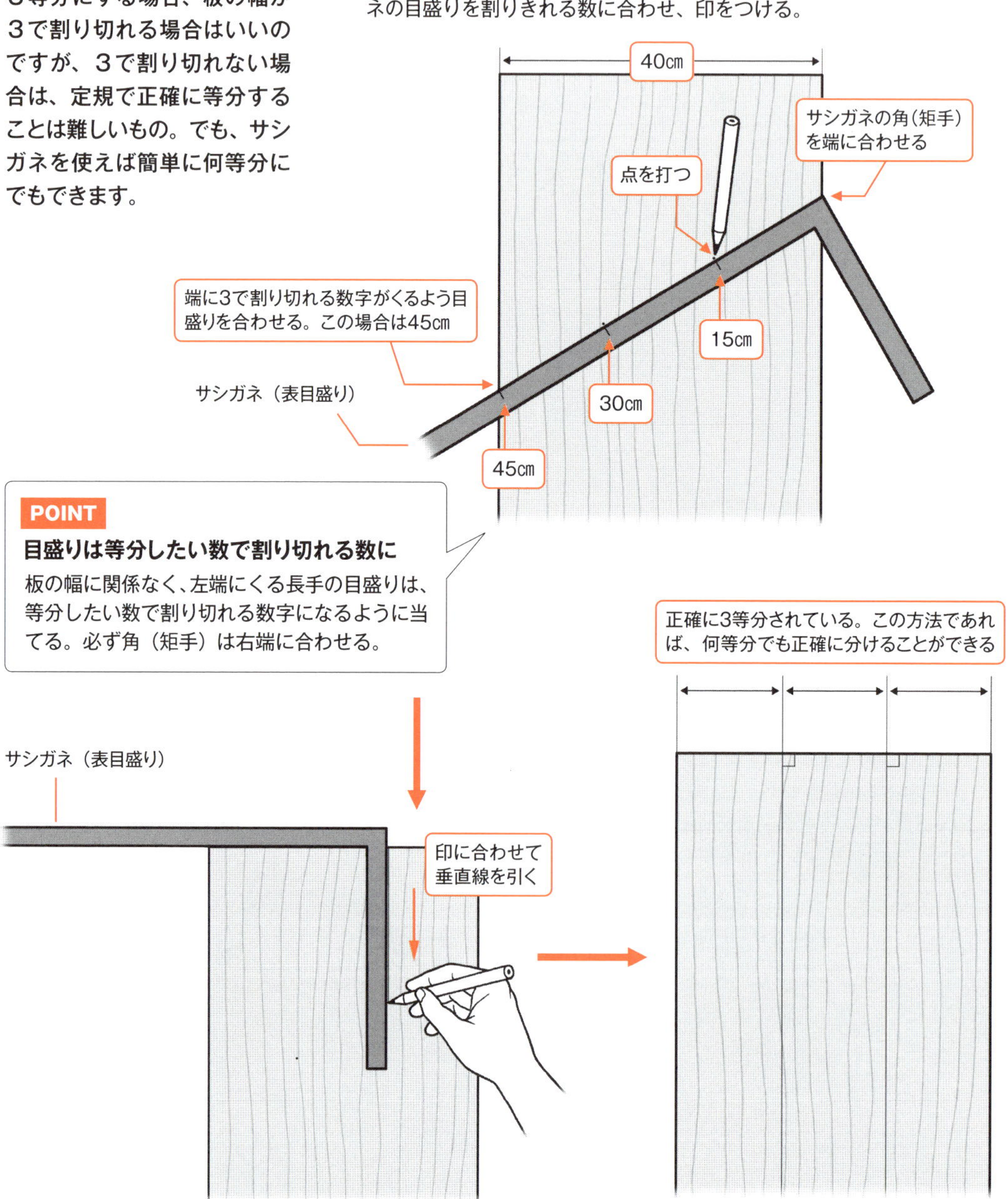

裏目盛りを使いこなす

丸目の使い方（円周を測る）

円柱にテープなどを巻く場合、どのくらいの長さが必要かを調べるには、円柱の円周を測る必要があります。そんな場合も、サシガネの裏目盛りで円周が一発でわかります。

妻手

裏目盛りの妻手の内側の目盛りが丸目。丸目は表目×3.14

丸太・丸棒など

サシガネ（裏目盛り）

長手

妻手のこの目盛りの数字が円周。目盛りの数が30なら円周は30㎝ということ

丸太から最大の角材をとるには

裏目（角目）の使い方

丸太などから無駄なく最大に角材を取りたい場合もサシガネが重宝。裏目盛りの裏目（角目）を当て、目盛りに刻まれた数字が、丸太からとれる最大角材の1辺の長さ。

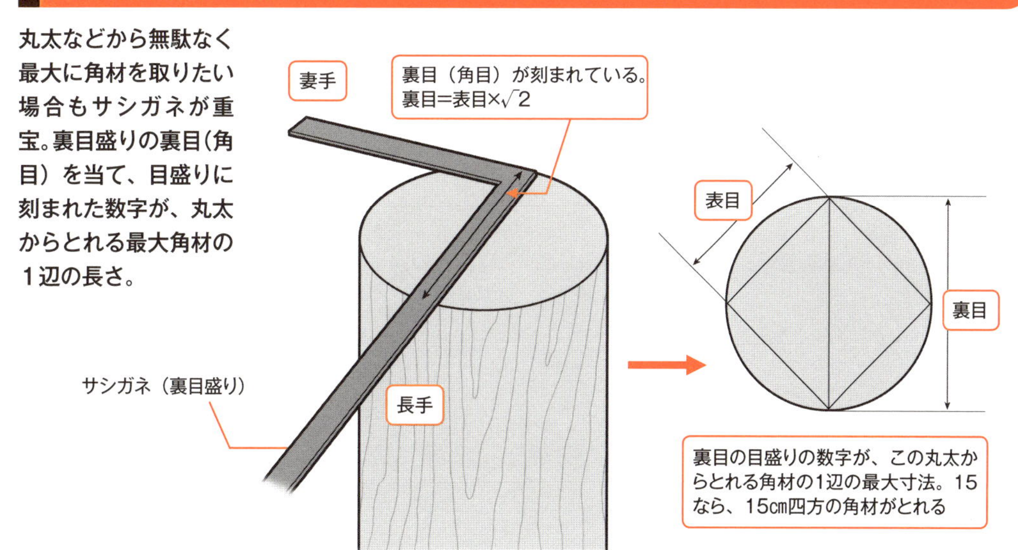

しならせ具合で曲線も自在

曲線の引き方

材に曲線を引きたいときは、サシガネのしなりを利用します。扇形にも半円にも好みに応じて曲線を描くことが可能です。

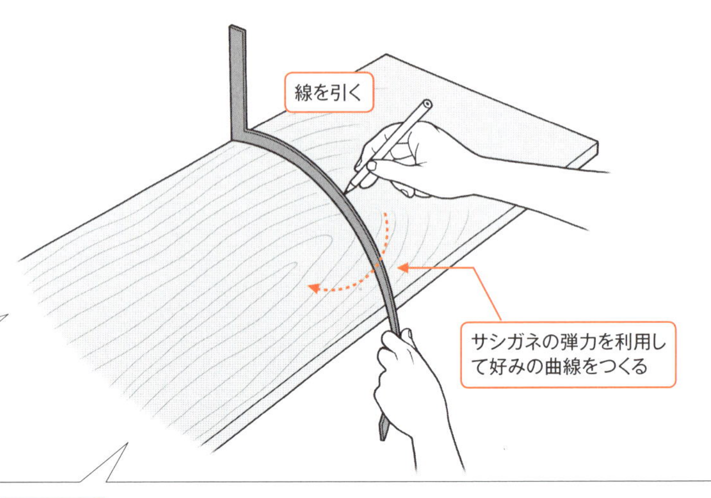

線を引く
サシガネの弾力を利用して好みの曲線をつくる

POINT①

ひとり作業ではクランプがあるといい

ひとりで作業する場合は、サシガネの矩手部分をクランプなどで固定すると片手があくので線が引ける。

POINT② しならせ具合で曲線の丸みは変わる

半円を描きたい場合は、描きたい半円の両端と、その中間の位置に高さの3点にあらかじめ印をつけ、サシガネがその3点を通るようにしならせる。ただし、この場合はひとりがサシガネをしならせ、もう一人が線を引くため、2人以上の作業となる。高さの位置をどこにするかで曲線の丸みを変えることができる。

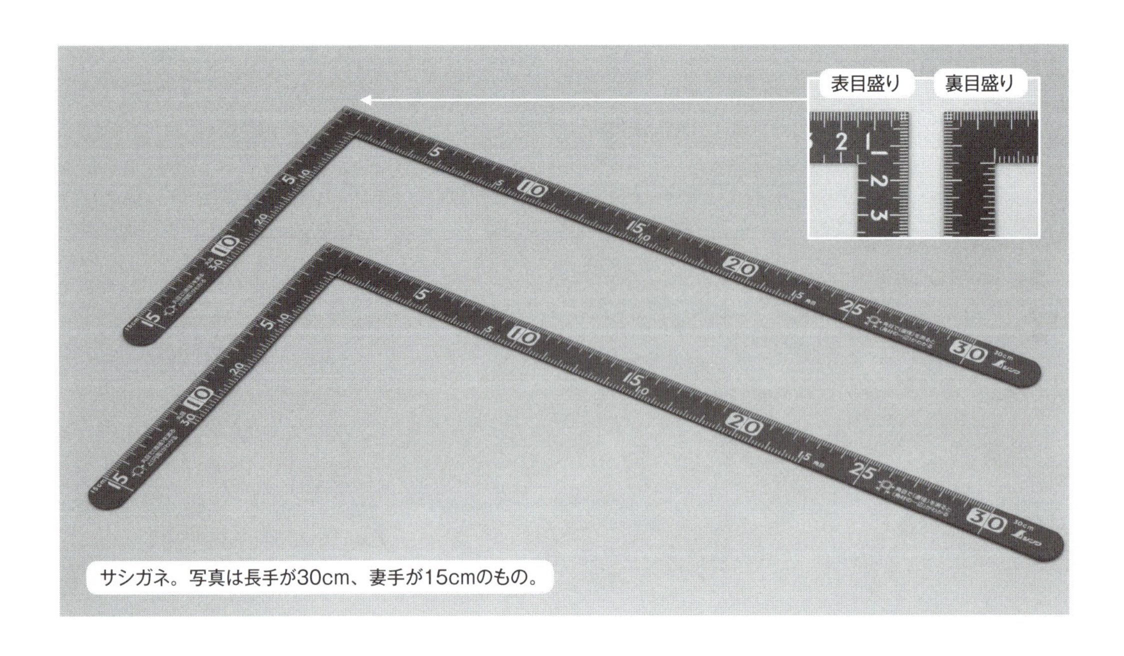

サシガネ。写真は長手が30cm、妻手が15cmのもの。

矩手が90度になっているかが重要

サシガネの狂いを直す

サシガネの命は、矩手が正確に直角になっていること。これが狂っていては用をなしません。矩手が狂っていないか、作業前に確認し、狂っていたら即直します。

POINT 平らなところで確認を

サシガネの狂いを調べるときは、厚いガラス板など、平らなところで確認すること。スコヤは正確な直角を出すための専用の定規。直す際は、少しずつ叩き、スコヤで直角を確かめながら調整すること。

●矩手が90度より狭い場合

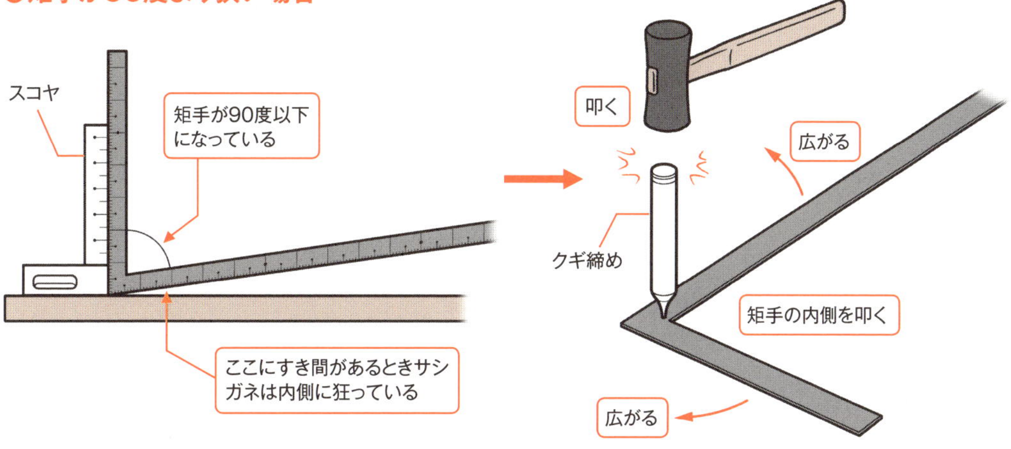

●矩手が90度より広い場合

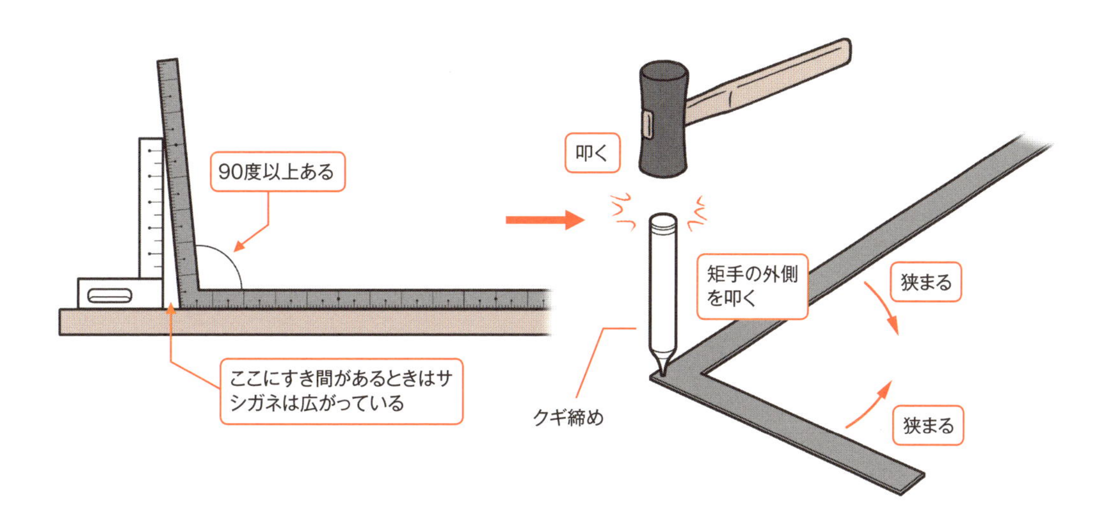

便利な道具いろいろ

正確な直角を出す専用の定規
スコヤ

スコヤは正確な直角を出すための専用の定規です。サシガネの狂いを確かめるときにも利用します。一方が厚くなっているので、材料に固定しやすいよう工夫されています。

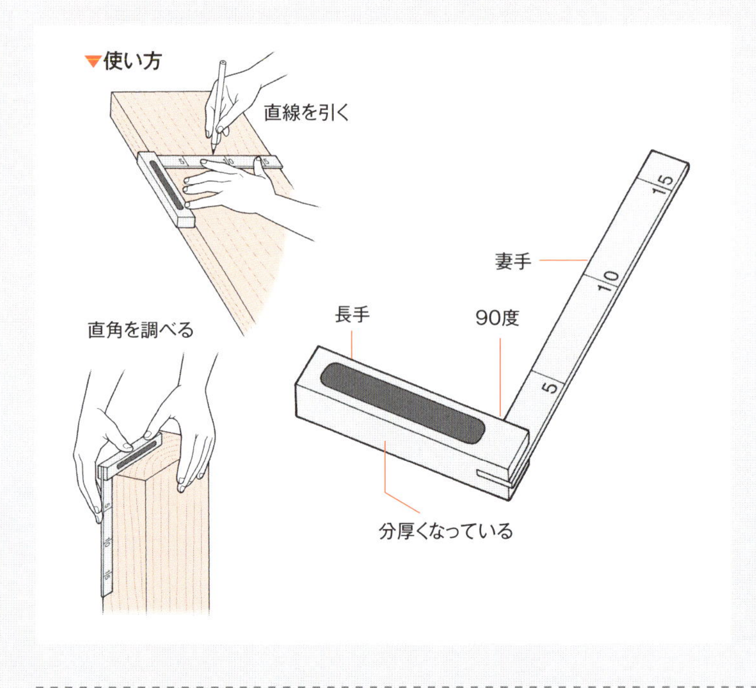

45度の線を引くための定規
留め定規

「留め」というのは、大工用語で45度のことをいいます。木工作業では留めの線を引くことが非常に多くあり、この道具があると便利。2つの角度が45度になった平行四辺形の定規で、簡単に留めの線を引くことができます。

留め定規
45度の線が引ける

正確な線を引くのに便利
ケビキ

正確な線引きをするときに役に立つ昔ながらの道具です。刃先で線を引くため、線の部分がキズになり、そこにノコギリやノミを当てることで材の欠けを防ぐことができます。直線だけでなく、コンパスのように使えば円も引けます。

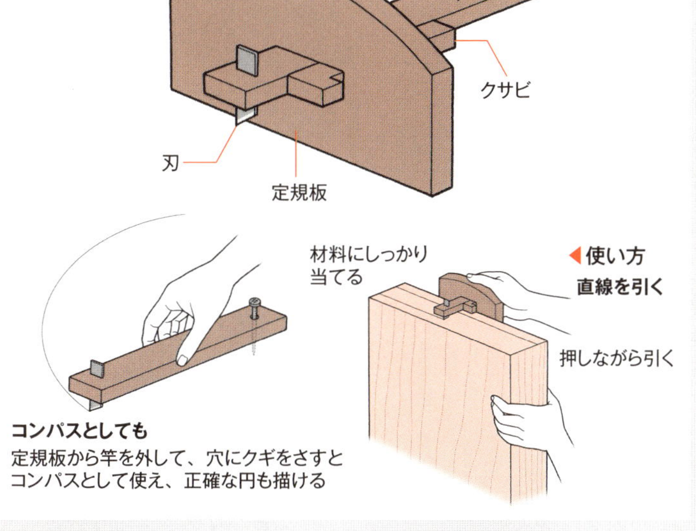

昔ながらのプロの道具
墨つぼ

大工さんを象徴する道具が墨つぼ。糸を繰り出してピンとはり、指ではじくと、たちどころに長い直線が引けます。糸をはじく角度によっては、曲線も引けるそうですが、それには熟練の腕が必要。DIYではほぼ使うことはないでしょう。

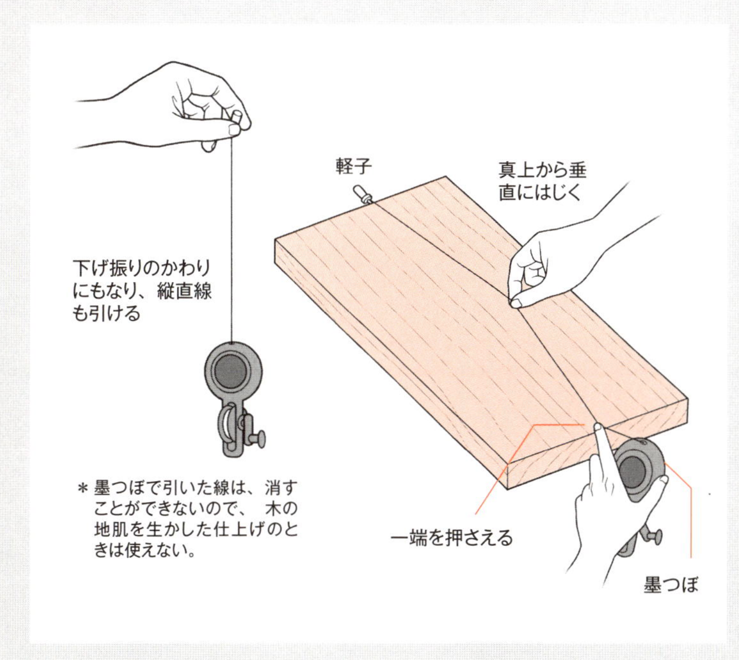

水平器

▼水平器の知識

DIYでさまざまな作業をするときに重要なのは、水平や垂直をいかに正確にとるかということ。ちょっとしたゆがみがあっても、仕上がりのよしあしを左右するものです。

場合によっては、最後の最後になってつくり直さなければならなくなることもあります。

水平を出す作業でよく使うのが水平器（水準器）。一般的に使われるのが、ガラス管の中の気泡の位置で水平を出したり、確かめたりする「気泡管水準器」です。

ガラス管が水平に取りつけられたものは水平を、垂直に取りつけられたものは垂直を、45度の角度に取りつけたものは斜めの角度を確かめることができます。

ガラス管には複数の基準線と呼ばれる線が入っていて、一定の物体の面にフレームを当てたときに、ガラス管の中の気泡の位置が最も内側の標線の中央にあれば、その面は地面に対して規定の角度（水平、垂直、45度）であることになるわけです。

水平器は木工作業はもちろんのことですが、大がかりな土木工事でも使用されます。

こうした測定器具は、器具そのものが狂っていてはどうしようもありません。そこで、まずは正確なものを求めることが大事になります。

最近の製品は、台がアルミ製のものが多くなっています。アルミ製で、メーカー品であればまず安心ですが、購入の際は、平坦なガラス面などに当てて確認を。

また、ガラス管の中の気泡が、大きいものより小さめのほうが、測りやすいでしょう。

さらに水平器も進化し、最近ではコンパクトなサイズでありながら多機能なものや、デジタルで測定する水平器など、幅広い製品が出ています。

DIY作業をするにあたって、プロ仕様の高額なものを持つ必要はありません。しかし、ある程度の機能を備えた水平器は持っていてもいいでしょう。

ホームセンターなどでも幅広く取り扱っているので、自分の目で見て、触ってみて、自分に合ったものを選ぶことをおすすめします。

水平は重力方向に対して直角の方向

水平器の種類

水平器には液体の表面が常に水平になろうとする性質を利用した気泡管水平器のほかに、重りが重力方向に作用したときに静止することを利用した指針型水平器があります。

気泡管水平器

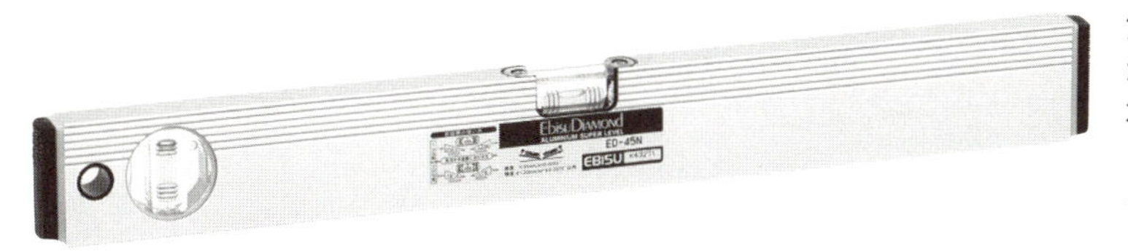

気泡管水平器は、気泡の位置が標線間の中央にきたときに、水平・垂直・勾配を示す。フレームはアルミ製、樹脂製などが多い。

指針型水平器

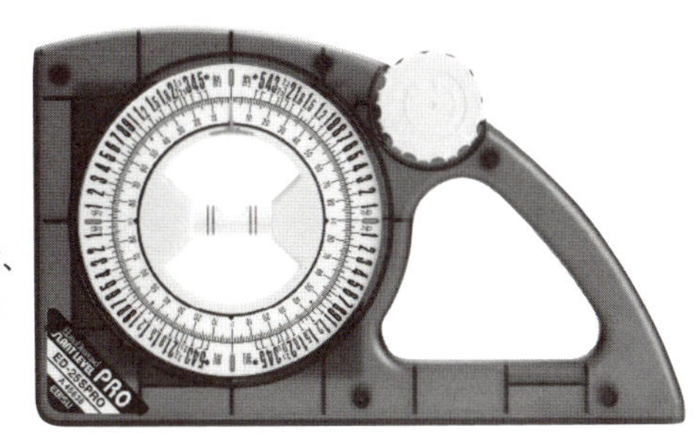

指針の逆側に重りを取りつけ、指針の軸新が回転し重力方向に作用したとき、指針が水平・垂直・勾配を示す。

デジタル水平器

高精度な水平器で、水平出しや真直度、平面度測定が短時間で可能。防水タイプなどもある。

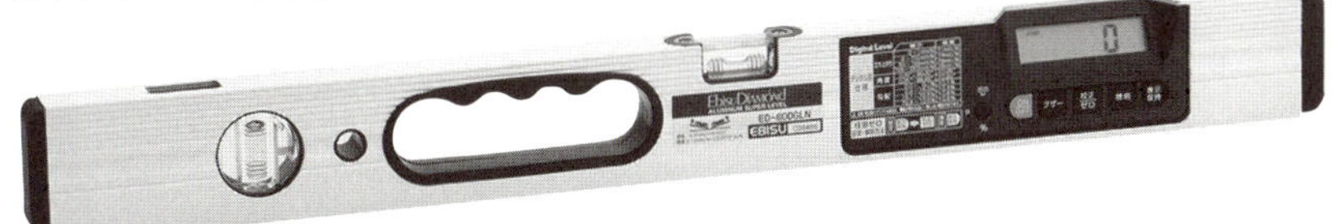

平らなところに置くこと

水平器の各部の名称と使い方

水平器で水平をとるときは、平らなところに置くことが基本です。手のひらに乗るくらい小さなサイズの水平器は、写真撮影の際に水平をとるときにも使えて便利です。

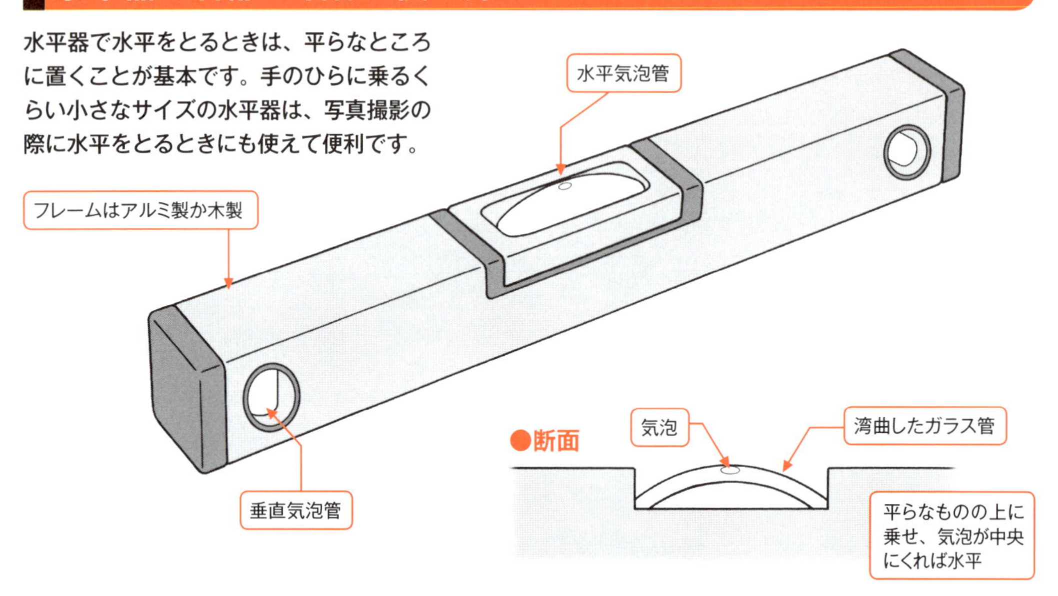

使い方

棚を取りつけるなど水平をとりたい場合だけでなく、何かの土台をつくるときなど凸凹した地面でも水平をとることができる。この場合も平らな板などを渡してその上に置いて見る。

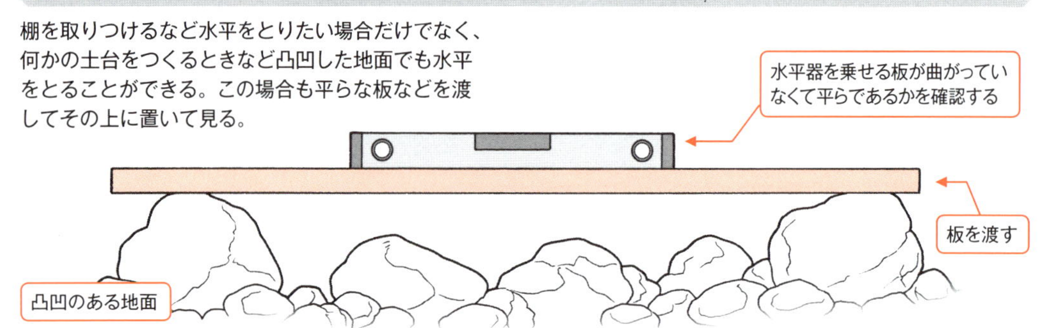

水平器を乗せる板が曲がってい
なくて平らであるかを確認する
板を渡す
凸凹のある地面

広い範囲の水平のとり方

土木作業を行う際など、広い範囲で水平をとりたいときは、水平器では測れないので、このような装置をつかって測る。水平を測りたい場所の端と端に杭を立て、水を入れた透明のホースを渡し、両端の水面の傾きで水平をとる。

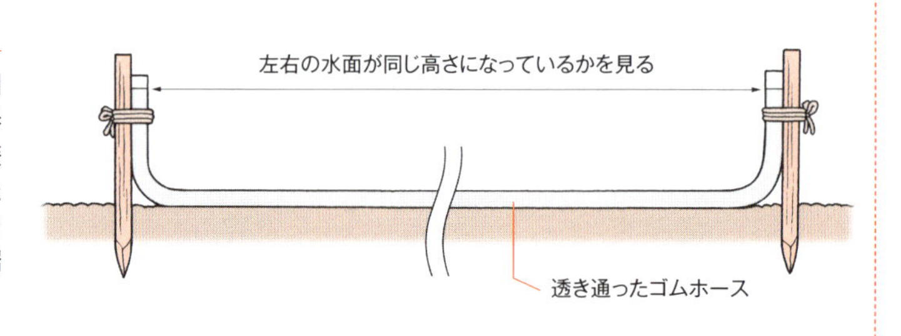

室内でも屋外でも使える

下げ振りの使い方

下げ振りと聞いてもピンと来ないかもしれませんが、これも木工作業に欠かせない道具。
壁紙をはったりするときなど、垂直を出したいときにとても便利です。

糸の一端に逆円錐形の重りを取りつけたもの。重りは300g程度のものが一般的。

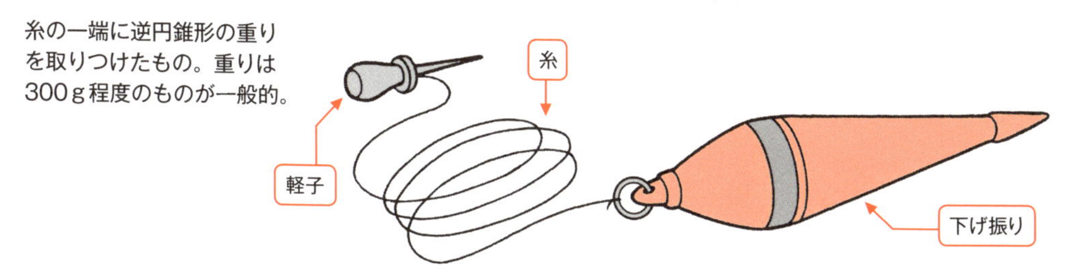

使い方

垂直を調べたい柱や壁に軽子を刺し、下げ振りがついた糸を垂らす。糸にそって線を引くと垂直な線が引ける。揺れによる誤差に注意すること。

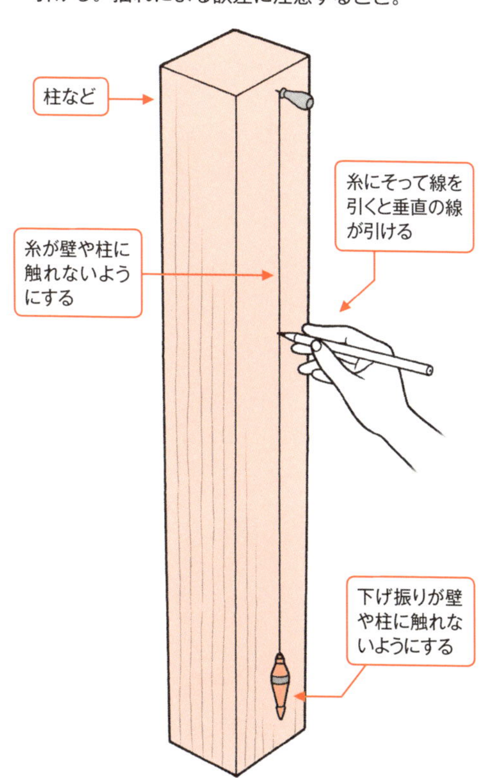

風が強いときの下げ振りの使い方

下げ振りを屋外で使用する場合、風の影響により誤差が生じることがあるので注意。どうしても揺れる場合は、水をはったバケツに重りを入れると揺れが止まる。

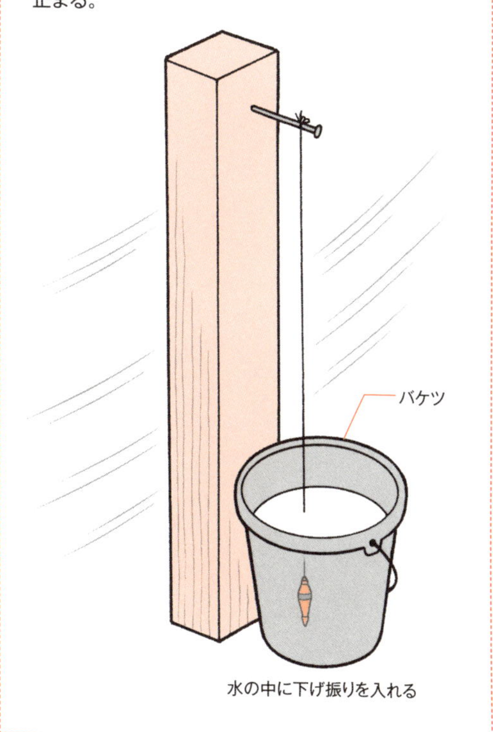

水の中に下げ振りを入れる

磨く

サンドペーパー

▼サンドペーパーの知識

木工作業では欠かせない道具のひとつであるサンドペーパー。紙ヤスリとも言います。ここまでご紹介した作業でも何回か登場しています。

サンドペーパーはニカワを塗った紙の上に、天然金剛砂（こんごうしゃ）（砥粒（とりゅう））を平均に接着させたものです。主に材の表面に付着したサビや不要な塗料などを削り落としたり、表面を削って滑らかに整える作業に使われます。

紙に塗布された研磨剤の種類によって金属用、木工用、合成樹脂用などに分かれています。

サンドペーパーは約22×約28㎝のものが標準の大きさとして売られています。目の粗さによって研磨力が違い、番号によって表示されます。粗目（あらめ）が40～60番、中目（ちゅうめ）が100～150番、仕上げに使う細目（ほそめ）が180～320番というように分かれています。

さらに耐水性、非耐水性にも分かれています。耐水処理をほどこした紙に強力な接着剤を塗って砥粒を平均に接着し、さらに接着剤を塗ってコーティングしたものを耐水ペーパーといいます。粒度は80番からあり、細かいものでは1000番、1500番というものまであります。

このように耐水ペーパーは、研磨力が強く高価なのが特徴。金属加工や高級な塗装仕上げに向いています。木工作業で主に使われるのは非耐水性の安価なサンドペーパーです。

非耐水ペーパーも耐水ペーパーもかけるコツがいくつかあります。

まず、力を入れすぎないことが大切です。表面を軽くこする感じで押さえ、すばやく往復させましょう。力を入れて押しつけると、摩擦熱によって砥粒がボロボロに取れてしまいます。

いくら力を入れないといっても、ある程度の力で押さえつけるわけですから、使っているうちに砥粒が落ちたり、目詰まりを起こしたりします。そこで、古歯ブラシのようなものを用意しておき、まめに、ブラッシングしましょう。それにより、ペーパーも長持ちします。

次ページに、サンドペーパーの特徴や用途を一覧にしています。それを参照し、用途に合ったもので作業することも大切です。

用途に応じて使い分けを

用途別　主なサンドペーパー

サンドペーパーは目の粗さや加工方法によって、かなり細かく番号に分かれています。DIY初心者は、どれを選んでいいのか分からなくなる場合も。そんなときは用途に応じてあらかじめ使いそうなサンドペーパーが何種類かセットになったものが便利です。

	特徴・用途	セット内容
PC布ペーパーセット	布に砥粒を接着したもの。門扉など金属製品のサビ落とし、古い塗装膜はがしに	60番・2枚 100番・1枚 150番・1枚 180番・1枚
PCサンドペーパーセット	木工品の研磨やサビ落とし、古い塗装膜はがしに	60番・2枚 120番・2枚 240番・2枚
PC耐水ペーパーセット	自転車などの金属製品のサビ落とし、古い塗膜はがしに	320番・1枚 600番・2枚 800番・1枚
PCスチールウール細目	スチールを繊維状にしたもの。研磨力が高く、塗装の仕上げ磨きなどに	4個入り
PCスチールウール荒目	スチールを繊維状にしたもの。塗装の下地調整や切り口をなめらかにする作業に	4個入り

＊すべてアサヒペン

材料表面の粗さによって番号を選ぶ

サンドペーパーの使い方

サンドペーパーは粗いものから細かいものへと2～3種類を順番に使います。
ふつうは中目の150番、細目の180番、240番程度を揃えておけば大丈夫です。

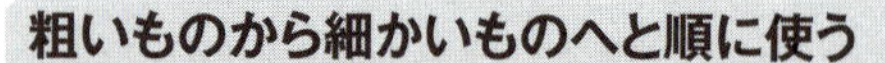

粗いものから細かいものへと順に使う

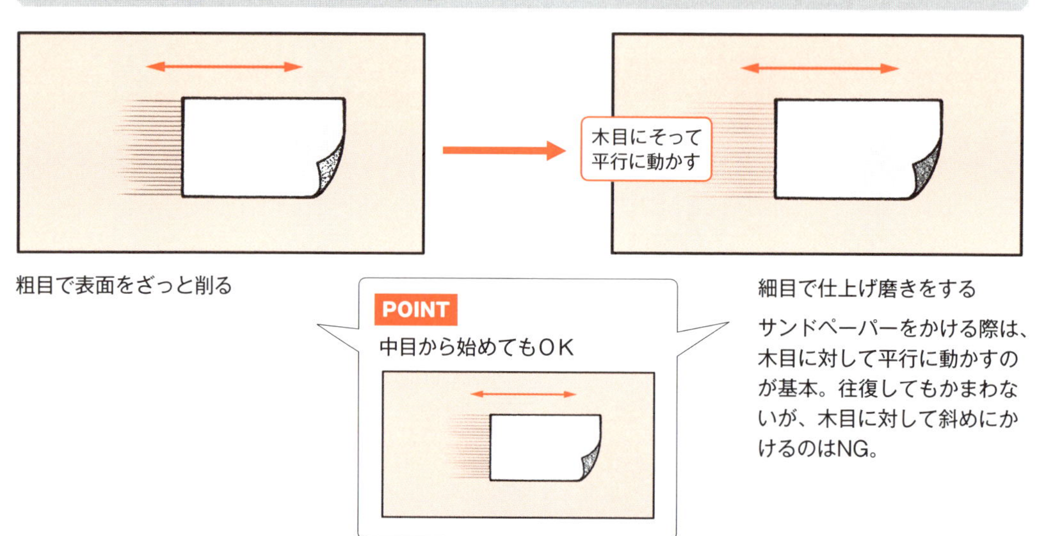

粗目で表面をざっと削る

細目で仕上げ磨きをする

サンドペーパーをかける際は、木目に対して平行に動かすのが基本。往復してもかまわないが、木目に対して斜めにかけるのはNG。

サンドペーパーの使い分け

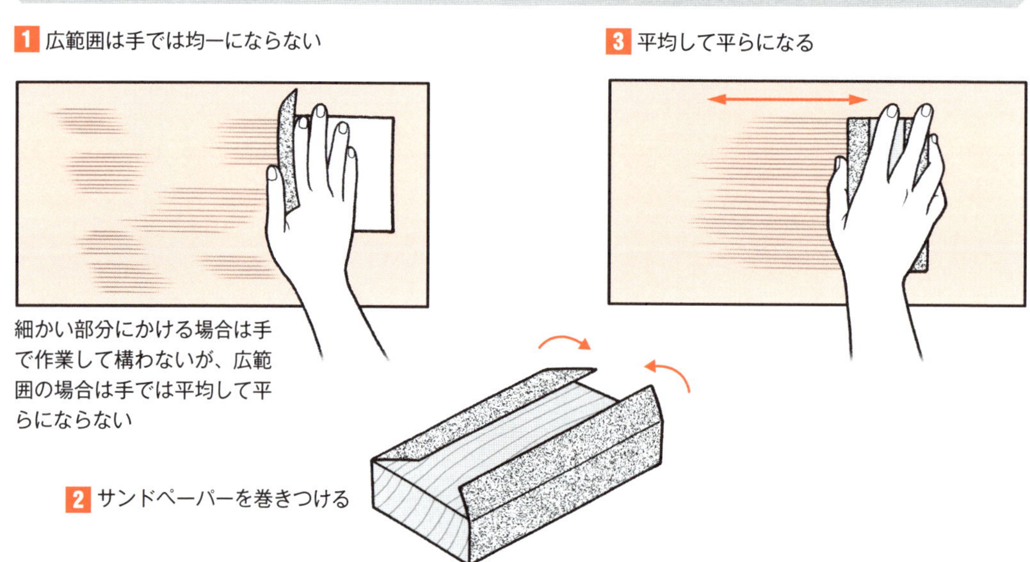

1 広範囲は手では均一にならない

細かい部分にかける場合は手で作業して構わないが、広範囲の場合は手では平均して平らにならない

2 サンドペーパーを巻きつける

3 平均して平らになる

手間をかければ仕上げがキレイ

塗装の研磨仕上げのやり方

耐水ペーパーはサンドペーパーよりも水に強いので、高級な塗装仕上げのときに便利。塗装をはがすとき、下地調整のとき、重ね塗りのときの研磨仕上げに威力を発揮します。

1 耐水ペーパーまたはサンドペーパーで下地処理後、1回目の塗装

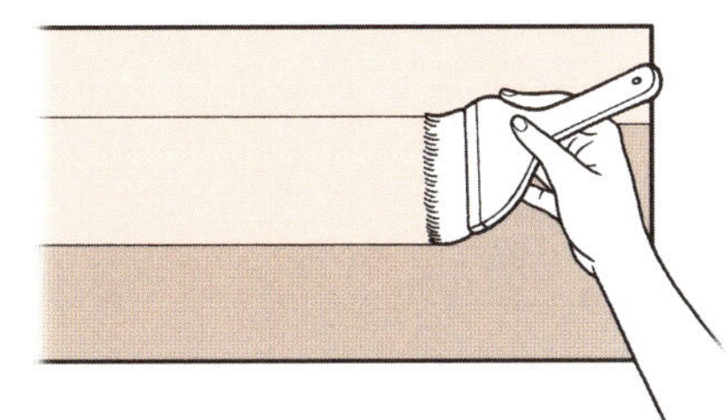

2 1回目の塗装が乾いたら、当て木をした耐水ペーパー（240番）で表面を磨く

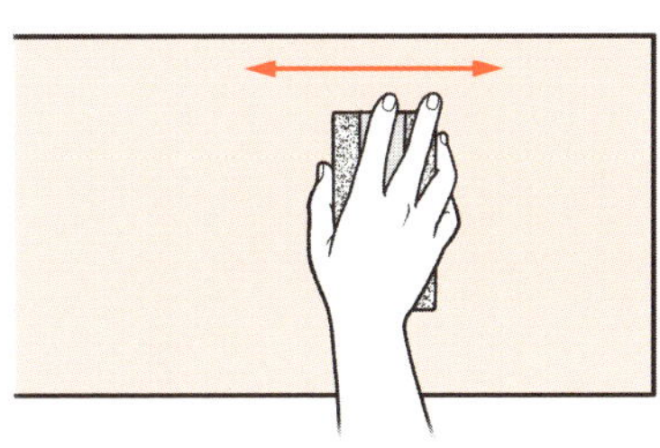

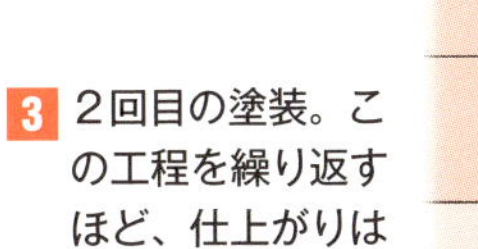

3 2回目の塗装。この工程を繰り返すほど、仕上がりはきれいになる

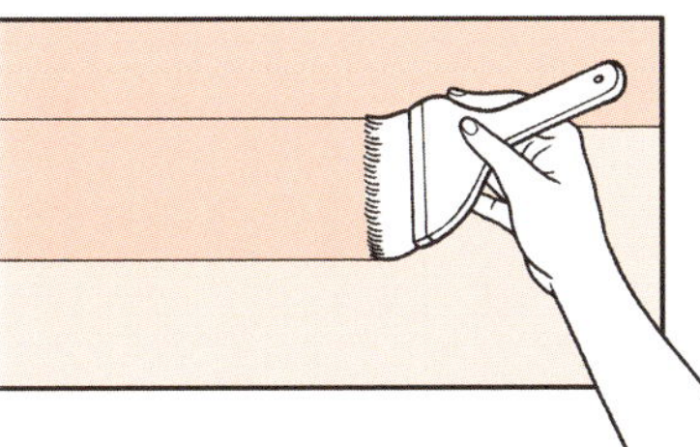

耐水ペーパーの目が詰まったら、水につけて洗い流す

ひとことワンポイント

木工用のヤスリはカンナの代用品に

ふつうのヤスリは目が細かく、ほとんどが金属用です。しかし、木工用として、カンナの代用として使うことができる目の粗いヤスリカンナというものがあります。サーフォームツールと呼ばれるものが代表的。貫通式のおろし金を裏返して使うようなもの、と言えばイメージしやすいかもしれません。ヤスリ面が網目状になっているので、削りカスが裏に抜け、目詰まりしにくくなっているのが特徴。

削る方向に対して斜めに当てがうと荒削りができ、平行に動かすと仕上げの研磨ができます。

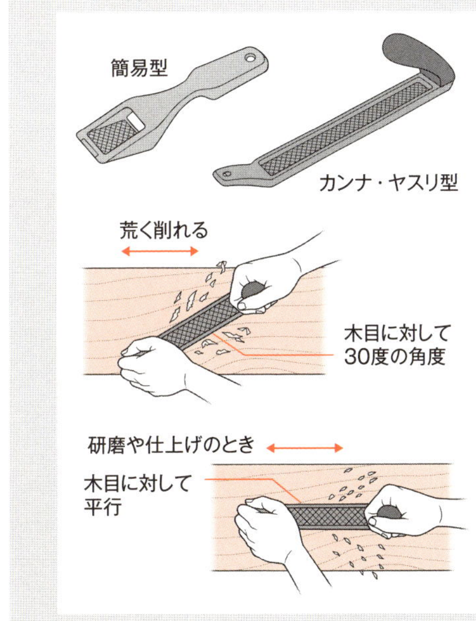

磨く

砥石

▼砥石の知識

砥石は道具をメンテナンスするための道具。DIY作業は、さまざまな刃物を使います。その刃物を生かすも殺すも砥石のかけ方にかかっています。

各種の道具に使われている刃物は、使っているうちに当然切れ味が鈍ったり、刃こぼれが生じるものです。そのまま使っていると、仕上がりも悪くなりますし、ケガの原因になる場合もあります。

刃物が切れなくなったかの見極めは、刃を真上から見て、刃先が細いスジになり、光って見えるかどうか。そうなっていたら研ぐ必要があります。もちろん、刃こぼれや欠けがある場合も同様です。

砥石には粗砥（あらと）、中砥（なかと）、仕上げ砥の3種類があります。刃先が欠けたり、刃こぼれしているときに使うのが粗砥。刃を研ぐ砥粒が粗くなっています。仕上げ砥は砥粒がもっとも細かいもので、文字どおり仕上げに使います。中砥はその中間です。

仕上げ砥の一種で、さらに砥粒の細かい油砥石というものもありますが、これは手術用のメスなど精密な仕上げが必要なときに用います。

刃を研ぐときは、粗砥で刃先の形状を整えて修正し、中砥で表面を平らにし、さらに仕上げ砥で刃の表面が光るほどに仕上げるのが基本。

しかし、通常の道具のふだんのメンテナンスでは、中砥を使うだけで十分でしょう。

砥石には天然の岩石でつくった天然砥石と、人造砥粒でつかった人造砥石があります。

選ぶなら人造砥石。天然砥石は天然の岩石を使っているだけに品質にムラがあり、そのよしあしを見分けるのが難しいのです。

その点、人造砥石は品質も安定していて、値段も安いのでDIY向けと言えます。

研ぎ上がったかどうかを確かめるには、親指などの爪に刃先を、20度ほどの角度で軽くあてがいます。

爪に刃先が引っかかるようならばOK。爪の表面を滑るようならば研ぎが足りません。

なお、刃先で指などを怪我をしないように、取り扱いには十分に注意して行ってください。

砥石が使えると株が上がります

刃物の研ぎ方

砥石で刃物を研ぐときのポイントは、刃の角度。国産の刃物の多くは使いやすい状態に研磨されているので、研ぐときはその角度を変えないようにすることが大事です。

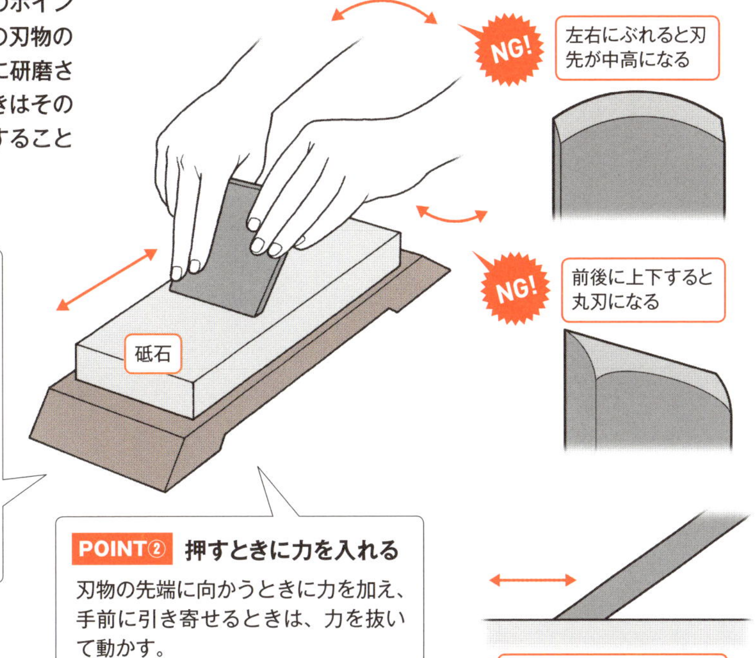

NG!
左右にぶれると刃先が中高になる
NG!
前後に上下すると丸刃になる
砥石

POINT①

両手でしっかりと支える

両手ではさむようにして研ぐ刃物を支え、刃先の部分を砥石にぴったりと密着させ、砥石に平行に動かす。上下左右にぶれないように動かすこと。

POINT② 押すときに力を入れる

刃物の先端に向かうときに力を加え、手前に引き寄せるときは、力を抜いて動かす。

刃の角度に合わせて、ピッタリと砥石の面につける

刃返りが出たら裏返して、刃返りをとる
裏刃

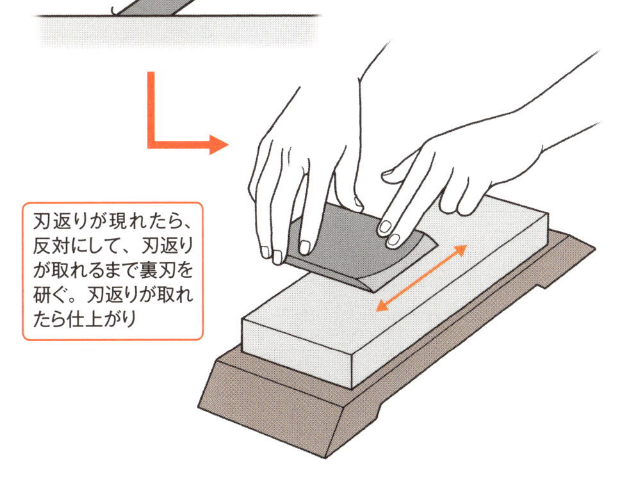

刃返りが現れたら、反対にして、刃返りが取れるまで裏刃を研ぐ。刃返りが取れたら仕上がり

曲線のある刃物の研ぎ方の例

砥石の斜めに刃先を当てる

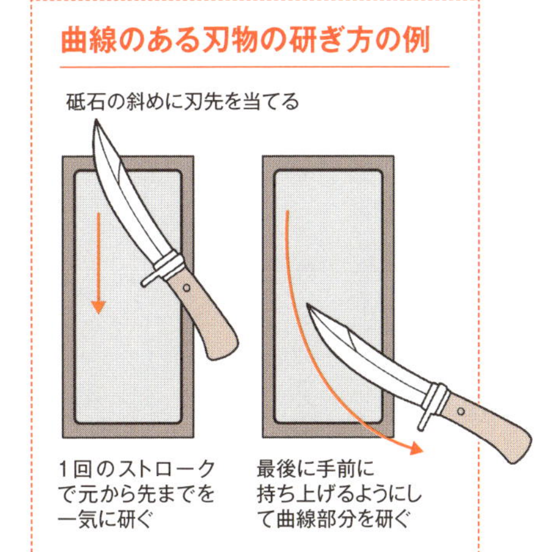

1回のストロークで元から先までを一気に研ぐ
最後に手前に持ち上げるようにして曲線部分を研ぐ

木工作業

組み手

▼組み手の知識

木工の基本作業のひとつとなるのが「組み手」と呼ばれる、材料同士の接合方法です。

家庭内の木工製品をよく見てみると、必ずといってよいほどこのテクニックが駆使されています。わかりやすい例をあげると、お酒を飲む升の継ぎ目がそれ。

材料の端と端がかみ合うようにして合わせているので、クギと木工用ボンドだけによる固定方法に比べて、格段に強度を高めることができます。

組み手の代表的なものには、以下のようなものがあります。

突きつけ組み手
2枚組み手
3枚組み手
欠き組み手
めち組み手
留め組み手

組み手は、材料の端を欠き取り、お互いをはめ込む組み立て方法。両方の欠き取り部分が正確に合わさるような加工をしてはじめて、組み手の効果を発揮します。

そのためには、ノコギリやノミで加工するための案内となる線引きを、きわめて正確に行うことがポイントになります。

組み手の線引きをするときに威力を発揮するのがケビキ（P197）。ケビキは正確な線が引けるだけでなく、材料に刃でキズをつけるようにして線を引くため、その線にそってノコギリやノミを使えば、材料の欠けを防ぐことができるという効果もあります。そういった点でも、組み手に挑戦する場合は、ぜひともケビキを用意することをおすすめします。

ただし、ケビキを使って線を引いたところは、キズになっています。

そのため、必要な部分以外には線を引かないように注意してください。

なお、ケビキを使うときには、一度で線を一気に引こうとしないことが大切です。

はじめは軽くキズをつけるくらいにとどめます。それを1～2回行い、最後にそのキズに合わせて強く、深く引きます。

いかに正確な線を引くかがカギ

正確な線引きのやり方

組み手の仕上がりを美しく、さらに強度を持たせるために不可欠な線引き。
ここではケビキを使用した正確な線引きについて解説します。あせらずていねいに、がコツ。

この厚さを正確に線引きする

Aの厚さをとるためにケビキをはめて、板の厚さをとる

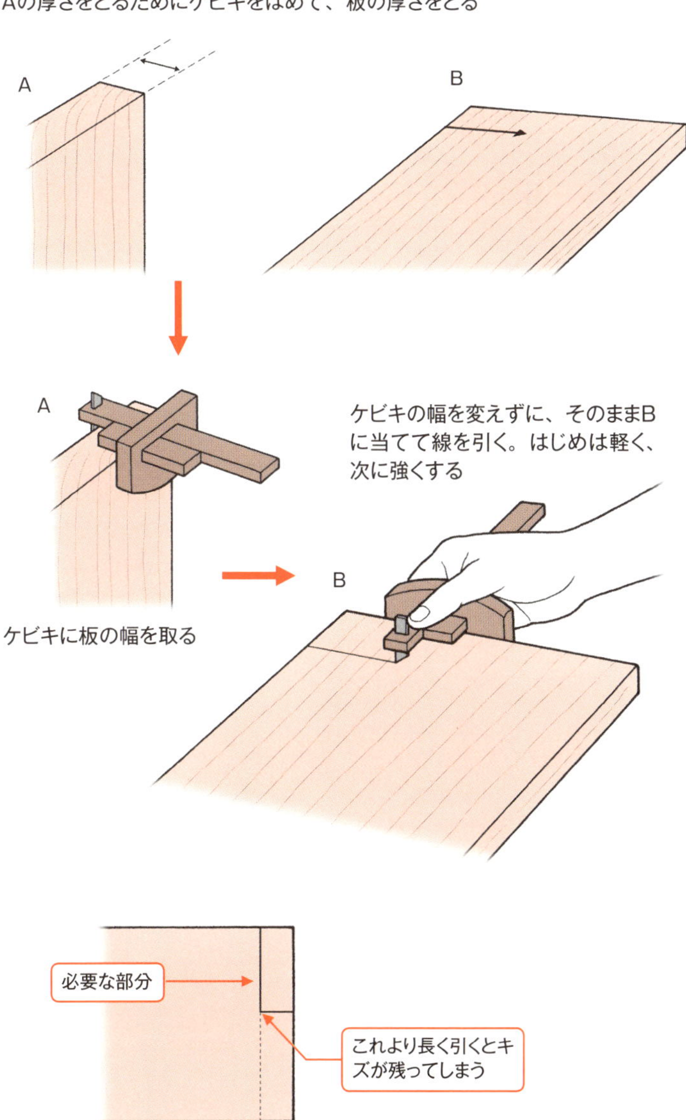

POINT

①1回で線を引こうとしない
1回で線を引こうとせず、最初は軽くキズをつける程度に1～2回引き、最後にそのキズに合わせて、強く深く線を引く。

②余分なところまで線を引かない
ケビキの線はキズになるので、余分なところまで線を引くと仕上がったときにキズとして残ってしまう。必要な部分以外に、はみ出さないよう注意する。

③固定はボンド＋クギ打ち
組み手の固定には、原則として材料同士が合わさる部分に木工用ボンドを塗り、その上でクギ打ちをする。

切り方のコツ

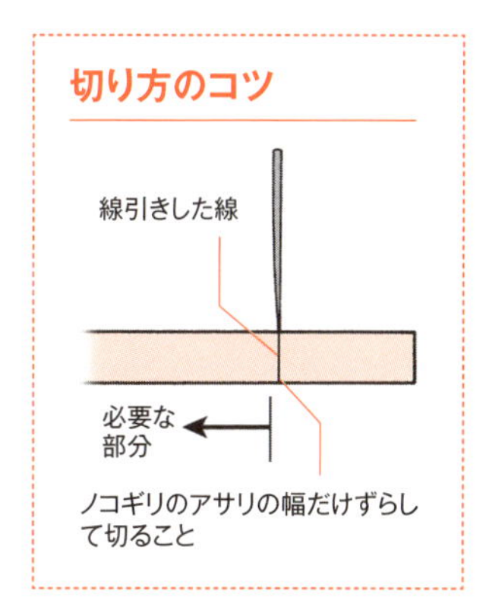

もっとも単純な組み手

突きつけ組み手

組み合わせたい材料の木口に木工用ボンドを塗布し、はり合わせる。

もっとも単純な組み手で、簡単なものを組み合わせるときによく使用されています。とくに材料の加工も不要。ただ、材料の両端の木口の直角を正確にとることが大事。

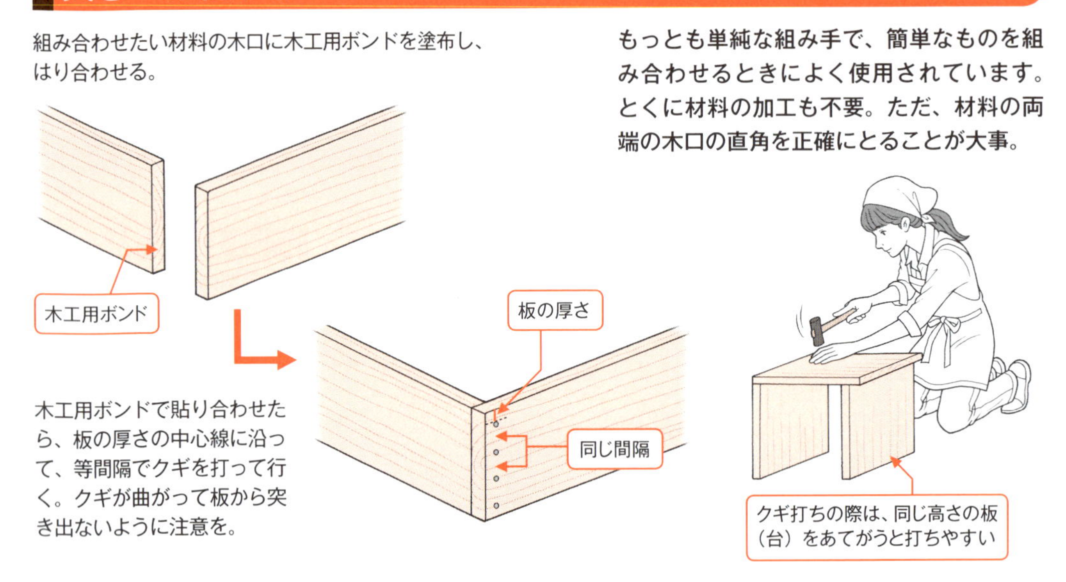

木工用ボンドで貼り合わせたら、板の厚さの中心線に沿って、等間隔でクギを打って行く。クギが曲がって板から突き出ないように注意を。

2か所の欠き取りを組み合わせる

2枚組み手

ケビキを使って正確な線を引き、切れ込みの「L」字と逆「L」字を組み合わせます。同じ位置にくる部分同士の線引きは、ケビキの幅を変えずに続けて行います。

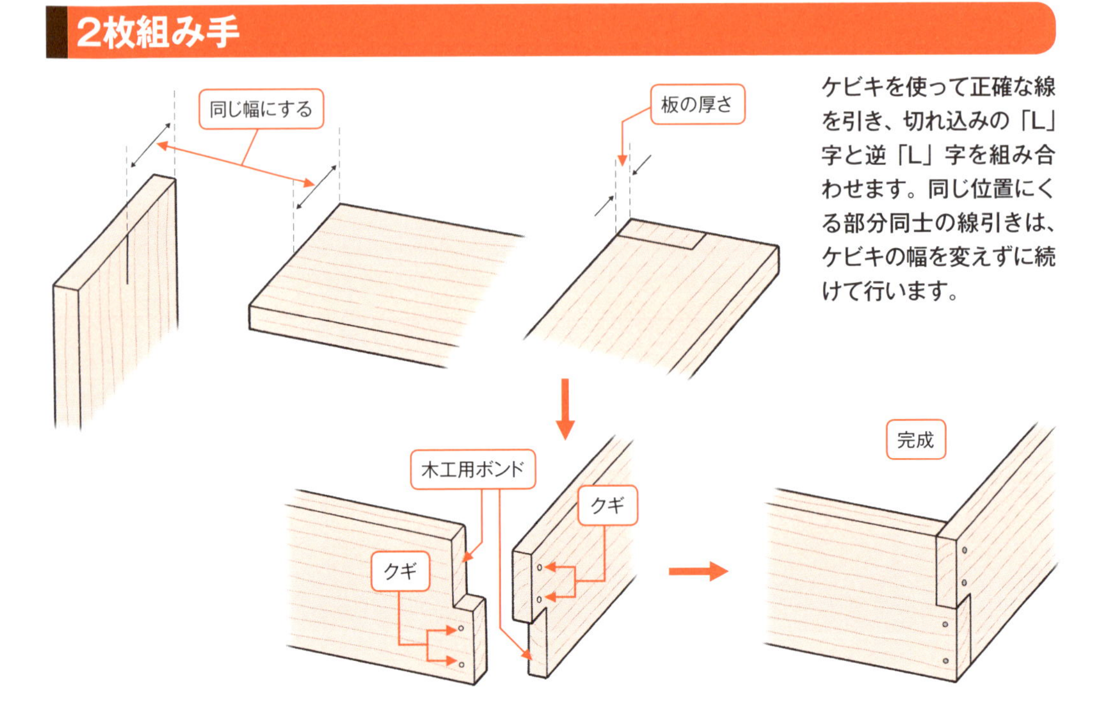

さらに強度が高い組み手

3枚組み手

３枚組み手は強度も高く、クギ打ちなしでもしっかり固定できるので、和家具などで用いられる手法。DIYでは、木工用ボンドとクギどめで、しっかりと固定します。

POINT

サシガネを使って正確に寸法をとる

３枚組み手の出来を左右するのが、材料をいかに正確に３等分するか。定規では誤差が出る可能性があるので、サシガネ（P192）を使って正確に３等分し、その後ケビキで線を入れる。

➡女木（めぎ、凹）

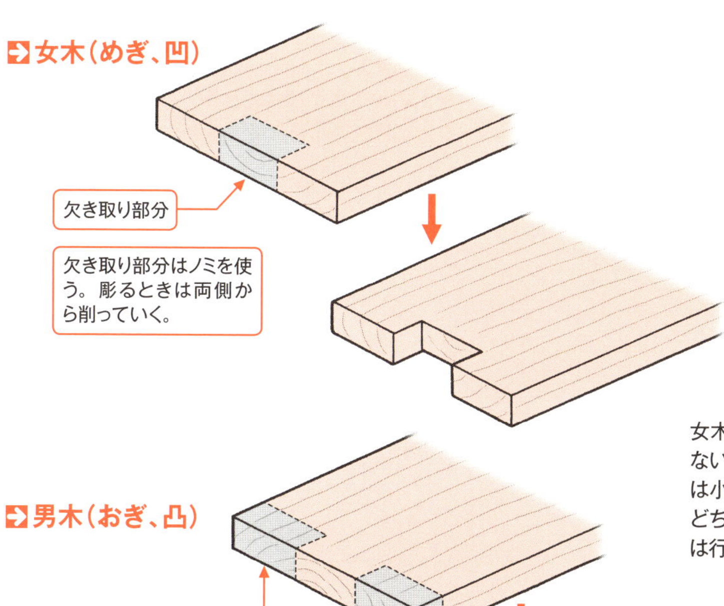

➡男木（おぎ、凸）

女木の欠き取り部分は広くなり過ぎないように。また男木の出っ張り部分は小さくなり過ぎないように注意を。どちらの作業も、引いた線いっぱいには行わず、少しずつ調整しながら行う。

➡女木と男木をはめ込む

はめ込むとき、きついからとすぐにノミで削ったり、サンドペーパーなどをかけて調節してしまわないこと。こういう場合は「木殺し」（P215）を行う。男木の出っ張りをゲンノウで叩くと上手くはまる。仕上げに、合わせ目に水を含ませることで、木が膨張しすき間がふさがる。

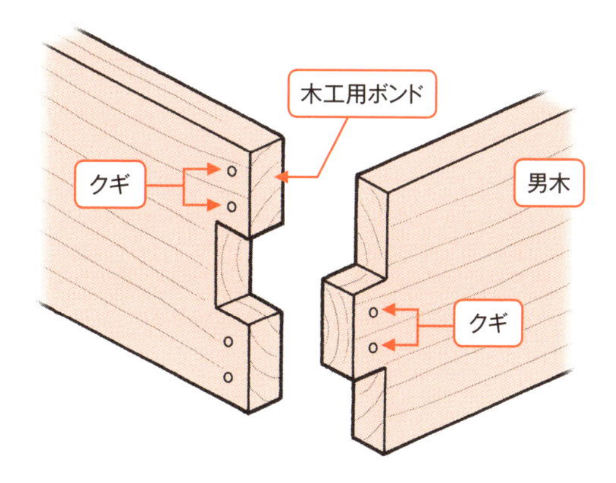

細工するのは女木だけ

欠き組み手

欠き組み手のポイントは細工をするのは女木だけで、男木が女木の厚さの3分の2だけに食い込むということ。設計段階でこのことを考慮しないと、仕上がりが小さくなることも。

1 男木の厚さを女木に線引きする

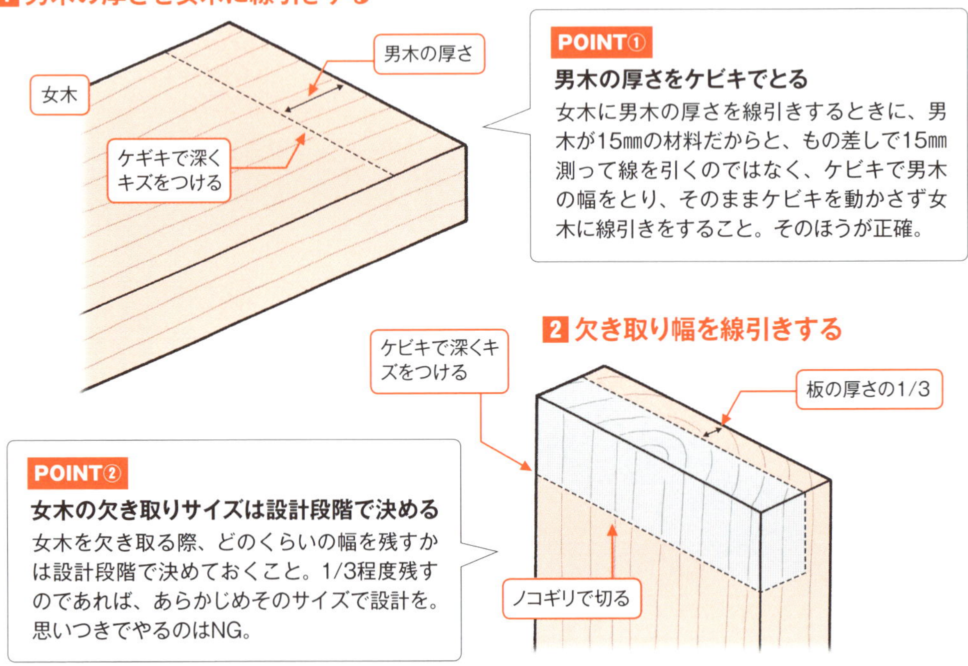

POINT①

男木の厚さをケビキでとる

女木に男木の厚さを線引きするときに、男木が15㎜の材料だからと、もの差しで15㎜測って線を引くのではなく、ケビキで男木の幅をとり、そのままケビキを動かさず女木に線引きをすること。そのほうが正確。

2 欠き取り幅を線引きする

POINT②

女木の欠き取りサイズは設計段階で決める

女木を欠き取る際、どのくらいの幅を残すかは設計段階で決めておくこと。1/3程度残すのであれば、あらかじめそのサイズで設計を。思いつきでやるのはNG。

3 欠き取る部分をノコギリで切り取る

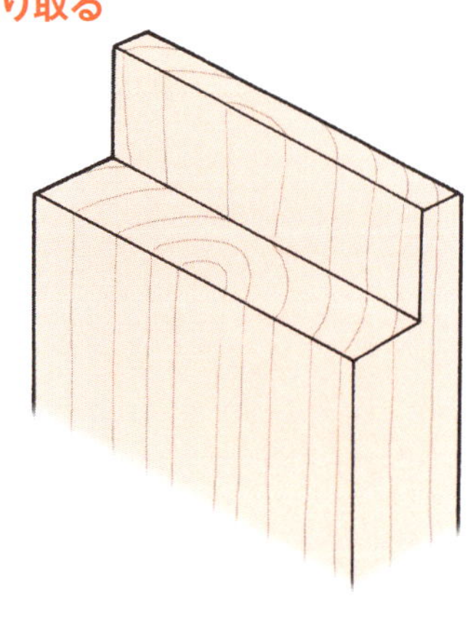

4 女木と男木を組み合わせる

女木を欠き取ったら、男木と組み合わせる。木工用ボンドではり合わせ、男木の厚さの中心線にそってクギ打ちをして固定する。

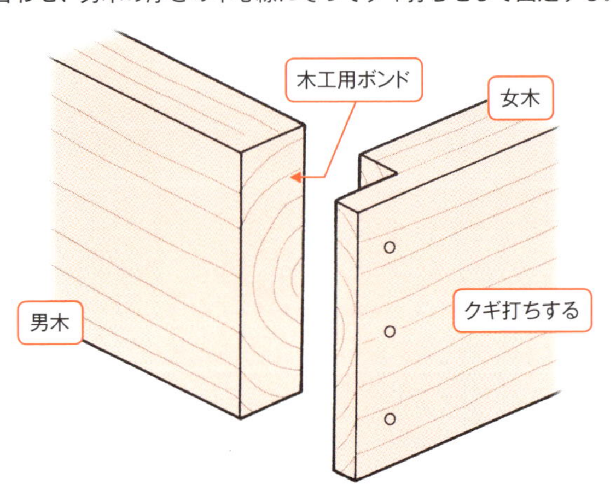

正確な線引きが決めて

めち組み手

「めち」とは溝のこと。女木に作った溝に男木の出っ張りをはめ込む組み手です。
女木に組み込む男木の寸法を、設計段階から計算しておくことを忘れずに。

1 線引きを正確に

ケビキで印をつける
女木

POINT①

線引きは男木の幅を女木に写す

線引きはかならずケビキを使い、男木の板厚を女木に写す際は、ケビキを男木に当て現物合わせで行う。女木にあける溝(めち)の幅は、男木の板厚の1/2程度に。

2 欠き取る

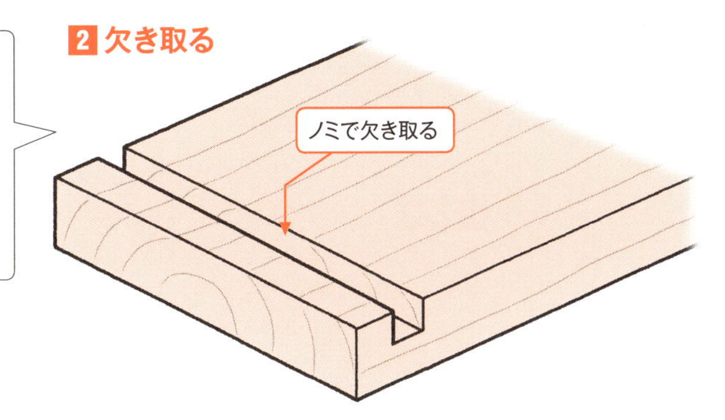

POINT②

ノコギリで切り込みを入れてノミで

女木の溝は両側にノコギリで切り込みを入れてから、ノミで欠き取っていく。使うノミの幅は溝と同じか、狭いものを使う。男木の凸部分はノコギリで欠き取る。

3 女木と男木を組み合わせる

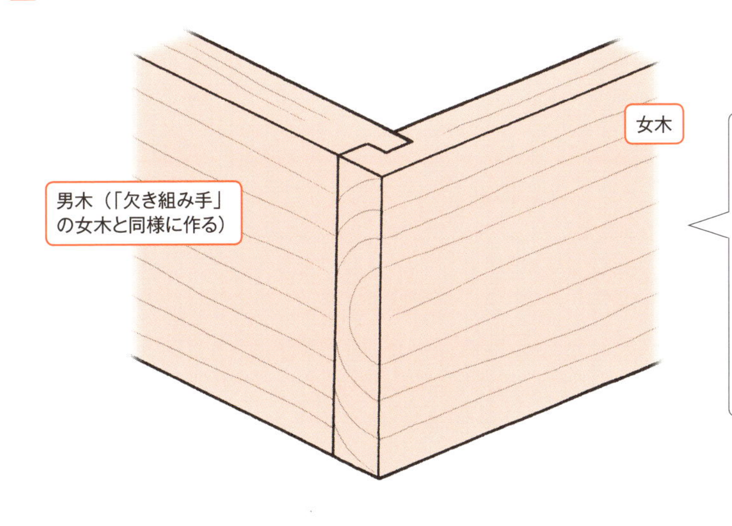

POINT③

男木の細工は欠き組み手の女木の要領で

女木の欠き取りを行ったら、男木の細工もする。男木は「欠き組み手」（右ページ）の女木の細工と同様に行う。欠き取るサイズは、女木の溝の幅と合わせること。

45度の「留め」を正確に切りだす

留め組み手

DIYではやや高難度の組み手ですが、仕上がりがキレイなので覚えておきましょう。
この組み手のポイントは、45度の留めをいかに正確に切り出すかです。

男木

幅9 ~ 15㎜、角度45度を線引きし、それ以外の部分をノコギリで切り取る

点線部分を切り取る
男木
9 ~ 15㎜
板の厚さ。角度45度

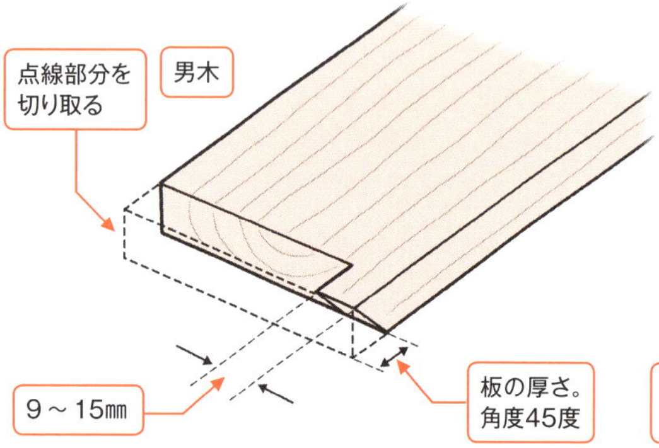

女木

男木と逆に、幅9 ~ 15㎜、角度45度を線引きし、その部分をノコギリで切り取る

女木
9~ 15㎜。角度45度

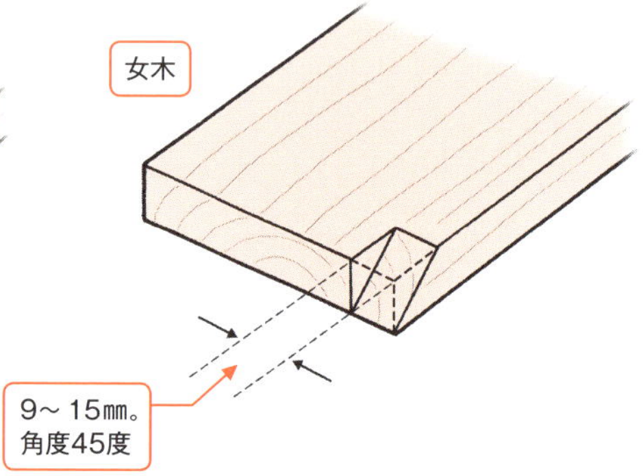

POINT ノコギリで切りすぎないこと

欠き取りはノコギリで切って作るが、少しでも切りすぎると修正がきかない。線引きした線を残すようにして切り、あとでノミで修正を。

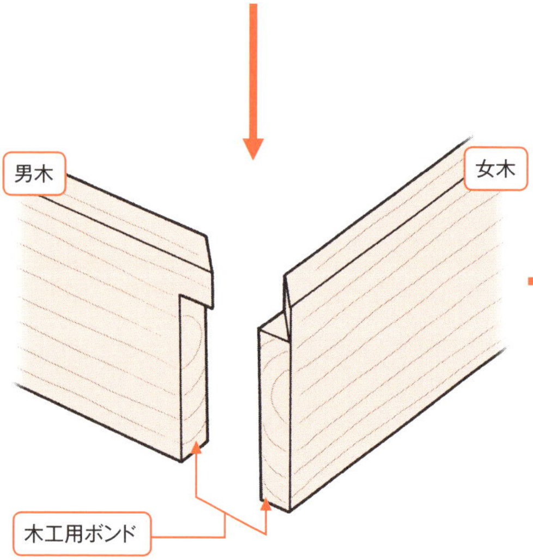

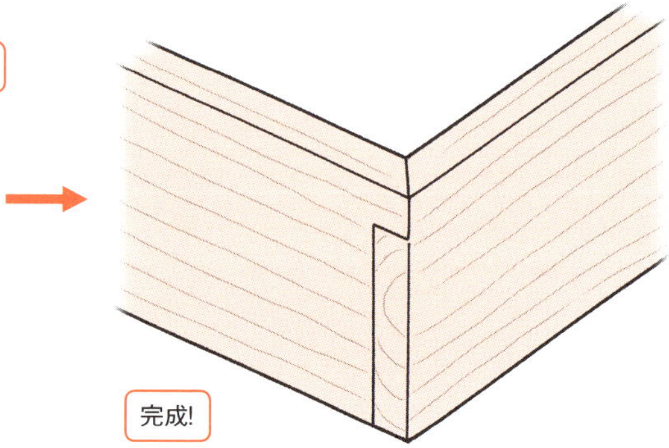

男木
女木
木工用ボンド
完成!

ひとことワンポイント

覚えておきたい木材の処理

木殺し

木殺し（きごろ）しとは組み手の際、男木をゲンノウで叩いて圧縮させ、組みやすくする技法。組んだ後に水を含ませると木が膨らみ、より強固に固定される。

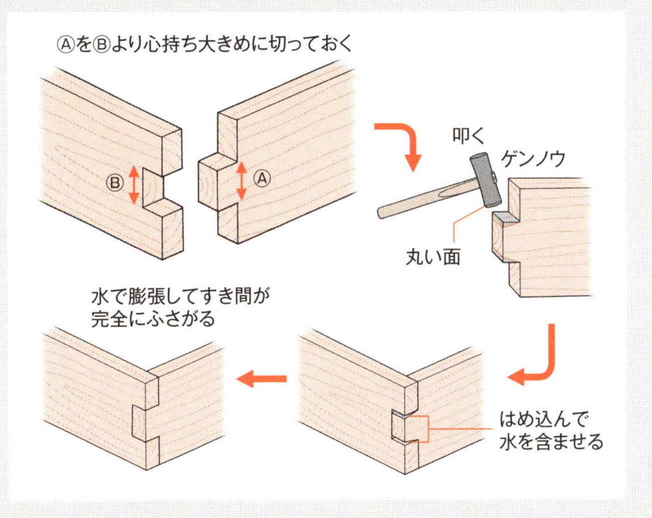

面取り

木工作業の最後の仕上げが「面取り」。専用の面取りカンナもあるが、サンドペーパーとカンナでもできる。カンナがけの場合は、端から中心部までをかける作業を両サイドから行うのがコツ。

平面に面取りする

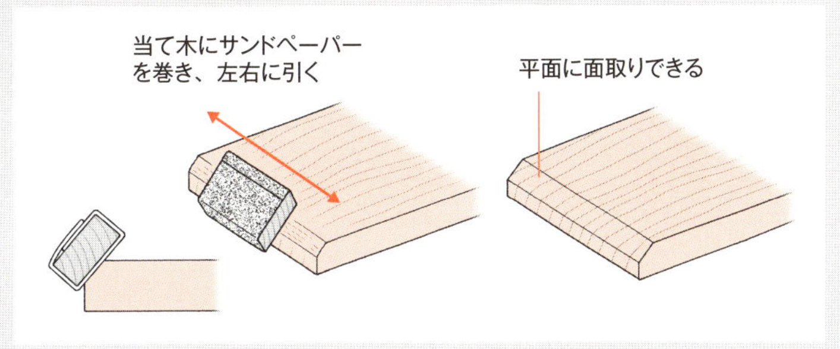

曲面に面取りする

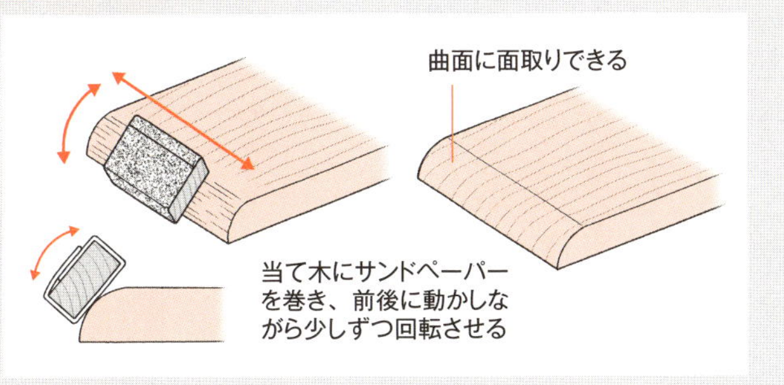

カンナの場合

カンナは両端から中央あたりまでかけて、材料を返して、反対側も同様にかける

端から端までを一気に引き通さない

木工作業

相欠き組み手

▼相欠き組み手の知識

相欠（あいが）き組み手は、欠き組み手と同じような組み手ですが、欠き取りを両方に、木の幅の半分ずつ入れる点が異なります。そこから「相欠き」という名前がつけられました。

前に述べた各種の組み手は、強度を増すために行うことはさることながら、仕上がりをキレイに見せることも目的でした。これに対して相欠き組み手は、強度をいかに高めるかを最大の目的としています。

木工作業を行う上では、ぜひともマスターしておきたい技法のひとつです。

実際にただクギを打ってとめただけの場合に比べて、強度は比較にならないほど高まります。正確に作業することが重要になりますが、複雑な細工は必要がないので、マスターしやすい技法です。基本的な相欠き組み手には、4つの種類があります。

十文字型
直角型
継ぎ型
T字型

十文字型は、本棚などに縦の仕切りを入れるときなどに用いられる手法。見栄えもよくなりますし、強度ははるかに大きくなります。

直角型やT字型は、枠を組んだりするときなどに役立ちます。また継ぎ型は、短い材料同士をつないだりするときに、用います。

相欠き組み手のポイントは、各種組み手と同様に、作業を正確に行うこと。相欠き組み手ではケビキが使えないところがありますが、鉛筆で引く場合も正確さを重視します。

とくに材料の厚さの寸法を取ったり、厚さの半分の寸法を取ったりするときは、現物合わせも併用して正確に行うよう意識して作業しましょう。

十文字型、直角型、継ぎ型は合わせる部分が同じ大きさになりますから、2本（枚）をまとめて線引きすると正確になります。

欠き取り部分を取る場合には、直角型、継ぎ型はノコギリを使い、十文字型とT字型はノコギリとノミを併用します。

これらのときに、切りすぎない、削りすぎないことが大事です。

マスターしたい4つの種類

相欠き組み手の種類

相欠き組み手の主な種類は４つ。強度が欲しい部分に用いますが
型は目的に応じて選びましょう。この４つの技法はぜひ覚えておきたいものです。

十文字型

長い材料同士を、途中で交差させるときに使う組み手。本棚などの棚板の補強や仕切り、井げたなどの枠を組むときなど、応用範囲が広い。

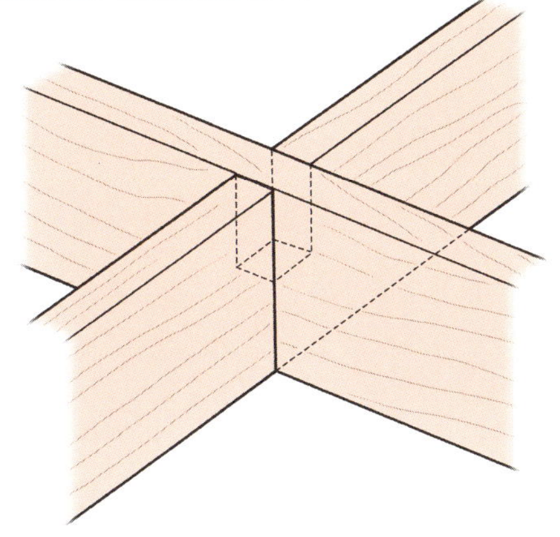

直角型

枠を組むときのコーナーなどに使う組み手。突きつけるだけに比べて、強度が高まる。

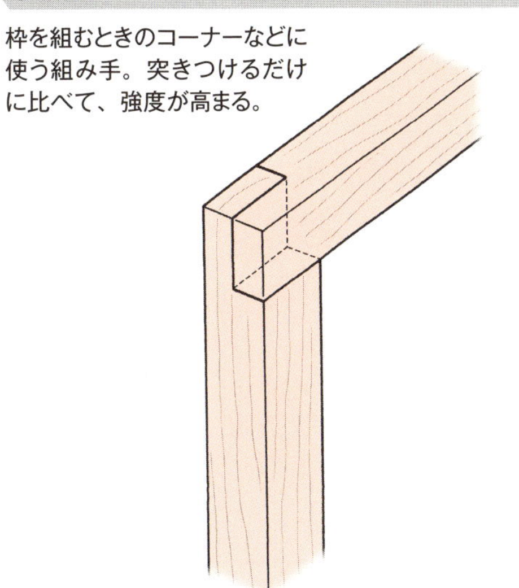

継ぎ型

やむを得ず短い材料同士を継ぎ合わせるときに用いる組み手。

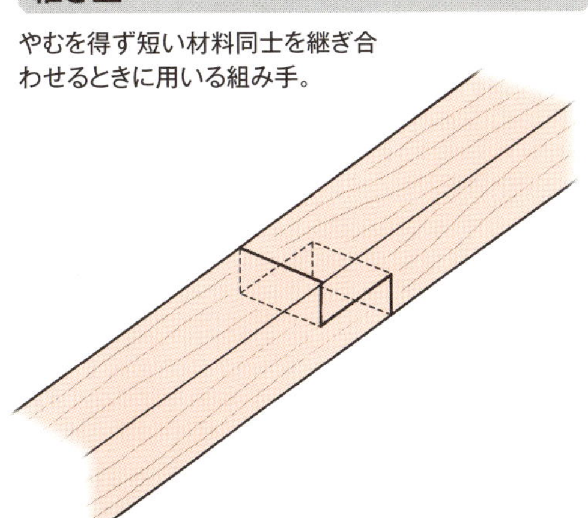

T字型

枠を組むときに、間に補強を入れたい場合などに使う組み手。組みあがった枠の強度が増す。

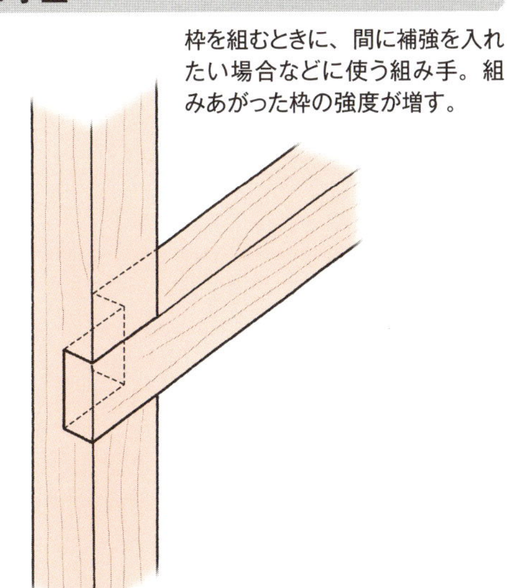

正確にていねいに!

相欠き組み手のポイント

相欠き組み手のポイントを解説します。作業そのものは複雑ではありませんが、
正確でていねいに作業を進めることが大事です。

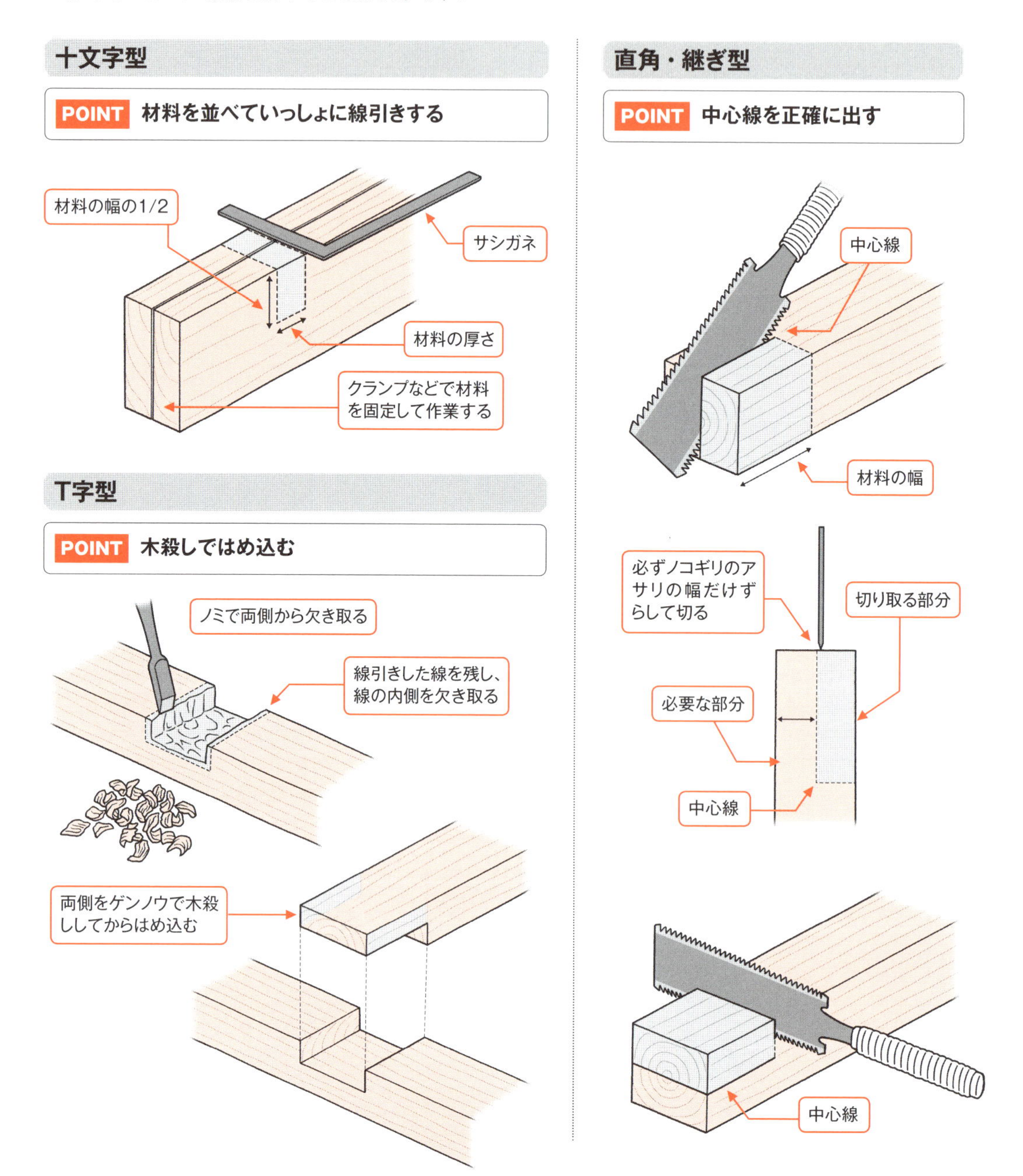

ひとことワンポイント

棚板を支えるダボのつけ方

靴箱などの中に、取り外しや位置の変更ができる棚を作ると便利です。

棚づくりはDIYでも多い作業のひとつ。棚を支えるのに便利なのがダボ。ホームセンターなどには、ねじ込み式のダボが販売されています。自分で木製のダボをつける場合も、ダボ用の木棒が売られているので、それを利用しましょう。

ダボをつけるポイントは、取りつける位置を正確にとること。少しでも狂いがあると、棚を乗せたときにガタつきができます。

ドリルで穴をあけるのが簡単ですが、その際はビットにテープなどで印をつけ、深さを一定にします。

ダボの種類

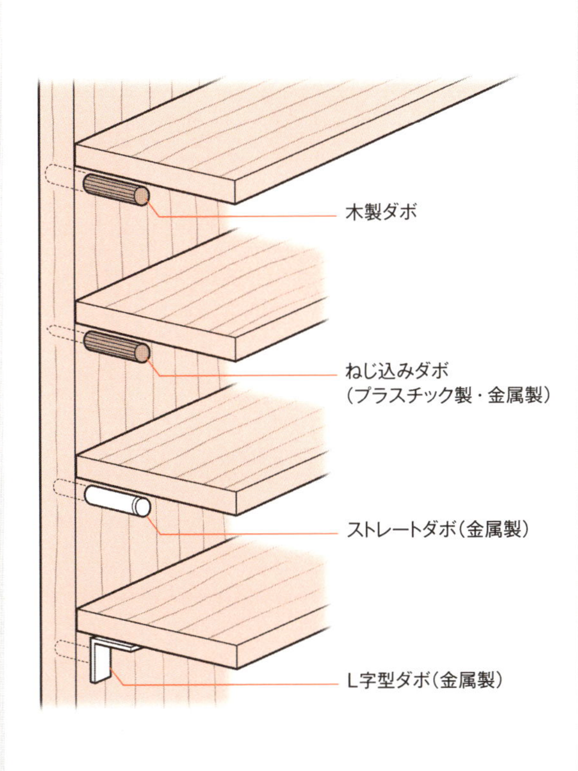

ダボ穴のあけ方

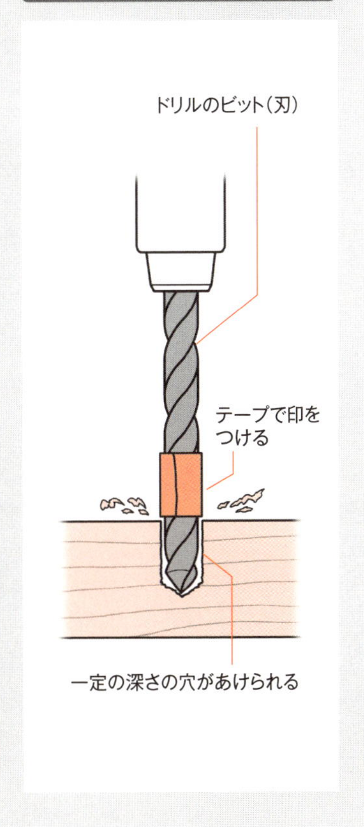

電動工具

電動工具

DIYを始めるにあたって、まずは使用頻度の高い工具をそろえることが大事です。

ちょっとしたメンテナンス程度であればカナヅチやノコギリ、ドライバーで事足りるかもしれませんが、もっとちゃんとしたDIY作業を行うには、これらの道具では限界があります。それが100円均一で求めた道具であればなおさらのこと。

▼電動工具の知識

プロ仕様の道具とまでいかなくても、ある程度は道具と工具にはお金をかけたいものです。

電動工具も、DIY向けのものが増えています。プロ用に負けず劣らずの性能を備え、DIY作業がますます楽しくなること請け合いです。

DIYで活躍する電動工具

サンダー
木材や金属の表面を研磨する。高速で作業でき、しかも仕上がりはとてもきれい。

ジグソー
薄い金属やプラスチック、軽合金なども切れる。木材なら板厚50㎜くらいまで切ることができる。

トリマー
ガイドを利用して直線、曲線の溝彫りや面取りが簡単に。大型のものはルーターと呼ぶ。

電動ドリルドライバー
穴あけや、ネジを締めたりゆるめたりもできる重宝な工具。まずそろえたい一台。

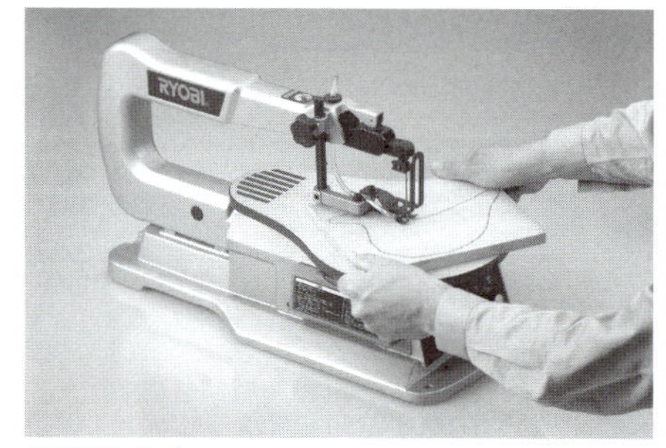

電動糸のこ
穴あけや整形など、細かい木工作業には最適な工具。ただし、刃が折れやすいので要注意。

＊協力／リョービ

そろえておきたい電動工具

名称	用途	解説
電動ドリル	基本的には木材や金属に穴をあけるときに使う。そのほかにアタッチメントのつけかえによって、面取りや研磨、ツヤ出し作業が可能。上級機種では石材やガラスの穴あけ、ネジ締めもできる。	単速タイプと変速タイプ、振動タイプの3つのタイプがあり、変速タイプには無段変速と有段変速の2種類がある。単速タイプは回転数が一定に設定されていて、木材、金属、プラスチックなどの穴あけ、研磨、面取り、ツヤ出しなどのひと通りの作業ができる。変速タイプは回転数を何段階か無段階に変えられ、材質に適した回転数の設定ができる。振動タイプは回転しながら振動することで、石材など硬い材料の作業に威力を発揮。
ジグソー	本来は曲線切りの道具だが、木材や薄い金属、プラスチック、軽合金などを直線、曲線に切ることができる。木材では厚さ50㎜まで、金属では2～3㎜の厚さまで対応できる。	ドリル同様に単速タイプと変速タイプがある。90度に近い角度の方向転換が可能。直線を切る場合には、アタッチメントとして平行定規をつけて、木端に添わせるようにする。コンパスで円を描くように、材料を円形に切り抜くことも可能。ベースの角度を変えると、斜め切りもできる。
ルーター	各種の溝ガンナと面取りカンナをひとつにまとめ、電気で動かすようにしたもの。ガイドを利用して平行あるいは、曲線に薄彫りや面取りが簡単にできる。	DIYでは非常に応用範囲が広い道具だが、回転数が毎分2万5000回転という高速であるため、取り扱いには慣れが必要。
サンダー	木材や金属の表面を研磨する。サンドペーパーを装着し高速で研磨するため、作業の能率が手でかけるより各段にアップする。	サンドペーパーを取りつけた長方形の台が、楕円運動など細かく動いて研磨するのがオービルサンダー。円形のサンドペーパーをラバーパッドとともに取りつけ、高速で回転させて研磨するのがディスクサンダー。このほかにベルトサンダーがある。一般的に使われるのがオービルサンダーとディスクサンダー。感電の危険があるので、使用時は水に濡らさないこと。
電動糸ノコ	木工作業だけでなく、木工作品を作る際にも使える電動で動く糸ノコ。	糸ノコギリの刃を保持する弓を、電動で上下するように動かす構造。刃を変えることで木工用にも金属用にも使用できる。細かい細工に向いていて、ジグソーではできないような作業も可能。作業台を傾斜させられるタイプもあり、切り口を斜めに加工することが簡単にできる。
丸ノコ	主に木材の直線切りに威力を発揮する。	本体を手で持って動かしながら材料を切っていくハンドソーと、本体は台に固定されていて、材料を送って切るベンチソーの2つのタイプがある。

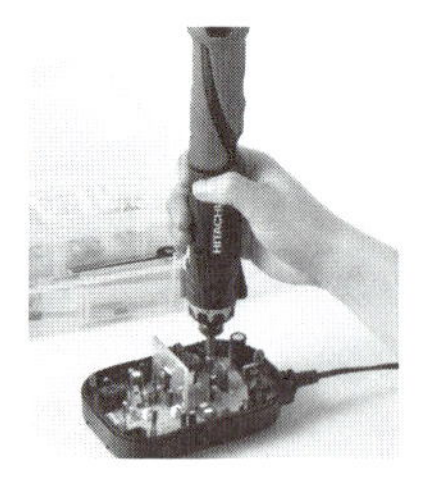

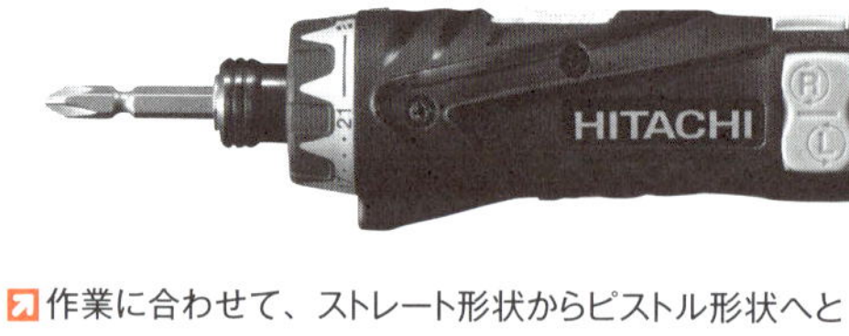

↗作業に合わせて、ストレート形状からピストル形状へと変更可能。手元を明るく照らす白色LEDライトつき。細かなトルク調整が可能な21段クラッチ。手回しでドライバーとしても使える。[3.6V コードレスドライバドリル]

↓軽量、コンパクトボディで、予備のビットを収納するビットホルダつき。パワフルな締めつけが可能。[14.4V コードレスインパクトドライバ]

↑DIY向けのインパクトドライバでありながら、締めつけトルク108N·mと強力。手元にフィットする細径ハンドルで作業効率アップ。[10.8V コードレスインパクトドライバ]

←ヘッド高さ53㎜で、狭い場所での作業に大活躍。LEDライト搭載で暗い場所の作業も可能。[10.8V コードレスコーナインパクトドライバ]

穴あけ・締めつけ工具

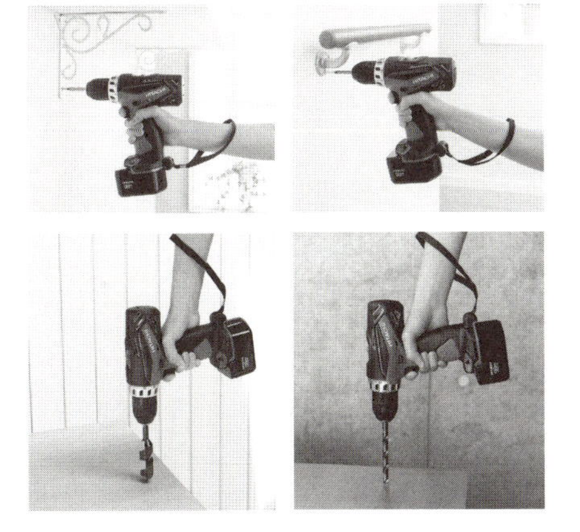

➡最高トルク32N・m。クラッチダイヤルで締めつけトルクを22段階に調整できるので、棚や手すりの取りつけ、木材や金属板への穴あけと、幅広い用途に使える。［12V コードレスドライバドリル］

↘全長289㎜、質量1.9kgとコンパクトで軽量なのに、コンクリートにも高速穴あけ可能。作業に合わせて「回転」と「回転+打撃」の切り替えが簡単にできる。［ロータリハンマドリル］

⬅便利な穴あけ深さ調整ストッパつきの電気ドリル。クギやネジの下穴をあける際も、穴が深くなりすぎる心配がない。軽量、コンパクトボディ。［電気ドリル］

研削・研磨工具

➡ 握りやすいグリップ形状で、さまざまな持ち方に対応。作業個所を明るく照らすLEDライトつき。無段変速ダイヤルスイッチで、部材に合わせた速度調整が可能。
[10.8V コードレスミニグラインダ]

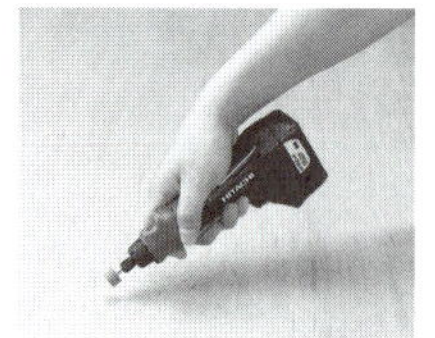

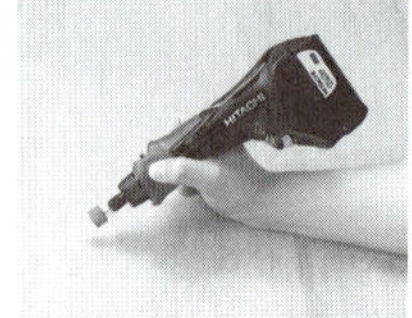

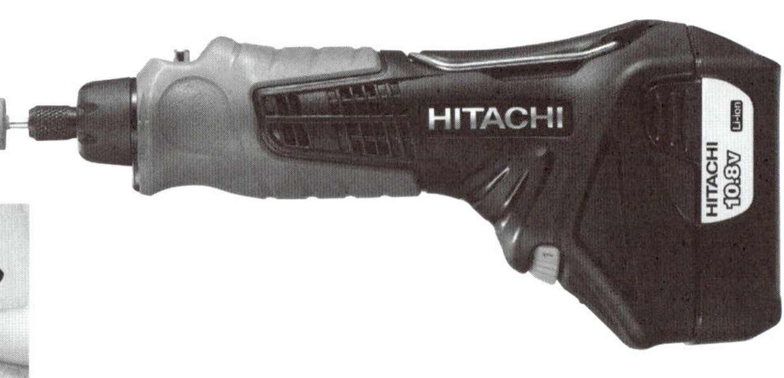

↓金属の塗装はがし

↓木の研磨

↓コンクリートの筋つけ

↓金属パイプの切断

↖ サイドハンドルつきで、両手で安定した作業が可能。軽量。コンパクト。ボディの横についた操作スイッチで作業中でも操作しやすい。1台で多用途に使える。
[電気ディスクグラインダ]

➡ 手にフィットする大形ソフトグリップ採用で安定して作業ができる。パット穴集じん方式を採用し、研磨時の粉じんを集じん穴から強力に吸い込み、周囲への飛散を防ぐ。ダストパックつき。[ミニサンダ]

作業中に出た削りかすは集じん穴に吸い込まれる仕組み。

切断工具

↑スイッチ操作で材料に適した切断速度を設定可能。鋼材から木材まで切断できる。工具なしでブレードの交換可能。LEDライト搭載。
［10.8V コードレスミニソー］

←質量2.2kgの軽量タイプでありながら、最大切り込み深さ46㎜と高性能な丸のこ。たる木や角材の切断に、フロア材やコンパネの切断と幅広く使える。高剛性アルミベースの刃で安定した切断が可能。
［145㎜丸のこ］

カンナ

↓平削り

↓面取り

↓相じゃく

↓パワーを備えた深切削モデル。平削り、相じゃく、面取りがどれもスムーズにできる。切削深さ最大1.5㎜、580Wのハイパワーでスピーディーな切削作業が可能。スイッチを離すと自動的にブレ―キがかかる。［かんな］

＊協力／日立工機

塗料

▼塗料の知識

塗料はさまざまに分類され、細かくみていくとどんどん細分化されていきます。

その中で、用途別に分けると大きく4つに分類できます。

●主として屋内に塗るための塗料

屋内の壁や天井、家具や木部、浴室・キッチン、床などの表面に塗る塗料です。一般的な水溶性壁用塗料のほかに、カビ止め剤入りのものは、浴室やトイレなど湿気が多い場所に適しています。

●主として屋外に塗るための塗料

コンクリートやモルタルの塀、壁、また門扉やフェンスなどの鉄部のほか、トタンやスレートの屋根などに塗る塗料。ベランダなどのコンクリート床に塗るもの、木部に塗るものなども揃っています。

屋外は、屋内に比べて風雨にさらされたり、直射日光が当たったりしますから、その分、耐候性をもたせた配慮がされています。

また、鉄部はサビの発生しやすい場所のため、サビ止め効果も付加されています。

モルタル塗りの外壁は、亀裂が入りやすいもの。こういう場所には、塗膜が弾力性に富む塗料を塗ることで、亀裂を防止できます。

●工作・ホビーなどで使う塗料

木工用、プラスチック用、布用、ペーパークラフト用などがあります。いずれも小容量のビン入り、または使いやすいスプレータイプになっています。

もちろん、家具やテーブルなどの本格的な木工用としても利用できます。

また色が豊富なのも特色で、蛍光色のものや、仕上がりがスエード調になるものなど、バラエティーに富んでいます。

●その他の塗料

以上に説明した種類以外にも、用途に応じてさまざまな塗料があります。たとえば、自転車などの金属塗装用の塗料、耐熱性のある塗料、皮革製品用の塗料など。

大事なことは、用途に応じた塗料を選ぶということ。手持ちの塗料をむやみに流用するのはやめましょう。

主な家庭用塗料の分類

名称	種類	特徴	用途
内壁用	水性ツヤ消し	垂れにくく、塗りやすい。1回塗りで乾燥も早く、作業時間が短縮できる。	屋内の各種の壁・モルタル壁・コンクリート壁・天井など
浴室・台所用	水性ツヤ消し	カビ止め剤入り。垂れにくいので塗りやすい。乾燥後は水ぶきが可能。	浴室・台所・トイレ・天井・その他の湿気のある場所
カビ止め用	水性	耐水性にすぐれているうえ、カビ止め剤が入っている。	浴室・台所・モルタル・コンクリート・木部・鉄部など
水性屋外用	水性ツヤあり	乾燥が早く、耐候性にすぐれている。	主として屋外の壁・ブロック塀・板塀・門扉・戸袋
	水性半ツヤ	耐候性にすぐれ、乾燥が早い。	主として屋外の壁・門扉・板塀・戸袋・玄関のドアなど
油性屋外用	油性	耐候性にすぐれている。合成樹脂が調合されていて、ツヤが美しい。	窓枠・板塀・垣根・戸袋・シャッター・ベランダ・もの干しなど
瓦屋根用	水性	耐候性にすぐれている。美しいツヤが出る。	スレート瓦・セメント瓦
トタン屋根用	水性	耐久性がある。ひび割れやはがれも少ない。また、サビの発生を防ぐ効果も期待できる。	トタン屋根・ひさし・金属製雨どいなど
	油性		
コンクリート用	水性	コンクリート製の床に厚塗りができる。防水効果があり、密着性がよい。	ベランダ・テラスなど
外壁用	水性弾性	専用のローラーバケを使って塗ると凹凸に仕上がる。弾力性があるので、ひびや亀裂が入りにくい。	モルタル・しっくい・ブロック・コンクリート・スレートなど
木材着色保護用	油性	防虫・防カビ・防腐効果が高い。木目を生かした透明着色仕上げに。	外板・板塀・木製雨戸・羽目板・木工品など
木材着色剤	水性	透明着色剤で、着色力にすぐれている。	屋内木部・木工品など
ニス	水性	木目を生かした塗装に適する。乾きが早く、塗りやすい。着色できるものと透明なものがある。	廊下・階段・床・家具・木工品など
	油性	木目を生かした塗装に適する。乾きが早く、塗りやすい。着色できるものと透明なものがある。湯・油などに強い。	
エナメル	水性	鉄部の保護に。耐候性にすぐれている。	門扉・シャッター・フェンスなど
	油性	鉄部の保護に。耐候性にすぐれている。サビの発生も防止できる。	
スプレー塗料	——	手軽に小さい物・狭い場所の着色ができる。塗膜が硬く、ツヤがある。	自転車・小物・家具など

ハケ

●水性用

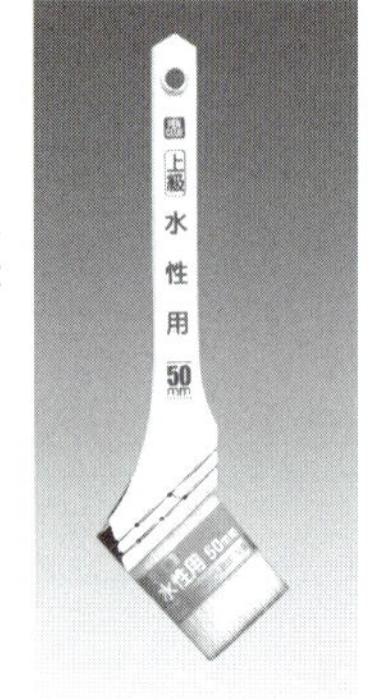

はじめての塗装でもキレイに塗れる。手軽な塗装に最適。毛は獣毛と化繊の混毛タイプ。サイズ:15、30、50、70㎜。

[PC上級水性用]

●油性用

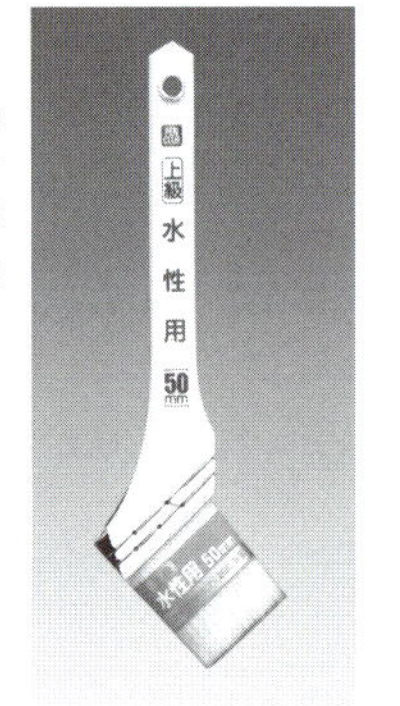

一般的な塗装に。獣毛と化繊の混毛で塗料の含みが良く、塗りやすく作業性のよいハケ。サイズ:15、30、50、70㎜。

[PC上級油性用]

●水性・油性兼用

ガーデン用木製品、庭園用資材の木部塗装専用。木部の凹凸にも負けない毛腰がありスムーズに塗れる。サイズ:15、30、50、75㎜。

[PC上級ニス・ステイン用]

ガーデン用木製品、庭園用資材の木部塗装専用で、油性防虫・防腐塗料に最適ハケ。サイズ:30、50、70㎜。

[PCニス用]

●スプレーガン

使いやすいハンディータイプのスプレーヤー。水性、油性共に使用可能。ハケ塗りより仕上がりがきれい。一般家庭用100Vのコンセントにプラグを差し込み、スイッチを入れるだけ。サビの発生を抑える機能付き。分解も組み立ても簡単。屋内壁、屋外壁、塀、門扉、トタン屋根などの塗装や殺虫剤の散布にも。

[ペイントスプレーヤー ST:本体]

塗料保存容器

➡塗料の小分け、保存、調色に使える広口ビン。キャップ：ポリプロピレン、中栓：低密度ポリエチレン、本体：ガラス。容量：300ml。

[広口ビン]

➡水性用丸缶。塗料の小分け、保存、調色に。油性塗料、ラッカー系塗料、シンナーには使用しないこと。クロム酸処理鋼板。容量：1/12ℓ、1/5ℓ。

[水性塗料用丸缶]

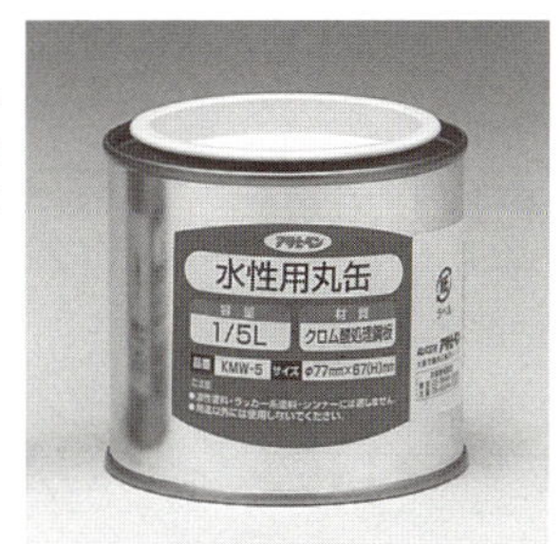

＊プラスチック容器類で油性塗料、ラッカー系塗料、シンナーを保存する場合は1週間以内としてください。長期間保存すると容器が変形したり、中の溶剤が蒸発することがあります

⬅広口丸型遮光容器。キャップ：ポリプロピレン、中栓：低密度ポリエチレン、本体：高密度ポリエチレン。耐熱温度：0～70度。容　量：100ml、250ml、500ml、1ℓ。

[広口丸型遮光容器]

養生シート

➡広い面の養生が手軽にできる、ポリカーボネート樹脂ポリシート。幅：1.8m×長さ：5m。

[PCポリシート]

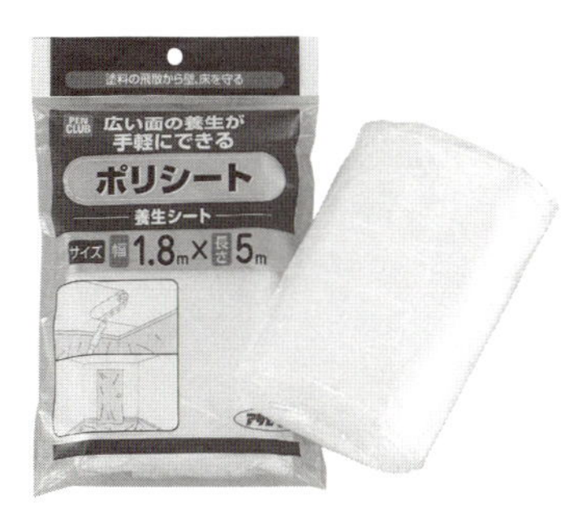

➡床などの養生に最適なシート。ポリフィルムにノンスリップ加工を施し、歩いても破れにくく、すべりにくい。サイズ：550㎜×12.5m、1100㎜×12.5m。

[PCノンスリップマスカー]

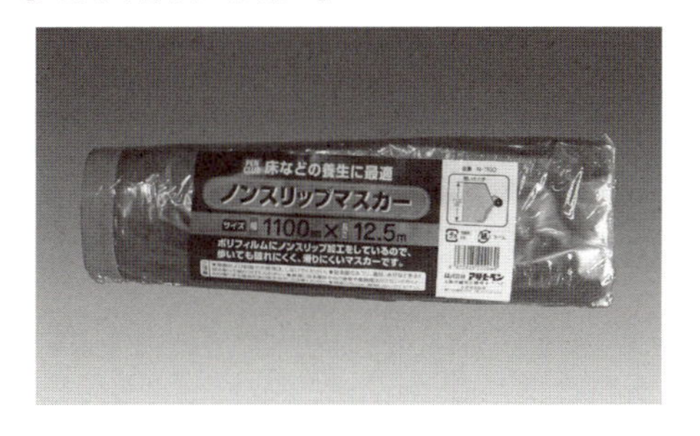

＊協力／アサヒペン

接着剤と充てん剤

接着剤

▼接着剤の知識

接着剤とひと口で言っても、さまざまな種類があります。まずは主な接着剤の種類について知っておきましょう。

●一般的な木工用ボンド

広く「木工用ボンド」「セメダインホワイト」として知られる接着剤。正式には酢酸ビニールエマルジョン系接着剤といいます。乳白色の液状で乾くと透明になります。木や紙、布などの接着に最適です。

水性なので使用範囲は広いのですが、完全に接着するまでに2～3時間以上かかるため、完全に接着するまでテープやクギなどで仮止めする必要が。ただ、最近では硬化速度を3倍程度早めたものも出ています。

工作用として最適ですが、プラスチックは溶かしてしまうので、プラスチックには専用のものを使います。

●合成ゴム系接着剤

合成ゴム系の接着剤を上手に使うポイントは、すぐにはり合わさないこと。塗ってから数分乾かしてから、はり合わせます。しかし接着強度は高く、仮止めの必要がありません。

乾燥後も柔軟性を失わないのもメリットで、皮革製品のメンテナンスに最適です。木やプラスチック同士、それらと金属の接着も可能。

●エポキシ樹脂系接着剤

たたいてみて「コン」という音のするような、硬いものの接着に最適。

特徴は主剤と硬化剤の2液タイプであること。2つの液が混ぜ合わさることで、化学反応が起こって固まります。強度は大変高く、衝撃にも強くなります。さらに80度程度までなら、熱にも耐えます。硬化すると収縮せず、乾くと透明になるので、強度が必要な場所の充てん剤としても利用できます。

硬化するまでの時間は、5分、10分、30分、6時間と数タイプがあるので、作業状況に応じて使い分けることができます。ただ、この時間は実用強度になるまでのもので、接着剤の最大強度に達するには、この倍程度の時間が必要です。

●酢酸ビニール樹脂系接着剤

浴室のタイル、コンクリートやモル

材料別使用接着剤早見表

水：水性
ゴ：ゴム系
エ：エポキシ系
瞬：瞬間接着剤
ビ：ビニール系

	金属	コンクリート	ガラス	陶磁器	タイル	プラスチック	ビニール	ゴム	化粧合板	木材	紙など	皮革製品
金属	エ瞬											
コンクリート	エ	エ										
ガラス	エ瞬	エ	エ瞬									
陶磁器	ゴエ 瞬エ	エ	エ瞬	エ瞬								
タイル	エ	エ	エ	エ	エ							
プラスチック	ゴエ	ゴエ	ゴエ	ゴエ	ゴエ	ゴエ						
ビニール	ゴビ	ゴビ	ゴ	ゴビ	ゴ	ゴ	瞬ビ					
ゴム	ゴ	ゴ	ゴ瞬	ゴ瞬	ゴ	ゴエ	ゴ瞬	ゴ瞬				
化粧合板	ゴ	ゴ	ゴ	ゴ	ゴ	ゴ	ゴビ	ゴ	ゴ			
木材	ゴエ	ゴ	ゴエ	ゴ	ゴ	ゴエ	ゴビ	ゴ	ゴ	水ゴ		
紙など	ゴ	ゴ	ゴ	ゴ	ゴ	ゴビ	ビ	ゴ	ゴ	水ゴ	水	
皮革製品	ゴ	ゴ	ゴ	ゴ	ゴ	ゴ	ゴビ	ゴ	水ゴ	水ゴ	水ゴ	水ゴ

タルのブロックを接着するときは、酢酸ビニール樹脂系の接着剤を使います。
この接着剤は、接着する面の全面に塗るのではなく、線状や点状に盛り上げるように接着剤をチューブから出していきます。これをはる面にあてがい、すり合わせるように動かします。

●塩化ビニール系接着剤

ビニールプールやビーチボール、浮輪などを接着するときには、柔軟性があるからといって合成ゴム系の接着剤は使えません。溶剤がビニールを溶かしてしまうのです。また、最近の雨どいなどは塩化ビニール製なので、これも合成ゴム系は使えません。
ビニール同士、ビニールと木や布など、ビニールを接着するためには、塩化ビニール系の接着剤を使います。
硬化後も柔軟性を保つ軟質タイプと硬くなる硬質タイプがあり、軟質タイプはビニールなど、硬質タイプは雨どいなど硬化塩化ビニールの接着用です。

木工用ボンド

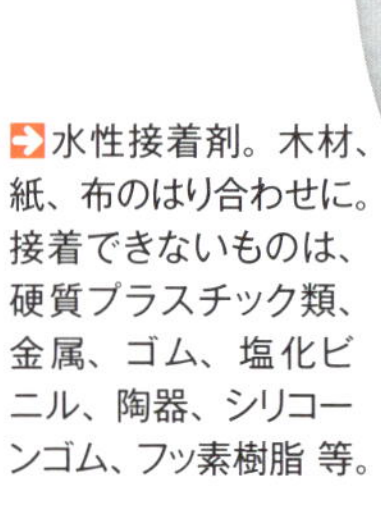

➡水性接着剤。木材、紙、布のはり合わせに。接着できないものは、硬質プラスチック類、金属、ゴム、塩化ビニル、陶器、シリコーンゴム、フッ素樹脂 等。

➡速乾性のある木工用ボンド。普通の木工用ボンドの2倍の速さで接着。接着できないものは、硬質プラスチック類、金属、ゴム、塩化ビニル、陶器、シリコーンゴム、フッ素樹脂 等。

はがれた壁紙補修用接着剤

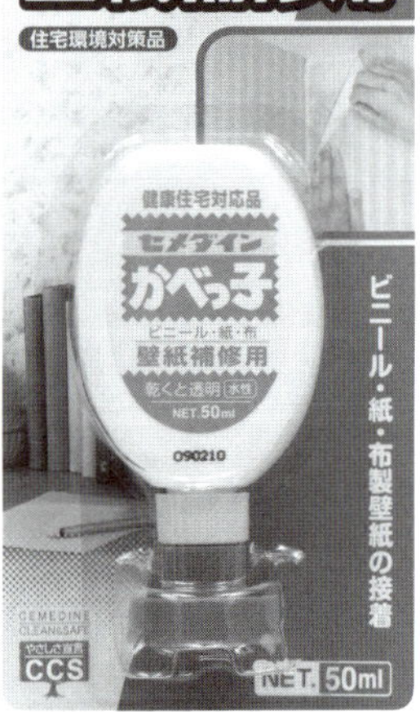

⬅水性タイプ。はがれた壁紙をはり合わせるための接着剤。接着できるものはビニール、紙、布のみ。耐水性がないので湿気がある場所は不向き。

使い方

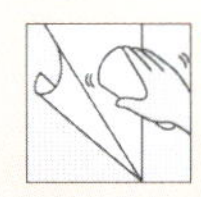

①接着面の汚れを落とす
汚れを落とし、よく乾燥させる。

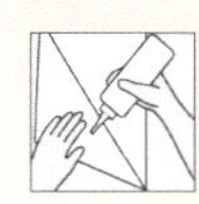

②はがれた壁紙の裏面に塗る
はがれた壁紙の裏に、接着剤を均一に塗る。

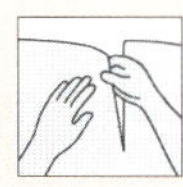

③すぐにはる
接着剤を均一にぬったら、すぐに壁とはり合わせる。

屋外でも使える強力接着剤

屋外にも使え、衝撃や熱、水にも強いスーパー強力接着剤。−40度～120度に適応。ただし水没する場所では使えない。凹凸面にも強い。乾きも早く、約2分で固定され、24時間で実用強度に達する。

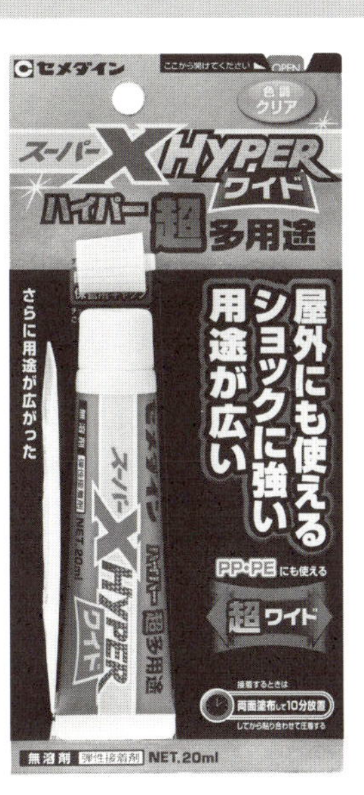

はがれにくい弾性接着剤。−40度～90度に適応。水に水没する場所では使えない。接着しにくいポリエチレンやポリプロピレンにも使える。塗布後10分ではり合わせ、24時間で硬化。

凹凸面の接着補修

エポキシ系接着剤。穴埋め補修や凹凸面でも使える。屋外での使用も可能。即効果タイプで、混合して5分後から硬化が始まる。ブロック、コンクリート塀の補修、タイルの接着補修、金属フェンスの補修などに力を発揮。

はがせる接着剤

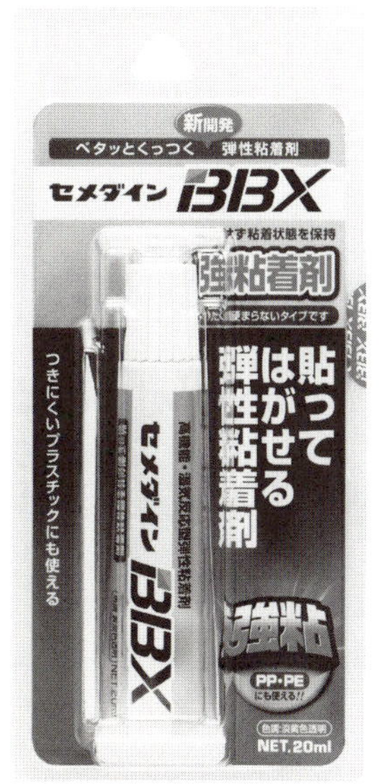

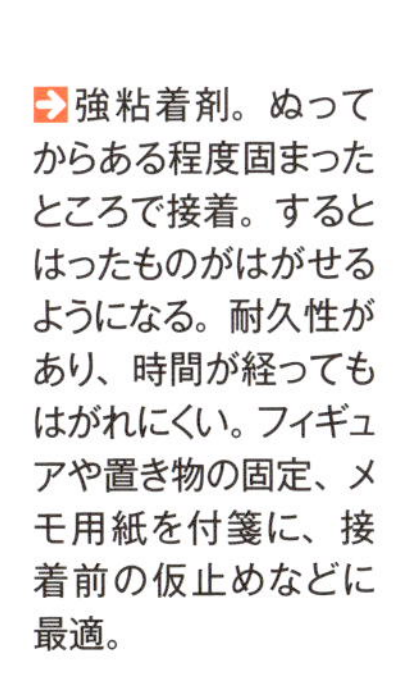

強粘着剤。ぬってからある程度固まったところで接着。するとはったものがはがせるようになる。耐久性があり、時間が経ってもはがれにくい。フィギュアや置き物の固定、メモ用紙を付箋に、接着前の仮止めなどに最適。

タイル用接着剤

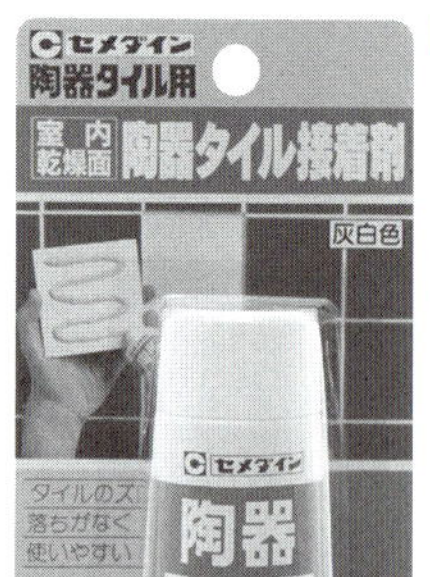

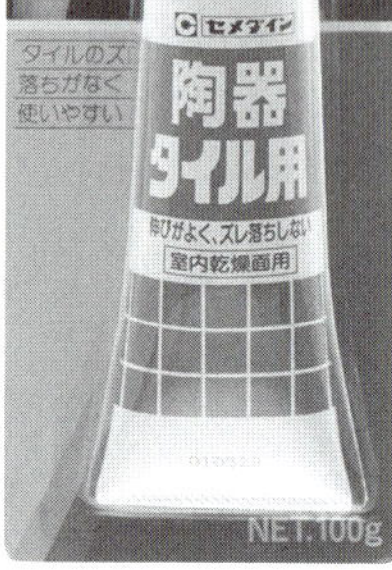

⇦陶器やタイルを接着できる水性接着剤。玄関、台所、洗面所などの内装用陶磁器タイルの接着に用いる。塗布後、20分以内にはり合わせ、1時間以上経過後にタイル目地材で仕上げる。

⇨水に強く屋外でも使用可能。コンクリート、モルタル、タイル、乾式ボード、合板面への内外装タイルのはり付け。浴室、台所のタイルの接着に。ポリエチレン、発泡スチロールには使えない。

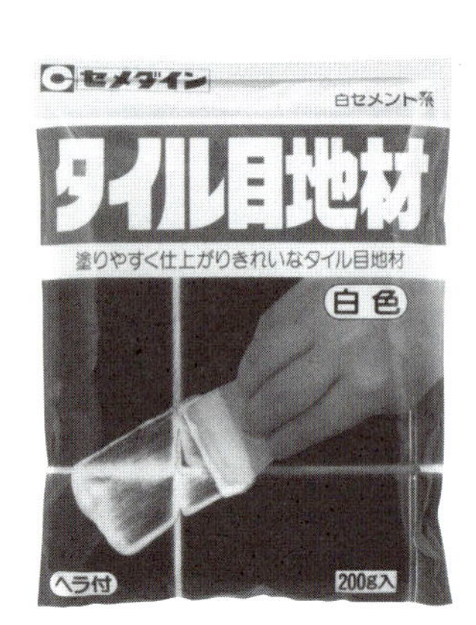

⇧タイル目地材。水で練るだけで簡単に使える。乾くとセメント状にカチカチに固まる。水まわりのタイルの目地に使用。

床や壁のキズを補修するパテ

⇦水性木工パテ。木部の補修に使用。フローリングやウッドデッキのキズ補修に。使用前に充てん箇所のゴミ、水分、油分、汚れをとり除いておく。必要に応じて、完全硬化後、水性ニスなどで塗装を。

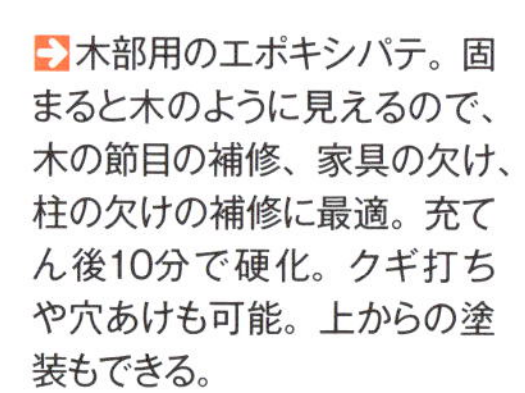

⇨木部用のエポキシパテ。固まると木のように見えるので、木の節目の補修、家具の欠け、柱の欠けの補修に最適。充てん後10分で硬化。クギ打ちや穴あけも可能。上からの塗装もできる。

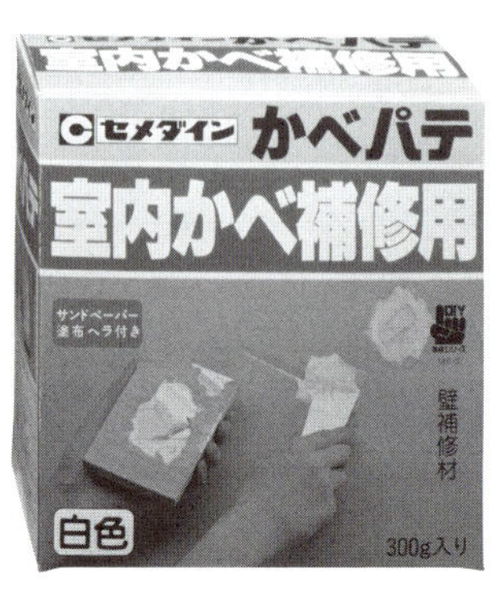

⇧壁の下地調整や節穴補修、割れ補修ができる水性の壁用パテ。個体なので、垂直面でもダレないが、伸びがいいのが特徴。上から水性塗料の塗布が可能。塗布後は十分に乾燥させてから、サンドペーパーをかける。

水まわりの補修

■シールをはがす道具

古くなった目地の間のシール材を除去する道具。浴槽や壁にキズを付けにくいプラスチック製。カッターなどの刃物を使わないので安全。

洗面所や水まわりの防水、すきま補修に幅広く使える。マスキングテープ、ヘラ、ノズル、絞り器がセットに。硬化後は柔軟性を持つゴム状になり防水性能を保つ。防カビ効果も高い。

防水テープ

防水テープ。切ってはるだけで乾燥時間が必要ないので施工後、すぐに使える。表面の汚れは洗剤で洗い流せる。−45度～80度の温度範囲で使用可能。柔軟性があり、密着性も高い。洗面所や流しなどの水まわりのすき間の補修に。浴槽内では使用不可。

使い方

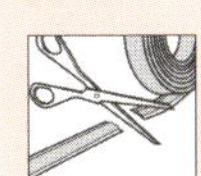

①施工箇所の長さに合わせてカットする
作業前に施工個所の汚れを落としよく乾燥させる。テープは白いフィルムごとカットする。

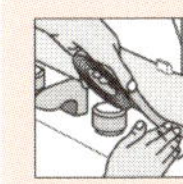

②端からすき間にはり込む
施工箇所の端から位置を合わせ、すき間にはめ込んでいく。

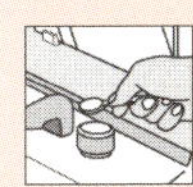

③上から押さえて密着させる
白いフィルムの上から、指やスプーンで十分におさえ、密着させる。

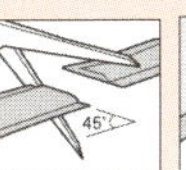
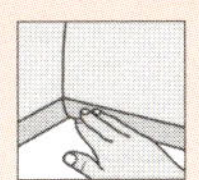

④コーナーはテープを45度にカット
コーナーで使用する場合は、テープを45度にカットし、コーナーでテープにすき間ができないようにはり合わせる。

*協力／セメダイン

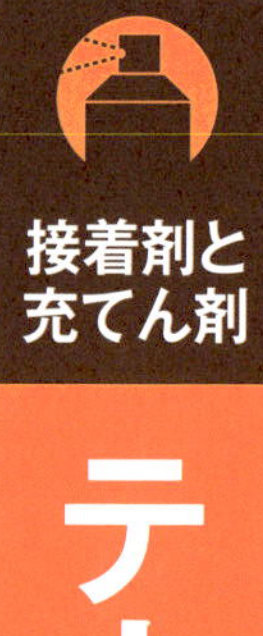

接着剤と充てん剤

テープ

▼テープの知識

テープはベースになるセロハン、布、紙などに接着剤が塗ってあるもの。接着剤のように硬化しないのが一般的。テープにもさまざまな種類があり、目的や何にはるかなどで、それに合ったものを選びましょう。

●梱包用テープ

一般に「ガムテープ」と呼ばれるものは、布がベース。紙がベースとなっているのがクラフトテープです。どちらも段ボール箱などを梱包するときに便利です。

それだけでなく、その強い固定力を利用して、さまざまに利用範囲が広がります。

木工作業中にしばらく仮止めしたいがクランプがないときなど、このテープをグルグルにまいて代用することができます。

●両面テープ

芯材の両面に粘着剤がついているテープ。はく離紙が片面についていて、これをはがすだけで、物と物をはり合わせることができます。

芯材の素材には、ポリエステルフィルム、スポンジのような発泡ポリエステルなどがあり、テープの厚みや粘着力の違いなどで、さまざまな用途のものがあります。工作や壁にフックをつけるときのほか、カーペットやクッションフロア、人工芝の固定などにも使われます。

多目的補修テープ

両面テープ

●アルミテープ

「キッチンテープ」などの商品名で販売。アルミ箔やポリエステルとアルミをはり合わせるなどしたベースに、粘着剤を塗ったもの。テープ状のものと、シートタイプがあります。熱に強く、キッチンの流しや調理台のすき間をふさぐのに便利です。

●すき間テープ

ウレタンフォームなどに粘着剤を塗ったテープ。ドアや窓のすき間風を防いだり、冷暖房効果を高めたりします。防水性の高いものもあります。

●その他のテープ

この他にも水道管や配水管などのジョイント部分に使う水もれ防止テープや、屋根などの補修に使う防水テープ、電気の絶縁に使うビニールテープ、塗装の養生に使うマスキングテープなどがあります。

↓アルミテープ

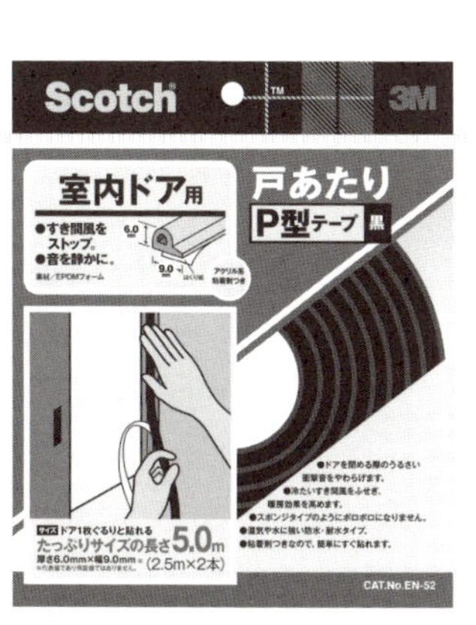

↑すき間テープ

↓その他のテープ

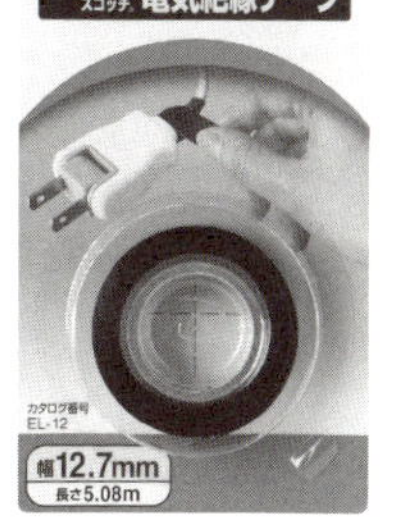

*協力／3M

接着剤と充てん剤

充てん剤

▼充てん剤の知識

充てん剤はコーキング剤と呼ばれています。

充てん剤を大きく分けると、油性、シリコーン系、アクリル系、そしてエポキシ系の4種類があります。

屋外には主として油性のものを使います。

屋内の湿った場所はシリコーン系、その他の場所にはアクリル系のものを使うと覚えておくといいでしょう。エポキシ系は、接着剤とほぼ同じ成分で、接着、成形にも利用できます。

屋外で使うときには、広い範囲に及ぶこともあります。そのような場合には、専用のカートリッジガンを使用すると作業しやすくなります。

充てん剤を使う場所

壁や塀のひび割れ

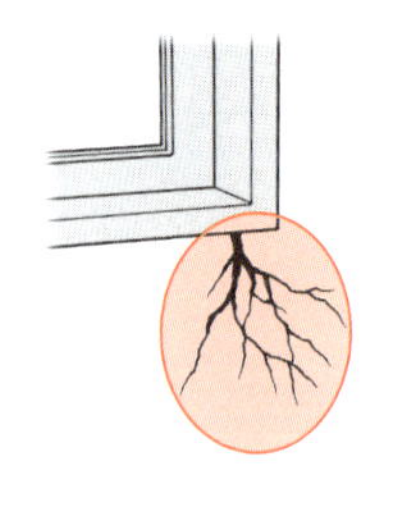

壁や柱の間のすき間

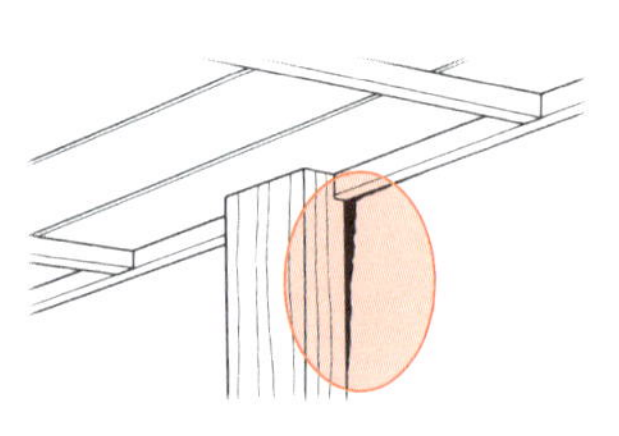

タイルの目地のすき間

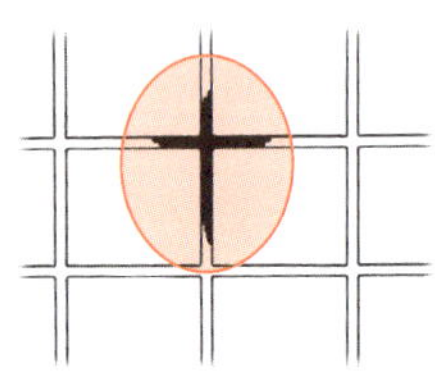

配管部分にできたすき間

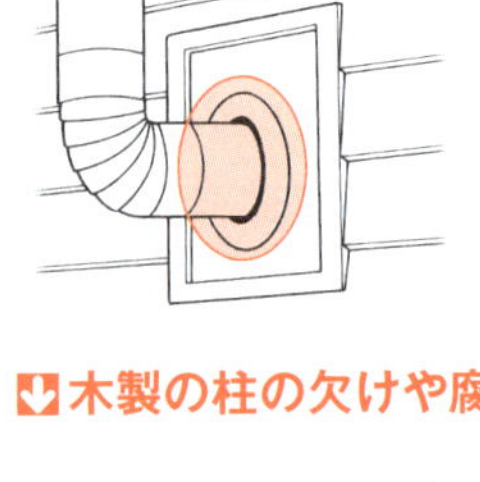

家具など木製の家具のふし穴や凸凹に

木製の柱の欠けや腐食に

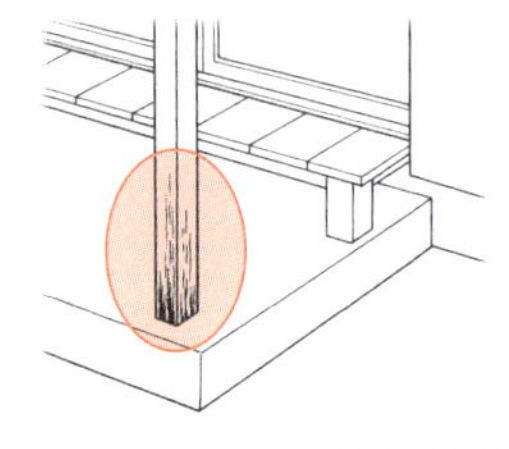

コツを押さえて使うことが大事

充てん剤を使うポイント

充てん剤は種類によって使い方も異なってきます。必ず使用前に使用方法を確認します。ここでは共通して押さえておきたいポイントについて解説します。

POINT① ノズルは充てんする幅に合わせて切る

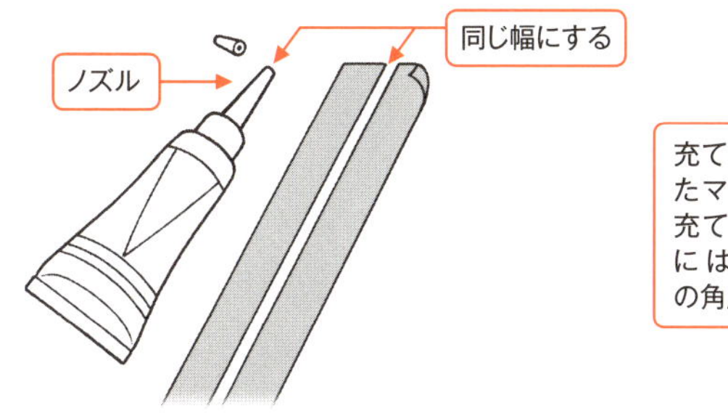

POINT② マスキングテープはすぐはがす

充てん剤の養生用にはったマスキングテープは、充てん剤を塗ったらすぐにはがす。45～60度の角度で引っぱって。

POINT③ 充てん剤は押し込むように入れる

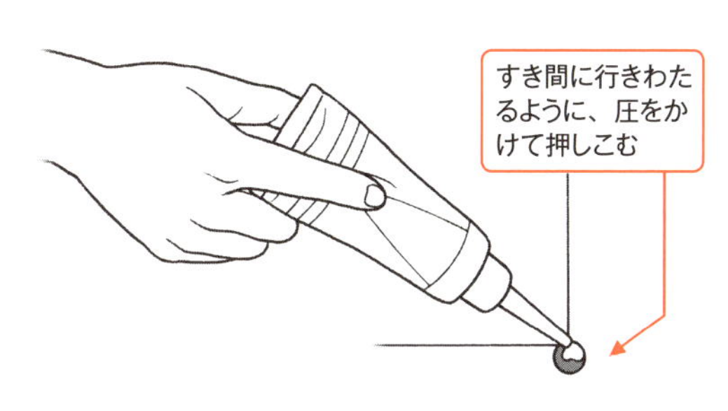

POINT④ 表面は必ずならしておく

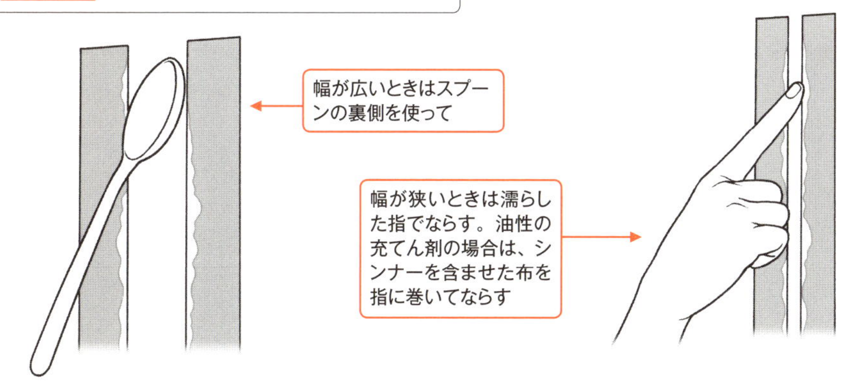

幅が広いときはスプーンの裏側を使って
幅が狭いときは濡らした指でならす。油性の充てん剤の場合は、シンナーを含ませた布を指に巻いてならす

セメントとモルタル

セメント

▼セメントの知識

セメント、コンクリート、鉄筋コンクリート、モルタルは同じ仲間です。いずれもセメントがベースとなります。セメントに砂を混ぜて水で練ったものがモルタルで、さらに砂利を入れたものがコンクリートになります。

コンクリートは押しつけられることに対しては大きな強度を持ちますが、反対に引っ張られる力、曲げられる力には弱いという欠点を補うために、鉄筋（9㎜径の鉄棒）を組んで入れたものが鉄筋コンクリートです。

またセメントを水で練っただけのものを「ノロ」といいます。

これは、穴を埋めたり接着剤がわりに利用します。

左官作業で使う主な道具

コテ

中塗りコテ
モルタル塗り、コンクリート塗りなどの一般作業に使う

木ゴテ
コンクリートの流し込みなどに使う

目地ゴテ
目地の調整に使う

レンガゴテ
レンガを積むときに使う

ブロックゴテ
ブロックを積むときに使う

その他の道具

コテ板

水バケ

手グワ

舟

手グワ

DIY豆知識

セメントの基本を知ろう

セメントそのものにもいくつかの種類があります。私たちが目にするセメントのほとんどがポルトランドセメントと呼ばれるものです。ポルトランドセメントもさまざまな種類がありますが、身近なものとしては白色ポルトランドセメントやカラーセメントがあります。

ポルトランドセメント以外では、主に混合セメントと特殊セメントがあります。混合セメントは土木工事に用いられ、特殊セメントはJIS規格外のもので、その分メーカーによってさまざまな機能が付加され、種類も多々あります。

主なセメントの種類

ポルトランドセメント

もっとも用途が広いセメント。JISに規定されたものと、規定されていない特殊なセメントのベースとしても用いられることがある。

＝

クリンカ※ ＋ 石こう

※石灰石と粘土をまぜて焼いたもの。1500度ほどの高熱で焼き、その後急冷したもの。

混合セメント

クリンカと石こうを合わせたものに、高炉スラグやフライアッシュ、シリカ質混合材を合わせた混合材料を加えてつくったもので、大型土木工事に用いられる。

＝

※高炉スラグやフライアッシュ、シリカ質混合材など

特殊セメント

JIS規定ではないセメントの総称。ポルトランドセメントをベースに作られたものもあるが、それ以外の成分のものもある。白色ポルトランドセメントやカラーセメントは顔料を加えて色付けをしたもので、特殊セメントに含まれる。

セメントとモルタル

モルタルとコンクリート

▼モルタルとコンクリートの知識

●モルタル

モルタルはさまざまな用途がありますが、DIYでもっともよく利用されるのが、ブロックやレンガを積み上げていくときの接着剤としての使用です。

モルタルは、セメントと砂を混ぜて水で練り合わせて作ります。セメントと砂の混合比は、セメント1に対して砂3。まず、水を加えずに十分に混ぜ合わせます。この作業が大切。

これに水を少しずつ加えながらよく練り合わせます。コテですくってみて垂れない硬さが適当。耳たぶ程度の硬さをイメージするといいでしょう。

また、モルタルは夏季で2～3週間、冬季で3～5週間しないと完全に硬化しませんから、作業の手順をよく考えたいものです。

●コンクリート

コンクリートは、モルタルを作るプロセスに、砂利を混ぜ合わせる工程が加わります。混合比はセメント1：砂3：砂利6とするのが一般的。より強度を高めるには1：2：4とします。

まず、セメントと砂だけをよく混ぜ合わせ、次に砂利を入れて練り合わせます。こうして出来上がったコンクリートの量は、砂利の量と同じになります。セメントや砂は砂利のすき間に入り込んでしまうのです。コンクリートの必要量を計算するときは、このことを頭に入れておきましょう。

たとえばバケツ10杯のコンクリートが必要な場合は、まずバケツ10杯の砂利を用意し、砂はその半分の5杯、セメントは砂の3分の1で、バケツ1・5杯強ということになります。

ホームセンターなどでは、DIY用にすでに正しい混合比で混ぜ合わされたものが販売されています。少量しか必要ない場合はこれを使えば簡単です。ただし、水を加える前によく混ぜ合わせることが大切です。

セメントを用いて作業をするときの注意事項は次のようなものです。

ノロやモルタル、コンクリートもいったん固まると、それを取り除くことは大変な作業になります。そのため、用具や道具についたものは、固まる前に必ず水洗いしておくことが大切です。衣服などについたものも洗い流しましょう。

水を加える前によく混ぜ合わせる

モルタルのつくり方

モルタルをつくるポイントは、水を加える前に、セメントと砂を十分に混ぜ合わせることです。

分量（砂3：セメント1）

つくり方

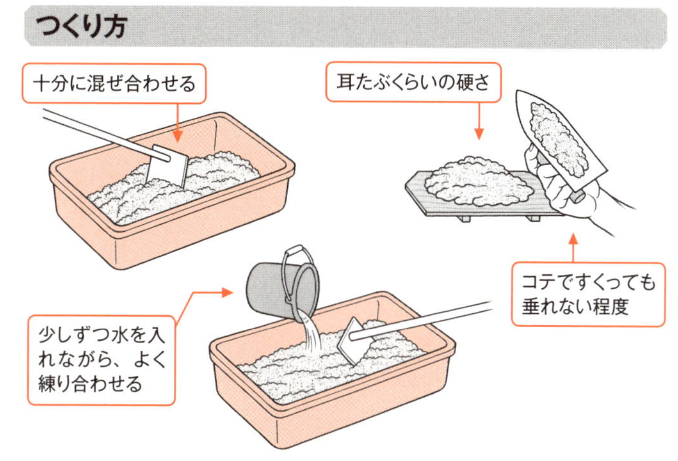

出来上がりの量と砂利の量は同じ

コンクリートのつくり方

セメント、砂、砂利の混合比は1：3：6ですが、出来上がりの量は砂利の量と同じ。必ず出来上がりの量と同じ量の砂利に対して、セメントと砂の量を逆算すること。

分量（砂利6：砂3：セメント1）

●例／バケツ10杯のコンクリートを作る場合

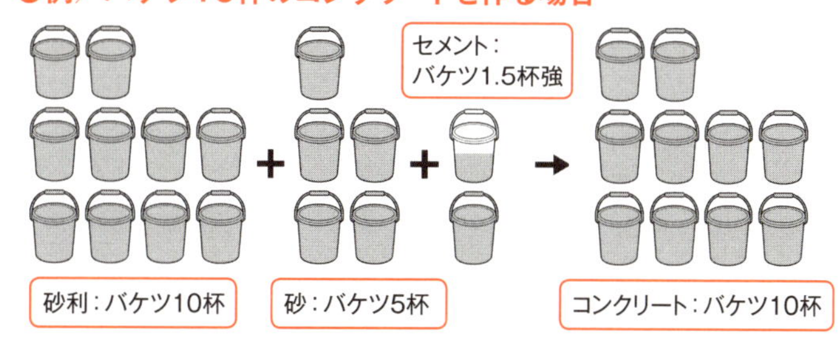

つくり方

素材

木材

▼セメントの知識

DIYでもっとも多く扱う素材が木材です。天然のものも合板など加工材も、いずれも扱うことが多いはずです。

しかし、木材であればどれを使ってもいいというわけではありません。種類によって用途に向き不向きがあるのです。

木の種類が目的に合っていなければ、せっかく作業しても劣化が早まったり、木が縮むなどの不具合が生じることもあります。

まずは目的に合った木材を選ぶことが大事。

その点、合板や集合材は天然の木材が持つ割れや縮みといったマイナスの要素が出にくいので、DIY向きと言えるでしょう。

合板と集合材の特徴と用途

合板

薄くむいた板を、3枚以上の奇数枚はり合わせたもの。一般にベニヤ板と呼ばれる。縮みや反り、割れに強い。

種類	特徴
プリント合板	表面に木目や色を印刷した合板で、内装用として多く用いられる
ラワン合板	広い用途が人気の合板の定番。建材や屋外の工作物に用いられる
シナ合板	表面にシナ材をはったラワン合板。内装用やキャビネットに
MDFボード	木の粉を圧縮してつくったボード。スピーカーボックスなどに用いられる

集合材

特徴：角材や板材を継ぎ合わせて、より大きな角材や板材にしたもの。
角木片が互いの反りを相殺するため、割れが生じにくい。

用途：フローリング材、棚、柱など幅広い範囲に用いられる

木材の特徴と用途

種類	特徴	用途
アガチス	加工がしやすい適度な堅さを持つ。木肌は均質	造作材
エゾマツ	淡い黄白色で軽くやわらかい。繊維が長くパルプ原料に適する	家具・楽器
カエデ	光沢があり、木目も美しい。木質は緻密で堅い	高級家具、造作、楽器など
カシ	非常に堅い。赤ガシと白ガシの2種類がある	カンナ台、ノミ、ゲンノウの柄など強度が必要なところ
キリ	軽くて湿気に強く、狂いが少ない。木目の美しさが特徴	タンス、衣装箱、高級家具材、下駄など
クリ	堅く、耐久性・耐水性にすぐれている	家具土台
ケヤキ	堅くて光沢があり、狂いが少ない。耐水性にすぐれている	建築、家具、造作など
サクラ	木目が緻密で光沢がある	家具装飾材、内部造作、民芸品など
シナ	軽く、柔らかい木質。狂いが少なく、工作は容易	家具、建具、合板など
スギ	軽く、柔らかく加工がしやすい	建築一般、家具、建具装飾用磨き丸太は床柱材などに
スプルース	淡い黄白色で木目が美しいが、耐水性にやや劣る	建築、家具のほか、ピアノやバイオリンの響板
タモ	堅く、キズがつきにくい	家具、内装材、器具など
チーク	湾曲、伸縮が少なく、耐水性・耐久性にすぐれている	家具、建具、構造材、造作など
ツガ	肌目はやや粗い	構造材、造作、建具など
バルサ	木材の中ではもっとも軽く、またやわらかい。工作向き	模型、造作
ヒノキ	香りと光沢がよく、堅さも適度で湾曲が少ない。耐水性にすぐれる	高級建築材、家具、建具、浴槽、木彫材など
ラワン	木肌は粗いが木目が目立たない。赤ラワンと白ラワンがある	建築、家具、造作、合板など

＊東急ハンズHPより

国産材

キリ

広葉樹。野生のものはなく植栽がほとんど。肌目はやや粗く、心材は淡褐色で、辺材はそれより淡い程度。軽く軟らかい。

【用途】タンスなどの家具、器具、建具、箱、琴、下駄、羽子板などによく使われる。

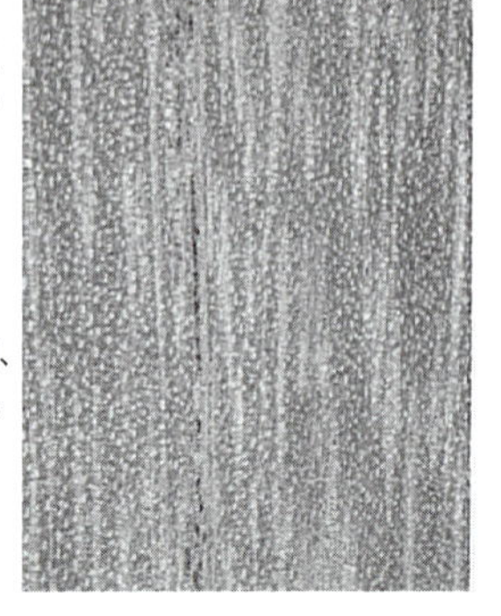

スギ

針葉樹。本州、四国、九州に分布する日本の代表的な樹種。最近は天然のものは少なくなり、ほとんどが人工造林されたもの。

【用途】建築材、天井板、家具、包装、樽、割り箸など幅広い。

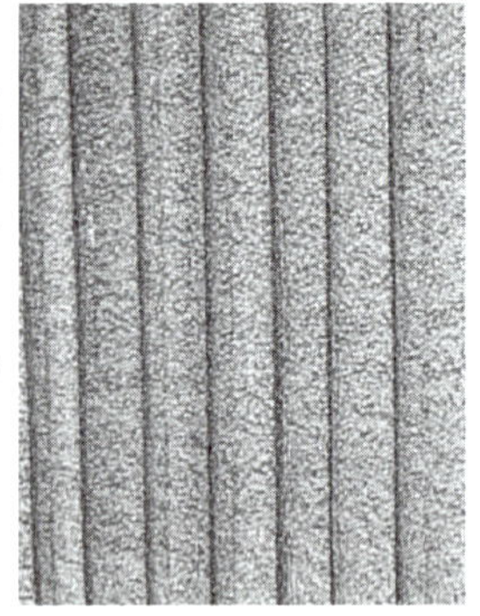

ブナ

広葉樹。北海道南部から本州、四国、九州に広く分布。乾燥によって狂いが生じやすい材質。

【用途】家具、器具、合板、日用品、パルプなど。手づくりの木製台所用品に多くみられる。

外国産材

アガチス

針葉樹。20種あり、マレーシア、フィリピンを含む東南アジア、ニュージーランドなどに広く分布。国によって呼び名が異なる。加工は容易。

【用途】建築、建具、家具など。建具ではドアによく用いられる。机の引き出しの側板にも多い

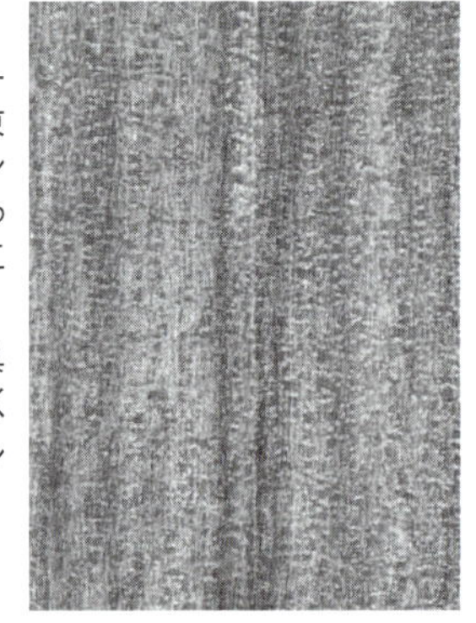

アフリカンマホガニー

広葉樹。マホガニーとは同じ科で、木材もマホガニーと似ている。アフリカ各地に分布。加工はしやすいが、切削面が毛羽立ってくることがある。

【用途】家具、キャビネット、壁パネル、内装、スライスベニヤ、合板など。マホガニーの代替材として用いられることが多い。

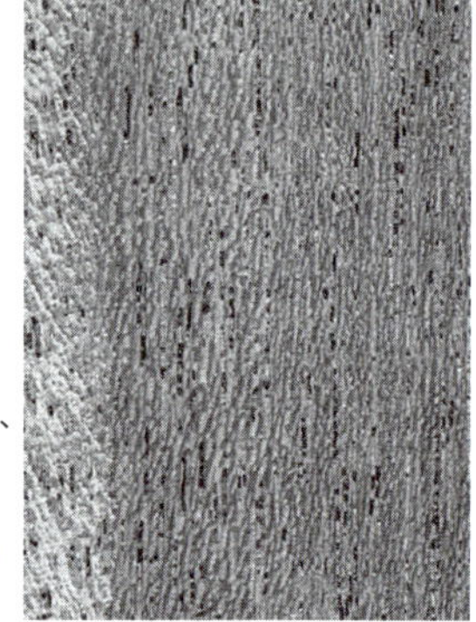

サザンイエロー

針葉樹。主なものはスラッシュパイン。アメリカ南部の合板に用いられる。脂が出るため、塗装はやや難しい。

【用途】 合板に多く用いられる。比重の重いものは床板、軽いものは内装、羽目板、日用品に用いる。

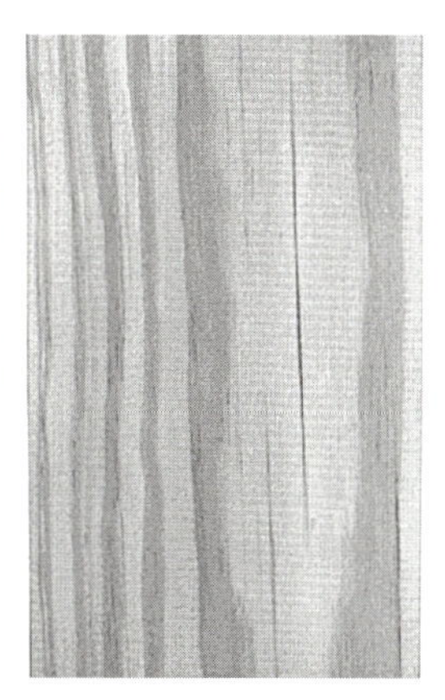

ダークレッドメンチ

広葉樹。約70種類ほどある。色が濃いのが特徴。肌目は粗い。ラワンやメランチ類の代表的なもので、南洋材のスタンダードといえる。

【用途】 合板用に多く用いられ、建築、建具、家具にと用途は幅広い。

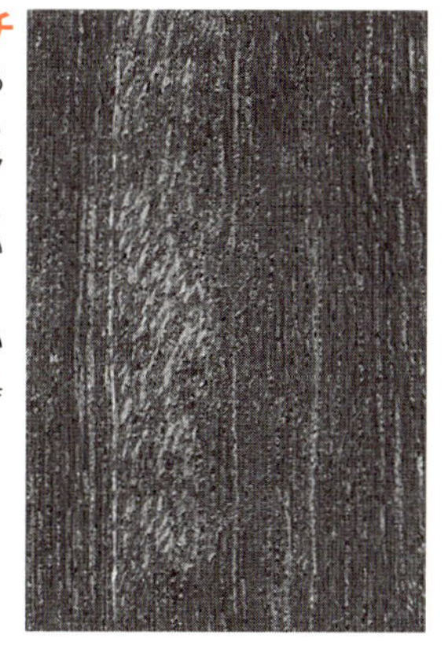

チーク

広葉樹。世界の有名木材の1つ。肌目が粗く、脂が多い。加工は特に難しくない。

【用途】 装飾価値を利用し、家具、キャビネット、建築、造船などに幅広く用いられている。

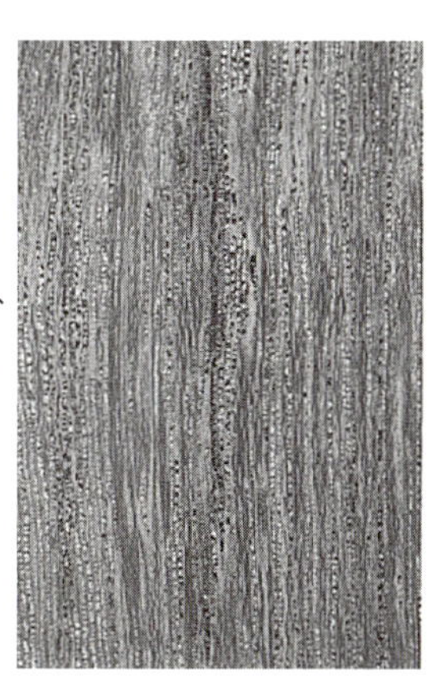

ホワイトアッシュ

広葉樹。木製バットの素材として有名。比重の重いものは重硬で、衝撃に強いことから、主に運動用具に用いられる。

【用途】 比重が低いものは、家具に用いられ、特に単板にはがれ、合板にも用いられる。

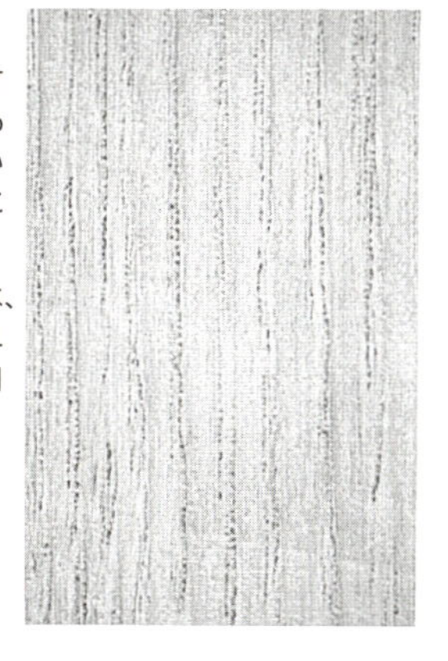

ラワン

広葉樹。加工も塗装もしやすく、仕上がりも美しい。しかし、クギ打ちをする際は、裂けやすいので工夫が必要。

【用途】 内部装飾、家具、指物など。色が淡いことから、清潔感が必要な場所で好んで使われる。

レッドオーク

広葉樹。ホワイトオークとよく似ているが、材の色に差がある。材質は硬く重い。衝撃に強い。

【用途】 床板、家具、内装、木工品、ボードなど。

＊協力／（一財）日本木材総合情報センター

2×4材

▼2×4材の知識

2×4（ツーバイフォー）は、アメリカで製材された木材。日本の規格と異なっていますが、キットを組み立てるように木工作業が手軽にできることから、住宅建築からDIYまで、幅広く普及しています。

2×4というのは、木材の断面サイズを公称寸法（インチ）で表したもので、実断面をメートル法に換算すると、38×89㎜です。これを基本に4×4材（89×89㎜）、2×6材（38×140㎜）、2×8材（38×184㎜）、2×10材（38×235㎜）、2×12材（38×286㎜）があります。

長さも各種あります。やはり規格になっていて、244㎝、305㎝、366㎝、427㎝、488㎝、549㎝、610㎝となっています。

2×4材の規格

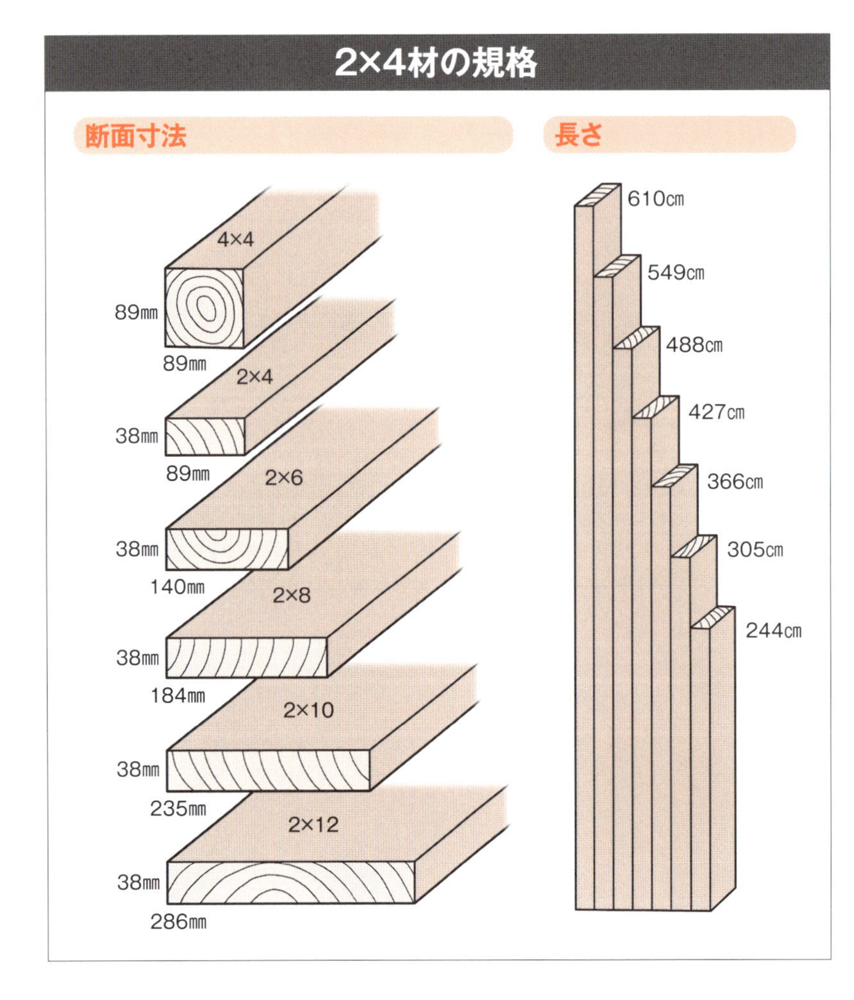

便利な接合金具で組み手不要

2×4材用の接合金具のいろいろ

2×4材には規格に合わせ、いろいろな接合金具が販売されていて、
ノミを使った組み手やホゾ組みなどの作業が一切不要。また、専用のネジやクギも販売されています。

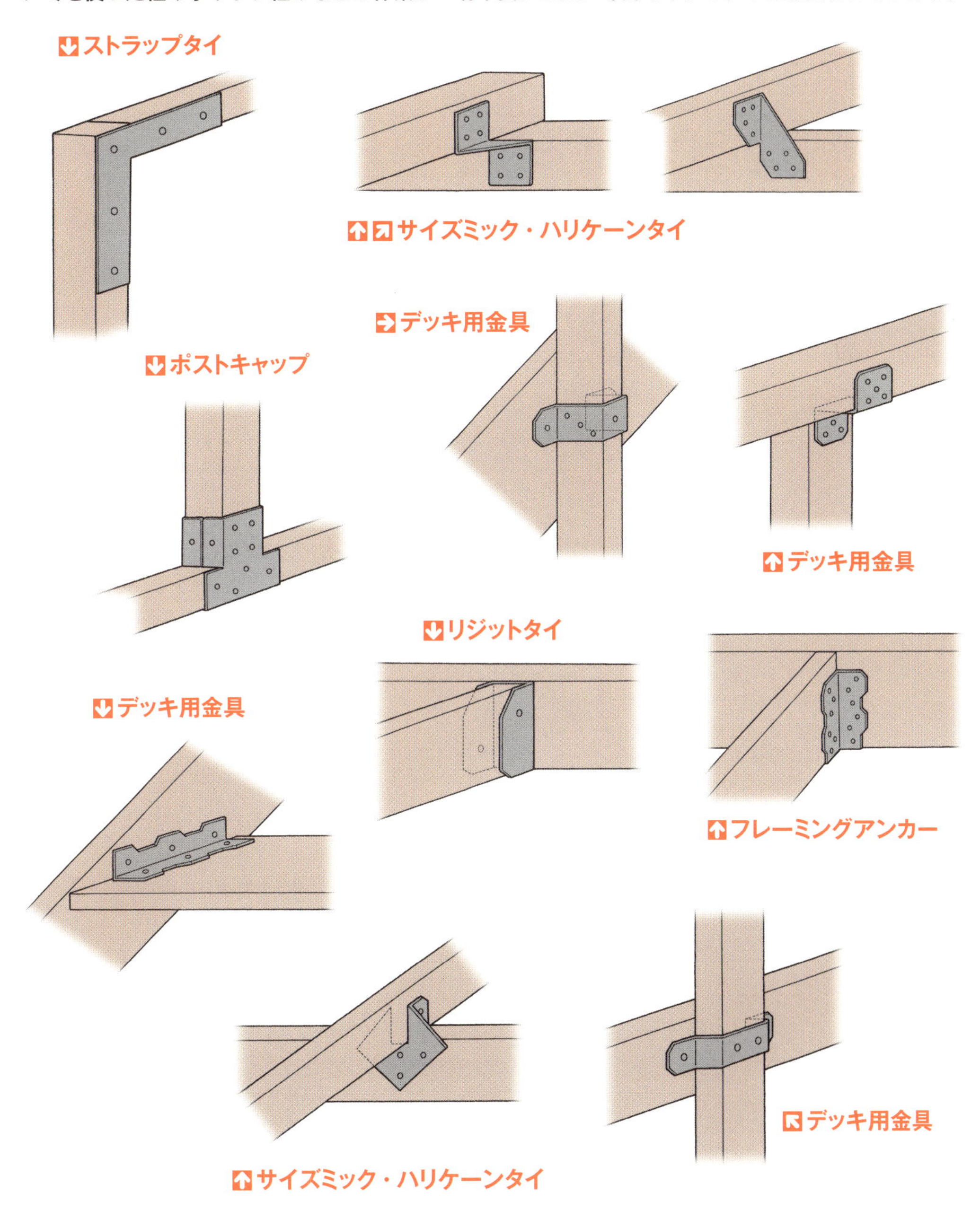

素材

アクリル板

▼アクリル板の知識

最近では、ガラスの代用としても広く使われるようになったアクリル板。透明度が高いうえ、何よりも色が豊富にそろっているのがDIY向きです。また耐候性にもすぐれています。

専用の道具を使うことで、細工がやりやすいのも特徴です。切るときにはアクリル板専用のカッターを使い、板の厚さの半分程度まで何度も引っかき、作業台の端などにあてがってパンッと折るとうまく切れます。切り口が汚かったら、金属用のヤスリを使ってなめらかに研磨します。

また棒ヒーターなどで温めることで、折り曲げることも可能。アクリル板同士の接着は専用の接着剤で行います。

アクリル加工工具

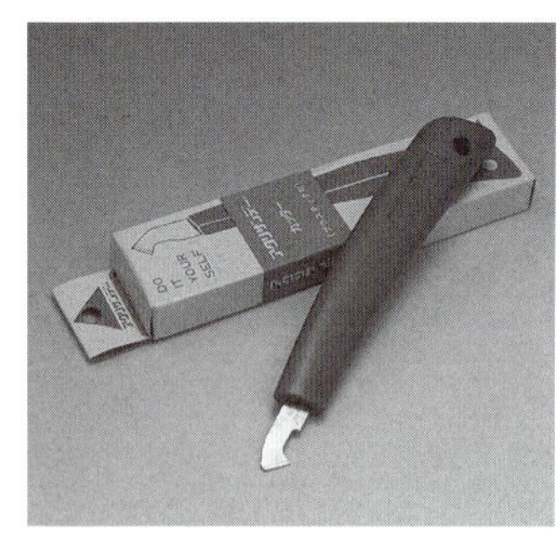

↑アクリル板用カッター

アクリル板、塩ビ板などの直線切りや、PPクラフトシートの折り曲げに欠かせないカッター。

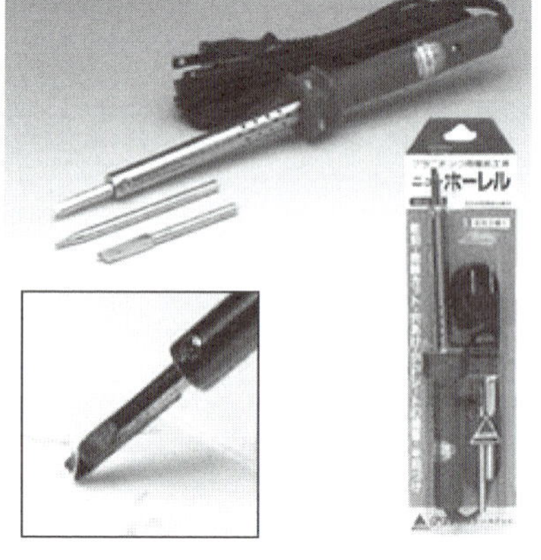

↑アクリル板専用ビット

特殊形状により、穴あけ時の割れや欠けを解消。きれいな穴があけられる。

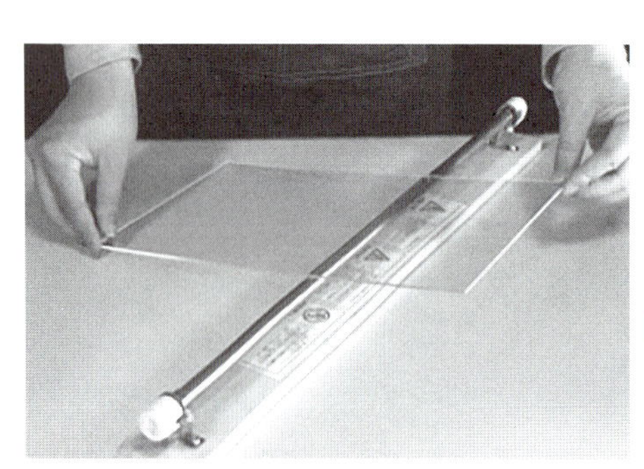

←ヒーター

アクリル板を曲げる際、安全で使いやすいヒーター。塩ビ板も使用できる。

＊協力／アクリサンデー

専用の道具を使うことが成功の秘訣

アクリル板の加工のやり方

アクリル板は専用の道具を使用することで、非常に細工がしやすいのが特徴。
切る、曲げる、はり合わせるなど、ＤＩＹ作業で活躍する場面が多い素材といえます。

切り方

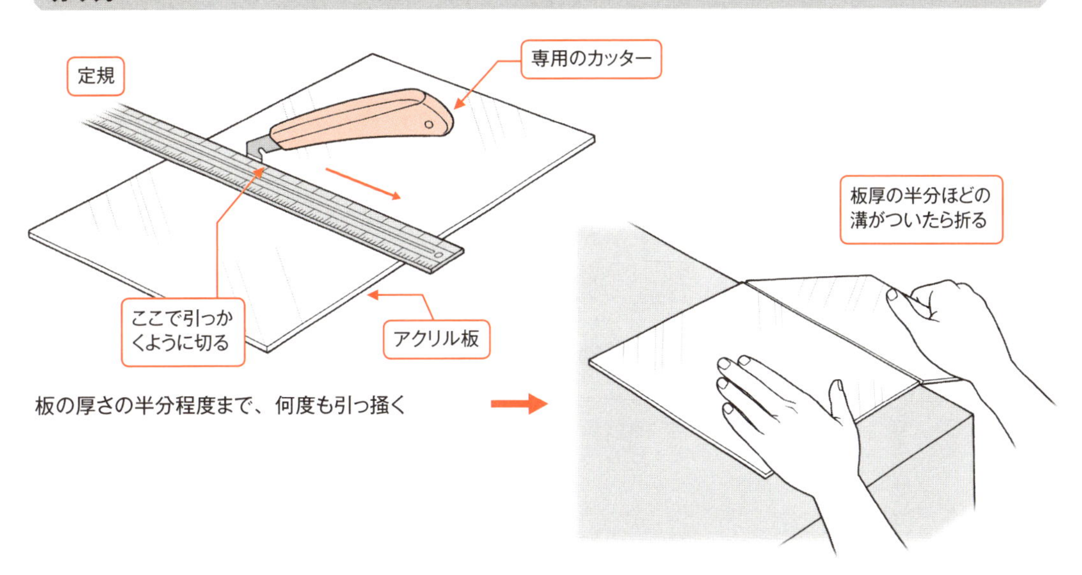

曲げ方

曲げる方向の外側を加熱する

アクリル板

棒ヒーター

接着のやり方

素材

金属素材

▼金属素材の知識

金属を細工するには、木工用の道具がそのまま使える場合と、金属専用のものが必要な場合があります。

●切る・削る

金属を切るには、薄板は金切りバサミを使うのが一般的。真っすぐ切る直刃、円形に切れるヤナギ刃やえぐり刃、波板を横方向に切る波板切りがあります。また金切りノコギリと金属糸ノコギリもあります。

金属の研磨は、鋼(はがね)に目を切った棒状のヤスリを使います。断面の形や、目の切り方でさまざまな種類があります。

●穴をあける

金属に穴をあけるにはドリルを使います。先端につけるビット(刃)は、金属用のものを使います。また、小さくあけた穴にリーマーを差し込んで、穴を大きく広げることもできます。

●曲げる

必ず折り台を使用し、折るラインを折り台の端に当てて、打ち木でたたいて折り曲げます。

●とめる・接合する

一般的にはネジどめ、あるいはトタン、銅、真ちゅうならばハンダづけで行います。ハンダづけにはハンダゴテが必要です。

金属加工工具

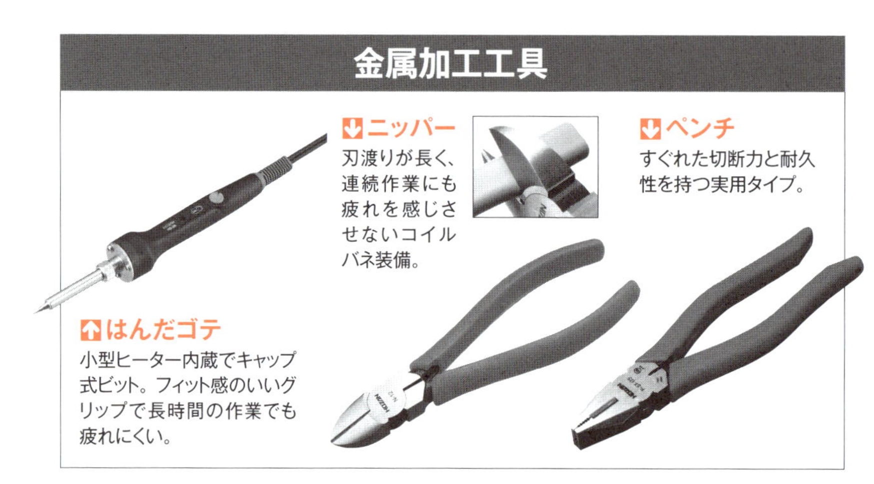

ニッパー
刃渡りが長く、連続作業にも疲れを感じさせないコイルバネ装備。

ペンチ
すぐれた切断力と耐久性を持つ実用タイプ。

はんだゴテ
小型ヒーター内蔵でキャップ式ビット。フィット感のいいグリップで長時間の作業でも疲れにくい。

木工用の道具で強引に作業しないで

金属の加工のやり方①

金属の細工で多い作業が切る、削る。どちらも金属専用の道具を使います。
金属の材に応じて道具もさまざまな種類があるので上手に使い分けましょう。

切る

金切りバサミ

直刃のほか、曲線に切るヤナギ刃、えぐり刃などがある

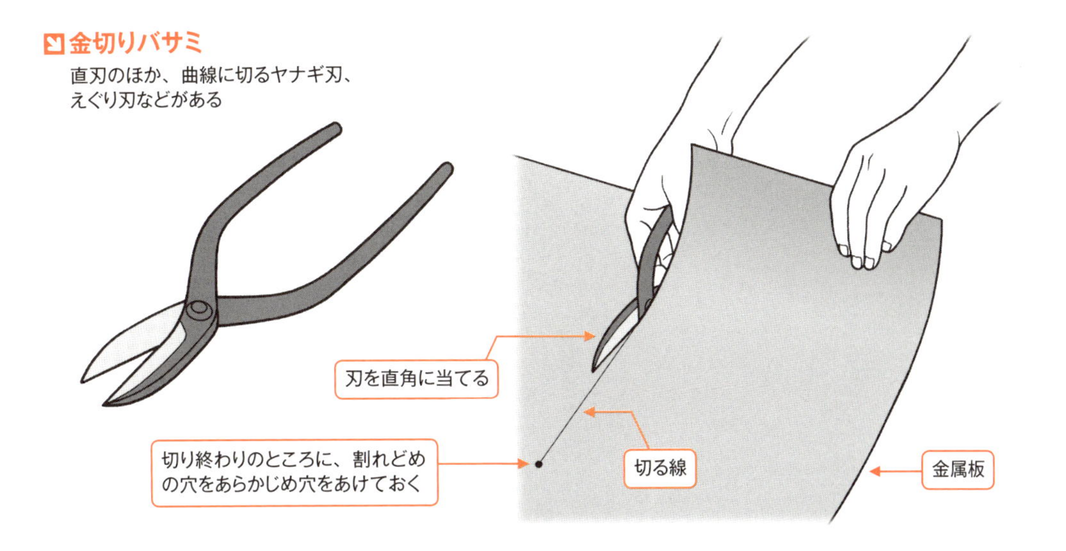

削る

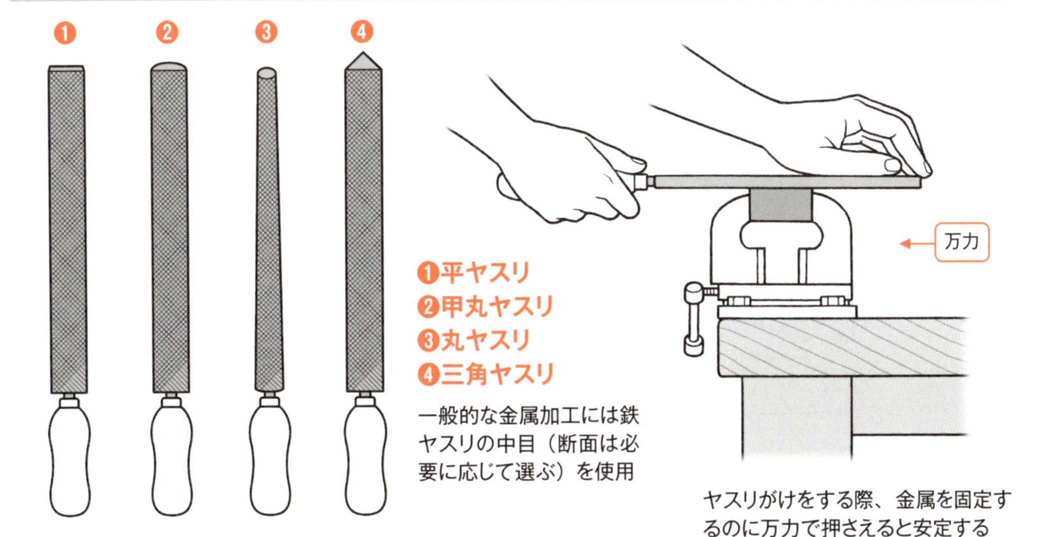

❶平ヤスリ
❷甲丸ヤスリ
❸丸ヤスリ
❹三角ヤスリ

一般的な金属加工には鉄ヤスリの中目（断面は必要に応じて選ぶ）を使用

ヤスリがけをする際、金属を固定するのに万力で押さえると安定する

一気にやろうとしないこと

金属の加工のやり方②

金属に穴をあけたり、曲げたりする場合は一気に済まそうとしないことが大事。
急いで作業し失敗するとキズになったり、割れたりと決定的なミスになりがちです。

穴をあける

1 中心点を打つ

穴の中心にセンターポンチで中心点を打つ

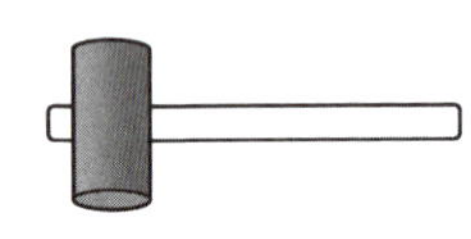

2 ドリルで穴をあける

センターポンチであけた中心点にビットを当て、ドリルで穴をあける。深い穴のときは油を差しながら

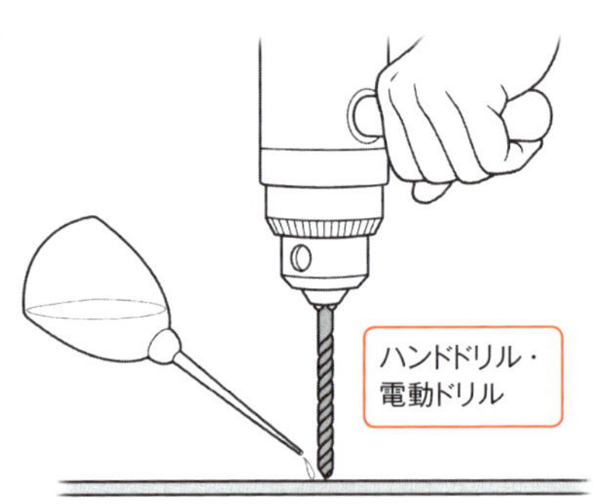

3 リーマーで穴を広げる

ドリルであけた穴を広げるときはリーマーを差し込んで広げる。直径1㎝以上の穴にすることができるが、あまり大きい穴になると、穴が正円にならないので注意を。

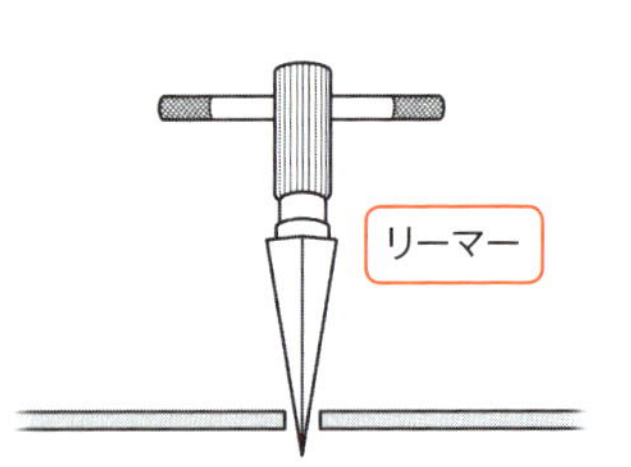

曲げ方

1 折り台の端で軽く叩く

必ず折り台を使用し、折るラインを折り台の端にあてて、打ち木で軽く叩く

3 2面を交互に叩いて曲げる

曲がってきたら、上の面と横の面を打ち木で交互に叩いてしっかり曲げる

2 打ち木でしだいに強く叩く

打ち木を使い、少しずつ強く叩いて曲げていく

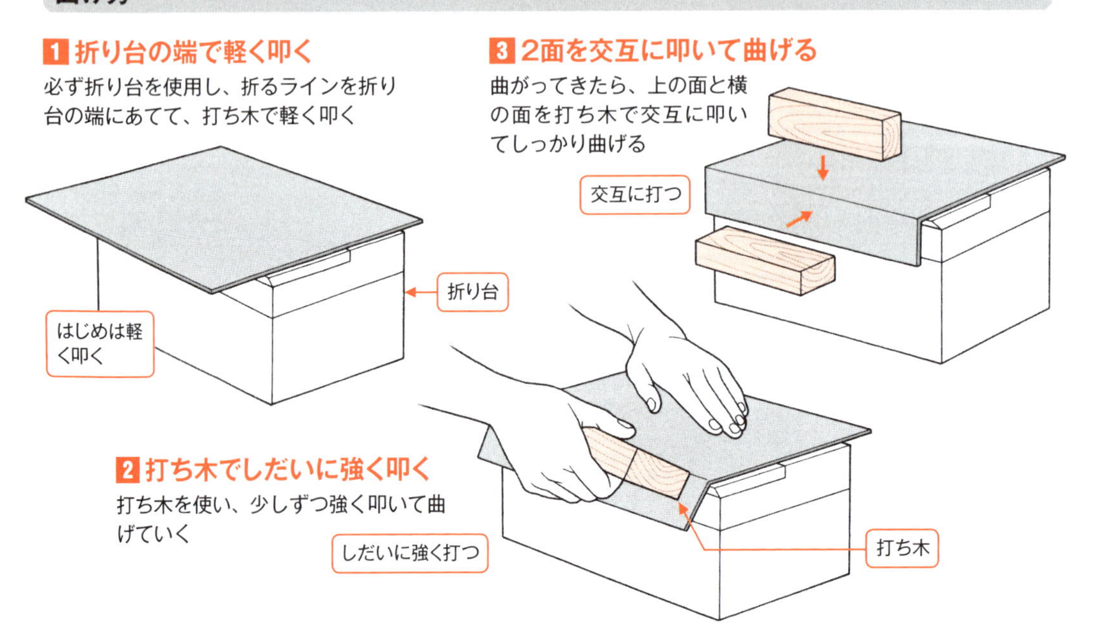

■ 監修者プロフィール

西沢正和（にしざわ・まさかず）

一般社団法人日本ドゥ・イット・ユアセルフ協会 シニアDIYアドバイザー。電気工事士。有限会社ウッドハウス代表取締役。1957年8月生まれ。東京都出身。日本DIY協会のDIYアドバイザー学科・実技資格試験講師を務めるかたわら、NHKテレビ番組「住まい自分流」への出演や、産経新聞、神奈川新聞の生活コラム欄の執筆、雑誌への寄稿なども手がけ、幅広くDIYの普及活動を行っている。

■ 協力（問い合わせ先）

カクダイ（P13～15、17）………06-6538-1121
TOTO（P15 、18、20、29）………0120-03-1010（お客様相談室）
LIXIL（P29、156）………0120-126-001（エクステリア／お客様相談センター）
0120-179-400（水まわり／お客様相談センター）
パナソニック（P29、146）………0120-878-365（お客様ご相談センター）
ロイヤルホームセンター（P149）………06-6536-6921
美和ロック（P44）………0120-81-3069（お客様相談室）
大建工業（P46）………0120-787-505（お客様センター）
マツ六（P48）………06-6774-2255（商品企画部）
アサヒペン（P30、50、52、90、124、126、128～129、132～133、203、228～229）………06-6934-0300（お客様相談室）
三協アルミ社（P66）………0766-20-2332（広報・IR部）
松装（P69）………0568-84-0800
ダイオ化成（P70）………03-3547-6117（お客様相談室）
トーソー（P74～75）………03-3552-1255（トーソーショールーム）
ハウスボックス（P76～77）………03−3737−1421
富双合成（P82）………03-3899-5922
サンゲツ（P87～88）………052-564-3111
ジュブリー［壁紙革命］（P94～103）………050-5837-7483
インテリアハート（P104～119）………info@interior-heart.com
矢崎化工（P120～122）………0120-054-280（お客様相談室）
玉川窯業（P141）………0572-74-0881（タイルショップたまがわ）
ハンディテクノ（P151）………www.handy-wood.com
オルファ（P172）………06-6972-8101
エビス（P199）………0256-92-5133
リョービ（P220）………0570-666-787
日立工機（P222～225）………0120-20-8822（お客様相談センター）
セメダイン（P232～235）………0120-58-4929（接着技術相談センター）
スリーエム ジャパン（P236～237）………0120−510−186
日本木材総合情報センター（P246～247）………http://www.jawic.or.jp/
アクリサンデー（P250）………0120−005−998（カスタマーセンター）
ホーザン（P252）………06-6567-3132（テクニカルホットライン）

■スタッフ
カバーデザイン　ニイモモクリエイト
カバーイラスト　宮澤ナツ
本文デザイン&DTP　ニイモモクリエイト
本文イラスト　勝山英幸

校正　大村恵子
編集　風土文化社
大迫倫子
編集担当　山村誠司

決定版　家庭大工マニュアル

監修　西沢正和
編集人　池田直子
発行人　倉次辰男
発行所　株式会社 主婦と生活社
〒104-8357　東京都中央区京橋3-5-7
TEL03-3563-7520（編集部）
TEL03-3563-5121（販売部）
TEL03-3563-5125（生産部）
印刷所　大日本印刷株式会社
製本所　株式会社若林製本工場

ISBN978-4-391-14736-0
落丁・乱丁・その他不良本はお取り替え致します。お買い求めの書店か小社生産部までお申し出ください。